ロココを織る

フランソワ・ブーシェによる
ボーヴェ製作所のタピスリー

小林 亜起子

中央公論美術出版

Weaving the Rococo: François Boucher and His Beauvais Tapestries

by

Akiko Kobayashi

Published 2015 in Japan by Chuokoron Bijutsu Shuppan Co., Ltd.

ISBN 978-4-8055-0739-1

口絵1　フランソワ・ブーシェの下絵に基づく《アモルに捨てられるプシュケ》（タピスリー連作〈プシュケの物語〉より）ボーヴェ製作所、1748-1750年頃、362 × 250 cm、フィラデルフィア美術館

口絵2　フランソワ・ブーシェの下絵に基づく《のぞきからくり屋と好奇心》（タピスリー連作〈イタリアの祭り〉より）ボーヴェ製作所、1738-1754年頃、276.7 × 291.4 cm、サン・マリーノ、ハンティントン・アート・コレクションズ

口絵3　フランソワ・ブーシェの下絵に基づく《中国の市場》（タピスリー連作〈中国主題のタピスリー〉より）ボーヴェ製作所、1742-1745年、363.22 × 554.36 cm、ミネアポリス美術館研究所

口絵4　フランソワ・ブーシェの下絵に基づく《アポロンとクリュティエ》(タピスリー連作〈神々の愛〉より)
1750-1772年、372.75 × 332.22 cm、ミネアポリス美術館研究所

口絵5　フランソワ・ブーシェの下絵に基づく《バッコスとエーリゴネ》（タピスリー連作〈神々の愛〉より）ボーヴェ製作所、1750-1752年、360 × 360 cm、ローマ、クイリナーレ宮

口絵6　フランソワ・ブーシェ《愛の泉》1748年、油彩、カンヴァス、294.5 × 337.7 cm、ロサンゼルス、ポール・ゲッティ美術館

口絵7　フランソワ・ブーシェの下絵に基づく《愛の泉》（タピスリー連作〈高貴なパストラル〉より）ボーヴェ製作所、345.6 × 605.7 cm、1757-1760年頃、カリフォルニア、ハンティントン・アート・コレクションズ

口絵8　フランソワ・ブーシェの下絵に基づく《ルノーの眠り》（タピスリー連作〈オペラの断章〉より）ボーヴェ製作所、281.3×472.4 cm、ワシントン・ナショナルギャラリー

目次

ロココを織る

――フランソワ・ブーシェによるボーヴェ製作所のタピスリー――

〔本書の刊行にあたっては、公益財団法人鹿島美術財団による平成二十五年度「美術に関する出版援助」を受けた。〕

序章

多彩な才能の登場するフランスのロココ時代に活躍した画家フランソワ・ブーシェ（一七〇三―一七七〇年）は、ゴンクール兄弟によって「一つの世紀の趣味を代表し、それを表現し、人格化し、体現した人物の一人」と評されている。[1] 一七〇三年にパリに生まれたブーシェは、父に絵画の手ほどきを受けたのち、短期間フランソワ・ルモワーヌ（一六八八―一七三七年）に学んだ。四年間のイタリア留学をへて、一七三四年に王立絵画彫刻アカデミー（以下、美術アカデミーと略する）に入会した。一七三五年七月二日に准教授（Adjoint à Professeur）、一七三七年七月二日に教授（Professeur）、一七五二年七月二十九日に准主幹（Adjoint à Recteur）、一七六一年八月一日に美術アカデミー主幹（Recteur）、一七六五年八月二十三日に国王付き首席画家（Premier Peintre du Roi）、美術アカデミー院長（Directeur）となり、画家として最高の名誉ある地位を手に入れた。

画業と並行してブーシェは、第一級の装飾美術のデザイナーとして幅広い制作活動を展開した。なかでも注目されるのは、ボーヴェ製作所のタピスリー下絵画家としてのキャリア（一七三四―一七五五年）である。ボーヴェ製作所はコルベールの重商主義政策のもとで、特権マニュファクチュールとして設立された。[2] ブーシェは国内外におけるボーヴェ製作所の評判を高めることに大きく貢献し、その業績によって一七五五年に王立ゴブラン製作所のタピスリー・デザイナー兼美術部門の総検査官（Surinspecteur）に任命され、その後、目覚ましい昇進を遂げた。タピスリー・デザイナーとしてのキャリアは、宮廷画家としての経歴を構築する上で、決して軽視できない重要性を有していたに違いない。しかしながら、デザイナーとしてのブーシェの業績については、依然としてまとまった研究がなされていないのである。[3]

ブーシェの制作活動の輪郭は、一九六〇年から一九七〇年代に刊行された三つのカタログ・レゾネから知ることができる。

すなわち、アレクサンドル・アナノフによる千十四点からなる素描目録（一九六六年）と、六百九十点からなる油彩画目録（一九七六年）、ピエレット・ジャン＝リシャールによるルーヴル美術館エドモン・ド・ロチルド・コレクション所蔵の版画目録（一九七八年）である。[4] さらに、一九八〇年代以降に開催された、いくつかの重要な展覧会――アラステア・レイングの監修のもと一九八六年よりニューヨーク、デトロイト、パリの三つの都市で企画された大回顧展[5]や、画家の生誕三百年を記念して二〇〇三年より各国で開催された素描展[6]、ブーシェと北方絵画をテーマにディジョンとロンドンで開催された展覧会[7]――を通じて、ブーシェ研究は飛躍的に前進した。近年はフェミニズムの視点からこの画家を再評価したメリッサ・ハイド[8]（二〇〇六年）や、同時代演劇とブーシェのキャリアの関連性に注目したマーク・ランドベリーの論考[9]（二〇〇六年）に代表されるように、社会史や文化史の視点による新たなアプローチがみられる。しかしながら、これらの先行研究のなかで、タピスリーを考察対象とするものは皆無に近い。[10]

ブーシェのタピスリーについては、主に各国の美術館所蔵品カタログのなかで個別的に取り上げられてきた。たとえば、ニューヨーク、メトロポリタン美術館のイーディス・アペルトン・スタンデン（一九八五年）や、ローマ、クイリナーレ宮殿のネッロ・フォルティ・グラッツィーニ（一九九四年）、ロサンゼルス、ポール・ゲッティ美術館のチャリサ・ブレマー＝デイヴィッド（一九九七年）によるカタログ解説が重要である。[11] また、ジュール・バダンによるボーヴェ製作所に関する基礎研究（一九〇九年）のなかでもブーシェのタピスリーについて取り上げられている。[12] これらの先行研究はしかし、現存するタピスリーの来歴や購買者などの基礎情報を明らかにすることに重点を置くものであり、ブーシェの画業におけるタピスリー・デザイナーとしての制作活動の位置づけについては、十分に検討されているとは言いがたい。この分野でのブーシェの業績について、十八世紀美術の研究者デニス・サットンはいみじくも次のように述べている。「ブーシェの業績についての評価は、タピスリーについて触れたとき、初めて本当のものとなる。イタリアの影響の残る彼の田園風景、シノワズリーの虚構世界の喚起、そして古代神話からとられた主題による、彼の作品のバロック的性格、これらは中世の偉大な伝統の立派な後継者であり、タピスリーの最も偉大なデザイナーの一人としてのブーシェの力量を証明している」。[13] このようにブーシェのタピスリーの重要性については強調されてはいるものの、いまだまとまった研究はなされていないのが現状なのである。

本書では、この大きな欠落をうめるべく、ブーシェの画業全体のなかでボーヴェ製作所のための制作活動を見直し、その再評価を試みたい。ブーシェの下絵制作は大きく二つの時期に分けることができる。すなわち、ボーヴェ製作所に下絵を提供していた一七三四年から一七五五年までの二十一年間に及ぶ前半期、そしてボーヴェ製作所を辞してゴブラン製作所のデザイナー兼総検査官を務めた一七五五年から一七六五年までの十年間にわたる後半期である。本書では、ブーシェがボーヴェ製作所に下絵を提供した前半期の制作活動を考察対象とする。ゴブラン製作所における後半期の活動は、ブーシェがボーヴェ製作所において築き上げた実績をもとに展開するものであり、この頃には画家としての名声も完全に確立されていた。これに対して、ボーヴェ製作所における前半期は、ブーシェが美術アカデミーに入会した一七三四年に始まる地位上昇期であった。ボーヴェ製作所のためにブーシェは、六つのタピスリー連作の下絵を提供し、その数は四十一点にも及ぶ。ボーヴェ製作所におけるキャリアは、ブーシェが十八世紀半ばまでに画家としての地位の基盤を構築する上で、きわめて重要な役割を担っていに違いない。

本研究の目的は二つある。一つ目は、ブーシェのタピスリー・デザイナーとしての活動の再評価を行うことである。本書では次のいくつかの問題について、ブーシェがボーヴェ製作所のために提供した六つの連作の考察を通じて、明らかにしていきたい。第一に、ブーシェのタピスリーの様式や図像表現と、それらの文学的・視覚的着想源について検討する。第二に、十八世紀フランス絵画を考える上できわめて重要な「ジャンル」、すなわち絵画の主題に応じたカテゴリーの概念に注目したい。ブーシェの六つのタピスリー連作をジャンルの問題と関連づけながら、シャルル＝ジョセフ・ナトワール（一七〇〇―一七七七年）に代表されるライヴァル画家たちとの比較を交えつつ、ジャンルに対するブーシェの独特なアプローチについて検討したい。これに関連して第三に、ブーシェの下絵制作活動と絵画制作との接点について、ブーシェがサロンに出展した下絵やサロン批評を踏まえて考察する。絵画制作とタピスリーのための下絵制作活動とを、同時代の評価に照らして検討することにより、ブーシェにとってのタピスリー・デザイナーとしてのキャリアの意義を明らかにする。そして最後に、ブーシェがボーヴェ製作所からゴブラン製作所へと移籍したことの意味について、ブーシェの画家としての経歴と関連づけて考えてみたい。

本書のもう一つの目的は、ブーシェのタピスリー研究を通じて、十八世紀のタピスリー芸術を再評価することにある。この試みは、西洋美術史研究において従属的な地位に甘んじてきた装飾美術を見直す上でも、重要な意義を有している。ロココの時代、タピスリーはきわめて重要な芸術作品であった。しかし今日、タピスリー芸術に絵画や彫刻と同等の高い関心が寄せられることはまれであり、タピスリーに対する歴史的認識は概して色あせている。その要因は次の三つの問題と密接に結びつけられる。第一に、絵画や彫刻に比べてタピスリーは劣化が激しいという事実が挙げられる(14)。テキスタイル芸術であるタピスリーは、時間の経過とともに作品の質の低下が避けられない。光によって染色は色あせ、絹糸はもろくなる。湿気は金属糸の酸化を引きおこす原因となる。害虫によって被害を受けることもあるし、悪質な修復によってタピスリー全体の表面が破損することもある。第二の問題は、国家による美術品破壊行為によって、タピスリーの重要作品の多くが失われてしまったという事実である。フランソワ一世のタピスリーのコレクションや、十七世紀から十八世紀にゴブラン製作所やボーヴェ製作所で織られたタピスリーの多くは、一七九七年にフランスの総裁政府時代に失われた(15)。当時財政難に瀕していた政府は、タピスリーに織り込まれていた金糸に目をつけ、金を得るために多くのタピスリーを燃やしたのであった。さらに第三の問題は、タピスリーの制作工程に関する一次史料の多くが残されていないことにある。タピスリーは下絵制作から完成に至るまでに、さまざまな人々――下絵を提供する画家、カルトンの制作者、織師、製作所の運営者――が関与する。これらの相互関係を具体的に解き明かす史料が乏しいことは、タピスリー研究の進展を遅らせる大きな要因となっている。

以上の三つの問題点に加え、よりいっそう本質的な問題として、タピスリー研究が絵画に比べて二義的な研究領域にとどまった背景についても指摘しておかなければならない。十九世紀後期から二十世紀初期にかけて、美術史研究の基礎的作業を行ったのは作品の鑑定家たち（コネッスール）である。彼らは専門的な学識と豊かな鑑識眼によって、作品の微細な特徴から芸術家の個性的な表現の特質を見抜くことを重要視した[16]。絵画や素描の分野におけるコネッサーシップに主眼を置く美術史家たちによって、装飾美術はいわゆるファイン・アーツから峻別され、副次的な研究領域と見なされることになる。このような美術史研究の潮流のなかで、タピスリー研究の進展は大幅に遅れを取ることになった。

ここで、タピスリー研究の歴史的変遷を踏まえつつ、ロココのタピスリーに関する先行研究について確認しておくことにしたい。ロココのタピスリーの歴史的意義に対する理解が深まったのは、十九世紀から二十世紀初頭の一部の歴史家たちによって、ネーデルラントやフランスにおけるタピスリーの生産に関する史料が掘り起こされたことに始まる。これらの初期の研究調査の成果は、タピスリーの研究者ジュール・ギフレ、ウジェーヌ・マンツ、アレクサンドル・パンシャールによる一八七〇年代から九〇年代にかけての仕事のなかに生かされることになる[17]。こうした早い時期の研究はその後、スペインの王室コレクション[18]やオーストリアのコレクション[19]をはじめとする学術的なカタログの公刊を通じて発展を遂げた。一連の研究の成果は、二十世紀前半に刊行されたさまざまな文献のなかで総合されることになる。とりわけ重要なものは、ハインリヒ・ゲーベルによる三巻本のヨーロッパのタピスリーに関する百科事典的な基礎研究である[20]。ゲーベルの著書は、近年の研究状況に応じた修正を加える必要があるものの、現在もなおタピスリーに関する基本文献である。二十世紀の第２四半期には、メルセデス・ヴィアレ・フェレーロやマドレーヌ・ジャリーらによって比較的わずかな研究書が出版されたにすぎない[21]。それ以降、学術論文、展覧会カタログ、美術館の所蔵品カタログなどが次第に公刊され今日に至る。ルネサンスとバロックの時代におけるタピスリー芸術については、近年トマス・キャンベルの監修のもとにメトロポリタン美術館において開催された大型の展覧会カタログに詳しい[22]。

ロココ時代のタピスリーについては、それを包括的に理解するための展覧会はまだ企画されていない。十八世紀のタピスリーについては、前述したジュール・バダンをはじめ、ジャン・クーラルとシャンタル＝ガスティネル・クーラルによるボーヴェ製作所に関する文献や[23]、モーリス・フナイユによるゴブラン製作所に関する文献がある[24]。バダンやフナイユによる文献はしかし、刊行からすでに一世紀近く経過しており、作品情報について大幅な修正の必要がある。近年の研究としては、パスカル＝フランソワ・ベルトランによる十八世紀のタピスリーに関する論考が挙げられる。それは、タピスリーの歴史に関するファビエンヌ・ジュベールらによる共著に収められた概説であるが、この時代のタピスリーに関する諸相を把握する上で有益である。(25)また、同じくベルトランによる十八世紀のオービュッソン製作所のタピスリーや、(26)ジャン・ヴィテによるゴブラン製作所のタピスリーに関する展覧会も企画されている。(27)しかしながら、ボーヴェ製作所の作品を含めた、ロココ時代のタピスリーについて包括的に取り上げた研究書はいまだなく、今後の研究が待たれるのが現状である。

次に、上述の十八世紀のタピスリーに関する文献をもとに、タピスリー芸術に対する当時の認識について、その用途や機能に注目しながら手短に概観しておくことにしたい。十八世紀のタピスリー製作所は、十七世紀のように大型の作品を注文する顧客には恵まれなかった。その理由は十七世紀から十八世紀にかけてみられる室内装飾の変化と密接に連動している。ロココの時代、室内の壁には羽目板や大型の鏡がはめ込まれるようになる。その結果、大型のタピスリーを飾るスペースが少なくなった。この新しい室内装飾の傾向に合わせて、タピスリー製作所では、顧客の要望に応じたさまざまなサイズのタピスリーを制作するようになる。

タピスリーがどのような部屋に飾られていたのかについては、具体的に知られる情報は多くはない。タピスリーの利用については、当時の建築家の理論書のなかで言及されることがある。建築家たちは十七世紀より、ゴブラン製作所の総監督官、監督、美術部門の総検査官に任命されており、タピスリーを室内装飾のなかに取り入れることに対して積極的であった。建築家ジャック＝フランソワ・ブロンデル（一七〇五—一七七四年）は『別荘と一般的な建築物の間取りと装飾について』(28)（一七三七年）のなかで、タピスリーをアルコーヴ（寝台を据えつけるために寝室のなかに設けられたくぼんだ部分）に掛けることを推奨している。(29)ブロンデルの発想は、ゴブラン製作所の総検査官を務めた建築家ロベール・ド・コット（一六五六—一七三五年）がすでに実践していたものである。コットはムードン城のルイ十四世の王太子のアパルトマンのアルコーヴを飾るためのタピスリー〈アラベスクの月々〉を、オードランに命じて特別に制作させている。

貴族階級のあいだでも、タピスリーは重要な室内装飾品であった。ストラスブールのロアン宮殿は、パリの一大貴族スービーズ家と血縁関係にあるロアン家の宮殿であり、一七二七年にコットが提供した図面に基づいて一七三八年から一七四一年頃に完成した。「国王の部屋（別名、天蓋の間）」と称された室内には化粧漆喰で上塗りされた羽目板が張りめぐらされており、アルコーヴの壁には、ブロンデルが勧めるようにタピスリーが掛けられていた(30)［図1］。一方、スービーズ家のパリの館、オテル・ド・スービーズも、後述するように、ブーシェの下絵に基づくタピスリー連作で飾られていた。豪華なタピスリーは単なる装飾品である以上に、彼らの貴族としての社会的地位の象徴でもあった。十八世紀、財力によって貴族の身分を獲得し、社会的地位を確立していた法服貴族のあいだでも、タピスリーは身分を顕示するための装飾品として重用された。彼らのなかには貴族たちのタピスリーに対する嗜好を真似て、複数のタピスリーの連作を購入する者もいた。金融家で美術愛好家のピエール＝ジャック＝オネジム・ベルジェレ・ド・グランクールも、ブーシェの連作〈中国主題のタピスリー〉を購入し、その後のこの連作の下絵もすべて入手している。

図1　国王の部屋（天蓋の間）、ストラスブール、ロアン宮殿

貴族や法服貴族が好んだタピスリーの主題についていえば、二つの傾向が指摘できる。一つはブーシェの連作〈イタリアの祭り〉を購入したスービーズ家のように、同時代の新しい流行を選択する場合、もう一つは、伝統的主題の連作を選ぶ場合である。前述のロアン宮殿には、十七世紀に織られたルーベンスの下絵に基づく連作〈コンスタンティヌスの物語〉が飾られていた。この連作には、一六二五年にロアン宮殿を設立した枢機卿アルマン＝ガストン・ド・ロアン（一六七四―一七四九年）の紋章が織り込まれている。このように古いタピスリーを重んじる傾向は、王室の室内装飾のそれに倣うものである。王室に飾られるタピスリーの主題には、歴史に取材した伝統的なテーマが好まれた。ヴェルサイユ宮殿のグランド・アパルトマンには、ジュリオ・ロマーノの下絵に基づくタピスリー連作〈スキピオの物語〉、王妃の謁見の間には、同じくジュ

リオに基づき十七世紀にゴブラン製作所で織られた〈神話の物語〉が飾られていた。

ルイ十四世治世下においてタピスリーは、太陽王の栄光や軍事的事績を示すための常套手段であった。啓蒙時代も同様に、タピスリー連作〈トルコの大使〉や、若い君主の即位を記念して制作された連作〈ルイ十五世の狩猟〉（別称〈ルイ十五世の歴史〉）などの君主を称揚する作品が織られた。しかし、それと同時に、十八世紀には国王や宮廷人のあいだで好まれた狩りなどの娯楽をテーマとする主題のタピスリーも人気を博した。

フランスのタピスリーの新しい趣味は、ゴブランやボーヴェで織られる作品がフランス国内外に贈答品として配られることによってヨーロッパ諸国に広く浸透していった。[31] ジャン・レストゥの下絵に基づいてゴブラン製作所で織られた連作〈新約聖書〉は、一七三六年に王妃マリー・レクザンスカがプロイセン国王フリードリヒ・ヴィルヘルム一世に贈ったものである。第六章で取り上げる連作〈オペラの断章〉はシャルル＝アントワーヌ・コワペル（通称シャルル・コワペル）の下絵に基づいて制作されたものであり、それはポーランド王妃マリー＝ジョセフ・ド・サクスに贈られたのち、ドレスデンの玉座に飾られた。フランス製のタピスリーが当時いかに高い評価を受けていたかについては、デンマークやスウェーデンをはじめとする外国の王室によってボーヴェ製作所のタピスリーが頻繁に購入されていたという事実からはっきりとうかがえる。スウェーデン王室はボーヴェ製作所で織られたブーシェに基づく連作〈プシュケの物語〉を購入し、それをストックホルム王宮の王座の間に飾っていた。同じくブーシェの連作〈神々の愛〉は、一七六五年にフリードリヒ大王兄弟のアンリ王子の宮殿のために制作された。ゴブラン製作所のタピスリーは、ローマのフランス・アカデミーのような権威ある場所に飾られ、フランス・ブルボン家の威光を諸外国に示すことに貢献した。

また十七世紀末よりフランスでは、大法官や国璽尚書官などのとくに重要な国家官僚の着任・任務完遂の際に、彼らに感謝の印として王室の紋章の入りのタピスリーが贈呈された。同様に各国の外交官にもタピスリーが贈られた。

タピスリーは王室の伝統的な祭典の折りにも用いられた。たとえば、一七二二年十月二十五日にランス大聖堂でとり行われたルイ十五世の戴冠式では、王家の一行が行進する道に沿って王立家具調度保管所のタピスリーが飾られ、大聖堂の内部

図2　ピエール・デュラン《ルイ15世の聖別式》グワッシュ、パリ、ルーヴル美術館版画素描部

にはゴブランなどの製作所で織られたタピスリーが掛けられた［図2］。また、一七七〇年にオーストリア皇女マリー・アントワネットがルイ十六世との婚礼のためにフランス入りしたときにも、タピスリーが重要な役割を果たした。皇妃を迎えるためにストラスブールに建てられた別館の壁は、ジャン＝フランソワ・ド・トロワによるタピスリー連作〈イアソンの物語〉で飾られていた。このように、十八世紀においてタピスリーは、私的な空間の装飾としてのみならず、公の場における権威の象徴としても、きわめて重要な役割を担っていたのである。

最後に、啓蒙時代のタピスリーを語る上で忘れてはならない購買者層として、教会と司法組織について言及しておきたい。フランスの法廷や市庁舎には、一般的にフランスの紋章入りタピスリー（青地に百合のモティーフからなる王室の紋章が入っている）が掛けられており、それらはゴブラン製作所やボーヴェ製作所に注文された。一七四〇年にルーアン市の高等法院の司法官がボーヴェ製作所に注文した作品［図3］には、フランスとナヴァールの王家の紋章を天蓋の下で支えている二人の天使の姿が織り込まれている。なお、このタピスリーの下絵を手がけたのはブーシェである。(32)

教会では宗教上の祝日の際にタピスリーを掛ける伝統が十八世紀にも継承されていた。(33)すでに述べたように、ランス大聖堂で行われたルイ十五世の戴冠式の折にもタピスリーは重要な装飾品として利用されていた。聖体の祝日には、パリのノートルダム大聖堂の広場がタピスリーで飾られた。とはいえ、十八世紀に宗教主題のタピスリーは、以前ほどの高い需要はなかった。ゴブラン製作所では三つの連作——アントワーヌ・コワペルの〈旧約聖書〉、ジャン・ジュヴネとジャン・レストゥの下絵に基づく〈新約聖書〉、ジャン＝フランソワ・ド・トロワによる〈エステルの物語〉——が織られたにすぎない。ボーヴェ製作所では宗教主題のタピスリーは制作されなかった。

図3　フランソワ・ブーシェ《フランスとナヴァール家の紋章》
1740年、油彩、カンヴァス、ルーアン裁判所

今日我々が、十八世紀に制作されてから三世紀近くを経てすっかり色あせたタピスリーを前にしたとき、それが単なる室内調度品である以上に、さまざまな象徴的価値を付与された作品であったと想像することは難しい。上述したように、ロココの時代にタピスリーは権威のシンボルとしてきわめて重要な意味をもっていた。それは国家外交の贈答品として、教会の儀式や祭典の舞台背景として、また、王室をはじめ貴族や新興階級層の身分を示す上で、単なる装飾品以上の社会的意味をもっていたのである。このようなタピスリーの用途や機能を考慮するならば、タピスリーの下絵を制作することが、画家の名誉に結び付く重要な仕事であったと考えることは決して的外れな推察ではない。十七世紀に国王によって創設されたゴブラン製作所監督シャルル・ル・ブラン（一六一九―一六九〇年）は首席画家であり、美術アカデミーの指導者として活躍していた。十八世紀にはゴブランやボーヴェ製作所で制作されるタピスリーの下絵は、「タピスリーに織られる」というコメント付きでサロンに展示されていた。十八世紀にはアカデミーの第一線で活躍する画家の多くが、タピスリーの下絵を提供していた。下絵を提供することが画家の名声と確実に連動していたこと、それが最終的に彼らの画業の成功に寄与したであろうことは想像に難くない。しかしながら、美術史研究において考察の主要な対象となるのは画家の絵画制作活動であり、彼がタピスリーを手がけていたとしても、それについては補足的に言及される程度である。ブーシェの研究史においても、繰り返し強調するように、タピスリーの下絵制作活動については、これまで詳細に検討されることがなかった。

このように、本書はボーヴェ製作所におけるタピスリー・デザイナーとしてのブーシェの業績についてはじめて包括的に論じた基礎研究であり、本書の意図はこれまでの研究上の大きな欠落をうめることにある。ロココの時代、装飾芸術は絵画や彫刻に比肩するステイタスを保持していた。しかし、芸術家の「オリジナル」作品としての絵画・彫刻を優位とする現在の西洋美術史研究において、工芸品に光があてられることは決して多いとはいえない。このような研究状況において、本研究は十八世紀のタピスリーを装飾美術の歴史のなかで再評価することにも寄与するものである。

本書は八つの章から構成される。第一章では、ブーシェのタピスリーを考察する上での基礎的情報を整理する。第一節では、ボーヴェ製作所の創設からブーシェの制作活動期を経て、終焉に至るまでの歴史的変遷を概観する。第二節では、まず、ブーシェのタピスリーの主題選択の特質を明示するために、十七世紀以降ボーヴェ製作所とゴブラン製作所において織られてきたタピスリーの主題傾向を明らかにする。さらに、ブーシェのタピスリー連作の購買者についても新たな考察を加える。はじめに主要な顧客を数名取り上げ、彼らの社会階級、ブーシェの絵画作品の収集の有無も含めて詳細にみていくことにする。次に、六つの連作それぞれの購入状況を概観し、タピスリーの購入パターンを分析する。第三節では、まずタピスリーの製織の工程と専門用語について定義したのち、ブーシェがボーヴェ製作所にどのようなかたちで下絵を提供していたのかについて考察する。さらに、ボーヴェ製作所のタピスリーの下絵の値段について、ゴブラン製作所のそれと比較しながら明らかにし、ブーシェが絵画制作と並行してボーヴェ製作所の仕事を続けた動機について検討したい。

第二章から第七章では、ブーシェの下絵に基づくボーヴェ製作所の六つのタピスリー連作について論じる。すなわち、第二章〈イタリアの祭り〉(一七三六年)、第三章〈プシュケの物語〉(一七四一年)、第四章〈中国主題のタピスリー〉(一七四二年)、第五章〈神々の愛〉(一七四八年)、第六章〈オペラの断章〉(一七五一年)、第七章〈高貴なパストラル〉(一七五五年)である。終章では、ボーヴェ製作所での実績を背景に、ブーシェがゴブラン製作所へ移籍する経緯にふれて結びとする。

註

1 ゴンクール兄弟は『十八世紀の美術』のなかで、ブーシェを十八世紀ロココの精華を具現した重要人物として位置づけた。「ブーシェは一つの世紀の趣味を代表し、それを表現し、人格化し、体現した人物の一人である。十八世紀フランスの趣味は彼の性格のすべての特質の内に表現されている。ブーシェは画家であるのみならず、［時代の］証人であり、典型であり続けるであろう。」（筆者訳）Goncourt 1880-1882, t. I, p. 137を参照。

2 特権マニュファクチュールについては、本書、第一章第一節「ボーヴェ製作所の歴史」を参照。

3 ブーシェのタピスリーに関するモノグラフィーはないが、基本的な概要については、Standen 1986bを参照。

4 絵画作品については、Ananoff et Wildenstein 1976（以下、A&Wと略する）。アナノフのカタログは二十世紀初頭に刊行されたアンドレ・ミシェルによるブーシェのモノグラフィーのアペンディクスとして添えられた、ルイ・スイエとシャルル・マソンによるブーシェの絵画・素描に関するカタログを大幅に見直したものである。Soullié et Masson 1906を参照。素描については、Ananoff 1966を参照。素描のカタログ・レゾネは第一巻のみ刊行された。版画については、Jean-Richard 1978（以下、JRと略する）を参照。

5 Cat. exp. New York-Detroit-Paris 1986-1987.

6 Cat. exp. Paris 2003-2004 ; Cat. exp. Paris-Sydney-Ottawa 2003-2006 ; Cat. exp. New York-Fort Worth 2003-2004.

7 Cat. exp. Dijon-Londres 2004-2005.

8 Hyde 2006aを参照。同書の概要については、小林二〇〇九を参照されたい。

9 Hyde et Ledbury 2006.

10 A&Wにはタピスリーに関連づけられている油彩画と、現存するタピスリーが部分的に言及される程度である。

11 Standen 1985 ; Forti Grazzini 1994 ; Bremer-David 1997.

12 Badin 1909.

13 東京・熊本一九八二、二三―二九頁を参照。

14 タピストリーの保存については、Lennard et Hayward 2006を参照。タピスリー保存研究プロジェクト実行委員会二〇〇八、石井二〇一一を参照。

15 Guiffrey 1888.

16 たとえば、ジョヴァンニ・モレッリの美術史研究のアプローチを参照されたい。クルターマン一九九六、一七九―一八六頁を参照。

17 Guiffrey, Müntz et Pinchart 1878-1885; Guiffrey 1904a ; Guiffrey 1904b.

18 Valencia de Don Juan 1903を参照。スペインの王室コレクションについては、Cat exp. Paris 2010を参照。

19 Birk 1883-1884 ; Baldass1920.

20 Göbel 1923 ; Göbel 1928 ; Göbel 1933を参照。二十世紀初頭に刊行されたタピスリーの概説書としては、Hunter 1912 ; Hunter 1925を参照。

21 Viale Ferrero 1961 ; Jarry 1968.

22 Cat. exp. New York 2002 ; Cat. exp. New York-Madrid 2007-2008.

23 Badin 1909 ; Coural et Gastinel-Coural 1992.

24 Fenaille 1903-1923.

25 Joubert, Lefébure et Bertrand 1995.

26 Cat. exp. Aubusson 2013.

27 Cat. exp. Paris 2014.

28 Blondel 1737.

29 Joubert, Lefébure et Bertrand 1995.

30 アルコーヴの壁にはルーベンスによる連作〈コンスタンティウスの歴史〉が飾られていた。この連作は一六二五年にロアン宮殿を設立した枢機卿アルマン＝ガストン・ド・ロアン（一六七四―一七四九年）の紋章が織り込まれている。パリのロアン家とその親族のスービーズ家の室内装飾については、Bechu et Taillard 2005を参照。

31 Reyniès 1993.

32 Rosenberg 1988 ; Joubert, Lefébure et Bertrand 1995, p. 226.

33 Guiffrey 1898.

第一章　ボーヴェ製作所におけるブーシェの制作活動

一　ボーヴェ製作所の歴史

ボーヴェ製作所は一六六四年に国王ルイ十四世の勅令［図4］をもって設立された。(1) その設立の状況を理解するために、十六世紀に遡ってフランスの王立タピスリー製作所の歴史を振り返っておこう。

EDICT DV ROY,
POVR L'ETABLISSEMENT
DES MANVFACTVRES ROYALES
DE
TAPISSERIES
DE HAVTE ET BASSE LICE
en la Ville de Beauuais & autres
lieux de Picardie,
En faueur de LOVIS HINART, *Marchand Tapissier Bourgeois de Paris, & de tels qu'il voudra associer.*
Du mois d'Aoust mil six cens soixante-quatre.
Verifié { *En Parlement le troisiesme Septembre, Chambre des Comptes, le 19. Septembre & Cour des Aydes, le 20. Nouembre,* } *1664.*
A PARIS,
De l'Imprimerie de PIERRE BOUILLEROT, derriere la Barriere des Sergents du Pont saint Michel. 1664.

図4　国王による王立ボーヴェ製作所設立の勅令

王立製作所の設立を最初に試みたのは、フォンテーヌブローの工房を創設したフランソワ一世（在位一五一五―一五四七年）である。(2) その後、歴代の国王がタピスリーの工房を組織することに高い関心を示した。王立製作所設立の目的は、タピスリー芸術において長い歴史と名声を誇る北方フランドルのタピスリーに対抗し、フランスの毛織物生産の発展を促進することにあった。

ゴブラン製作所の礎は、ブルボン朝の初代国王アンリ四世（在位一五八九―一六一〇年）の治世下に築かれた。(3) 王の命でフ

総監督官（Surintendant）		監督（Directeur）		美術部門（Direction artistique）			
王室建造物局総監（Directeur des Bâtiments du Roi）				総検査官（Surinspecteur）		検査官（Inspecteur）	
1662	ジャン＝バティスト・コルベール	1662	シャルル・ル・ブラン（国王付き首席画家）				
1683	ルヴォワ（フランソワ・ミシェル・ル・テリエ侯爵）	1690–1695	ピエール・ミニャール（国王付き首席画家）				
1691	コルベール・ド・ヴィラセール侯爵						
1699	ジュール＝アルドゥアン・マンサール（建築家）	1699	アントワーヌ・デゴデ（建築家）	1699–1735	ロベール・ド・コット1世（建築家）	1699–1718	マチュー（画家）
1708–1736	ダンタン公爵	1706	ジュール＝ロベール・ド・コット（建築家）	1733	ジャン・バティスト・ウードリー（画家）	1719	シャルル・シャステラン（画家）
1737	フィリベール・オリー						
1745	ル・ノルマン・ド・トゥルヌエム（ポンパドゥール夫人の義理の叔父）						
		1747	ガルニエ・ディズル（建築家）				
1751–	マリニー侯爵（ポンパドゥール夫人の弟）	1755–	ジャック＝ジェルマン・スフロ（建築家）	1755–	フランソワ・ブーシェ（画家）	1755–	クレマン・ベル（画家）

表1　ゴブラン製作所の経営体制（筆者作成）

期間	在職年	経営者（Entrepreneur）
創業期	1664-1684	ルイ・イナール
低迷期	1684-1705	フィリップ・ベアグル
	1705-1709	ベアグルの親族
	1709-1711	ガブリエル・ダンス、ピエール・フィユル
	1711-1722	ピエール・フィユル、エティエンヌ・フィユル
	1722-1734	ノエル＝アントワーヌ・ド・メル
飛躍期	1734-1753	ニコラ・ベスニエ、ジャン＝バティスト・ウードリー
安定期	1753-1780	アンドレ＝シャルルマーニュ・シャロン
終焉期	1780-1793	ド・メヌ

表2　ボーヴェ製作所の経営者（筆者作成）

ランスに招集されたフランドルの技師たちがパリに工房を開き、ルーヴル宮殿のなかにも工房が置かれた。その後、ルイ十四世治世下のジャン＝バティスト・コルベール（一六一九―一六八三年）の勧めによって、国王はパリに流れ込むビエーヴル川沿いにあったゴブラン家の染色工場を買い取り、そこにパリの諸工房を統合する。翌年にはシャルル・ル・ブランが初代監督に任命され、一六六七年には国王の勅令によって王立家具製作所（Manufacture royale des meubles de la couronne）通称、王立ゴブラン製作所が誕生した(4)。

ゴブラン製作所では、設立当初より国王を頂点とした経営体制が確立されていた［表1］。経営主は国王であるが、実際に指揮統括にたずさわったのは総監督官（のちに王室建造物局総監に改名）であった。タピスリーの制作に関する指揮監督は監督が担当した。初代監督のポストに就いたシャルル・ル・ブランと、その後任者ピエール・ミニャール（一六一二―一六九五年）は、国王付き首席画家であると同時に美術アカデミーの院長も務めている。その後ゴブラン製作所の監督のポストは建築家が歴任した。

十八世紀以降、新たに美術部門が設けられ、制作面に関するアドバイザーとして総検査官と検査官が置かれた。ゴブラン製作所に下絵を提供した画家の多くは、初代監督を務めた歴史画家シャルル・ル・ブランに代表されるように、美術アカデミーの第一線で活躍していた。

ゴブラン製作所は国王を頂点に経営が組織化された王立製作所であったのに対して、ボーヴェ製作所は一六六四年の王令によって設立された王立の特権マニュファクチュールであった。特権マニュファクチュールとは国家から資金援助された企業であり、それらは国内産業の育成を目指したコルベールの重商主義政策の一環として、十七世紀から十八世紀半ばにかけて設立された。[5] ボーヴェ製作所の経営者は国から財政上・法律上の特許が与えられた企業家で、製作所の運営はタピスリーの販売収益に負っていた。このような運営上の特質が、ボーヴェ織りの特徴を決定づけたことは間違いない。

以下、ボーヴェ製作所の歴史的変遷について、十七世紀後半の創業期に始まりブーシェがデザイナーを務めた十八世紀半ばから世紀末に終焉を迎えるまでを、大きく五つの時期（創業期、低迷期、飛躍期、安定期、終焉期）に分けて概観したい［表2］。

創業期（一六六四―一六八四年）

ボーヴェ製作所は一六六四年八月の王令十六条に規定されるように、「ヴェルデュール（青草模様）と人物像からなるタピスリー」を織る製作所として設立された。製作所の創業期を指揮した経営者ルイ・イナール（在職一六六四―一六八四年）は、ボーヴェ出身のタピスリー工房の親方であり、パリに店を営む起業家でもあった。フランドルとパリのあいだに位置するボーヴェは、かつてタピスリーの制作地として知られた土地柄であり、新たな製作所設立にふさわしい立地条件を備えていた［図5］。

製作所の設立にあたってイナールに与えられた特権のうち、とりわけ重要な以下の三つの点を確認しておきたい。[6] 第一に、製作所の設立に関する国王の援助について。国王は土地建物購入費用のうち三分の二を出資し、さらに無利息で六年間の返済期間を条件にイナールに三万リーヴルを融資する。[7] ただしイナールが借金を返済できなかった場合、製作所は抵当に入ることになる。

資金援助が融資のかたちで行われた点は重要である。経営者は資金を返済するためにタピスリーの売上を何としても伸ばさなければならなかった。

第二に、労働者に対する規約と支援について。製作所は創設一年目にフランス人と外国人労働者を百名雇わなければならない。さらに毎年雇用者数を増やし、最終的にその数は六百人に到達する必要がある。(8) ただし外国人労働者には王室の国庫金から二十リーヴルが支給されるのみならず、彼らの修業期間には一人につき年間三十リーヴルの特別手当が給付される。製作所の経営者と労働者には課税の一部が免除された。なお、労働者は六年の見習い期間と二年の徒弟期間をへて、職工は親方となり、タピスリーの売買を行うことが認可された。労働者は組合加入の際に義務づけられた税金が免除される。さらに外国人労働者は八年間の労働によってフランス人となり、税金の支払いが不要となる。

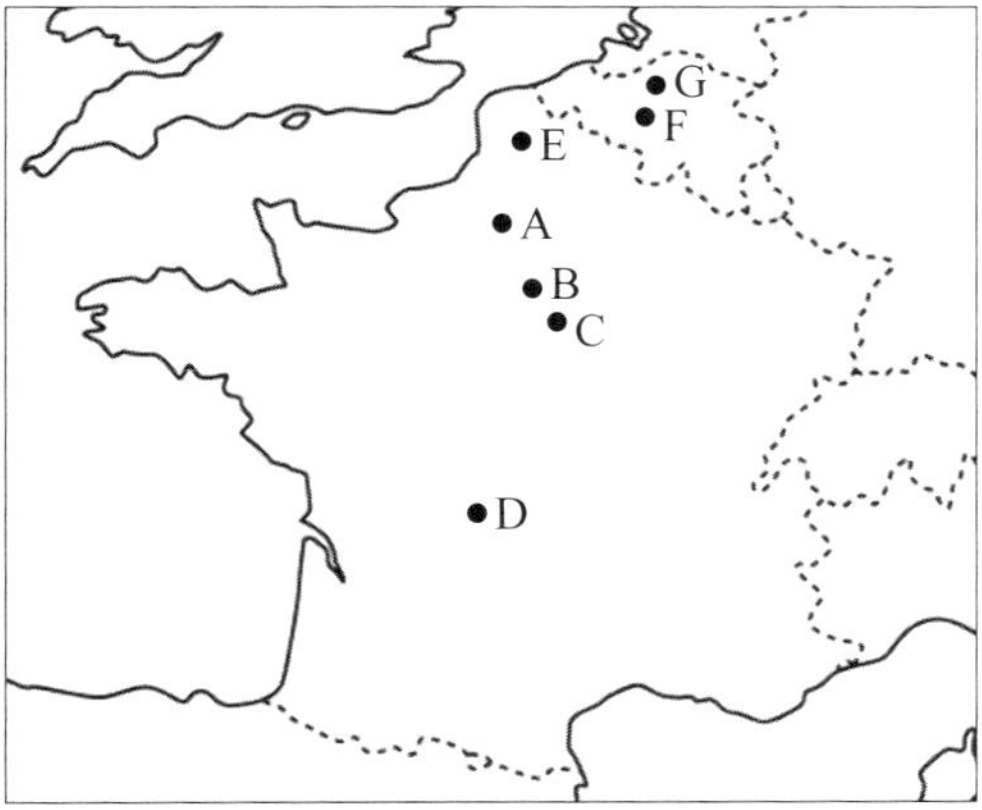

図5　主要なタピスリー製作所の地図（筆者作成）
A ボーヴェ、B ゴブラン、C フォンテーヌブロー、D オービュッソン、E アラス、F ブリュッセル、G アントウェルペン

上記の規約が示すように、ボーヴェ製作所の労働者のなかでとりわけ優遇されたのは外国人労働者であった。経営者イナールはオランダやフランドル出身の優れた織師を積極的に勧誘したことから、製作所には北方出身者の占める割合が高かった。タピスリーの長さの単位オーヌはフランスとフランドルのあいだで違いがあった。ボーヴェ製作所ではフランドルのオーヌ（一オーヌは二十五プス三分の二、約六十九・七センチ）が用いられた。(9) 一方、ゴブラン製作所では、フランスのオーヌ（フランスの一オーヌは四十四プス、約百十九センチ）を基準の単位としていた。ボーヴェ製作所の創業期における北方出身の織師の存在の影響は、後述するように、ボーヴェ製作所の製織手法や初期のタピスリーの主題選択にも認められる。

第三に、輸出入に関する規約について。経営者が外国からタピスリーを輸入する場合は二十リーヴルが課税されたのに対し、フランス製のタピスリーの輸出は非課税となる。

この課税システムはコルベールによる重商主義政策のもとで奨励された。その目的は、輸入を規制して輸出の拡大を図り、国内のマニュファクチュールを発展させることにあった。

このように、ボーヴェ製作所の経営者は設立に際して国からの融資や資金援助を受けたほか、雇用者への特別手当や種々の免税を享受し、製品の輸出入にかかる税金も優遇された。しかし、これらの援助や特権にもかかわらず製作所は経営難に陥った。その最大の要因は顧客を獲得できなかったことである。一六六四年からコルベールの没年一六八七年のあいだの最も有力な顧客は国王ルイ十四世であった(10)。『国王の贈答品記録』によれば、ボーヴェ製作所のタピスリーはしばしば贈答用に購入された。すなわち、初期のボーヴェ製作所の経営は王室のパトロネージに大きく依存していたのである。オランダ戦争（一六七二—一六七八年）が始まり、国からの支援が停滞したことは、ボーヴェ製作所の経営に決定的な打撃を与えた。経営者イナールは債務を返済することができず、一六八四年に上述の王令第一の項目に基づいて、ボーヴェ製作所の所有権を国王に移譲した。

ボーヴェ製作所はその後、有力貴族への作品販売にあたる国営企業として存続していくことになった。ボーヴェ製作所は国から任された企業家によって運営されることになるが、製作所の経営体制自体は特権マニュファクチュールの時代と大きくは変わらなかった。

低迷期（一六八四—一七三四年）

創業期に続くおよそ五十年のあいだ、製作所の運営は低迷した。連作〈グロテスク〉のように大成功を収めるタピスリーはまれであった(11)。ボーヴェ製作所の売り上げは伸び悩み、経営難の状態が続いた。経営者たちは次々に製作所の再建のために心を砕いた［表2］。

イナールの後任として抜擢されたのは、オードナルド出身のフィリップ・ベアグル（在職一六八四―一七〇五年）である。ベアグルはコルベールに依頼され、当時新たにフランス領に組み込まれたオードナルドやトゥルネーにあったタピスリー工房の再編に取り組んだ経験を持ち、タピスリー製作所の運営に精通していた。さらにベアグルは、フランドルの織工マーク・コマンのアトリエにも学んでいたため、経営面のみならず織りの工程にも詳しかった。一六八四年、ベアグルには三十年間の期限付きで土地建物から生じる収入権が認められるとともに、建物の管理費として毎年三千リーヴルが給付されることになった。借入金は上限一万五千リーヴルとされ、三年以内に返却することが義務づけられた。このような国からの援助にもかかわらず、ボーヴェ製作所の経営は十七世紀末のフランス経済危機のあおりを受けて難航した。

ベアグルの死後一七〇五年から一七〇九年のあいだボーヴェ製作所はベアグルの親族によって運営された。一七〇九年にはボーヴェ出身の貿易商ガブリエル・ダンス（在職一七〇九―一七一一年）と、国王の秘書官ピエール・フィユル（在職一七〇九―一七二二年）が新たな経営者となった。ダンスはまもなく辞職したため、ピエール・フィユルとその兄弟、エティエンヌ（在職一七一一―一七二二年）の二人が製作所を運営することになった。タピスリーの下絵不足を問題視した兄弟は、ゴブラン製作所の下絵を借用すること、製作所の下絵画家としてジャック＝ヴィグル・デュプレシ（一六八〇―一七三二年）を正式に採用するなどの対策を講じた。しかし、それらの努力は実を結ぶことなく、製作所の運営は次なる経営者の手にゆだねられた。

ノエル＝アントワーヌ・ド・メヌ（在職一七二二―一七三四年）は一七〇〇年よりブフレール王立製作所を指揮しており、すでに企業家として広く知られていた。メルは経営の立て直しを図った。創業期以来使用されることのなかった竪機による製織が再開されることになり、新たに下絵画家としてジャン＝バティスト・ウードリー（一六八六―一七五五年）の採用が決まった。このようなメルの努力もむなしく経営難は続いた。

飛躍期（一七三四―一七五三年）――ブーシェの時代

ボーヴェ製作所の飛躍期は、経営者ニコラ・ベスニエ（在職一七三四―一七五三年）とその共同経営者ジャン＝バティスト・ウードリー（在職一七三四―一七五三年）の時代に到来した。ボーヴェ製作所の最盛期をもたらしたのは、この二人の経営者の手腕のみならず、下絵デザイナーとして新たに起用されたブーシェの連作の成功に大きく負っている。ここではベスニエとウードリーの運営面に光をあてることにしよう。

金銀細工師であったベスニエは実業家としての才も兼ね備えていた。しかし、タピスリーに関する広い見識をもち合わせていなかったため、一七三四年に共同経営者としてタピスリーの制作面に精通していたウードリーを採用した。以後、財政面はベスニエ、アトリエの指揮監督はウードリーが担当することになる。またウードリーはすでにボーヴェ製作所のデザイナーとして一七二六年から定期的に下絵を提供しており、一七三四年までのあいだに四つの連作を手がけた。その後、共同経営者となってからの二十年間はたった二つのタピスリー連作――〈上質なヴェルデュール〉（一七三五年）と〈ラ・フォンテーヌの寓話〉（一七三六年）――しか織られなかった。一七三六年を最後にウードリーは下絵制作をやめ、その後は製作所の経営面に力を注いだ。一七三四年に新たなデザイナーとしてブーシェが採用されたのは、ウードリーが国王からの依頼を受けてゴブラン製作所にタピスリー連作〈ルイ十五世の狩猟〉の下絵を提供することになったからだ。ウードリーは国王のタピスリー製作所であるゴブラン製作所での仕事のために、ボーヴェの下絵制作から手を引いたのである。

ウードリーは製作所の経営不振を脱するために、二つのことを実施した。第一に、ボーヴェ製作所の製品としてすでに定評のあった椅子などの家具をタピスリーとセットで販売すること、[12] 第二に、ボーヴェ製作所のタピスリーの色彩、質の改善に努め、正確な素描に基づく下絵の制作を推進したことである。[13] タピスリーの下絵のための素描と色彩に対するウードリーの次の興味深い見解は、この画家が一七四八年に王室建造物局総監ル・ノルマン・ド・トゥルヌエムに宛てた書簡にみることができる。

我々はタピスリーの色彩の不幸な末路を目にしています。それは粗野な制作やけばけばしく不調和な色が生み出す無意味な表面的効果に迎合し、今やタピスリーの魅力である美しい聡明さや調和を奪ってしまいました。そこでは［デッサンの］正確さは美しい［色彩の］調和以上にないがしろにされています。(14)（筆者訳）

ウードリーは当時のタピスリーの色彩と表現を問題視していた。十八世紀を通じて染色の新しい原料が開発されたため、色の選択肢は飛躍的に増大した。(15)また媒染剤を利用することにより合成色が生まれ、織師のパレットは豊かになった。(16)しかしながら、人工染料による色彩は鮮やかな反面、退色が激しく、タピスリーの質を悪化させた。ウードリーはこの現状を危惧したのであった。十八世紀はタピスリー芸術が科学技術の向上を背景に、絵画に比肩する表現を目指したエポック・メーキングな時代であった。しかし、タピスリーによる絵画的表現への試みには――それを可能にした人工的染色が生み出すパレット自体に根本的な問題が潜んでいる限りにおいて――タピスリー芸術の発展と衰退の可能性とが逆説的に共存していた。

ウードリーは色彩の現状についてみならず、タピスリーの表現についても注目すべき指摘をしている。それによれば、タピスリーの表現において重要なことは、「色の調和」と「正しいデッサン」――当時デッサンは色彩表現以上に「ないがしろにされて」いた――である。ウードリーは実際にボーヴェ製作所やゴブラン製作所に赴いて、タピスリーの制作現場の指導にあたっていた。織師のデッサン能力を重要視するウードリーの姿勢は、十七世紀にゴブラン製作所の指揮官を務めたシャルル・ル・ブランの方針を継承するものでもあった。ウードリーは一七五〇年には、ボーヴェ製作所で素描を学ぶことのできる学校を設立し、職工たちの教育にあたった。素描教育においてウードリーは、自らの師ニコラ・ド・ラルジリエール（一六五六―一七四六年）から学んだ、自然をあるがままに再現する北方の画家たちの描き方を尊重した。

ブーシェが提供する多様性に豊む下絵や、それを織り出す職工たちに対するウードリーの熱心な教育の甲斐あって、この時期ボーヴェ製作所のタピスリーは国内のみならず、周辺諸国の宮廷から高い評価を得るようになった。海外での評判を高めた重要な要因は、国王ルイ十五世がボーヴェ製作所の連作を贈答用に購入するようになったことが挙げられる。一七三七年、国王はボーヴェ製作所に対して外務省向けに毎年二つの連作の下絵を提供するように命じた。実際定期的にタピスリー下絵が制作されることはなかったにしても、ボーヴェ製作所のタピスリーがヨーロッパで広く知られるようになった背景に、国王の力添えがあったことは無視できない。一万リーヴルに相当する連作が、外交官の退官記念の贈り物として、交渉の成功に対する謝意として贈られた。ボーヴェ製作所のタピスリーは周辺諸国のフランス大使館にも飾られた。ブーシェの下絵に基づく連作〈プシュケの物語〉も国王の依頼を受けて制作されたタピスリーであった。(17)

以上のように、特権マニュファクチュールとして創業したボーヴェ製作所は、その後、国営企業として存続することになった。ブーシェがデザイナーとなる以前のボーヴェ製作所の歴史は、製作所の維持管理そして運営のために奔走した経営者の努力の歩みにほかならない。ボーヴェ製作所の運営方針は売上拡大を第一の使命としていた点で、国王向けの作品を制作すればよい王立ゴブラン製作所とは大きく異なるものであった。高価なタピスリーを販売するためには購買者層を想定し、彼らの趣味を考慮した連作を売り出さねばならなかった。(18) この方針を明確に意識したのが経営者ウードリーとベスニエであり、それを実現させたのがタピスリー・デザイナー、ブーシェであった。

安定期（一七五三―一七八〇年）

ベスニエとウードリーの経営者としての任期は一七五三年に満了し、アンドレ＝シャルルマーニュ・シャロン（一七五三―一七八〇年）がボーヴェ製作所の新たな経営者として任命された。(19) 一方、ウードリーは共同経営者としての雇用契約の期間が終了したのちも、ボーヴェ製作所の検査官としてタピスリーの制作指導にあたった。

シャロンの経営が始まってから二年後の一七五五年、ブーシェは最後の連作〈高貴なパストラル〉の下絵を提供してボーヴェ製作所を去った。同年、それまでウードリーの指揮の下に運営されていたボーヴェ製作所の素描学校の指導官ド・パペも他界した。一七五六年にド・パペの後任者として採用されたのは、オービュッソン製作所の専属画家ジャン＝ジョセフ・デュモン（一六八七—一七七七年）である。ウードリーの友人でもあったデュモンは、ボーヴェ製作所の素描学校を指導しながら、タピスリーの制作も指揮統括することになった。

一七五五年にブーシェがボーヴェ製作所を離れてから、一七六〇年まで新たな連作は作られなかった。シャロンはボーヴェ製作所の名声を確実に保証するブーシェのタピスリーを織り続ける方針をとった。実際、一七六〇年以降もブーシェのタピスリーは国王や外国の王室からの注文を受けて織られ続けた。とはいえ、歴史画復興から新古典主義へと向かう世紀後半の美術の流れのなかで、新たな趣味を反映させた連作を作ることは不可欠であった。そこでボーヴェ製作所ではブーシェの作品を織り続ける一方で、少しずつ新たな趣味を取り入れたタピスリーを制作し始めた。ブーシェののち三人の画家が新たな下絵を提供した。まず、ブーシェの娘婿となったジャン＝バティスト・デエ（一七二九—一七六五年）である。デエは当時の批評家たちのあいだでフランス派の将来を担うことを期待された有望な歴史画家であった。しかしながら、連作〈ホメロスのイーリアス〉の下絵を完成させ、次に連作〈アストレの物語〉の下絵に取り組み始めたところで夭逝した。その後は、ブーシェの弟子のジャン＝バティスト・ル・プランス（一七三四—一七八一年）や、フランソワ＝ジョセフ・カサノヴァ（一七二八—一八〇二年）が下絵を提供した。

シャロンの運営下のボーヴェ製作所では、外務省向けのタピスリーやウードリーとベスニエ時代に先鞭がつけられた家具の販売が促進された。シャロンは一七七一年に任期を迎えたが、その優れた業績が評価され、国王の命を受けてさらに二十年にわたってボーヴェ製作所の経営を請け負うことになった。しかし、ボーヴェ製作所の運営の指導にあたっていた財務総監の判断により一七八〇年には新たな経営者が指名され、製作所の運営は刷新されることになる。

終焉期（一七八〇―一七九三年）

一七八〇年三月二十五日、シャロンの後継者に選ばれたのは、かつてオービュッソンで絨毯商を営んでいたド・メヌ（一七八〇―一七九三年）である。ド・メヌは商品の幅を広げるために、タピスリーに加えて新たに絨毯を織ることを検討した。しかし、革命下における社会混乱や不況のもとで新たな分野を開拓することは難しく、新製品販売の試みも短期間に終わった。一方、家具とタピスリーの制作はこれまで通り継続され、新作も作られた。たとえば、前述のブーシェの弟子ル・プランスの工房で学んだジャン＝バティスト・ユエ（一七四五―一八一一年）の下絵に基づく連作〈青いドレイパリーのパストラル〉のように、ブーシェのパストラル風のタピスリーが作られたほか、アメリカの独立戦争（一七七五―一七八三年）に取材した連作〈四大陸〉が生まれた。この頃より、アメリカの大使もボーヴェ製作所のタピスリーを購入するようになった。

フランスの社会を激変させた革命期の政治体制下にも、ボーヴェ製作所の経営は維持された。しかし、一七九一年の憲法制定議会において王室の全財産の国家委譲が決定されることになり、ボーヴェ製作所の経営は危機に瀕した。前述の通り、ボーヴェ製作所は国王に認可された経営者によって運営されていた。ボーヴェ製作所は、完全に王室によって管理運営されていた王立ゴブラン製作所や、同じく王立の絨毯製作所であるサヴォヌリーや磁器製作所のセーヴルのように、国家に委譲されなかった。[20] 一七九一年以降、ボーヴェ製作所の経営者ド・メヌは、それまで国王から与えられていた特権のないまま、製作所の運営を余儀なくされた。折りしも低賃金に対して大きな不満を抱いた職工たちの暴動がおこり、製作所の運営はますます悪化し深刻な状態に陥った。

ボーヴェの町は憲法制定議会に対して製作所を保持するよう救済措置を訴えた。これに対して憲法制定議会では、ボーヴェ製作所がそれまで特権を享受してきたために、ほかの企業の設立を妨げてきたという歴史的事実が問題視され、製作所を存続させるべきかをめぐって白熱した議論が交わされた。このような混乱した状況下、一七九三年に製作所の経営者ド・メヌは辞任したが、その後数ヶ月のあいだ新しい経営者は登場しなかった。同年、国民公会はボーヴェ製作所を「ゴブラン製作所や絨毯を手がけたサヴォヌリー製作所、セーヴル製作所のように、国家の企業として運営し統括する」という決議を表明した。

一七九五年六月一日、農業芸術委員会の議決により、ボーヴェ製作所はそれまで製作所の監督を務めていた画家ジャン＝クロード・カムースの指揮下に置かれることになった。以後、ボーヴェ製作所は国家の会計のもとで運営され、材料の供給や必要な原材料はゴブラン製作所に依存することになった。こうして、ボーヴェ製作所は十九世紀以降もゴブラン製作所のアネックスのようなかたちで存続していくことになった。かくして、ボーヴェ製作所は最終的にゴブラン製作所の一部に組み込まれ、ほぼ一世紀半弱にわたる独立した製作所としての歴史を閉じたのである。

次節では、ブーシェのタピスリーの特質を検討する上で重要なボーヴェ製作所のタピスリーの主題傾向を概観するとともに、タピスリーの購買者の階層を把握することにしたい。

二　ブーシェのタピスリーの主題と購買者

ブーシェの連作の主題選択の特質を明確にするために、ボーヴェ製作所においてブーシェの連作に先行して織られたタピスリーの主題のレパートリーを概観しておこう。まずはゴブラン製作所のタピスリーと比較しながら考察を進めていきたい。

ボーヴェ製作所とゴブラン製作所のタピスリーの主題

ボーヴェ製作所の連作に関する一次史料は製作所の記録簿である。(21) しかし、この史料は一七二三年以降に制作されたタピスリーについてのみ記録しており、それ以前に制作された連作についての詳細は明らかでない。ただし一七二三年以前に制作された連作のなかでも国王が購入した作品については、『王立家具管理日誌』の納入記録や『国王家具記録目録』に記されていることがある。(22) ゴブラン製作所の連作の主題については、モーリス・フナイユによる優れた研究に詳しい。(23) 以下では、これらの文献資料に基づいて筆者が作成したボーヴェ製作所とゴブラン製作所のタピスリーの主題の一覧表［表3・4・5］を参照しながら、二つの製作所の主題選択の傾向を観察しよう。主題項目の分類は、基本的に「イコンクラス」の図像分類システムを採用した。(24)

まず十七世紀のゴブラン製作所のタピスリーの連作に注目したい。最も多く取り上げられている主題は神話である［表3］。これらは「テクストに基づく主題」であり、美術アカデミーにおいて最も高貴な主題と見なされた「歴史画」に該当する。歴史画とは高貴な人物（もしくは神や英雄）の行為を描いた物語画のことであり、狭義の歴史画に加えて宗教画や神話画もこのカテゴリーに含まれる。歴史画はアルベルティ以来、画家の最も偉大な創作物と見なされてきた。フランスの美術アカデミーにおいて歴史画は、主題間に設けられた位階において最上位に位置づけられていた。歴史画の下には、肖像画、風俗画、風景画そして静物画の順に続く。ゴブラン製作所では、歴史画を主題としたタピスリーが最も多く制作された。

十七世紀のゴブラン織りの名声を確立したのは画家シャルル・ル・ブランである。ル・ブランの下絵に基づく連作は合計十七点あり、その数は十七世紀に織られたゴブラン製作所の全連作の半数以上を占める。ル・ブランは一六四八年の美術アカデミー創設の立役者であり、一六六三年の規約改正の折りには美術アカデミーの指導者として中核的役割を果たした。

年	連作名	原画作者	主題											
			自然				装飾・風俗			歴史画				
			動物	四大元素	十二ヶ月	風景	オーナメント	建築装飾	そのほか	文学	歴史	聖書	寓意	神話
1662 ｜ 1699	名声の仕切り幕	シャルル・ル・ブラン										◎	◎	◎
	マルスの仕切り幕	シャルル・ル・ブラン												○
	凱旋車の仕切り幕	シャルル・ル・ブラン												○
	一角獣の仕切り幕	シャルル・ル・ブラン	○											
	台座のタピスリー	シャルル・ル・ブラン						○						
	ゴブランの葉叢模様のタピスリー	シャルル・ル・ブラン					○							
	コンスタンティヌス帝の歴史	シャルル・ル・ブラン									○			
	メレアグロスの物語	シャルル・ル・ブラン												○
	モーゼの物語	シャルル・ル・ブラン										○		
	ムーサのタピスリー	シャルル・ル・ブラン												○
	花綱と唐草文	シャルル・ル・ブラン					○							
	使徒行伝	ラファエッロ										●		
	四大元素	シャルル・ル・ブラン		○										
	四季	シャルル・ル・ブラン				○								
	子供庭師	シャルル・ル・ブラン							○					
	国王の歴史	シャルル・ル・ブラン									○			
	国王の城づくし	シャルル・ル・ブラン				○								
	アレクサンドロス大王の歴史	シャルル・ル・ブラン									○			
	モーゼの物語	シャルル・ル・ブラン										○		
	ヴァティカンの教皇居室	ラファエッロ									◎	◎	◎	◎
	神々の勝利	ノエル・コワペル												○
	神話主題のタピスリー	ジュリオ・ロマーノ												●
	神話の物語	ラファエッロ												●
	戦いの実り	ジュリオ・ロマーノ												●
	スキピオの物語	ジュリオ・ロマーノ									○			
	マリシミリアン皇帝の狩猟	ベルナール・ファン・オルレイ									●			
	アラベスクの12カ月	ラファエッロ			◎		◎							
	ルーカスの月暦図	ルーカス・ファン・レイデン			●									
	インド	エクカウ、ポスト							○					
	サン・クルーの回廊	ピエール・ミニャール						○						
合計			1	1	2	2	3	2	2	0	6	5	2	10
			6				7			23				

表3　17世紀のゴブラン製作所の連作の主題（筆者作成）
先行作例に基づいて制作された連作は●、主題が複数のカテゴリーに分類される連作は◎、それ以外は○で表記する。

年	連作名	原画作家	主題											
			自然				装飾・風俗			歴史画				
			動物	四大要素	十二ヶ月	風景	オーナメント	建築装飾	そのほか	文学	歴史	聖書	寓意	神話
1699－1735	神々の帷(四大元素と四季)	オードラン3世												○
	胸像の窓間飾り	シャルル・ル・ブラン							○					
	グロテスクの12ヶ月	オードラン3世			◎		◎							
	旧約聖書	シャルル・コワペル										○		
	新約聖書	ジュヴネ、レストゥ										○		
	変身物語	さまざまな画家												○
	貴族章飾りのタピスリー	オードラン3世					○							
	ドン・キホーテの物語	シャルル・コワペル								○				
	ダフニスとクロエ	オルレアン公、アントワーヌ・コワペル								○				
	イリアス	シャルル・コワペル												○
	ディアナの新しい帳	ペロー												○
	フランスの紋章入り新しい帳	ペロー							○					
	トルコの大使	パロッセル										○		
	オペラの断章	シャルル・コワペル							○					
	ルイ15世の狩猟	ウードリー									○			
	エステルの物語	ド・トロワ										○		
	新しいインド	デポルト							○					
	ダフニスとクロエ	ジョラ								○				
	諸芸術のタピスリー	レストゥ										◎	◎	◎
	マルクス・アントニウスの物語	ナトワール									○			
	イアソンの物語	ド・トロワ												○
	テセウスの物語	カルル・ヴァンロー												○
	オペラの断章(ドレスデンのタピスリー)	シャルル・コワペル								○				
	村祭り	ジョラ							○					
	日の出、日の入り	ブーシェ												○
合計			0	0	1	0	2	0	5	4	2	5	1	8
			1				7			4	16			

表4　18世紀前半のゴブラン製作所の連作の主題（筆者作成）
主題が複数のカテゴリーに分類される連作は◎、それ以外は○で表記する。

年	連作名	原画作家	主題											
			自然				装飾・風俗			歴史画				
			動物	四大要素	十二ヶ月	風景	オーナメント	建築装飾	そのほか	文学	歴史	聖書	寓意	神話
1728-1755	海の勝利	マルタン												○
	使徒行伝	マルタン										○		
	ポリフィロの物語									○				
	四大要素	ル・ブラン		●										
1703	小屋の鳥		○											
1723	国王の征服の歴史										○			
1723	ブゾンの市	マルタン							○					
1723	子供の遊び	ダモワズレ							○					
1723	港	ケルチョーヴ、カンピオン				○								
1724	葉叢模様と子供のタピスリー						○							
	中国皇帝の物語	フォントネイ、ヴェルナンサル							○					
1728	グロテスク	モノワイエ、ヴェルナンサル												
	葉叢模様と鳥のタピスリー						○							
	テニールスのタピスリー								○					
	シテール島													○
	動物の戦い		○											
	変身物語	ウアス												○
	新しい狩猟	ウードリー							○					
	ケファロスとプロクリスの物語	ダモワズレ												○
	テレマコスの冒険	アーノールト								○				
1732	田園の楽しみ	ウードリー							○					
1734	モリエールの喜劇	ウードリー								○				
1735	動物による変身物語	ウードリー												○
	上質なヴェルデュール	ウードリー					○							
1735-	ドン・キホーテ	シャルル・ナトワール								○				
1736-	ラ・フォンテーヌの寓話	ウードリー								○				
1736	イタリアの祭り	ブーシェ							○					
	プシュケの物語	ブーシェ												○
	中国主題のタピスリー	ブーシェ							○					
	神々の愛	ブーシェ												○
	オペラの断章	ブーシェ								◎				◎
	高貴なパストラル	ブーシェ							◎	◎				
合計			2	1	0	1	3	0	9	7	1	1	0	8
			4				12			7	10			

表5　18世紀後半のボーヴェ製作所の連作の主題（筆者作成）
先行作例に基づいて制作された連作は●、主題が複数のカテゴリーに分類される連作は◎、それ以外は○で表記する。

十七世紀後半期のフランス美術はル・ブランのイニシアティブによって展開した。ル・ブランは一六六四年に国王付き首席画家（在職一六六四―一六九〇年）に着任する二年前、ゴブラン製作所の初代監督に任命された。ル・ブランの下絵に基づいて制作された国王の偉業をたたえる数々の連作は、タピスリーの代名詞であった「アラス」にとってかわる「ゴブラン」の地位を築いたという点で、フランス製タピスリーの記念碑的作品となった。(25)

十七世紀のゴブラン製作所では、ル・ブランの下絵に基づくタピスリーのほかにも、フランス古典主義の理想とされたイタリアの巨匠、ラファエッロやジュリオ・ロマーノらの作品をモデルとしたタピスリーが織られた。すなわち、十七世紀のゴブラン織りの主題は歴史画が中心であり、それを手がけたデザイナーもまた、美術アカデミーにおいて最上位に位置する歴史画家たちであった。

一方、十七世紀のボーヴェ製作所の作品については、現存するタピスリーや断片的な情報をたよりにおおよその主題傾向を推察することができる。創業期には、主にフランドル風のヴェルデュールや、小さな人物像を伴う高級なヴェルデュールが織られた。このような主題選択の傾向は、ボーヴェ製作所設立の折に公布された王令のなかですでに規定されていた。ボーヴェ製作所はもともと、すでに指摘したように「ヴェルデュールと人物像を織り込んだタピスリーの製作所」として設立されたのであった。

ヴェルデュールはパターン化された装飾オーナメントである。このような下絵を制作するにあたっては、ゴブラン製作所に下絵を提供する画家が有していたような第一級の技量は要求されなかった。十七世紀のボーヴェ製作所の職工たちは、アントウェルペンやトゥルネーなど北方出身の画家からデッサンの教育を受けていた。したがって、北方の画家がボーヴェ織りの下絵を提供していた可能性も十分考えられる。(26) たとえば、十七世紀ボーヴェ織りの傑作である連作〈グロテスク〉は、風俗画とオーナメントが組み合わされた独創的作品であるが、その下絵を提供した画家ジャン＝バティスト・モノワイエ（一六三六―一七二〇年）はフランドル出身（現在のリール地方）のフランス画家であった。(27) もちろん、十七世紀のボーヴェ製作所の連作のなかにはフランス人画家の下絵に基づいて織られた連作もあった。連作〈変身物語〉の下絵は、美術アカデミーに属する画家を含めたさまざまな画家によって制作された[28]。

十八世紀のボーヴェ製作所で織られた連作の主題は、装飾や風俗的主題を扱ったものが最も多い［表4・5］。一方、十八世紀のゴブラン製作所のタピスリーの主題傾向は、十七世紀のゴブラン製作所の場合と変わらず歴史画が上位を占めており、その下絵画家の多くは美術アカデミーの歴史画家であった。

ボーヴェ製作所において、フランス人の画家が専属のデザイナーとして正式に採用されたのは、十七世紀末から十八世紀初頭になってからのことである。それ以前に下絵を提供していた画家は、ボーヴェ製作所の専属デザイナーというわけではなかった。タピスリーの下絵画家が採用されることになった背景には、この時期にタピスリーの下絵が不足していたという事実が挙げられる。ボーヴェ製作所の経営者はゴブラン製作所の下絵を借りることで暫定的に下絵不足を解決したが[29]、最終的な解決策としてデザイナーを採用することにしたのである。

はじめにデザイナーとして起用された画家ジャック＝ヴィグル・デュプレシと、その後任者クロード・ジロ（一六七三―一七二二年）は美術アカデミーの歴史画家であった。とはいえ、彼らは主に風俗画の分野で名声を獲得していた。デュプレシはシノワズリーを得意とし[30]、ジロは十七世紀のオランダ画家たちの影響を受けた風俗画や縁日芝居に着想を得た作品などを幅広く手がけていた[31]。ジロの次に正式に下絵画家として採用されたジャン＝バティスト・ウードリーもまた、美術アカデミーの歴史画家であった[32]。ウードリーは、画業形成期にあたる一七〇五年からおおよそ五年のあいだ、ニコラ・ド・ラルジリエールのアトリエに学んだ。その後一七一七年に美術アカデミーの準会員となり、一七一九年に《豊穣の寓意》（ヴェルサイユ宮殿美術館所蔵）を提出し、歴史画家として美術アカデミーに入会した。しかし、若い頃から静物画に興味をもっていたウードリーはやがて、宮廷の動物画家として活躍していたアレクサンドル＝フランソワ・デポルト（一六六一―一七四三年）の好敵手として頭角を現した。年長のデポルトのライヴァルとして登場したウードリーは動物画のジャンルで評判を獲得し、一七二六年にボーヴェ製作所のデザイナーに抜擢されたわけである。

このように、ウードリーは歴史画家として美術アカデミーに入会を果たしたものの、実際は、動物画・狩猟画家として活躍していた。ボーヴェ製作所には六つのタピスリー連作の下絵を提供した[33]。すなわち、〈新しい狩猟〉（一七二七年）、〈田園の楽しみ〉（一七三〇―一七三二年）、〈モリエールの喜劇〉（一七三二年）、〈動物による変身物語〉（一七三四年）、〈上質なヴェルデュール〉（一七三五年）、〈ラ・フォンテーヌの寓話〉（一七三六年）である。このうち、神話の主題に取材している連作は〈動物による変身物語〉――とはいえ神話主題が動物だけで表現されている――だけであり、残る五つの連作の主題は風俗画と狩猟であった。

このように、デュプレシ、ジロ、ウードリーがボーヴェ製作所の下絵画家として採用された背景には、風俗画を中心とする連作を売り出そうという経営者の制作方針、あるいはこう言ってよければ、ボーヴェ製作所のブランド戦略を読み取ることができる。すなわち、ボーヴェ製作所では、ゴブラン製作所とは異なる新たな市場を開拓することを目指し、ゴブラン製作所が最も力を入れていた歴史画主題ではなく、風俗画を中心とした軽いテーマを取り上げたタピスリーの連作の制作に精力を傾けていたのである。

このようにブーシェ以前にボーヴェ製作所の下絵画家を務めた画家の経歴を考慮するならば、ブーシェはボーヴェ製作所のために下絵を提供した最初の「典型的な歴史画家」のデザイナー――ブーシェは画業初期の版画制作のキャリアを通じて、風俗画の主題も器用にこなすことができた――であったといえる。ボーヴェ製作所はブーシェを下絵画家として採用し、伝統的に歴史画家が下絵を提供してきたゴブラン製作所とはじめて同じ土俵で競うことになった。ブーシェを採用することによってボーヴェ製作所は重要な転換期を迎えることになるのである。

ブーシェのタピスリーの主題傾向

ブーシェの下絵に基づく六つの連作は、主題別に大きく三つに分けることができる。まず、最も多いのが神話画の主題

歴史画				風景画	肖像画	そのほか		合計
聖書	神話	歴史	寓意			パストラル	風俗そのほか	
54［7］点 （8%）	187［20］点 （28%）	6［4］点 （1%）	24［5］点 （4%）	73点 （11%）	23（5）点 （4%）	127点 （19%）	161点 （25%）	655点 （100%）
271点 （41%）						288点 （44%）		

表6　ブーシェの絵画作品の主題（筆者作成）
主題ごとの作品点数の下に記した括弧内の（%）数字は全体の中での割合を示している。［　］の数字はそれぞれの主題のうち、牧歌的あるいはパストラル風に描写されている作品点数である。

――〈プシュケの物語〉と〈神々の愛〉――である。〈オペラの断章〉は、連作名だけで判断するならば風俗的主題に該当するが、この連作を構成する四点の下絵の主題は、神話画と歴史画――《ウェルトゥムヌスとポモナ》、《イセの眠り》、《ウェヌスとアモル》――と、タッソ作『リナルドとアルミーダ』を典拠とした《ルノーの眠り》である。したがって、〈オペラの断章〉も大きな枠組みでみれば、神話ないし叙事詩を主題にした作品と見なすことができる。つまり、六つの連作のうち三つの連作の主題が歴史画ということになる。

神話画に次いで制作されたのは風俗画である。〈イタリアの祭り〉と〈中国主題のタピスリー〉のような主題は、ボーヴェ製作所のタピスリーの伝統的なレパートリー――「イコンクラス」システムの分類によれば社会・文化的主題に属する主題――に倣っている。

残る一つの連作〈高貴なパストラル〉の主題は牧歌的風景画「パストラル」である。パストラルは十六世紀ヴェネツィア派に遡る長い絵画伝統がある。ブーシェのパストラルには田園を舞台にした羊飼いたちの恋愛模様が描かれており、風景画と風俗画のそれぞれの要素が組み合わされている点に特徴がある。パストラルをテーマとした油彩画は第七章で論及するように、ブーシェの作品のなかでもとりわけ人気を集めていた。

ここでブーシェの絵画作品とタピスリーの主題傾向を比べてみよう。この点を考察するにあたって、筆者はアナノフによる油彩画のカタログ・レゾネをもとに、作品の主題別の分類を行った[34]［表6］。最も多い主題は歴史画であり、そのうち神話主題の作品が最も多い。ブーシェの描く官能的で優雅な神話画は高く評価されていた。この絵画作品にみられる主題選択の傾向は、タピスリーの主題選択の折りにも反映されている。

神話画の次にブーシェが手がけたのはパストラルである。ブーシェのパストラルは版画や陶器の絵柄としても取り上げられ、装飾芸術の領域でも広い成功を収めた。ブーシェがこの主題に取り組むのは一七三七年頃であり、初期の代表的作品としては第二章で論じるパリの貴族の館、オテル・ド・スービーズの装飾画を挙げることができる。その後ブーシェは、一七四五年頃よりパストラルのテーマを精力的に制作しはじめ、サロンにも積極的に出展するようになる。〈高貴なパストラル〉は一七五五年に一作目が織り出されるが、その下絵の一部は一七四八年に制作されたものであり、当時のブーシェの作品のなかでも新鮮で人気の高まりつつある主題であった。

このようにブーシェのタピスリーの主題選択は、彼の油彩画の主題選択の傾向とほぼ一致している。ブーシェの連作の最も多い主題が神話画であるという事実は、装飾や風俗的主題が主流をなすボーヴェ製作所の伝統的な主題傾向と一線を画している。たしかに、ボーヴェ製作所では、ブーシェ以前にも神話画を主題にしたタピスリーが織られることがあったが、一人の画家が一つの連作の下絵をすべて提供した前例はない。このことは、ボーヴェ製作所が歴史画家ブーシェの手腕をきわめて高く評価し、大きな期待を寄せていたことを示している。ブーシェにとっても、ボーヴェ製作所にとっても、ゴブラン製作所と同じ歴史画主題の連作を手がけることはきわめて挑戦的な試みであった。新作を構想するにあたっては、あらかじめ一定の顧客層を想定していたことが予想される。

タピスリーの購買者

ボーヴェ製作所の顧客層については、フランスのタピスリー製作所の格づけを参考にしながら、大まかに想定することができる[35]。まず、最上位に位置づけられる製作所は国王のタピスリーを制作したゴブラン製作所である。次にボーヴェ製作所、その下位にオービュッソン製作所のようなボーヴェ製作所より廉価なタピスリーを制作していた地方の製作所の順に位がつけられる。[36] オービュッソン製作所とボーヴェ製作所の違いを端的にいえば、第四章で詳述するように、高級ブランド（ボーヴェ）と廉価なブランド（オービュッソン）ということができる。この違いはそのまま製作所の顧客の階層に対応している。つまり、ボーヴェ製作所の中心的な顧客層は、ゴブラン織を所有した国王や王族とオービュッソン織を購入した裕福な市民の中間に位置する貴族たち、ということになる。なお、ゴブラン製作所のタピスリーは原則として国王と王族のために制作されており、一七五〇年代になるまで公に販売されることはなかった。

ボーヴェ製作所の顧客に関する研究はこれまでまったく行われてこなかった。その要因はボーヴェ製作所の記録簿に詳細な情報が一切記載されていないことによる。記録簿には購買者の苗字が記されるにすぎず、ごくまれに購買者の肩書や職業が併記される程度である。ボーヴェ製作所の基礎研究を行ったジュール・バダンもまた、これらの記録簿に基づき、ごく簡潔に購買者名と制作年を提示しているにすぎない。[37] 筆者は、実際に製作所の記録の現地調査を行い、バダンの情報を精査し、これまで注目されることのなかった購買者の階級層、個々の人物を同定することを試み、十三人のプロフィールを特定することができた[38]［巻末資料1の①から⑬を参照］。以下では、ボーヴェ製作所の顧客層を明らかにすることを通じて、彼らが、ブーシェが画業半ばまでに画家としての地歩を確立する上でもきわめて重要な支持層であったことを指摘したい。

タピスリーの購買者についてその身分に注目して見直すならば、大きく四つのグループに分けることができる。すなわち、国王、外国の王室、そして今回の調査の結果新たに重要なグループとして浮かび上がった法服貴族、そのほかこれらの三つのグループに含まれない購買者である。以下では、各グループのなかでとくに重要な人物に絞って考察を行う。

1　国王

フランス国王によるタピスリー購入のパターンには一定の傾向が指摘できる。国王は一作目の連作〈イタリアの祭り〉をのぞくすべての連作を購入している。さらに作品の購入回数は、二作目の〈プシュケの物語〉以降は増えていく。〈プシュケの物語〉(39)は二回、三作目の連作〈中国主題のタピスリー〉は三回、四作目の連作〈神々の愛〉は九回購入している。王室が最も多く購入した連作は〈神々の愛〉であるが、最後の連作〈高貴なパストラル〉は、エディション数十六回のうち国王のために六回制作されており、全体の割合からみると、王室がこの連作の重要な購買者であったことがわかる。

国王のために織られたタピスリーの制作年についていえば、そのほとんどが一七五〇年代後半以降に集中している。一七五五年以前の注文は、一七四〇年代に一回（一七四五年の〈プシュケの物語〉）、一七五〇年代前半に一回（一七五四年の〈神々の愛〉）にとどまる。一七五〇年代後半以降に次第に注文が増えていく傾向は、画家ブーシェの昇格と密接に連動していることが想定される。ブーシェは一七五〇年以降、国王の寵姫ポンパドゥール夫人（一七二一―一七六四年）のお気に入りの画家として重用されはじめる。たしかに、それ以前にもブーシェは王室のために作品を手がけてはいたが、ポンパドゥール夫人の引き立てのもとで、王室からのパトロネージがいっそう堅固なものとなったであろうことは間違いない。

また一七五五年にブーシェが王立ゴブラン製作所の総検査官に任命された事実が示すように、ブーシェはデザイナーとしてもその技量が高く評価されていたことがうかがえる。その評価につながる作品となったのは、国王が最も多く購入した連作〈神々の愛〉である可能性が高い。ブーシェが手がけた六つの連作のうち、〈プシュケの物語〉は国王の命を受けて、外国への贈り物として利用するために制作されたタピスリーである。そのほかの連作は注文制作されたものではない。したがって、連作〈神々の愛〉の主題選択は当時、国王の特別な注意をひきつける作品として構想されたことが十分推測されるのである。この点については、第五章で改めて論じることにしよう。

2　外国の王室

ブーシェのタピスリーはナポリのブルボン家をはじめ、スウェーデンやプロイセンの王室によっても購入された。これら

図6　フランソワ・ブーシェの下絵に基づく《プシュケとかごを編む人》(タピスリー連作〈プシュケの物語〉より) ボーヴェ製作所、344.1 × 353.3 cm、ロサンゼルス、ポール・ゲッティ美術館

図7　フランソワ・ブーシェ《ウェヌスの誕生》1740年、油彩、カンヴァス、130 × 162 cm、ストックホルム国立美術館

の王室はブーシェの絵画作品の重要なパトロンでもあった。ここでは、とりわけブーシェの油彩画を収集したスウェーデンの王室に注目して、王室とブーシェの仲介役を果たした二人の人物について言及しておこう。一人目は、スウェーデンの王宮の管理責任者であった大使カール・グスタフ・テッシン伯爵（一六九五—一七七〇年）である。テッシンは一七三九年から一七四二年にスウェーデンの大使としてフランスに滞在した。この期間にテッシンは、スウェーデン王室のためにさまざまな作品を購入したほか、個人的にもブーシェの作品を入手している。[40] 現在ストックホルム美術館に所蔵されるブーシェ作《ウェヌスの誕生》［図7］もこの機会に購入されたものであった。また、テッシンは第七章で詳述するように、自作の物語『ファウニラネ』の挿絵の制作もブーシェに依頼している。

　スウェーデンの王室とブーシェの仲介役を果たした二人目の重要な人物は、王室の建築計画にたずさわっていた建築家カール・ホーレマンである。彼は一七四二年にテッシンが帰国したのと入れ替わりにパリに到着した。一七四四年、ホーレマンはブーシェに六点の戸口上部装飾画の制作を依頼しており、翌一七四五年にはスウェーデン王妃ルイーズ・ウルリカの注文を受けて、一日の四つの時間をテーマにした作品も注文している。[41] このように、ブーシェのタピスリーの購買者であるスウェーデン王室は、ブーシェの絵画作品の重要な顧客でもあった。

3　法服貴族

調査の結果、ボーヴェ製作所の連作の重要な購買者として新たに浮かび上がってきたのは、法服貴族である。法服貴族とは、高等法院に務める貴族のことを指す。絶対王政下においてこれらの司法に関する官職は、売買の対象となった[42]。実業家や事業家たちは官職を買収して、裁判官や判事その他の役職についた。これらの司法官の先祖はほとんどが平民出身であり、貴族ではない。生まれながらの貴族とは、帯剣貴族と呼ばれ、彼らは中世以来の騎士、戦士の血筋を引いている。帯剣貴族は金融業や商工業には手を染めないことがしきたりとなっていた。十八世紀には、財力をつけた実業家が官職を買い取り、領地を買収して領主となることで貴族の資格や爵位を得て、宮廷社会に進出し勢力を伸ばすようになった。国王の寵姫ポンパドゥール夫人の義理の叔父ル・ノルマン・ド・トゥルヌエム（一六八四―一七五一年）は、宮廷における夫人の昇格に乗じて一七四五年から一七五一年のあいだ王室建造物局総監を務めたが、もともとは徴税請負人であった。ボーヴェ製作所の購買者のなかにラリーヴ、フレッセル、テレー、ドルメゾン、マッソンなどの著名な法服貴族が名を連ねていることは特筆に値する[43]。筆者が新たに同定した法服貴族のうち、ベルジェレとクロザについてはのちに詳しく取り上げる。

法服貴族の注文の傾向として特筆されるのは、ブーシェの最初の連作〈イタリアの祭り〉が売り出された時より購入者として名を連ねていること、さらに、多くの場合、連作が売り出されてから比較的早い時期にそれを購入しているという点である。たとえば、〈イタリアの祭り〉をはじめに購入した十名のうち五人が法服貴族（ル・テリエ［二回注文］、マッソン、ドール、テュニー）である。同様に、三つ目の連作〈中国主題のタピスリー〉の場合、法服貴族は二番目（ベルジェレ）に作品を購入しており、四つ目の〈神々の愛〉では一番目と八・九番目（ラリーヴ、トルデヌ）、六つ目の連作〈高貴なパストラル〉では二番目（ラリーヴ・デピネ）にタピスリーを入手している。

このようにブーシェの連作の多くが販売後まもなく法服貴族によって購入されたという事実は、彼らがタピスリーの購入者としてあらかじめ想定されていた可能性を示唆している。法服貴族が顧客となるルートとして注目されるのは、ボーヴェ製作所の運営にたずさわっていた財務総監の存在である。ボーヴェ製作所では、画家が提供する下絵をタピスリーに翻案するか否かの審査が行われた。その審査に関与したのが財務総監である。ボーヴェ製作所は創設当初、ゴブラン製作所と同じく王室建造物局総監の管轄下に置かれていたが、十七世紀末より財務総監に管理されることになった。財務総監は宮廷入りを許された法服貴族が就任する最高の地位の官職であり、一六六一年までの大蔵大臣に代わり、経済担当大臣職としてフランスの財務と財政を監督する職責を負っていた。

財務総監がボーヴェ製作所の新作の情報を握っていたとすれば、財務総監を通じて彼らの交際範囲でいち早くボーヴェ織りの新作についての情報が流通していたことが推測できる。法服貴族がブーシェの一作目の連作以来、つねに早い段階でタピスリーを入手しているのもこのためであろう。またブーシェのタピスリー連作の主題にも、財務総監に代表される階級層の法服貴族の趣味が、多少なりとも反映されていたことが十分考えられる。ウードリーをボーヴェ製作所のデザイナーとして引き立てた人物、ルイ・ファゴン（一六八〇―一七四四年）が財務総監の下で仕事をしていたことに、注目したい。ファゴンはウードリーの友人であり、またパトロンとしてウードリーのキャリアを支えていた。ボーヴェ製作所がどのように作品の注文販売を行っていたのか、どのような売り込みをしていたのかについての記録は残念ながら残されていない。

以下では、ブーシェのタピスリーを購入した法服貴族のなかでもとりわけ重要と思われる二人の人物について、少し詳しくみておくことにしたい。

ベルジェレ

ベルジェレは一七四四年に〈中国主題のタピスリー〉を注文している。ロココ時代の金融界で名高いベルジェレ一族は、十八世紀のあいだに四代続けて同じ役職を引き継いだため、しばしば人物の同定に混乱を招くことがある。[44] ブーシェの収集家として知られているのは、徴税請負人ピエール＝ジャック＝オネジム・ベルジェレ・ド・グランクール（一七一五―一七八五年）である。ベルジェレは著名な美術愛好家であり、一七五四年八月三十一日に美術アカデミーに準共同会員として入会している。[45]

ベルジェレはブーシェの弟子ジャン＝オノレ・フラゴナール（一七三二—一八〇六年）のパトロンとして広く知られているが、彼はブーシェの作品の重要な収集家でもあった。ベルジェレのブーシェ絵画のコレクションとしては、《ベルジェレ夫人の肖像》（ワシントン、ナショナル・ギャラリー所蔵）や、一七六九年のサロンに出展された著名な対作品《市場の帰り》と《休息、市場への出発》（二点共にボストン美術館所蔵）がある。ベルジェレはほかにもブーシェの風景画やパストラルをいくつも所有していた。[46]何より特筆すべきは、ブーシェが手がけた〈中国主題のタピスリー〉の九点のエスキスもまた、ベルジェレが入手していたということである。

ベルジェレによるブーシェ絵画のコレクションは、一七五五年以降に制作された油彩画が中心に形成されている。これに対して〈中国主題のタピスリー〉とエスキスは一七四〇年代前半の作品であり、ベルジェレのブーシェ・コレクションのなかではめずらしくブーシェの初期作品である。ベルジェレは一七四四年にタピスリーを購入しているが、エスキスの購入時期については明らかでない。ベルジェレが集めたブーシェ作品のなかでは特異な位置を示す初期作品の購入について、一体どのように理解することができるだろうか。

一七四〇年代前半、ブーシェの連作——〈イタリアの祭り〉、〈中国主題のタピスリー〉、〈神々の愛〉——の購入者は、徴税請負人を含む法服貴族が多いことはすでに指摘した。そのことは、これらの階級のあいだでこの時期に、タピスリーで室内を飾ることが流行していたことを示している。[47]徴税請負人で郵便業務総監督官ピエール・グリモ・デュ・フォールがボーヴェ製作所に連作〈ドン・キホーテ〉（全十点）制作を個人的に依頼したのはその好例である。[48]この連作の下絵は特別にブーシェのよきライヴァルであった歴史画家シャルル＝ジョセフ・ナトワール（一七〇〇—一七七七年）によって制作され、一七三四年に一作目の下絵が完成し、それに基づくタピスリーは翌年に織り出された。なお、ナトワールはこの連作のほかにはボーヴェ製作所に下絵を提供していない。[49]連作〈ドン・キホーテ〉を購入することによってグリモは財力とともに、美術愛好家であるという社会的プレステージを誇示したかったのであろう。[50]グリモはタピスリーのみならず、ナトワールの下絵も所有していた。

徴税請負人ベルジェレはおそらく同業者グリモのタピスリーのコレクションをよく知っていたに違いない。ベルジェレがタピスリーを購入する一七四四年は、グリモの連作の最終完成年であることも示唆的である。ベルジェレはグリモのナトワールによるタピスリーと共にその下絵のコレクションを目にし、ブーシェの連作とそのエスキスの購入を決心したのかもしれない。

いずれにせよ、ベルジェレがブーシェの絵画作品の収集をはじめる以前にタピスリーを所有していたという事実は、一七四〇年代前半においてブーシェが、タピスリーの下絵画家としても法服貴族のあいだで高く評価されていたことを示している。ブーシェに基づくボーヴェ織りのタピスリーを所有することは、法服貴族にとってステイタス・シンボルとしての価値を有していたのである。

クロザ

ボーヴェ製作所の記録簿にはクロザ一族の名が二度記されている。一人目は、連作〈イタリアの祭り〉を十一番目（一七四四年）に購入した「テュニー氏」、二人目は四作目の〈神々の愛〉を十二番目（一七五四―一七五六年）に購入した「ティエール男爵」である。前者は、おそらくジョセフ＝アントワーヌ・クロザ、テュニー侯爵（一六九九―一七五一年）、後者がその弟ルイ＝アントワーヌ・クロザ、ティエール男爵（一七〇〇―一七七〇年）であろう。兄テュニーは一七二六年から死去するまでのあいだ、パリ高等法院第四破棄院審理部の裁判長を務めた。弟ティエール男爵は、ラフォーシュ、ヴィニョリー、セミリー、セクストフォンテーヌ、マーベヴィルの領主であり、シャンパーニュ地方法官であった。

二人の父親は、著名な絵画収集家ピエール・クロザ（一六六五―一七四〇年）の兄アントワーヌ・クロザ、シャテル侯爵（一六五五―一七三八年）である。アントワーヌは、トゥールーズの大銀行家の息子であり、弟ピエールと共にフランス領ルイジアナにおいて、はじめて工業所有権の所有者となり一大財産を築いた。アントワーヌには四人の子供がいた。すなわち、長女マリー＝アン（エヴルー伯爵と結婚）、長男ルイ＝フランソワ、シャテル侯爵（一六九一―一七五〇年）、そして前述の兄弟、つまり次男のテュニー侯爵、三男のティエール男爵である。すなわち、ブーシェの連作を購入した二人の兄弟は、父の代から財力をなし高位公職を得た法服貴族であった。

クロザ兄弟に関して次の二つのことに注目したい。一つ目は、彼らが父の弟ピエールの死後、その著名なクロザ・コレクションを譲り受けたことである。(51) このコレクションは十八世紀初頭の美術愛好家と美術の動向の形成にかかわる重要な役割を果たしたことから、少し詳しく説明しておこう。兄弟の叔父であるピエール・クロザは、銀行家、投資家としてのみならず、美術に優れた見識をもつ大コレクターである。四百点にも及ぶ絵画作品と一万九千点にも及ぶフランドル、イタリア派の素描を所有しており、そのコレクションはとりわけヴェネツィア派とロンバルディア・ボローニャ派が重要な位置を占め、同時代のフランス画家の作品はほとんど含まれていなかった。(52) クロザの素描の一大コレクションは、一般の愛好家への素描趣味を深めた点で重要である。クロザが主催する美術サークルは、一七一五年から一七二〇年代の芸術の動向に大きな影響を与える、ピエール＝ジャン・マリエット、ケイリュス、バショーモンなどの美術愛好家や目利きが集う場であった。

初代クロザのコレクションの興味深い点は、それが画家に開かれていた点にある。その恩恵を最も享受した画家がジャン＝アントワーヌ・ヴァトー（一六八四―一七二一年）であることはよく知られている。ヴァトーは一七一二年前後から一七一八年に至るまで、パリやその近郊にあったクロザの館に寄寓していた。クロザのコレクションは二度にわたって版画集として出版された。フランソワーズ・ジュリによれば、ブーシェはその画集から多くを学んだだけでなく、一七三〇年代の形成期にクロザのコレクションから直接学ぶ機会をもったという。(53) ブーシェが美術アカデミーの若手歴史画家として活動を開始する以前より、すでにピエールを通じてクロザ一族と接する機会に恵まれていたとすれば、ブーシェが画業初期よりピエールの三人の甥たちとも交流があった可能性は高い。

ここで興味深いことは、ピエール・クロザ亡きあとのコレクションの行方である。そのコレクションは兄の長男ルイ＝フランソワに委譲されたが、ルイ＝フランソワが一七五〇年に亡くなったことから、それは娘（のちのショワズル侯爵夫人）と二人の弟テュニーとティエールによって相続された。しかし、テュニーは一七五一年に死去したことから、翌年ティエールがそのコレクションを譲り受けた。一七七〇年のティエールの死後、クロザ・コレクションは一七七二年に競売にかけられ、百科全書の著者ドゥニ・ディドロ（一七一三―一七八四年）の仲介をへて、ロシアのエカテリーナ二世のもとにわたり、エルミタージュ美術館の礎となった。(54)

一七四四年にブーシェの連作〈イタリアの祭り〉を購入したクロザの次男テュニーは、ブーシェの油彩画も所有していた。一七四〇年五月付の侯爵のサイン入り六百リーヴルの領収書から、それが「風景」と「図書館の天井用の作品」（作品不明）に対して支払われた金額であることがわかる。(55)テュニーがタピスリーと油彩画を購入した年を考慮するならば、彼はブーシェの油彩画を購入したのち、おそらくブーシェのタピスリーにも興味をもったと考えられる。

ティエールは一七五四年に連作〈神々の愛〉を購入しているが、それ以前よりブーシェの顧客であった。レストゥの記録によれば、イタリアから帰国したブーシェは第二章で取り上げるマリエットのブーシェ伝に記される弁護士デルベのための装飾画を手がけたのち、ティエールの邸宅の回廊に飾るための作品（所在不明）の注文を受けている。(56)また、ティエールはアマチュアの版画家であり、ブーシェの素描に基づく版画も制作していた。(57)ティエールは連作〈神々の愛〉の二点《バッコスとアリアドネ》と《ウェヌスとウルカヌス》（メトロポリタン美術館所蔵）を購入しているが、これらはデンマークの外相ベアンストーフ（一七一二―一七七二年）の依頼を受けて、コペンハーゲン宮殿のために家具とセットで入手したものであった。(58)つまり、ティエールはボーヴェ製作所とデンマーク宮廷とのあいだの仲介役を担っていたのである。

以上の考察から、次のことが明らかになった。ブーシェやボーヴェ製作所の主な顧客は、ボーヴェ製作所の指揮監督を行った財務総監に代表される法服貴族層であり、彼らは一七四〇年代に次第に政治的に力をつけ、国王の取り巻きとして実権を握り始めた階級であった。そのなかには、名高い美術愛好家クロザ一族もいた。ブーシェのタピスリーは、一七四〇年代にはとくにこの階級のあいだで購入されている。タピスリーによる室内装飾は、彼らのあいだでステイタス・シンボルとなっていた。また、彼らがブーシェのタピスリーとともに油彩画も購入していたことは注目される。ブーシェの油彩画の購買者とタピスリーの購買者の階層は一致していたのである。

4　そのほか――ジョフラン夫人

最後に国王、外国の王室、法服貴族をのぞく、ブーシェのタピスリーの購買者についてみてみよう。このグループにはまず、連作〈プシュケの物語〉を購入した地方都市（マルセイユとルーアン）が含まれる［巻末資料1―2を参照］。それぞれの注文の背景は不明だが、〈プシュケの物語〉は国王の依頼を受けて外交上の贈り物として制作されたことと関連づけられるかもしれない。〈プシュケの物語〉はスペイン、スウェーデン、ナポリ、プロイセンの諸国で購入されており、そのタピスリーは、ゴブラン製作所に並ぶフランスのタピスリーとしてボーヴェ製作所の公的な連作とされていた可能性が高い。マルセイユやルーアンはそれぞれフランスの南と北を代表する港町であり、外国人が多く通過する都市であった。したがって、国王に認可されたボーヴェ製作所のタピスリーが市庁舎を飾ることは、地方都市の権威を誇示する意図があったと考えられる。序章で触れたように、ルーアンの高等法院の司法官は一七四〇年にボーヴェ製作所に依頼してブーシェの下絵に基づくタピスリー（［図3］がその下絵である）を購入していた。[59] ルーアンの市庁舎でも、ブーシェの連作をボーヴェ製作所から購入することを計画したことが推測される。

さて、このグループの大多数を占めるのは同定不可能な購買者である。筆者の調査では、ほぼ確実にパリの裕福な市民階級の人物として「ジョフラン夫人」を同定するにとどまった。ジョフラン夫人はブーシェとも密接な交友関係が認められることからも、ここで言及しておきたい。

ジョフラン夫人は一作目〈イタリアの祭り〉の二十七番目（一七五三年）に購入者として記録されている。マリー＝テレーズ・ロデ・ジョフラン（一六九九―一七七七年）は十八世紀の啓蒙時代を代表するサロンの主催者として、フランスのみならず各国の宮廷でも広く知られていた。[60] 市民階級ではじめてのサロンを主催した女性としても名高い。夫人は同じく平民出身のパリの自警団中佐、ピエール・フランソワ・ジョフランと結婚する。ジョフラン夫人の夫はサン・アントワーヌ街のガラス製作所の主要な株主で資産家であったことから、平民でありながらタピスリーを購入するだけの財力をもっていた。

ジョフラン夫人は名高いサロンの主催者サンタン夫人の死後、そのサロンの継承者となる。一七四九年から一七七七年のあいだ、サンタン夫人のサロンの客をそのまま譲り受けた。ジョフラン夫人のサロンには、ヴォルテール、ルソー、ディドロ、ダランベール、ドルバック、マンモルテル、エルヴェシウス、グリム、フォントネルなどの文学者や哲学者が集った。パリに来る諸外国の王侯もこのサロンに立ち寄った。

ブーシェとジョフラン夫人との関係について特筆すべきことは、ブーシェがジョフラン夫人によって毎週月曜日に主催される夜会の常連であり、ジョフラン夫人が彼の絵画作品のコレクターでもあったという事実である。(61) ジョフラン夫人の手帳の記録によれば、夫人は一七五〇年から絵画収集を開始し、ブーシェの作品のコレクションとしては、「四点の小さなパストラルの作品、一点六百リーヴル、計二千四百リーヴル。聖家族、二千四百リーヴル。聖家族と同サイズの二点のパストラル、計千二百リーヴル、聖家族と同サイズの風景画、千二百リーヴル、優雅な主題（ブーシェとブーシェ夫人のために）、三百リーヴル」を所有していた。(62) ジョフラン夫人は一七五〇年以降もブーシェの油彩画のコレクションを続けた。一七六五年のサロンに出展された対作品《手紙の出発》と《手紙の到着》（二点共に、ニューヨーク、メトロポリタン美術館所蔵）も所有していた。(63)

ジョフラン夫人は一七五三年に〈イタリアの祭り〉を購入していることから、ブーシェの絵画収集をはじめたのちに、タピスリーを買い求めたことになる。一七五〇年の時点における夫人の全九点の絵画コレクションの主題別うちわけは、パストラル六点、宗教主題一点、風景画一点、優雅な主題一点であり、明らかに夫人がパストラルを好んでいたことがわかる。また、「優雅な主題（ブーシェとブーシェ夫人のために）」という記録の意味するところは不明であるが、ジョフラン夫人がブーシェと近しい関係にあったことはたしかであろう。ジョフラン夫人が《ブーシェの肖像》（シャルル＝ニコラ・コシャン原画、カール版刻）の版画を所有していたことからも両者の近しさは明らかである。この版画にはブーシェのサインと一七五四年五月十四日の日付が明記されていたことから判断して、ジョフラン夫人は一七五三年にタピスリーを購入した翌年に、ブーシェの肖像画を贈呈されたのかもしれない。

前述のようにジョフラン夫人は絵画作品のなかでもパストラルの絵画作品に強い嗜好をもっていたようである。しかし、〈高貴なパストラル〉の一作目は一七五五年に織り出されていることから、一七五〇年代はじめに夫人がタピスリーを購入する時点において、その連作はまだ販売されていなかった。夫人が購入した連作〈イタリアの祭り〉には、戸外で遊戯にいそしむ人々が描かれており、その主題は〈高貴なパストラル〉が織られる以前に織られていたブーシェのタピスリー連作のなかで最もパストラルに近い雰囲気を持った作品であった。つまり夫人が購入したブーシェのタピスリーには、彼女の絵画に関する趣味がよく反映されているのである。

ジョフラン夫人はブーシェを最も批判した美術批評家ディドロなど、啓蒙思想家のグループとも交流があった点も興味深い。ブーシェ自身も通っていたジョフラン夫人のサロンは、ブーシェ作品の購買者や批評家の複雑なネットワークを理解する上で重要な鍵となる。

タピスリーの購入に関する特徴

最後に、六つのタピスリー連作の購買者［巻末資料1］を参考にしながら、注文のパターンを読み取ってみよう。第一のパターンは、同じ人物が二度にわたって同一の連作の異なる主題の作品を注文する場合である［巻末資料1の○を参照］。たとえば、〈イタリアの祭り〉の購入者ル・テリエは、一七四一年と一七四二年に二回に分けて注文している［巻末資料1―1の七、九番目］。ル・テリエはおそらくタピスリーのコレクションを少しずつ増やしていったのであろう。また、〈中国主題のタピスリー〉の購入者マルケの場合、同一の連作で二度同じ作品を購入している。マルケはタピスリーを贈り物として利用したのかもしれない。

第二のパターンは、一人の購買者が二つの異なる連作を購入する場合である［巻末資料1の●を参照］。たとえば、〈神々の愛〉の購買者ド・ムラン［巻末資料1―4の二番目］は、〈オペラの断章〉も購入している［巻末資料1―5の二番目］。このような購買パターンは決して珍しくない。言い換えれば、ブーシェのタピスリーのコレクター、あるいはボーヴェ製作所の固定客の存在がうかがえる。

一連の考察から、次のことが明らかとなった。すなわち、ブーシェの連作の重要な購買者は、ボーヴェ製作所の監督顧問でもあった財務総監が属する法服貴族であること。十八世紀、これらの財界で富を構築した新興階級は積極的に政治に参与し、宮廷でも権力を蓄えるようになった。彼らが一七四五年に国王の寵姫として宮廷入りを果たしたポンパドゥール夫人の階層であり、一七四〇年代に次第に政治的な力をつけ、国王の取り巻きとして権勢を握りはじめた階級であることは注目に値する。ブーシェは一七五〇年から夫人のお気に入りの画家として重用されていくからである。国王からのタピスリーの注文が次第に多くなる傾向も、ポンパドゥール夫人のパトロネージと密接に連動している可能性が高い。しかし、ポンパドゥール夫人の庇護下にはいる以前に、すでに法服貴族たちがブーシェのタピスリーの主要な顧客であったことは、注意しなければならない。先行研究では、つねにブーシェの画家としてのキャリアが重要視される。しかし、一七四〇年代のブーシェはすでにタピスリー・デザイナーとして、着実に名をなしていたのである。ここにおいて、画業前半期、次第に画家としての名声を確立していくブーシェにとって、とりわけボーヴェ製作所の下絵画家としての制作活動の意義がいかに重要であったかが明らかになるであろう。

三　ブーシェの下絵制作活動

ブーシェはボーヴェ製作所にタピスリーの下絵を提供する際に、具体的にどのような仕事をしていたのだろうか。ボーヴェ製作所のためのブーシェの制作活動について検討するにあたって、まずは、タピスリーの製織の工程と専門用語を定義しておく必要がある。(64)

タピスリーの製織方法

タピスリーを織り上げるために、織師はまず、下絵をもとに制作したタピスリーと同じ寸法のカルトンに従って作業を進める。織機には二種類――経糸を垂直に配置する竪機（垂直式織機）［図8］と、経糸を水平に配置する臥機（水平式織機）［図9］がある。(65)どちらの織機にも、経糸を均等に張り、織り上がったタピスリーを巻き取るための千巻（ビーム）が設置される。竪機には下方に千巻、上方に千切、臥機には手前に千巻、後方に千切が取りつけられる。ゴブラン製作所では主に竪機が使われていたのに対して、ボーヴェ製作所ではフランドルの工房において一般的であった臥

図9　臥機（ディドロとダランベール『百科全書』より）

図8　竪機（ディドロとダランベール『百科全書』より）

機が使われる傾向にあった。ボーヴェ製作所には非常に多くの北方出身の織師がいたためである。

タピスリーは経糸と緯糸が交互に上下する平織り構造で織り出される。十四世紀のヨーロッパのタピスリーは、幅一センチにつき約五本の経糸が織り込まれた。その後、技術の進歩とともにタピスリーに織り込まれる経糸の本数は増加し、ボーヴェ製作所では十九世紀までに幅一センチにつき十本から十六本の経糸が用いられた。一枚のタピスリーが織り上がるまでには、多大な時間と労力を要した。十七世紀のゴブラン製作所では、一年間に約二メートル四方程度しか織り上げることができなかったという。

臥機の場合、経糸の下に下絵があてられた状態で製織されるため、タピスリーの絵柄は下絵が左右反転したものとなる。竪機において下絵は織師の背後に置かれ、その鏡像が経糸の下に写しとられる。つまり織師はタピスリーの裏面を見ながら作業をすることになる。その結果、竪機の場合、タピスリーの絵柄は下絵と同じ向きになるのである。ブーシェの連作は臥機で織られたことから、タピスリーには左右反転した下絵の絵柄が織り出された。

タピスリーの素材としては、経糸には摩擦に強い弾力性のある素材が好まれた。経糸はつねに張られた状態で織り進められるからである。したがって経糸には、羊毛や絹糸が用いられた。絹糸は高価な素材であるため、明るい部分や光沢を表現するところに部分的に使われている。また、高品質のタピスリーには金糸や銀糸が織り込まれた。これらの高価なタピスリーは、戦時中に資金調達の目的で破壊されることがめずらしくなかった(66)。

以上、タピスリーの製織のプロセスを踏まえた上で、次に、タピスリー・デザイナーが織師に提供する「下絵」について考察しよう。

タピスリーに関する専門用語

ここでは、タピスリーに関する専門用語について改めて定義しておくことにしたい。タピスリーの「下絵」という表現は、現代フランス語のタピスリーの専門用語でいうところの「モデル、ひな型、カルトン、エスキス、（準備）習作」を包括する用語である。本書では、これらの専門用語を適宜以下の意味で用いることにする。

①モデル（modèle）とは、作品を完成させるために用意されたすべてのジャンルの作品（絵画、素描、版画、写真）に対して用いられる。準備作品には、作品の全体構図、あるいは一部の構図が描かれている。したがって「モデル」という語は、タピスリーのための準備作品、すなわち「タピスリーの下絵」と考えられる。ここでは主に「下絵」という語を用いる。

②ひな型（maquette）とは、タピスリーに翻案されるために制作された小型の下絵のことである。ひな形は多くの場合、油彩で描かれていることから、英語では通常「オイル・スケッチ」と呼ばれる。

③カルトン（carton）とは、タピスリーの原寸大の下絵のことである。職師はカルトンに基づいてタピスリーを織り上げる。カルトンは、画家が直接制作したオリジナルの下絵か、あるいはそのオリジナルの下絵が複製されたものである。明らかに原寸大下絵であるとわかる作品については、「カルトン」という語を用いる。
なお、すでに述べたように、経糸を水平に配置する臥機の場合、織り上がったタピスリーの絵柄はカルトンのそれが反転したものとなる。また、臥機の場合、作業をスムーズに行うためにカルトンは数本の帯状（carton en bande）に切

断される。ボーヴェ製作所では、おおよそ九十一センチの帯に切断された。

④上記①から③の用語がタピスリーに関する専門用語であるのに対して、エスキス（esquisse）、習作（étude）という用語は、一般に絵画の領域で広く用いられる表現である。タピスリーの下絵の構想は絵画作品として提示されるため、ブーシェの下絵については適宜「エスキス、習作」という語を用いる。多くの場合エスキスは、油彩による下絵として制作されたことから、「オイル・スケッチ」ということになる。エスキスが小型の場合は「ひな形」という。ブーシェはしばしば、単彩色の油彩を用いてタピスリーの下絵の準備習作を制作した。灰色で描かれたものはグリザイユ（grisaille）、褐色が用いられたものはカマイユ（camaïeu）と称する。

本書ではタピスリーの「下絵」を表現するにあたって、適宜、上記の専門用語を用いる。なお、十八世紀においてタピスリーの下絵は、（大型の）絵画（tableau）、エスキス、構想（dessein）という語によって表現されていた。(67)

ブーシェによるタピスリーの下絵

ブーシェがボーヴェ製作所に提出した下絵に関する詳細な情報や記録は、残念ながら残されていない。(68) したがって、六つの連作ごとに関連づけられる下絵や断片的な記録を見直す必要がある。一作目〈イタリアの祭り〉の下絵として、ブーシェはウードリーがそうであったように大型の下絵を提供したと考えられる。この大型の下絵に基づく原寸大のカルトンについては、ブーシェが制作したのか、あるいは、製作所において作られたのか明らかでない。〈イタリアの祭り〉に関連づけられる大型の油彩下絵は四点残されている(69)（たとえば［図10］を参照）。アラステア・レイングは、作品の質から判断して、そ

れらをブーシェによる原寸大の下絵に基づいて制作されたカルトンであると推測している。(70)

二作目〈プシュケの物語〉についても、ブーシェは大型の下絵を提供したと考えられる。この連作は五つの主題から構成されるが、そのうち一点の下絵は一七三九年のサロンに出展された。サロンの小冊子（リヴレ）には、「大型の絵画、幅十四、高さ十ピエ。ゼフュロスによってアモルの神殿に導かれるプシュケ、この絵は国王のために、ボーヴェ製作所において制作される」（下絵は所在不明）と記されていた。〈プシュケの物語〉については、のちに詳しく取り上げるように、三つの下絵にそれぞれ関連づけられる数点の小型のスケッチが残されている。すなわち、カマイユによる《プシュケの化粧》、《プシュケの富》そしてグリザイユによる《アモルの宮殿で歓迎を受けるプシュケ》である。当時タピスリーの下絵には、織師に色を指示するために彩色がほどこされていた。これら三点のスケッチは単彩で描かれていることから判断して、ブーシェが下絵を構想する過程で生まれたオイル・スケッチであると考えられる。たとえば、《プシュケの化粧》の初期構想は、完成されたタピスリーの絵柄と比較することによって、大きく変更が加えられたことがわかる。〈プシュケの物語〉の下絵が制作された過程については、第三章で改めて取り上げることにする。

図10　フランソワ・ブーシェ《占い師》油彩、カンヴァス、260.4 ×160.7 cm、ロンドン、クリスティーズ競売（2005年12月14日）

このようにブーシェは一作目〈イタリアの祭り〉と二作目〈プシュケの物語〉については、大型の下絵（カルトン）を提供したと考えられる。(71) 一方、三作目〈中国主題のタピスリー〉に関しては、大型の下絵ではなく小型のエスキスが制作された。ボーヴェ製作所の記録によれば、このエスキスに基づくカルトンを制作したのは、ボーヴェ製作所とオービュッソン製作所につとめた画家ジャン＝ジョセフ・デュモンであり、[72] ブーシェは最終的にそれを手直しした。[73] ブーシェが手がけた残る五つの連作については、このような記録は残されていない。したがって、〈中国主題のタピスリー〉のように小型のエスキスが提供されることは、例外的であったと考えられる。この連作が制作された頃、一七四〇年代のブーシェは注文制作に忙殺されていた。したがって、〈中国主題のタピスリー〉に関してブーシェが大型のカルトンの代わりに小型のエスキスを提供した可能性は十分考えられる。なお、〈中国主題のタピスリー〉のためのエスキスはサロンにも出展された。一七四二年のサロンの小冊子には「ボーヴェ製作所においてタピスリーとして織られるための、さまざまな中国主題の八点のエスキス」（ブザンソン美術館所蔵）と記されている。このエスキスは前述したように、のちにベルジェレが所有することになった。

その後ブーシェは再び大型の下絵を提供したと考えられる。四作目の〈神々の愛〉（一七四九年）については、九点の下絵の一つ《エウロペの略奪》の大型下絵にきわめて近い油彩画《エウロペの略奪》（パリ、ルーヴル美術館所蔵）や、タピスリー《アミュモネの略奪》の一部が描かれたカルトンが残されている。そのほか、小型のオイル・スケッチがある。これらの油彩画は、大型作品を準備するための予備習作か、あるいは下絵のサンプルとして製作所に提示するために制作されたものであると考えられる。

五作目の〈オペラの断章〉（一七五五年）については、全五点の下絵のうちの一つ《ウェルトゥムヌスとポモナ》のカルトン［図11］が残されている。カルトンは五本の縦状の帯と下部の横状の帯によって構成されている。ボーヴェ製作所のタピスリーは臥機で織られたことから、織られる際にいくつかの帯に切り分けられた。したがって、現存するカルトン《ウェルトゥムヌスとポモナ》［図11］にも、のちに再び接合された跡が確認できる。

六作目の〈高貴なパストラル〉（一七五五年）についても大型のカルトンが二点残されている。[74] ロサンゼルスのゲッティ美術館に所蔵される《愛の泉》［口絵6］と《小鳥を獲る》である。これらの作品には〈オペラの断章〉のカルトンと同様に、数本の帯が貼り合わされた状態になっている。[75]

ブーシェの大型下絵に基づいてカルトンを制作した人物を特定することは難しい。すべてブーシェが手がけたのか、ブーシェの工房の手を借りて制作されたのか、あるいはボーヴェ製作所において作られたのか、いくつかの可能性が考えられる。

なお、ウードリーの前にデザイナーを務めたデュプレシは製作所にひな型を提供しており、そのカルトンは一七二四年の製作所の記録によれば、当時ボーヴェ製作所に所属していた九人の画家によって完成をみた。ウードリーの場合、雇用期間中に下絵の提供方法が変わった。一七二六年の契約内容では、前任者デュプレシと同じく(76)、タピスリー（幅十八オーヌ、すなわちおおよそ十二・二分の一メートル）の下絵として、毎年六点の三から四ピエの高さの小型の作品を提供することになっていた。したがってウードリーは一作目の連作〈新しい狩猟〉のために、六点の小型の下絵を制作し、さらに、経営者の依頼を受けてそれらの下絵に基づくカルトンを彼のアトリエで完成させたことがわかっている。しかし、一七二八年にその規定が変更され、ウードリーは三年ごとに一列二十八オーヌ、計八点の大型の下絵を提供することになった(77)。また下絵がタピスリーに翻案されるか否かの判断は、初期の習作の段階で財務総監に具申することになった。しかし、大型下絵のカルトンが製作所と工房のどちらで作られたのかは不明である。ハル・オッペルマンは、ウードリーの下絵が現存しないことから、下絵がそのままカルトンとして用いられたと推測している。エディション数の少ないウードリーの連作の場合、下絵が直接カルトンとして利用された可能性も十分考えられる。このように、ボーヴェ製作所においては、ブーシェが下絵を提供しはじめる前から、カルトンの制作に関する手順はまったくシステマティックに行われてはいなかったのである。

一方、ゴブラン製作所のタピスリーの制作プロセスはきわめて明瞭であった。タピス

図11　フランソワ・ブーシェ《ウェルトゥムヌスとポモナ》油彩、カンヴァス、314.3 × 184.2 cm、サンフランシスコ、デ・ヤング美術館

リーの下絵はまず国王のコレクションとなった。その後、下絵は製作所に貸し出され、それに基づくカルトンが出来上がった。小型の下絵は王室コレクションとして保存されたため、その多くが今日も現存している。しかしながら、ボーヴェ製作所の場合、画家はタピスリーの下絵を製作所に直接提出した。それゆえ、製作所の記録が残されていない限り、下絵やカルトンの制作状況やその後の作品の所蔵先を明らかにすることは難しい。加えて、臥機が用いられたボーヴェ製作所の場合、カルトンは帯状に切断された。その後多くのカルトンが使い古され、破棄されたであろうことは想像に難くない。

ブーシェの工房についても少しふれておこう。ブーシェのアトリエから、次世代に活躍する画家が多数登場したことはよく知られている。[78] ブーシェの弟子のなかでも最も著名なジャン＝オノレ・フラゴナールは、画業初期をブーシェの工房で過ごしたあいだ、タピスリーの下絵制作を手伝っていたといわれている。一作目〈イタリアの祭り〉の《音楽》の一部をなす素描《母と子》（現存せず）は、アレクサンドル・アナノフによってフラゴナールの作と見なされている。[79] その判断根拠は不明であるが、おそらく、ブーシェの下絵制作を手伝ったに違いないフラゴナールが、師ブーシェの準備素描を模写したという推測に基づいていると考えられる。すなわち、ブーシェのオリジナルの大型下絵は、フラゴナールをはじめとする工房の弟子たちの手が加わっていた可能性が十分考えられる。[80]

以上のことから、ブーシェが提供した下絵の形式をまとめると次のようになる。ブーシェは原則として大型の油彩画を提供したが、〈中国主題のタピスリー〉のみ例外的に小型のエスキスを提供した。ブーシェが提供したカルトンとオリジナルの大型下絵に、どの程度工房の弟子の手が入っているのかについての記録はほとんど残されておらず、現存するブーシェ作の大型下絵やエスキスも少ない。多数の関連素描があることを付言しておこう。[81] 関連素描はブーシェのタピスリーの下絵制作プロセスを知る上でも、きわめて貴重な視覚資料としての価値を有している。

下絵の値段

ボーヴェ製作所がブーシェの下絵に対して、どの程度の報酬を支払っていたのかについては明らかでない。そこで、ウードリーの下絵やゴブラン製作所の下絵の値段を参考にしながら、ブーシェの場合について検討したい。

ウードリーが一七二六年に交わした契約によれば、彼は幅十八オーヌ（おおよそ十二・五メートル）のタピスリーの下絵として、毎年高さ三ピエ、幅四ピエの絵画作品を提供することになっていた。この下絵に基づくカルトンは経営者の費用で制作された。これに対して二千八百リーヴルが支払われることになっていたことから、[82]一点の下絵はおおよそ四百六十リーヴルに相当すると考えられる。

参考として、ブーシェの絵画作品の値段についてみておこう。上記のウードリーの下絵のサイズに近いブーシェの油彩画《ウルカヌスとウェヌス》（高さ三・五ピエ、幅四ピエ）は、一七四六年にマルリー城の国王の寝室のために制作されたものであり、この制作費として八百リーヴルが支払われている。この値段はウードリーのタピスリーの下絵のおおよそ一・七倍である。なお参考までに、アンリ・セーによれば十八世紀の庶民の平均賃金の年額は作男で八十四から九十リーヴル、女中は二十四から三十三リーヴル、[83]ギイ・ダルヴィスネによれば、パリの法服貴族（租税法院の評定官の場合）の官職から上がる年収の平均額は、合計千五百リーヴル（月百二十五リーヴル）であった。[84]

さらにゴブラン製作所の下絵の値段と比べてみたい。一七四〇年代後半、ゴブラン製作所ではタピスリーの下絵制作とそれに関する値段が新たに規定された。一七四七年に王室建造物局総監ル・ノルマン・ド・トゥルヌエムが国王付き首席画家シャルル・コワペルに宛てた六月一日付の書簡には、コワペルの意見を踏まえたタピスリーの値段について記されている。

［……］美術アカデミーには以下のことが通達される。今後、美術アカデミーの会員は大型作品の制作に際して、小

型のオリジナルと、画家による、あるいは画家が手を入れた大型コピーの両方を提出することになる。大型コピー、あるいは二番目のオリジナルの作品は、織工の親方の手本となる。小型の作品は織工の親方の手もとに置かれる。この方法により、完成作の全体像をつねに把握することができる。この取り決めは当然ながら、後世に作品を残したいと考える美術アカデミー会員にとって、悪くないだろう。

この方針はまた、アカデミー会員が提供する下絵に対する報酬を規定することにもなる。国王のアパルトマン用のタピスリーの相場が、みな同じでないことに注意しよう。この問題は下絵の大、中、小の三つの寸法に応じた値段を定めることによって解決できると考える。

大型作品の寸法は幅二十二ピエ、高さ十八ピエ。これに対して小型のオリジナルと、画家が手直しした大型コピーは六千リーヴルになる。中型作品の寸法は幅十七ピエ、高さ十三ピエであり、これには五千リーヴルが支払われる。小型作品の寸法は幅十二ピエ、高さ九ピエであり、その値段は四千リーヴルである。以上の取り決めのもと、国王が画枠の代金を支払う。(85)（筆者訳）

上記の書簡に基づきタピスリーの下絵の寸法と値段をまとめると、次のようになる［表7］。ボーヴェ製作所のウードリーの下絵は、幅四ピエ、高さ三ピエでおよそ四百六十リーヴルであった。ゴブラン製作所の小型の下絵は、ウードリーの下絵の三倍の大きさに相当することから、それに応じて値段を割り出すならば、おおよそ千三百八十リーヴルに相当する。単純な比較は難しいが、ゴブラン製作所の下絵制作に対する報酬は、ボーヴェ製作所のそれより格段に高かったことが推測される。さらにいえば、ゴブラン製作所の下絵は絵画の値段よりも高収入源になったことがわかる。

ところで、ボーヴェ製作所の下絵の値段はブーシェの美術アカデミーにおける昇進とともに変動したことにも触れておこう。一七五三年から製作所の経営者ベスニエの後任となったシャロンは、一七五四年にブーシェの下絵に対して、総額七千五百リーヴル支払っている。(86)このタピスリーの下絵はおそらく、一七五五年に第一エディションが完成したブーシェによる最後の連作〈高貴なパストラル〉のために制作されたものと考えられる。この連作が五点から構成されていることを考慮するならば、下絵一点につきおおよそ千七百リーヴルが支払われたことになる。すなわち、一七二六年の契約にみられる値段（四百六十リーヴル）は、三・七倍も上昇したということになる。

手短な考察から、ブーシェのボーヴェ製作所の下絵制作活動についていくつかの興味深い状況が明らかとなった。すなわち、ブーシェは絵画制作より低収入であるボーヴェ製作所の下絵制作に従事してきたという事実である。さらに、その報酬はブーシェがこの製作所のために手がけた最後の連作〈高貴なパストラル〉になると初期よりは大幅に情報額は増額された。

下絵の種類	寸法	値段
大型作品	幅22高さ18ピエ	6000リーヴル
中型作品	幅17高さ13ピエ	5000リーヴル
小型作品	幅12高さ9ピエ	4000リーヴル

表7　ゴブラン製作所のタピスリーの下絵の寸法と値段（筆者作成）

しかし、ゴブラン製作所のタピスリーの下絵に支払われていた報酬に比べると、いまだ低い水準である。にもかかわらず、ブーシェはボーヴェ製作所を辞してゴブラン製作所に移職するのである。

たしかに、画業初期のブーシェにとっては、タピスリーの下絵制作の報酬は魅力的であったに違いない。のちに取り上げるマリエットのブーシェ伝によれば、一七二〇年代に版画で生計を立てていたブーシェは、月給六十リーヴルで版画家ジャン＝フランソワ・カールのもとに住み込みで働いていた。また、ヴァトーの素描に基づく版画集（一七二六、一七二八年刊行）制作においては、版画集の刊行を企画したジャン・ド・ジュリエンヌから日給二十四リーヴルを得て、「満足していた」という。したがって、ブーシェが版画を重要な収入源としていた時期、すなわち、美術アカデミーに入会して本格的に画家としての道を歩み始める一七三四年以前のブーシェからしてみれば、タピスリーの制作はきわめて高収入の仕事であったと考えられる。しかし、ブーシェは一七三四年以降、画家として徐々に頭角を現し、絵画の注文に忙殺されるようになってもなお、タピスリーの下絵を制作し続けるのである。

ボーヴェ製作所のタピスリー・デザイナーとしてのキャリアが、金銭的に必ずしも魅力的でなかったにもかかわらず、ブーシェはなぜ下絵制作を継続したのだろうか。この問いについては、以下、ブーシェの画業とそれに並行して作られていくことになる六つの連作を考察しながら考えていきたい。

註

1 ボーヴェ製作所に関する基本文献としては、Badin 1909 ; Coural et Gastinel-Coural, 1992 ; Bremer-David 2007-2008を参照。ボーヴェ製作所の一次史料としては、Archives nationales F 12 (Commerce et Industrie) G 7 (Contrôle général des Finances) のほか、パリのフランス国有動産管理局 (Mobilier national) に所蔵される、ボーヴェ製作所の記録簿 (M.N. B-166, B-167) がある。
2 十六世紀のフランスのタピスリーについては、Cat. exp. New York 2002を参照。
3 十七世紀のタピスリーについては、Guiffrey 1892 ; Cat. exp. New York-Madrid 2007-2008を参照。
4 ゴブラン製作所に関する基本文献としては、Fenaille 1903-1923を参照。
5 柴田・樺山・福井一九九六、四二—四五頁を参照。
6 Guiffrey 1892 ; Badin 1909 ; Coural et Gastinel-Coural 1992 ; Bremer-David 2007-2008.
7 十八世紀の貨幣単位としては、次のものを用いる。一リーヴルは、二十ソル（スー）である。
8 初代経営者ルイ・イナールは、継続的に最大数の見習いを育成することに力を注ぎ、毎月五十人近くの織工を育てた。
9 十八世紀の度量衡としては次のものを用いる。長さの単位一ピエは十二プス、約三十二・四八センチ、一フィートは三十・四八センチに相当する。なお、小数点以下は四捨五入する。布地の単位一オーヌは、オーヌ・ド・パリで約百十九センチ、オーヌ・ド・フランドルで約六十九センチである。フランスとフランドルの製織に関する基本的な単位は大きく異なっていた。Delesalle 1965を参照。
10 「国王建造物勘定書」には、ボーヴェ製作所の経営者が連作を提供した際に入手した金額が記録された。ボーヴェ製作所のタピスリーの連作名は「王立家具管理日誌」の納入記録にも記されることがあった。この日誌は「国王家具記録目録」と共に、最初期のボーヴェ製作所の連作についておおまかに伝える貴重な一次史料である。それによれば王室は合計二百五十四点のタピスリーを購入し、九十四・六百六十六リーヴルを支払っている。

11　Bremer-David 1997, p. 75.

12　Archives Nationales, O^1 2037.

13　Locquin 1906, p. 67-78, 107-125.

14　Lacordaire 1853, p. 92.

15　国立西洋美術館に所蔵されるゴブラン製作所において一七一二年以前に織られた連作の色については、高嶋二〇一一を参照。

16　ゴブラン製作所で一六八〇年に織られた〈国王の歴史〉の《使節団の謁見》には七十九色、一七四四年の同製作所の連作〈新インド〉の《二匹の雄牛》には三百六十五色が用いられた。Joubert, Lefébure et Bertrand 1995を参照。

17　*Lettre au Manufacture de Beauvais*, daté le 30 septembre, 1737, Paris, Archives nationales, O^1 2037.

18　注文主との関係から作品を考察していくアプローチについては、Baxandall 1985を参照。

19　Paris, Archives nationales, O^2 858.

20　Havard et Vachon 1889.

21　Paris, Mobilier national, M.N. B-166, B-167.

22　*Inventaires des tableaux commandés et achetés par la direction des Batiments des Roy*, 1709-1792 (éd. par Fernand Engerand), Paris, 1901.

23　Fenaille 1903-1923.

24　ストラーテン二〇〇二を参照。

25　Gady, 2007 ; Cat. exp. Paris 2008-2009.

26　十七世紀のボーヴェ製作所において、職工たちにデッサンの教育をしたのは北方出身の織師であった。一六六九年まではアントウェルペン出身のヴリューゲル、一六七六年まではトゥルネー出身のソヴァージュ、アントウェルペン出身のカンピオンがこの仕事にたずさわった。

27　Bremer-David 1997, p. 75.

28　Jestaz 1979.

29 ボーヴェ製作所の経営者フィユル兄弟は、一七一一年に王室建造物局総監ダンタン公爵にゴブラン製作所のタピスリーのモデルを貸してくれるように懇願した。

30 Eidelberg 1977.

31 Cat. exp. Langres 1999.

32 Opperman 1977 ; Cat. exp. Paris 1982 ; Cat. exp. Fort Worth 1983.

33 Opperman 1969.

34 Ananoff et Wildenstein 1976.

35 本節は、小林二〇一一に基づいている。

36 Chevalier（D. et P.）et Bertrand 1988.

37 Paris, mobilier national M.N. B-166, B-167 ; Badin 1909, p. 30.

38 下記の人名解説では、ブーシェの連作の作品の購買者のうち、筆者が新たに同定した人物（巻末資料1の①から⑬）を取り上げた。クロザ一族（③・⑨）、ジョフラン夫人（④）、ベルジェレ（⑤）については、本書のなかで詳しく言及する。

① フランソワ・ガスパール・マッソン（一七〇〇—一七四六年）は一七三一年から一七四五年までのあいだパリ高等法院において裁判長を務めた。

② パリの法服貴族の有力者、ル・テリエ一族のミシェル・ル・テリエ（一六八三—一七六六年）は一七〇九年にパリの高等法院の議員になったのち、一七一九年に調査官、一七五四年に名誉調査官に着任した。

③ ジョセフ＝アントワーヌ・クロザ・ド・テュニー侯爵（一六九九—一七五一年）。クロザ一族。同註⑨を参照。

④ マリー＝テレーズ・ロデ・ジョフラン（一六九九—一七七七年）。

⑤ ピエール＝ジャック＝オネジム・ベルジェレ・ド・グランクール（一七一五—一七八五年）。

⑥ ラリーヴ一族はブーシェの連作を二度購入している（同註⑬参照）。一人目の、ルイ＝ドゥニ・ラリーヴ・ド・ベルガルド（一六七九—一七五一年）は一七一六年から一七五一年のあいだに徴税負債人を務めた。また、ラリーヴ・ド・ベルガルドの息子で、のちに徴税請負人になるドゥニ＝ジョセフ・ラリーヴ・デ・エピネも後年ボーヴェの連作を入手した。

⑦トルデヌ一族のダニエル＝シャルル・トルデヌ（一七〇三―一七六九年）。パリ高等法院裁判官（Conseilleur au Parlement de Paris）であり、一七五四年から一七七七年まで財務総監（Contrôleur général des fiances）を務める。トルデヌは後述の通りジョフラン夫人のサロンの常連であったことから、ブーシェとも知り合いであったに違いない。トルデヌは一七四八年にブーシェの〈イタリアの祭り〉の連作を修復するにあたって、ボーヴェ製作所と接点をもった（A&W doc. 322）。これがきっかけとなり、トルデヌがブーシェに二点の大型パストラル、一七四九年作《夏のパストラル》と《秋のパストラル》（二点共にロンドン、ウォーレス・コレクション所蔵）の制作を依頼したのかもしれない。Ingamells 1989, p. 61-63, 81-82, 273-274, 277-279, 282-283を参照。このことはタピスリーの下絵画家としての活動が、ブーシェの絵画作品の顧客を増やすきっかけとなった一例である。トルデヌ一族については、Delorme 1950を参照。

⑧カトリーヌ＝マリー＝オーギュスタン・ド・セモンヴィル（一七一一―一七五九年）は、徴税請負人ジャン＝ルイ・ティル・ド・ライリとクローディン・ブフォール・ド・マイレーの六人の子供の長女。セモンヴィル夫人の夫シャルル＝フランソワ・ユーグ・ドモントランは、パリ高等法院員議員であった。

⑨ルイ＝アントワーヌ・クロザ、ド・ティエール男爵（一七〇〇―一七七〇年）。

⑩フレッセル一族のなかの二代目ジャック・ド・フレッセル（一七三〇―一七八九年）であると思われる。一七三五年から一七五八年のあいだには国王の秘書を務める。フレッセル家は、アミアン出身の商人で、一七〇〇年代のはじめまで織物商を営んでいた。二代目はパリの銀行家となり、国王との金融取引にも関係し、徴税請負人としての活動で成功した。

⑪ドルメンソン一族のマリー・フランソワ・ド・ポール・ルフェーヴル・ドレメソン（一七一〇―一七七五年）は一七五八年に国務院の議員に選出され、一七六二年には王立商業会議の議員になる。ドルメソン家の先祖は十五世紀に商人として成功し、高等法院の有力者となった。

⑫ジョセフ・マリー・テレー（一七一五―一七七八年）は一七二〇年に貴族に昇格、パリ高等法院判事となる。二つの修道院の院長でもあった。一七六九年から一七七四年まで財務総監を務めた。

⑬二人目のラリーヴ一族は、徴税負債人ルイ＝ドゥニ・ラリーヴ・ド・ベルガルド（一六七九―一七五一年）の長男ドゥニ＝ジョセフ・ラリーヴ・デピネ（一七二四―一七八二年）。一七六二年に父と同じく徴税請負人となった。妻は著名な文

学者ルイーズ・デピネ夫人。デピネ夫人の文学サロンの常連のなかには、ジャン＝ジャック・ルソーもいた。一七七〇年以降からはモンモレンシーにて、グリム、ディドロ、ダランベール、マリヴォーやモンテスキューらを集めてサロンを開いた。

39 ゲッティ美術館に所蔵されるこの作品は、現存する唯一のフランス王室の紋章入り（上部中央）の〈プシュケの物語〉のタピスリーとして知られている。この作品は国王のために制作された（巻末資料1―8の八・十三番目）のセットに含まれていたと考えられる。Bremer-David 1997, n° 11を参照。

40 Cat. exp. New York-Detroit-Paris 1986-1987, n° 38.

41 *Ibid.*, n° 51.

42 ルイ十五世統治下の政治組織については、Sée 1967 ; Durand 1976 ; Antoine 1978 ; Felix 1994 ; Antoine 2003 を参照。

43 購買者の階級や身分については、Saint-Alais 1874を参照。

44 Wildenstein 1961.

45 Guichard 2008.

46 ベルジェレは二点の風景画《水車小屋》と《小屋の近くの散歩》（二点共にニューヨーク、フリブール財団所蔵）、《笛吹き》（マドリード、ベンティンク・ティッセン・コレクション）、パストラルを主題とした《田園の味覚》（ボルチモア、ウォルター・アート・ギャラリー）を所有していた。

47 ブーシェの一作目の連作〈イタリアの祭り〉は一七三八年から一七四二年にかけて完成するパリの貴族の館であるオテル・ド・スービーズの室内装飾のために購入された。本書、第二章第四節のなかの「オテル・ド・スービーズの場合」を参照。

48 Cat. exp. Compiègne-Aix-en-Provence 1997.

49 ナトワールはその後ゴブラン製作所のためにタピスリー連作〈マルクス・アントニウスの物語〉の下絵を手がけた。Cat. exp. Nîmes-Arles 1998を参照。

50 十八世紀における徴税請負人の絵画コレクションについては、Delmas 1995を参照。

51 クロザのコレクションについては、Stuffman 1988を参照。クロザにのコレクションついては今後詳しく論じることを予定している。

52　イタリア派を中心としたコレクション形成のきっかけは、クロザがオルレアン公のコレクションを収集する任務で一七一四年から一七一五年のあいだにイタリアに滞在した経験と結びつけられる。

53　Joulie 1989.

54　Tourneux 1898を参照。なお、シャテル侯爵夫人のコレクションは夫人の死後売却され、その多くがエカテリーナ二世によって購入された。

55　これらの作品の所在は不明である。兄テュニーの死後、一七五一年六月に行われた競売カタログには、ブーシェの作品は含まれておらず、その後、テュニーのヴァンドーム広場の屋敷を譲り受けた弟ティエールのコレクションにも含まれていない。Cat. exp. New York-Detroit-Paris 1986-1987, p. 21を参照。

56　*Galerie françoise par Restout*, p. 19, cité dans Goncourt 1880-1882.

57　ティエールによる全十三点の版画（JR 1598-1610）のうち、三点はシノワズリーを主題とした作品であった。

58　Parker 1973.

59　Rosenberg 1988 ; Joubert Lefébure et Bertrand 1995, p. 226.

60　十八世紀のサロン文化については、赤木二〇〇三を参照。

61　Hamon 2010 ; Cat. exp. Châtenay-Malabry 2011.

62　A&W doc. 440.

63　ジョフラン夫人は《手紙の出発》（A&W 594）と《手紙の到着》（A&W 595）を所有していた。

64　タピスリーの制作や技法に関する専門用語については、Viallet 1971を参照。

65　Diderot 1978, p. 871, 874を参照。臥機と竪機の織り方の相違については、Coffinet et Pianzolz 1971 ; 東京二〇〇三を参照。

66　Guiffrey 1888.

67　たとえば、一七四三年サロンに出展されたタピスリーの下絵は小冊子のなかで次のように記述された。« Huit Esquisses de différents sujets Chinois, pour être exécutés en Tapisserie à la Manufacture de Beauvais. »を参照。

68 ゴブラン製作所とボーヴェ製作所のタピスリーの下絵についての概要は、Standen 1977b, p. 25-28を参照。

69 四点の下絵は《占い師》（A&W 129）、《魚釣り》（A&W 131/2）、《好奇心》（A&W 132）、《ダンス》（A&W 134）である。

70 Cat. exp. New York-Detroit-Paris 1986-1987, n° 37.

71 ウードリーは一七二八年の契約に基づき、一列二十八オーヌの八点からなる大型下絵を提供していた。

72 Bertrand 1990 ; Weigert 1933.

73 Paris, Archives nationales. O^1 2037.

74 Bordeaux 1976.

75 一八二〇年の製作所の記録によれば、ボーヴェにはブーシェに基づく〈高貴なパストラル〉のタピスリーのために利用された五本から八本のカルトンの帯が残されていた。

76 デュプレシは一七一九年からボーヴェ製作所の下絵画家として採用され、一七二二年に契約を刷新した。

77 ウードリーはさらに毎年「縁飾り付きの十八オーヌの大きさの連作のモデルを作ること、それは絵画作品として完成されたものであり、かつ、構図上の新しさを示すもの」を提供しなければならなかった。Badin 1909, p. 30を参照。

78 美術アカデミーの教授としてのブーシェの教育方針については、Michel (C.) 2003を参照。

79 Ananoff 1961-1968.

80 Cuzin 2001 ; Massengale 1980を参照。

81 ブーシェのタピスリーに関する素描については次の研究の枠組みで調査を行った。日本学術振興会二〇一二年―二〇一四年度科学研究費補助金（若手研究B）、研究課題「ブーシェによるボーヴェ製作所のタピスリー研究――下絵と関連素描のカタログ化の試み」。

82 Opperman 1969.

83 Sée 1967, p. 24.

84 Arvisenet 1955.

85 *Correspondance de Lenormant de Tournehem à Charles Coypel*, le 1er juin 1747. O^1 1101 ; *Nouvelles Archives de l'Art français*, t. 22,

1906, p. 325-326.

86 A&W doc. 580.

第二章　連作〈イタリアの祭り〉（一七三六年）

序

連作〈イタリアの祭り〉はブーシェがボーヴェ製作所のために制作した一作目のタピスリー連作である。この連作は十二の主題から構成されている。連作の主題のジャンルは風俗画であり、そこにはイタリアの廃墟の見える田園のなかで人々が楽しむ様子が描かれている。主題選択がどのように決定されたのかについての記録はない。

この連作はタピスリーの第一エディションが織り出された年から判断して、三つのグループに分けることができる。はじめのグループは六つの主題から構成されており、一七三六年に第一エディションが完成した。これらのタピスリーは複数の主題が一枚に織られたり、単独で織られたりすることがあった。四つの主題からなる二つ目のグループは、一七四〇年代に第一エディションが作られた。最後のグループに含まれる二点は、一七六二年に一度だけ織り出されたにすぎない。この二点のタピスリーが織られた時期、ブーシェはすでにボーヴェ製作所のデザイナーではなかった。したがって、これらの作品はおそらく後年に第三者の手によってつけ加えられたものと考えられる。

ブーシェはジャン＝バティスト・ウードリーからの依頼を受けて一七三四年からタピスリー下絵を提供することになった。しかし、なぜウードリーがブーシェを選んだのかについては明らかでない。この年はブーシェが王立絵画彫刻アカデミーに入会した年であった、ということと決して無関係ではないであろう。そこで以下では、まずブーシェが美術アカデミーに入会するまでのキャリアを概観することからはじめたい。

美術アカデミー入会以前の画業——マリエットによるブーシェ伝

一七三四年にブーシェは美術アカデミーの歴史画家として、またボーヴェ製作所のタピスリー・デザイナーとしてのキャリアを大きく一歩踏み出した。ここに至るまでのブーシェの最初期の画業について、名高い美術鑑識家であり版画商として知られるピエール＝ジャン・マリエット（一六九四—一七七四年）によるブーシェ伝をもとに考察しよう(1)。

ブーシェ（フランソワ）、国王付き首席宮廷画家、我々フランス派に多くの栄光をもたらした。一七六七年、当時六十三歳であったブーシェ自身の言によれば、たしかにルモワーヌのもとで修業したが、弟子をほとんど指導しないこの師から学ぶことはなく、そこに長くとどまることはなかった。ブーシェは生来の画家であり、その資質において彼を凌駕する者はまずいないだろう。彼は絵筆をもって生まれたのだ。ブーシェが若い頃に制作した作品をみなければいけない。とくに、ワトレ氏が所有している《エウロペの略奪》。この作品はドルベ［正しくはデルベ］という名の大理石彫刻家の家を飾るために、ブーシェが描いた大型作品である。ドルベはその作品をたやすく手に入れた。というのも、当時ブーシェは名を上げることに腐心していたからだ。数点の絵を描く機会を逃すくらいなら、無償で制作したほうがいいと考えていたのである。私はこの絵を眺めるたびに感動をおぼえる。すべてが素晴らしい。堅固であると同時に優雅なその筆致はとりわけ注目に値する。ブーシェは一七七〇年の五月三十日に死去した。一七・・［原文ママ］年にイタリアを旅した。しかし、イタリア滞在は学びのためというよりは、好奇心を満たすためであった。それゆえこの国に長くは滞在しなかった。

——ブーシェ氏は、ルモワーヌ氏のもとに三ヶ月以上はいなかったと私に断言した。彼は一体だれの弟子なのだろう。ブーシェはルモワーヌのもとを去り、版画家カールの父のもとに身を寄せた。ブーシェはカールから論文に関連する［挿絵制作の］仕事を与えられ、そのための素描を手がけた。カールはブーシェに住まいと机、そして月々六十リーヴルを与えた。その金額は当時のブーシェにとって大金であった。そのときからブーシェは、ダニエル神父の著書『フランスの歴史』の新版のために、いま私が所有しているこれらの素描とヴィニェットを制作したのであろう。この本は一七二一年に執筆され、一七二二年に刊行された。ブーシェはすぐにジュリエンヌ氏と知り合いになった。ジュリエンヌはヴァトーの素描を版刻してもらいたいと考えていたので、多数のヴァトーの素描をブーシェに手渡した。ブーシェは完璧にそれをやってのけた。軽快で精神性溢れる彼のエッチングの尖筆の技は、まさにこの仕事のためにあるように思われる。ジュリエンヌ氏は毎日二十四リーヴルをブーシェに支払い、二人共に満足した。というのも、ブーシェは非常に仕事が早かったからである。彼にとって版画はお遊びのようなものだった。(2)（筆者訳）

マリエット『アベチェダリオ』

マリエットはブーシェ自身の証言に基づいて、ブーシェの初期の活動について詳しく語っている。マリエットの評伝は、美術アカデミーに入会する以前のブーシェの生活状況や人間関係を知るための一次史料として利用できる。以下では、マリエットの記述に従って、具体的に三つのポイントに絞ってブーシェの制作活動について考察したい。第一にブーシェの師、第二に版画家としての制作活動、そして最後にイタリア留学の意義と帰国後の制作活動について順次取り上げる。

1　ブーシェの師

一七〇三年に生まれたブーシェは、同業者組合から誕生した聖ルカ・アカデミー[3]の画家であった父ニコラ・ブーシェに学んだのち、フランソワ・ルモワーヌ（一六八八―一七三七年）に弟子入りした。ルモワーヌはルーベンス派やヴェネツィア派を継承した明るい色調と流麗な筆致による大画面装飾画を得意とした画家であり、美術アカデミーの伝統をルイ十五世治世下の軽快な趣味に適合させ、次世代の画家たちの様式展開に大きく貢献した[4]。ブーシェはルモワーヌに弟子入りしたとはいえ、マリエットが伝えるように、ルモワーヌの工房で学ぶことはほとんどなかったという。ブーシェは「一体だれの弟子なのだろう」というマリエットの問いに対して、アラステア・レイングは、ブーシェが当時ルモワーヌと競合関係にあった歴史画家ジャン＝フランソワ・ド・トロワ（一六七九―一七五二年）にも学んでいた、という可能性を提示した。その見解は、ブーシェがド・トロワの工房にいたと推測されることを示す油彩画があることや、ブーシェがローマ賞のコンクールに参加するために指導を受けた美術アカデミーの教授がド・トロワであった、という事実に基づいている[5]。

ブーシェがド・トロワにも学んでいたとすれば、一七二〇年代初頭のブーシェと美術愛好家とのあいだの幅広い人間関係が浮かび上がる。ブーシェがクロザと接点があったことはすでに指摘されているが、ド・トロワがこの二人の間の橋渡し役になったと推測される。ド・トロワはクロザと同じラングドック出身の画家であり、クロザの庇護を受けていた。一七二六年にヴァトーの『さまざまな性格の人物像』の制作をブーシェに依頼したジュリエンヌも[6]、クロザのもとに集う美術愛好家の一員であった。このように画業初期のブーシェは十八世紀初頭の美術の動向に強い影響力を行使した目利きと接点をもっていた。このことは、ブーシェの作風を理解する上での重要な指標となる。

2　版画家としての制作活動

一七二三年、ブーシェは《エホヤキンを解き放つエヴェルメロリング》(コロンビア美術館所蔵)によって、美術アカデミーのコンクールで大賞(ローマ賞)を勝ち取った。しかし奨学金は支給されず、ブーシェは留学資金を稼ぐために版画家ジャン＝フランソワ・カール(一六六一―一七三〇年)の工房に入り、版画挿絵のための素描制作に明け暮れた。

この時期にブーシェは版画家としてさまざまな制作活動にたずさわった。たとえば、ガブリエル・ダニエル神父(一六四九―一七二八年)著『フランスの歴史――ガリア地方におけるフランス王政の設立以降』(一七二九年刊行)の挿絵について、マリエットは言及している。(7)『フランスの歴史』は一七五〇年から一七六〇年のあいだにも版を重ねていることから、歴史書としてよく知られていたと考えられる。(8)マリエットは『フランスの歴史』の版元ドゥニ・マリエットの甥であり、彼からブーシェの素描を譲り受けていた。マリエットが多数のブーシェの手になる挿絵のなかでも『フランスの歴史』に言及したのはそのためであろう。版本挿絵の制作を通じてブーシェが習得した豊かな文学的・視覚的経験は、その後タピスリーの下絵制作において有効に利用されることになる。

『フランスの歴史』のための挿絵に加えて、ブーシェが版画家として関わった三つの重要な仕事について付言しておこう。第一に、版画家で細密画家のジャン＝バティスト・マセ(一六八七―一七六七年)の指揮のもとに企画された、ヴェルサイユ宮殿の天井画の版画集制作のプロジェクトである。ブーシェは数人の画家と共に、シャルル・ル・ブランによるヴェルサイユ宮殿「鏡の間」の天井画と「戦争と平和の間」の側壁をエングレーヴィングに起こすための素描の制作を引き受けた。一七五二年に完成したこの版画集は、その下絵の素描が制作されてから版画が完成するまでに二十八年の歳月をかけた一大傑作であった。(9)この仕事を通じてブーシェは、ルイ十四世統治下に確立をみた太陽王の表象に関わる表現伝統を学びとったと考えられる。ブーシェは一七四七年に一作目が完成する連作〈神々の愛〉において、国王ルイ十五世をアポロンに重ね合わせた下絵を構想する。その際に、ヴェルサイユの王権の表象に関するさまざまなレパートリーが視覚上の肥しとなったに違いない。ブーシェがこの版画制作に関わったことは、これまでの研究史で注目されることはなかったが、この仕事がブーシェのその後の絵画制作の上で果たした役割は大きい。

二つ目の重要な仕事は、マリエットも指摘するように、アントワーヌ・ヴァトーの素描に基づく版画集『さまざまな性格の人物像』である。この作品集はヴァトーの死後、ジュリエンヌの発案のもとで二巻（一七二六、一七二八年）に分けて出版された。ブーシェはローマに出発する前に第一巻、帰国後に第二巻の版画を制作した。マリエットが示唆するように、カールのもとで働いていたブーシェの仕事がジュリエンヌの目にとまったことは想像に難くない。この二巻本の版画集は、合計三百五十枚の版画と二枚の口絵から構成されており、ブーシェはそのうち百十九枚をエッチングに起こしている。[10] 全体の約三分の一の作品をブーシェが手がけており、版画家として高く評価されていたことがうかがえる。ブーシェはこの版画集の経験によってヴァトーの画風を学び、それを積極的に取り入れていった。その具体例は一作目のタピスリー連作〈イタリアの祭り〉を考察するなかで取り上げることにしたい。

最後に『モリエール全集』（一七三五年）の挿絵について触れておこう。ブーシェはこの全集のために三十三点の挿絵を提供した。この挿絵制作を通じて、ブーシェが当時絶大な人気を博していたモリエール文学に精通したことは重要である。ブーシェはこの経験をパストラルの初期作品や、二作目タピスリー連作〈プシュケの物語〉を構想する上で、活用するのである。

3　イタリア留学と帰国後

すでに述べたように、ブーシェはイタリア留学の費用を調達するために、版画家カールのもとに住み込みで働いた。その仕事が決して高収入ではなかったであろうことは、ブーシェがローマ賞を受賞してからイタリアに出発するまでに五年もの歳月をかけていることからうかがえる。最終的にブーシェは「ある収集家の支援を受けてイタリアへ渡った」という。[11] フランソワーズ・ジュリは、一七二〇年代からブーシェと交流のあったクロザがこの収集家である可能性を指摘している。

一七二八年にブーシェはヴァンロー一族の三人、すなわち、カルル、ルイ＝ミシェル、そしてフランソワと共にローマのフランス・アカデミーに到着した。カルル・ヴァンロー（一七〇五―一七六五年）とブーシェは、のちに国王付き首席画家の地位をめぐって競合することになる。マリエットによれば、ブーシェのイタリア留学は「好奇心を満たすため」であったという。しかしながら、ブーシェが自費をはたいて三年近くもイタリアに滞在したという事実は、その滞在が単なる好奇心を満足させるためだけではなく、イタリアの巨匠たちに学ぶためであったと考える方が自然であるように思われる。

ローマから帰国したのち、一七三一年、ブーシェは美術アカデミーの会員として認められた。その後一七三四年に歴史画家として入会するまでの三年間のブーシェの制作活動は、彼のキャリア構築の戦略を知る上で興味深い。帰国後のブーシェの早急な課題は、絵画制作の注文を獲得することであった。一七三二年、ブーシェは弁護士フランソワ・デルベのために九点の大型装飾画を描いた(12)。マリエットによれば、ブーシェは絵画制作の機会を逃すことなく、デルベの装飾画を無償に近い値段で制作した。つまりブーシェは、装飾画家としてパリの裕福なブルジョワのあいだで広く知られるために、報酬にこだわらず大型作品を提供したわけである。この事実は一七三〇年代初頭のブーシェの戦略を明瞭に示している。その戦略とは、名を広めるための宣伝と思えばただ同然で作品を提供することもいとわない、というきわめて積極的な制作態度にほかならない。

ブーシェが当時、破格の値段で装飾画制作を請け負っていたであろうことは、美術批評家ルイ・プチ・ド・バショーモン（一六九〇―一七七一年）のコメントからもうかがえる(13)。バショーモンは一七三〇年に城館の室内改装を計画していたブンオン公爵に対して、装飾画家としてブーシェを推薦するなかで次のように述べている。「ブーシェは仕事のスピードが実に早い、早い上に、高くない(14)」。

顧客獲得に苦心していた一七三〇年代初頭のブーシェの状況をより明確に把握するために、ブーシェの永年のライヴァル、

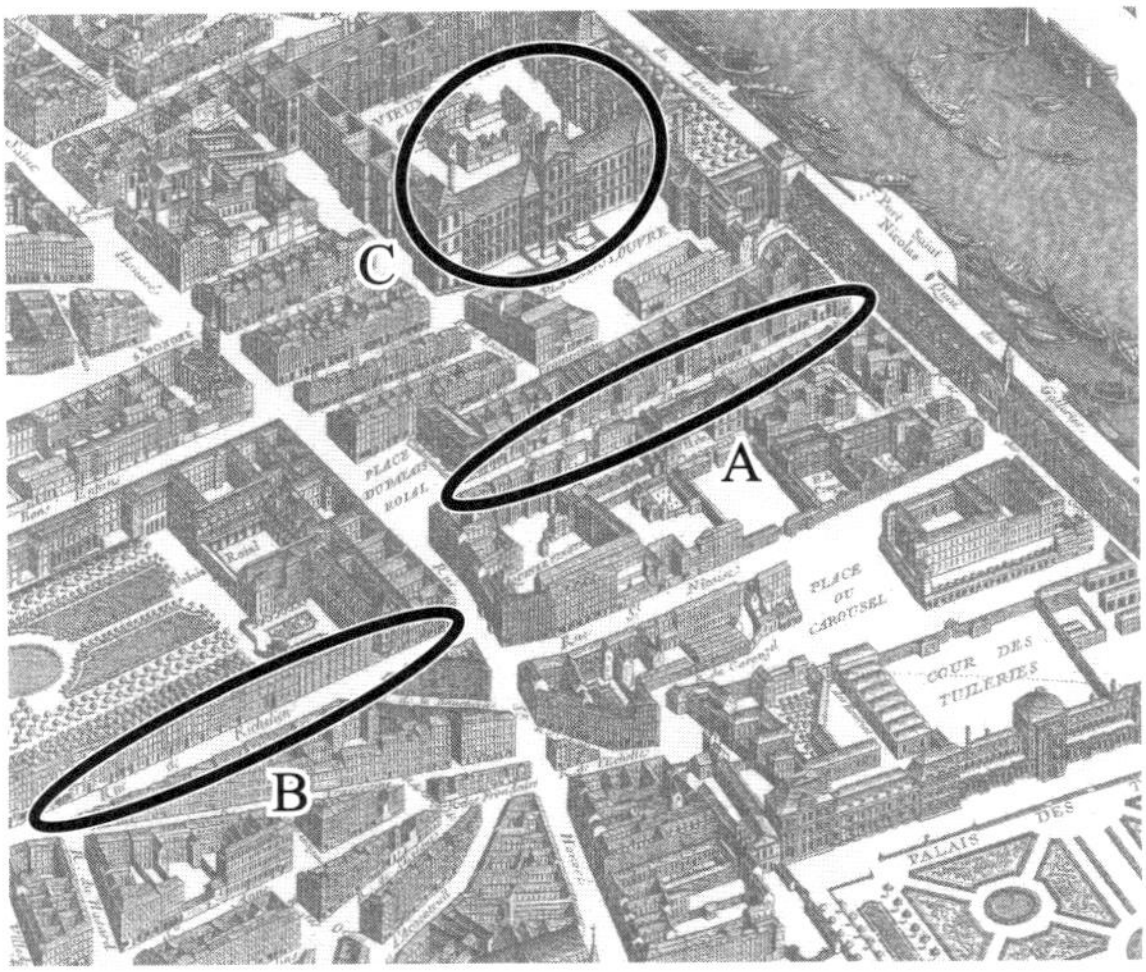

図12　18世紀のパリ（1734年テュルゴの地図に基づき筆者作成）
A サン・トマ・デュ・ルーヴル通り、B リシュリュー通り、C 王立絵画彫刻アカデミー

シャルル＝ジョセフ・ナトワールの同時期の活動状況と比べてみよう。ナトワールはブーシェと同じくルモワーヌのもとで学び、ブーシェと同じ年に歴史画家として美術アカデミーの会員になった[15]。ナトワールはブーシェとは対照的に制作環境に恵まれていた。ナトワールはローマ賞を受賞したのちイタリアへ渡り、ブーシェより一足早く帰国した。一七三二年には王室建造物局総監ダンタン公爵（在職一七〇八―一七一六年、一七二六―一七三六年）のために、四点の旧約聖書に基づく戸口上部装飾画を手がけ、その後もナトワールのもとには大型装飾画の制作依頼が途絶えることはなかった[16]。ダンタン公爵は美術アカデミーの指揮を執っていた人物であり、ナトワールは彼の贔屓の画家として重用されていた。一方、ブーシェはダンタン公爵の手厚い庇護を受けなかったため、ローマ賞を獲得したにもかかわらず正規留学できなかった、と版画家で美術批評家のシャルル＝ニコラ・コシャン（一七一五―一七九〇年）は述べている[17]。

　イタリアから帰国したブーシェは、ナトワールとは異なり強力な後ろ盾がなかった。たしかにブーシェは版画家としてのキャリアを通じて、クロザやジュリエンヌなど法服貴族たちと交流をもっていた。しかし、名を広く知られるためにブーシェがデルベのために安値で作品を制作していたという事実から推察されるように、クロザはブーシェの制作活動を全面的に支援するほどの有力なパトロンではなかった。したがって、ブーシェは歴史画家として地道に顧客を獲得していかねばならなかったのである。

帰国後のブーシェが、版画家としてではなく、美術アカデミーの歴史画家としての道を歩むことを決意していたであろうことは、ブーシェの転居歴からもうかがえる。ブーシェはイタリアからの帰国後まもない一七三三年に、パリのブルジョワの娘マリー＝ジャンヌ・ブゾーと結婚し、[18] それを機に美術アカデミーから目と鼻の先にあるサン・トマ・デュ・ルーヴル通りに居を構えた[19]［図12 A］。一七三四年、ブーシェは歴史画家として美術アカデミーへの入会を果たした。

美術アカデミー入会前後の同時代評価

一七三四年以前のブーシェの絵画作品は当時どのように評価されていたのだろうか。ここでは『メルキュール・ド・フランス』に掲載された二つの批評をもとに、この時期のブーシェ作品に対する評価をみてみよう。一つ目の批評は、一七二五年に聖ルカ・アカデミー主催のドーフィン広場で行われたサロンに対するコメントである。一七三六年以降、美術アカデミーのサロンは定期的に開催されるようになった。サロンが開かれる以前には、多くの画家が聖ルカ・アカデミー主催のサロンに出展していた。ブーシェも数点の小型作品を出展したようであるが、その詳細は明らかでない。

私たちはルモワーヌ氏の弟子ブーシェ氏の数々の小型作品を大変喜ばしくみた。それはとてもよい趣味の色で描かれており、この若者が芸術の道において大成することを期待させる。[20]（筆者訳）

『メルキュール・ド・フランス』一七二五年

二つ目の批評はブーシェの美術アカデミー入会に関する記事である。

一月三十日、ブーシェ氏、ルモワーヌ氏の弟子にふさわしい画家、作品の質の高さで知られているこの人は、その喜ばしき才能をもって、大型作品《ルノーとアルミード》を提出し、全会一致の票決により美術アカデミーに入会した。[21]（筆者訳）

『メルキュール・ド・フランス』一七三四年

まずブーシェの美術アカデミー入会について取り上げた一七三四年の評価から検討しよう。「作品の質の高さで知られているこの人」という表現は、ブーシェの作品が美術アカデミー入会以前からすでに一定の評価を得ていたことを示唆している。しかし、ブーシェの作品は一七二五年の聖ルカ・アカデミーのサロン以前に公に展示されたことはない。デルベのために装飾画を手がけるなど、地道な制作活動を通じて、ブーシェの知名度はパリで高まりつつあったのかもしれない。一七三四年に版画家ニコラ・ベルナール・レピシエが美術アカデミーに入会するために提出した作品は、デルベのために描いた二点の作品を版画化したものであった。[22]ブーシェは自身の作品を広めるにあたって、なじみ深い版画媒体や版画家との交友関係を有効的に活用していたと考えられる。

ブーシェが美術アカデミー入会する以前より、版画を通じて一定の知名度を獲得していたとしても、『メルキュール・ド・フランス』（一七三四年）のコメントには、編集者の個人的な評価も反映されているように思われる。言い換えれば、『メルキュール・ド・フランス』の編集者はブーシェのことをよく知っており、その作品を好意的に評価していたのではないだろうか。事実、すでに一七二五年のコメントにおいてブーシェは「芸術の道において大成することを期待させる」と評されている。つまり、ブーシェは美術アカデミーに入会前から、すでに新進気鋭の画家としてその将来性が有望視されていたのである。『メルキュール・ド・フランス』には一七三四年以降開催される美術アカデミーのサロン批評が定期的に掲載されることからも、ここでこの雑誌の特徴を把握しておくことは有益である。

『メルキュール・ド・フランス』は、一六八二年に創刊された『メルキュール・ギャラン』を前身とする雑誌であり、フランスにおけるジャーナリズムの発展に大きく貢献した。[23]この雑誌の特徴は、宮廷生活、外国のニュース、ゴシップ、芸術領域に関する知的議論、詩、演劇、絵画のレヴューなど、多様なトピックを取り上げている点にある。すなわち、さまざまな分野に関する内容を網羅した総合雑誌ということができる。また、『メルキュール・ド・フランス』は時代の新潮流を伝える上でも重要な役割を果たした。たとえば、その誌上では十七世紀末より新旧論争すなわち古代文学と近代文学の優劣をめぐる議論が交わされた。「近代派」（モダン）の側に立つ著述家ベルナール・ル・ボヴィエ・ド・フォントネル（一六五七―一七五七年）も『メルキュール・ド・フランス』で論陣を張った。[24]

ブーシェとの関係において注目すべき人物は、この刊行誌の編集者をつとめたアントワーヌ・ド・ラ・ロク（一六七二―一七四四年）である。[25]ド・ラ・ロクは脚本家、美術愛好家としてもよく知られた人物であり、一七二四年から死去する一七四四年までのあいだこの雑誌の編集にあたった。ド・ラ・ロクは、ヴァトーや十八世紀を代表する画商エダム・ジェルサンと交友関係があり、彼らと共にクロザを中心とする美術愛好家たちとも交流していた。すでに述べたように、ブーシェは一七二〇年代からクロザやジュリエンヌらと交友関係を築いていた。また、ジェルサンはブーシェの版画家としてのキャリアと切り離せない重要な人物であった。これらの事実を考慮するならば、ブーシェが彼らとの交流を介して、一七二〇年代よりド・ラ・ロクと既知の間柄であったことが十分考えられる。すなわち、『メルキュール・ド・フランス』のブーシェ評価には、編者ド・ラ・ロクのブーシェに対する好意的態度が少なからず反映されていると推察されるのである。

以上みてきたように、一七三四年に美術アカデミーの歴史画家としてキャリアを踏み出すまでのブーシェは、版画を通じて当時の美術愛好家たちと交流をもち、この時期に最も影響力のあったジャーナリズムにも好意的に受け入れられていた。しかしながら、繰り返し強調するように、ブーシェは有力なパトロンに恵まれることなく、破格の安値で作品を提供しながら、作品制作の機会を獲得することを狙っていたのである。このような状況下、ボーヴェ製作所のデザイナーとしてのブーシェの活動は開始した。

一 〈イタリアの祭り〉の概要

主題と構成

ブーシェによる一作目の連作〈イタリアの祭り〉は、十二の主題から構成されている。[26] バダンは十四の主題があるとみているが、スタンデンが正しく指摘したように、バダンが挙げる作品のうち《羊飼いの娘》と《女将》はもともと存在しない。十二の主題はそれぞれ《のぞきからくり屋》［口絵2（この主題は《好奇心》とつねにセットで織られた）］、《占い師》、《狩人》［図13］（この主題は多くの場合、《ブドウをもつ娘》とセットで織られた）、《釣りをする娘》、《好奇心》［口絵2］、《ブドウをもつ娘》［図13］、《ダンス》、《軽食》、《音楽》、《庭師》、《おうむ》、《たまご売り》である。[27]

冒頭で述べたように、これらの作品はタピスリーが織り出された年代から判断して三つのグループに分けることができる。各作品の制作年については［巻末資料1―1］を参照されたい。一つ目のグループは、六点（《のぞきからくり屋》、《占い師》、《狩人》、《釣りをする娘》、《好奇心》、《ブドウをもつ娘》）の作品から構成される。これらの下絵は一七三四年から構想されて、一七三六年に第一エディションが織り上がった。二つ目のグループは、四点（《ダンス》、《軽食》、《音楽》、《庭師》）からなるセットである。そのうち《ダンス》は一七四四年、《軽食》は一七四五年、《音楽》と《庭師》は一七四六年に制作された。これらの作品はいずれも一七四〇年以降に織られていることから判断して、〈イタリアの祭り〉の第二シリーズとして構想されたものと考えられる。三つ目のグループは《おうむ》と《たまご売り》である。この二点はほかの作品に比べて縦長のサイ

図13　フランソワ・ブーシェの下絵に基づく《狩人とブドウをもつ娘》(タピスリー連作〈イタリアの祭り〉より）ボーヴェ製作所、1738-1754年頃、279.3 × 220.3 cm、サン・マリーノ、ハンティントン・アート・コレクションズ

図14　フランソワ・ブーシェの下絵に基づく《のぞきからくり屋と好奇心、狩人とブドウをもつ娘》（タピスリー連作〈イタリアの祭り〉より）ボーヴェ製作所、1736年、381 × 769.6 cm、フィラデルフィア美術館

ズで織られており、一七六二年にたった一度しか制作されていない。この時期ブーシェはすでにボーヴェ製作所を辞し、ゴブラン製作所のために下絵を提供していた。したがって、スタンデンが指摘するように、この二点は後年になってから第三者が制作したものであろう。

〈イタリアの祭り〉の大きな特徴は、購買者の希望に応じてタピスリーの主題を自由に組み合わせることができる点にある。「のぞきからくり屋」と「好奇心」はつねにセットとして織られた(28)［口絵2］。また、「狩人」と「ブドウをもつ娘」も一緒に織り出されることが多かった［図13］。さらにこれらの四つの主題「のぞきからくり屋と好奇心、狩人とブドウをもつ娘」を組み合わせた大型作品［図14］も制作された。

連作〈イタリアの祭り〉には、イタリアを思わせる古典的景観を舞台に人々が楽しむ様子が描かれている。まず一七三六年に第一エディションが織り出された六点の作品について考察しよう。四つの主題が組み合わされた大型作品《のぞきからくり屋と好奇心、狩人とブドウをもつ娘》［図14］から観察する(29)。このタピスリーは、絵画の画枠を思わせる縁飾りに囲まれている。その中央上部には、タピスリーの購買者（ロアン・スービーズ家）の紋章が織り

図15　フランソワ・ブーシェの下絵に基づく《のぞきからくり屋と好奇心》（タピスリー連作〈イタリアの祭り〉より）部分図、ニューヨーク、メトロポリタン美術館

込まれている。

画面の構図についていえば、正面に向かって左手から右手の方向に（以下、画面の左、右とする）、そびえ立つイタリアのシュビレの神殿から噴水と廃墟へと、緩やかな弧を描くような地形に整えられている。画面左に描かれているのは《のぞきからくり屋と好奇心》［口絵2］の情景である。左端のテントの下には薬を売るシャルラタンがいる。[30] シャルラタンとは、巧みな口上で怪しげな薬を売りつける香具師のことであり、彼らは客寄せ芸人を引き連れて祝祭や大市によく現れた。

シャルラタンを中心に三つのグループが形成されている。左端から順に、若者のラッパの音色に耳を傾ける若者たち、文字盤付ゲーム台（ルーレット）を囲んで遊ぶ子供たちと店番の娘［図15］、シャルラタンから薬を買う娘たちである。子供たちは「ウブリのゲーム」に夢中になっている。ウブリとは中世に遡る伝統のある薄手の焼き菓子であり、[31] このゲームの参加者は、ルーレットを回して矢の止まった地点に記された数字の分だけウブリをもらうことができる。

画面の中央では青年がのぞきからくり箱を操作しており、娘は箱のなかの動く画面を熱心にのぞき込んでいる。見世物やゲームを楽しむ村人たちの横には、洗練された装いの三人の男女がいる。ひざもとに楽譜を置いて歌っている婦人の横の青年は、彼女に言い寄っているように見える。

画面右ではターバンを巻いた男が二人の娘にブドウを差し出している。彼らの横では、三匹の猟犬と二人の狩人が身を休めている。最前景の狩人の横にいる猟犬は手柄を褒められて満足しているように見える。もう一人の狩人は噴水の水を馬に与えている。

図16　フランソワ・ブーシェの下絵に基づく《釣りをする娘》（タピスリー連作〈イタリアの祭り〉より）ボーヴェ製作所、1738-1754年頃、274.5 × 205.7 cm、サン・マリーノ、ハンティントン・アート・コレクションズ

図17　フランソワ・ブーシェの下絵に基づく《占い師》（タピスリー連作〈イタリアの祭り〉より）ボーヴェ製作所、1738-1754年頃、272.3 × 212.7 cm、サン・マリーノ、ハンティントン・アート・コレクションズ

第一グループには、さらに二つの主題が含まれる。一つ目のタピスリー《釣りをする娘》［図16］には魚釣りをしている娘が二人いる。一人は魚を釣ることに没頭しており、もう一人は青年から魚を差し出されている。この舞台が愛の園であることは、アモルの彫像を頂く噴水によって暗示されている。二つ目の《占い師》［図17］には、羊飼いの娘と彼女の未来を予言する占い師の老婆、彼女たちの様子を眺める娘がいる。画面前方では、青年が娘の頭上に花輪をかかげている。彼らは木々や羊に周囲を取り囲まれており、穏やかな牧歌的雰囲気が感じられる。

次に一七四〇年以降に織られた二つ目のグループについて概観しておこう。一つ目のグループに描かれているのは、さまざまな階層の人々が集う賑やかな村の祭りの場面である。これに対して第二グループには、着飾った男女が戸外で踊ったり、楽器を演奏しているところが描かれている。田園のなかで男女が戯れるという主題は、ヴァトーが先鞭をつけた雅宴画（フェット・ギャラント）の作風に近い。すなわち、二つ目のグループの人物選択や情景描写は、一つ目のそれよりも明らかに洗練されている。このように〈イタリアの祭り〉は、人物選択や主題描写の点で、二つの異なるタイプの「祭り」によって構成されているのである。

先行研究と問題提起

〈イタリアの祭り〉については、これまで主にその着想源について論じられてきた。レジーナ・シュールマン・スラットキンは、とくに二つ目のグループの当世風の人々の描写をヴァトーの人物表現と比較している。[32]また、一つ目のグループの田舎の祭りに参加する村人たちの描写については、十七世紀オランダの画家アブラハム・ブルーマールト(一五六四―一六五一年)の人物表現に着想を得た可能性を指摘している。[33]ブーシェはイタリア滞在中、あるいは帰国後に、北方の画家ブルーマールトによる農民をモティーフとした素描を入手しており、それに基づく版画集を一七三五年に出版している。この版画集の制作期間は〈イタリアの祭り〉の下絵が構想された時期と重なっていることからも、ブーシェがブルーマールトの人物表現を最も身近な手本として利用したであろうことは想像に難くない。

〈イタリアの祭り〉と同時代の演劇との関連性についても論じられている。フランソワーズ・ジュリは《のぞきからくり屋と好奇心》の視覚上の着想源として、一七三五年に上演された、劇作家シャルル＝シモン・ファヴァール作「ブゾンの市」を指摘している。[34]また、アラステア・レイングは「イタリアの祭り」というタピスリー連作名と、作曲家アンドレ・カンプラ(一六六〇―一七四四年)によるオペラ「ヴェネツィアの祭り」(一七一〇年)との共通性に言及している。[35]

筆者はさらに、これまで指摘されたことのない、いくつかの視覚的典拠を提示したい。以下、第二節では、ブーシェが〈イタリアの祭り〉の初期構想の段階において、北方のタピスリーに着想を得ている事実を指摘する。第三節では〈イタリアの祭り〉と同時代のフランス絵画との比較考察を行う。第四節では、〈イタリアの祭り〉が実際に当時どのように私邸に飾られていたのか、タピスリーを取り入れたロココの室内装飾について具体例に基づいて観察する。一連の考察を通じて、ブーシェがさまざまな着想源を自在に組み合わせながら、どのように連作〈イタリアの祭り〉を当世風の様式によって作り直していったのかを明らかにしたい。

二　北方の視覚的着想源をめぐる考察

ブーシェの素描とテニールスのタピスリー

ブーシェの作品における北方芸術からの影響については、近年ディジョンのマニャン美術館とロンドンのウォーレス・コレクションで開催された展覧会において取り上げられて以来、研究テーマとして注目を集めるようになった[36]。北方の版画や絵画作品が制作の上で重要な源泉となっていたことについては、しばしば論じられてきた。しかし、ブーシェがタピスリー制作活動を通じて、北方芸術から大きなインスピレーションを得ていたことについては、これまで検討されたことはない。以下では、連作〈イタリアの祭り〉の下絵の構想を検討することにより、北方のタピスリーがブーシェの豊かな着想の源であったことを明らかにしたい[37]。

〈イタリアの祭り〉の新たな着想源として筆者が注目するのは、北方のタピスリー芸術とブーシェとの接点である。ブーシェがボーヴェ製作所のために下絵を提供することが決まったのは一七三四年のことであるが、この年にボーヴェ製作所においてのちに詳しく取り上げる連作〈テニールス〉の最後のエディションが織り出された。この事実は端的に〈イタリアの祭り〉が製作所において十七世紀以来織られてきた連作〈テニールス〉に代わる新作として構想された可能性を示唆している。すでに述べたように、ボーヴェ製作所ではしばしば、過去に作られた連作の新しいヴァージョンが制作された。〈イタリアの祭り〉が連作〈テニールス〉に代わる新作として構想されたとするならば、新たな作品を考案するに際して、ブーシェがフランドルのテニールスのタピスリーについてよく学んだであろうことは想像に難くない。この仮説について、以下では、レイングによって〈イタリアの祭り〉に関連づけられる四点の素描との関係から論じることを試みたい。[38]具体的には第一に、これらの素描がテニールスのタピスリーから着想を得て構想されていること、第二に、ブーシェがそれを実際に作品のなかに取り入れてくプロセスについて検討したい。これらの考察を通じて、四点の素描のステイタスを定めることも、ここでの目的である。

関連素描に関する基本情報

まず〈イタリアの祭り〉に関連づけられる四点の素描の基本的情報を確認しておこう。すなわち、《田舎の縁日》[図18]、《占い師》[図19]、《漁場》[図20]そして《田舎の家庭》[図21]である。[39]これらの素描はサイズや技法の上で共通している。はじめの二点の素描《田舎の縁日》と《占い師》の図柄は、多少なりともタピスリーの最終的な構図に反映されている。これに対して残りの二点《漁場》と《田舎の家庭》には、タピスリーに関連づけられるモティーフが描かれていないことから、おそらく最終的にタピスリーの下絵として採用されなかった構想を示す素描であると考えられる。

四点の素描のうち《占い師》をのぞく三点の素描を所有していたのは、画商ガブリエル・ユキエである。[40]それらの素描は一七七二年十一月九日に行われたユキエの死後の競売において、三点一組として販売された。《漁場》は素描のパネルに記された銘記から判断して、[41]おそらくブーシェの素描《魔法のランタン》(所在不明)の対作品として制作されたと考えられる。

図18　フランソワ・ブーシェ《田舎の縁日》1734-1736年頃、筆、黒チョーク、黒インク、白のグアッシュ、茶色の紙、26.7 × 45 cm、パリ、ルーヴル美術館

図19　フランソワ・ブーシェ《占い師》1734-1736年頃、筆、灰色の淡彩、黒チョーク、白のハイライト、25.4 × 30.48 cm、スティーベル株式会社

図20　フランソワ・ブーシェ《漁場》1734-1735年頃、筆、白チョーク、黒インク、白のハイライト、茶色の紙、26.6 × 36.8 cm、ロンドン、アラスティア・レイング・コレクション

図21　フランソワ・ブーシェ《田舎の家庭》の第1構想（エスキス）1734-1735年頃、黒・白チョーク、クリーム色の紙、28 × 36 cm、ボストン、ジェフリー・E・ホルヴィッツ・コレクション

《魔法のランタン》に関連づけられる作品としては、その素描に基づいて制作されたコシャンによる版画《田舎の縁日》（パリ、ルーヴル美術館）がある。[42] 素描《田舎の家庭》［図21］は、最終的に現在ミュンヘン美術館に所蔵される油彩画《村の幸福》の作品構想として利用された。なお、この素描から油彩画が構想されるにあたって、ブーシェは両者のあいだをつなぐ準備素描を制作している。

「テニールスのタピスリー」についての概要

四点の素描——《田舎の縁日》、《占い師》、《漁場》そして《田舎の家庭》——が〈イタリアの祭り〉の初期構想を示すものであるという仮説に基づき、本節では、これらの素描を十七世紀第3四半期に織られたテニールスのタピスリーと比較する。まずはテニールスのタピスリーについて基本的な情報を確認しておきたい。

十八世紀にその人気が頂点に達したことで知られる「テニールスのタピスリー」とは、ダフィット・テニールス（子）（一六一〇—一六九〇年）あるいはその息子のダフィット・テニールス三世（一六三八—一六八五年）風の田園風景などを主題として取り上げたタピスリーの総称である。テニールスのタピスリーは当時さまざまな工房で制作され、広範に流布していた。[43] ブリュッセルの諸工房では、それぞれテニールスの作品に着想を得た独自のタピスリーが織られていた。したがって、テニールスのタピスリーには特定の下絵はないが、その代わりによく取り上げられる典型的主題がある。ボーヴェ製作所で織られていたテニールスのタピスリーは、ブリュッセルで織られていた連作のヴァリエーションといえる。[44] テニールス風のタピスリーは十七世紀末以来、諸外国でも制作されていた。ブリュッセルで作られた最も古い作例は、十七世紀第2四半期にジェローム・ルクレールとジャック・ファン・デル・ボルヒトの製作所で織られた作品である。ブリュッセルの工房のテニールスのタピスリーは、質の高さにおいて他の追随を許さなかった。

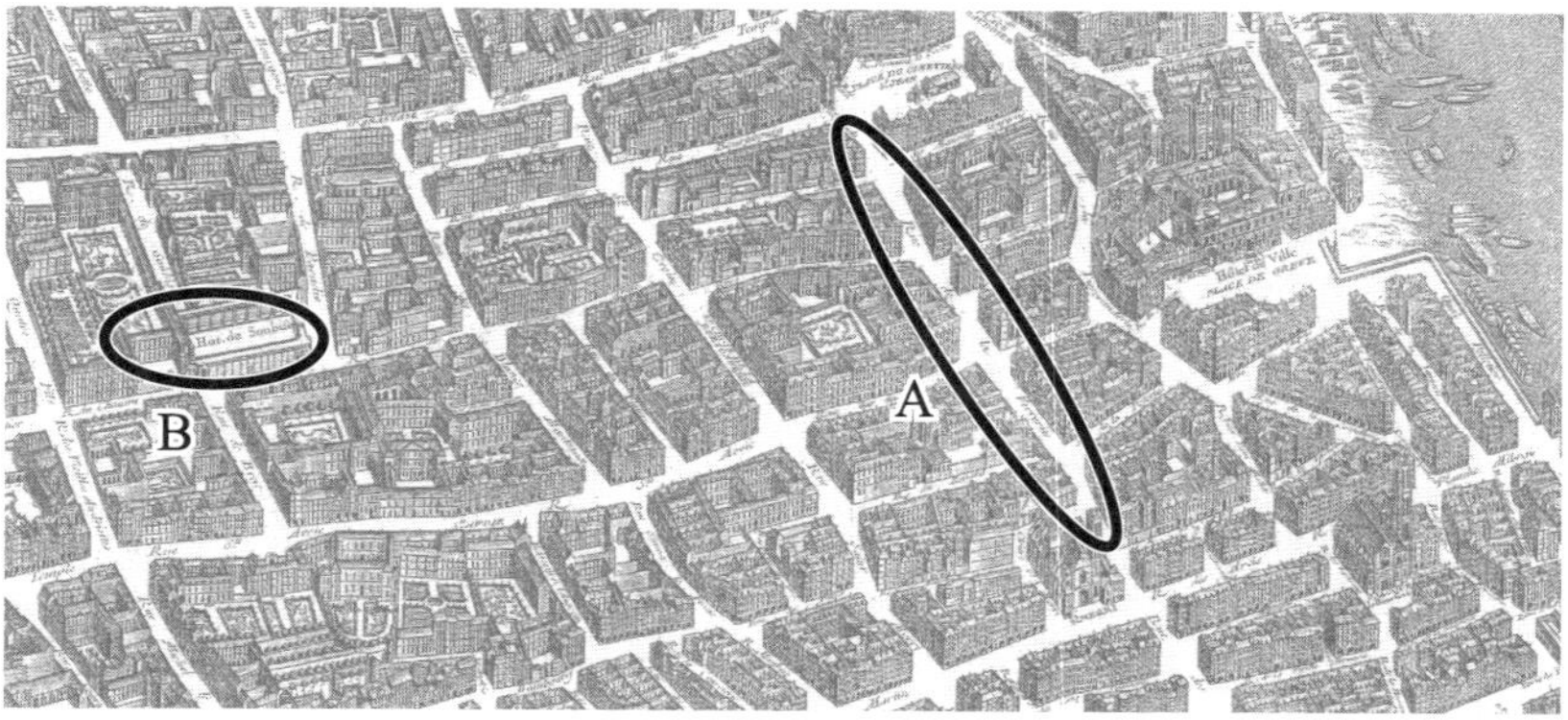

図22　18世紀のパリ（1734年テュルゴの地図に基づき筆者作成）
A　ヴェリエ通り、B　オテル・ド・スービーズ

以下の分析では、ブーシェが素描を制作したときに参照可能であったと考えられる、十七世紀から十八世紀第１四半期のあいだに織られたテニールスのタピスリーを考察対象としたい。ブーシェはまずボーヴェ製作所ですでに織られていた〈テニールス〉をもっとも身近な手本として参考にしたであろうことが推測される。それにくわえてブーシェはフランドル製のテニールスのタピスリーを直接考察する機会があったことも考えられる。十八世紀前半のパリにおけるフランドル製のタピスリーの市場について論じたブローセン・コエンラードによれば、フランドル製のタピスリーはパリの中心街でも購入することができた。北方のタピスリー販売店は、現在パリの四区にあるヴェリエ通り［図22Ａ］に店を構えていた[45]。ブーシェの生家もまたヴェリエ通りにあったことに注目したい。ブーシェは生まれてから一七三三年の結婚を機にサン・トマ・デュ・ルーヴル通り［図12Ａ］に転居するまでの三十年のあいだ――版画家カールのもとに住み込みで働いた期間とイタリア留学のあいだをのぞく期間――ヴェリエ通りの両親の家に住んでいた。したがって、ブーシェは本連作の構想をする以前から、身近なところで北方のタピスリーに直接触れる機会に恵まれていたのである。

関連素描とテニールス風タピスリーの比較

タピスリー〈イタリアの祭り〉の諸場面は、泉や小川などの水の要素によって互いに結びつけられている。《漁場》［図20］に示されるように、ブーシェは水の要素を初期の構想段階から重要視していた。ブーシェは当初、海辺の情景を主題にした下絵を提供しようと考えていたのであろう。画面右手には要塞が置かれた埠頭が海を囲むように配されており、それは海辺の情景を縁取る画枠のような役目を果たしている。沖にはいくつかの船が漂っており、左手には波止場の方に向かう一艘の船がある。港では人々がいろいろな仕事に取り組んでいる。漁師は魚の網を引いたり、捕えた魚をバケツに移しかえたりしている。[46] 港市には魚の入ったかごを手にした女性の姿も見える。

ブーシェの素描が示すような海辺の情景は、テニールスのタピスリーの基本的なレパートリーであったと考えられる。ブーシェの《漁場》［図20］は、ルクレールとファン・デル・ボルヒトの製作所で織られた最初の作例以来、各地で制作されてきた海辺の風景を主題とするテニールスのタピスリーに共通する画面構成を踏襲している。[47] テニールスのタピスリーの基本的な特徴を明らかにするために、ブリュッセルのタピスリー製作所のなかでもとりわけ名声のあったレニエルス工房作《漁港》[48]［図23］と、ファン・デル・ボルヒトの工房に帰属される《漁港》[49]［図24］を比較してみよう。

二つのタピスリーには次のような海辺の景色が描かれている。画面奥に向かって開かれた海を囲むように、前景には城塞をひかえた港［図23］がある。二艘の漁船が前方の波止場に向かって近づいている。波止場では漁猟に関連したさまざまな活動が行われている。猟師は獲れたての魚を処理しており、その近くには魚売りの商人や魚の入ったかごを手にした女性がおしゃべりを楽しんでいる［図25、26、27］。

漁場を主題としたテニールスのタピスリーのなかから、ブーシェが実際どの作品に着想を得たのかを特定することは難し

図23　ランベール・ホンドの下絵に基づく《漁港》(タピスリー連作〈テニールスのタピスリー〉より) ブリュッセル、レニエルス工房、18世紀第1四半期、個人蔵

図24　《漁港》(タピスリー連作〈テニールスのタピスリー〉より) ブリュッセル、ファン・デル・ボルヒトあるいはヨドクス・デ・フォスの工房、18世紀第1四半期、ボストン美術館

い。とはいえ、ブーシェがいくつかのブリュッセルのタピスリーの下絵から典型的なモティーフを取り出し、それらをテニールス風タピスリーの絵画伝統に倣い再構成したであろうことは確実である。

ブーシェの素描《占い師》［図19］についても、類似したモティーフがテニールスのタピスリーに認められる。しかし《占い師》の場合、明らかに性格の異なる二つの場面が描き込まれている点に注意する必要がある。二つの場面とは、画面の左手中央に描かれた鄙びた占い師のいる情景と、画面右手の花飾りの冠を手にした男女が戯れる場面である。「占い師」と「パストラル」というテーマは、テニールスのタピスリーで取り上げられる主題であるが、占い師と雅な男女の両方を組み合わせた構図は知られていない。ブーシェはおそらく、テニールスのタピスリーでなじみ深い主題のなかから二つの場面描写に注目して、それらを組み合わせたのであろう。すなわち、ブーシェは「占い師」と「パストラル」という個別のテーマを一つにまとめ上げたのである。

図25　フランソワ・ブーシェ《漁場》図20の部分図

「占い師」はカラヴァジェスキ（カラヴァッジョ派）がよく取り上げる主題の一つであり、テニールスのタピスリーの主題としても一定の人気を獲得していた[50]。レニエルス工房で制作された《占い師》[51]［図28］にみられるように、この主題はジプシーや占い師たちが片田舎の舞台に描かれる。平らな帽子をかぶった占い師は、紳士の未来を占っている。紳士の足もとには占い師におびえているかのように子供がしがみついている。彼らのやり取りに立ち会う女性の姿も見える。さらにこのグループの背後にも、占い師たちの様子を見つめる子供を背負った老女がいる。こうしたレニエルス工房の《占い師》の描写は、登場人物の数を減らすならば、ブーシェの素描の《占い師》の描写とかなりよく似ている。そこに描写される羊飼いの娘の手相を見ている占い師

図27　《漁港》（タピスリー連作〈テニールスのタピスリー〉より）図24の部分図

図26　《漁港》（タピスリー連作〈テニールスのタピスリー〉より）図23の部分図

は[52]、レニエルス工房の作品にみられる、背中に子供を背負った老女の姿と類似している。

ブーシェの素描《占い師》［図19］には仲むつまじい羊飼いの男女も描かれている。この人物グループをテニールスのタピスリーの《パストラル》［図29］と比較したい。《パストラル》には、《占い師》に描かれた羊飼いたちと同じように、恋に戯れる男女が描かれている。どちらの男女も一方が他方の頭上に花輪をかかげている。さらに彼らの様子を眺める青年の姿もある。ブーシェの素描とタピスリーは、共に人物像の視線によって構図が組織されており、また、石でできた廃墟が舞台背景に用いられている点にも共通性が指摘できる。さらに両者の舞台設定も類似している。主要人物に焦点が絞られるように画面の左右には木々が配されており、最も大きい木が右側に描かれることによって、構図がいっそう縦長に狭められている。

このようにブーシェの素描《漁場》と《占い師》の場合、テニールスのタピスリーのレパートリーのなかに、その主題と描写がほぼ一致する作品を指摘することができる。しかしながら、《田舎の家庭》［図21］や《田舎の縁日》［図18］の場合、テニールスのタピスリーに共通する主題を見つけるのは容易なことではない。

《田舎の家庭》の場合、《占い師》と同様に、素描の一部分だけがテニールス風のタピスリーに負っている可能性が考えられる。《田舎の

図28 《占い師》（タピスリー連作〈テニールスのタピスリー〉より）ブリュッセル、レニエルス工房、18世紀の第1四半期、個人蔵

図29 《パストラル》（タピスリー連作〈テニールスのタピスリー〉より）ブリュッセル、レニエルス工房、18世紀第1四半期、個人蔵

家庭》の最終段階を示す素描［図30］と初期の構想を示す素描［図21］を観察してみよう。初期の構想の特徴は、テニールスのタピスリーの《乳しぼり》［図31］の舞台設定と比較することによって明らかになる。ブーシェの初期構想には、画面の左手に牛の乳しぼりをする女性が描かれている［図32］。テニールスのタピスリーにおいては、乳しぼりをする女性は画面の中心に描かれている［図33］。ヘンリー・キュリー・マリリエが指摘するように、乳しぼりをする女性のモティーフは、その背後に描かれた牛に寄りかかる青年と共に、家畜の世話を主題とするテニールスのタピスリーでよくみられる画面構成要素である[53]。興味深いことに、ブーシェは初期の構想では、テニールスのタピスリーに典型的な牛の乳をしぼる女性のモティーフを描いていたが、最終構想ではそのモティーフの代わりに、家畜に寄りかかる人物を描いている[54]［図34］。この人物像もまた、テニールスのタピスリーに

なじみ深いモティーフである。一連の作品構想が示すことは、ブーシェがタピスリーを構想するにあたって、テニールス風のタピスリーを基本的な手本として参照していたことである。

さらに、これらの準備素描〔図21、30〕に基づいて制作された油彩画《村の幸福》〔図35〕とも比較してみたい。(55)《村の幸福》には、テニールスのタピスリーの《乳しぼり》〔図31〕に認められるような、二頭の牛が描かれている。しかし、《村の幸福》には「乳しぼり」に取材したタピスリーに典型的なモティーフ――家畜に寄りかかる人物や、乳しぼりをする女性――はない。その結果、油彩画の構図はより明快になっている。ブーシェはおそらく装飾絵画を制作するにあたって、テニールスの

図30　フランソワ・ブーシェ《田舎の家庭》の完成習作、1734-1735年頃、黒インク、灰色の淡彩、クリーム色の紙、27.2 × 33.3 cm、フランス、個人蔵

図31　《乳しぼり》(タピスリー連作〈テニールスのタピスリー〉より)ブリュッセル、ウルバヌスとダニエル・レニエルス工房、18世紀第2四半期、アントウェルペン、B・ブロンデル＝マリーヌ・コレクション、デ・ウィット王立製作所

図32　フランソワ・ブーシェ《田舎の家庭》の第1構想（エスキス）図21の部分図

図33　《乳しぼり》（タピスリー連作〈テニールスのタピスリー〉より）図31の部分図

図34　フランソワ・ブーシェ《田舎の家庭》の完成習作、図30の部分図

タピスリーでよく取り上げられる「家畜の世話」という図像伝統を踏襲する必要はないと判断したに違いない。その代わりに農民が働く場面を、家族が集う愛らしい田園風景へと変化させたのである。

以上タピスリーに関連づけられる三点の素描を通じて明らかになったことは、これらの素描がテニールスのタピスリーの表現伝統から着想を得ていることであり、さらに、ブーシェによるアレンジの仕方によって三つに分類できるということである。まず、《漁場》［図20］のように主題と描写の上でテニールスのタピスリーとほぼ同一のもの、次に、《占い師》［図19］のように構図の半分がそれぞれテニールスのタピスリーの二つの主題に負っているもの、最後に、《田舎の家庭》［図21］のように構図の半分のみタピスリーに着想を得ているものである。

最後に、四つ目の素描《田舎の縁日》［図18］について考察することにしよう。ここに描かれている縁日の場面は、おおまかに三つのグループから構成されている。左から順に、ダンスをする人と二人の演奏家からなるグループ、屋台の商人

――のぞきからくり屋、ウブリのゲーム屋、シャルラタンとそのアシスタント――とそれらの出店に群がる村人たち、画面右奥の食事をしている人々である。それが食事の場面であることは、この素描に基づくコシャンの版画《田舎の縁日》(56)（パリ、ルーヴル美術館所蔵）にはっきりと確認できる。ブーシェはこのように三つの主題、すなわち、ダンス、縁日の商人、食事の場面を一つの構図に寄せ集めたわけである。

「ケルメス祭」と呼ばれる村祭りの場面は、十七世紀初頭よりネーデルラント絵画のなかでしばしば取り上げられてきた。

図35　フランソワ・ブーシェ《村の幸福》1734-1735年頃、画布、カンヴァス、233 × 254 cm、ミュンヘン、バイエルン州立銀行

この主題がのちにフランス絵画のみならず、タピスリーの図像表現にも大きな影響を与えたことはよく知られている。ケルメスの主題はテニールスのタピスリーのレパートリーのなかでも、テニールス自身の絵画作品と比較できるまれな作品テーマである。その一例が、東京の国立西洋美術館に所蔵されるテニールスのタピスリー《ケルメス》(57)［図36］である。十八世紀の第1四半期にヨッセ・デ・フォスの工房で織られたこのタピスリーには、村祭りの様子が描かれている。そこに描写されるダンスをする人や二人の演奏家、食事をする人々は、ブーシェの素描［図18］にも描かれており、両作品の人物表現には一定の共通性が認められる。しかし、《ケルメス》には、ブーシェの素描のなかで重要な位置を占める縁日の商人は登場しない。もっとも、縁日の主題はテニールスのタピスリーのレパートリーにはもともと知られてい

ない。以上の観察から、《田舎の縁日》［図18］は《田舎の家庭》［図30］と同じタイプの特徴があると考えられる。すなわち、構図の一部分はテニールスのタピスリーに着想を得ており、ほかの部分についてはタピスリーとは異なる視覚的源泉を推定する必要がある。(58)

ところで、ボーヴェ製作所で織られた連作〈テニールス〉のなかにもケルメスを主題とする作品がある［図37］。このタピスリーはブリュッセルの《ケルメス》［図36］と細部描写に違いがあるものの、基本的な人物描写はよく似ている。たとえば、ダンスをしている二つの人物グループ、立ち姿の二人の演奏家、テーブルを取り囲むグループ、子供をひざにかかえる女性の姿である。この女性像は、画面の構図における造形上の役割も、ブリュッセルのタピスリーと共通している。女性は最前景に描かれており、画面に奥行きを与えるルプソワールとしての役割を担っている。興味深いことに《ケルメス》に描かれたこの女性像は、〈イタリアの祭り〉の二つ目のグループ《ダンス》［図38］の最前景に配された二人の子供を連れた母親とよく似ている。ブーシェがボーヴェ製作所の《ケルメス》を知っていたであろうことはほぼ間違いない。これらの三つのタピスリーに描かれた人物モティーフの比較が示すことは、ブーシェがテニールスのタピスリーの伝統のなかで継承されたモティーフを、〈イタリアの祭り〉の下絵のなかに巧みに取り入れたということである。

以上、ブーシェは北方の絵画や版画のみならず、タピスリーにも着想源を見出していた。次に問うべきは、これらの北方的表現伝統と密接に連動した手本を基にしながら、ブーシェがどのように独自のタピスリー連作を作り上げていったのかということである。

図36 《ケルメス》（タピスリー連作〈テニールスのタピスリー〉より）ブリュッセル、ヨドクス・デ・フォスの工房、18世紀前半、東京、国立西洋美術館

図37 《ケルメス》（タピスリー連作〈テニールスのタピスリー〉より）ボーヴェ製作所、17世紀末から18世紀第1四半期、個人蔵

図38 フランソワ・ブーシェの下絵に基づく《ダンス》（タピスリー連作〈イタリアの祭り〉より）部分図、ボーヴェ製作所、1746年、個人蔵

三　新たな連作制作の試み

〈イタリアの祭り〉の準備素描と考えられる四点の素描の考察を通じて、ブーシェがテニールスのタピスリーを重要な着想源としていたことが明らかとなった。しかし同時に、ブーシェにとって重要な次なる課題は、北方のタピスリーを手本にしつつも、フランスのタピスリーにふさわしい新たな連作を生み出すことにあった。以下では、次の三つのポイント、すなわち、歴史画、理想的風景、同時代絵画との関連に注目して〈イタリアの祭り〉を考察し、ブーシェがいかに北方趣味のタピスリーに代わる当世風の連作を生み出したのかについてみていきたい。

歴史画的手法

結論を先取りするならば、美術アカデミーに入会してまもない歴史画家ブーシェは、まず、美術アカデミーにおける絵画理論を意欲的に実践することにより、北方のタピスリーを刷新することに挑んだ。テニールスのタピスリーや絵画作品は十八世紀フランスにおいて高く評価されていた。とはいえ、それらは美術アカデミーにおける「絵画のジャンル」の枠組みのなかでは、歴史画に代表される偉大なジャンル（grand genre）に対して小ジャンル（petit genre）であり、ジャンルの位階のなかで下層に位置づけられていた。そこでブーシェは、テニールスのタピスリーにみられる典型的な田舎の情景を、歴史画の手法を用いることによって高貴な場面描写に刷新することを試みたのである。ここで再びブーシェによる四点の素描を観察しながら、この見解について考えてみよう。

まず《漁場》［図20］の人物表現に注目したい。魚の網を引き上げる二人の男性は裸体で表現されている。その描写には美術アカデミーの歴史画家の教育において重要視されていた「アカデミー」（人体素描）の技術が生かされている。[59] 裸体で描かれた漁師の姿には力強い躍動感が付与されている。これに対して、テニールス風のタピスリーの漁師は着衣の姿で、その動作もどことなく楽しげである。ブーシェは〈イタリアの祭り〉を構想するにあたって、まずテニールスのタピスリーによく描かれる日常的な農民の姿を、歴史画にふさわしい人体表現によってとらえ直したことがわかる。

歴史画的な手法は、人物表現だけではなく構図配置にも確認できる。歴史画では、多数の人物を配置する際に、全体の調和が重要視される。四点の素描のうち《漁場》［図20］と《田舎の家庭》［図21］の構図は、この歴史画的な特徴をよく示している。《漁場》の場合、全体の雰囲気はテニールスのタピスリーに倣うものであるが、その構図には明らかに歴史画的手法が適用されている。画面下方に描かれる人物像を伴う波止場と、画面上方を占める海の部分とのあいだでは、動と静のコントラストが明瞭に描き分けられている。波止場は右端に見える塔から左端に向かって曲がりくねった木々へと、弧を描きながら人物のための動勢のある舞台として機能しており、舞台の上の人物は活気と溢れ出る生命感をもって表現されている。一方、海には動きを喚起するものは何一つなく、活気溢れる波止場の情景と見事なコントラストをなしている。[60]

《漁場》と同様に《田舎の縁日》［図18］もまた、入念に構成されていることがわかる。円形のヴェスタ神殿を頂に配したピラミッド構図のなかに、あらゆる年齢層の人物像が配置されている。絵画空間についていえば、画面奥に見える神殿の左右に、斜め後方に向かって建築物が配されることによって広い奥行きが生まれている。

このように、ブーシェの素描が人物像とその主題に関してテニールスのタピスリーに大きく負っているとしても、人体表現や構図配置については歴史画の手法が適用されている。ブーシェは、歴史画家としての技量を存分に生かすことによって、北方のタピスリーに着想を得た田舎風の連作をより高貴な様式に変更したのである。

ブーシェのデザイナーとしての手腕は、人物と舞台背景、これらの二つの要素を結びつける画面構想にもよく表れている。

ブーシェのタピスリー［図14］には、後述するように、油彩画《ティヴォリの理想風景》において山頂に小さく描かれている神殿が左側に現れ、右側にもモニュメンタルな古代の遺跡が控えている。これらの古代建築モティーフは、前景に点在する人物像を乗せたハンモック状の舞台を吊り下げている左右の柱のようであり、構図を支える基柱としての役割を担っている。ここにおいて、左から右へとなだらかな円弧を描く舞台設定が生み出す水平方向の流れと、建築物によって形成される垂直方向の流れが融合し、画面には動的なリズムが付与される。その表現にはブーシェの絵画作品の特徴でもあるバロック的画面構成が生かされており、複数の人物像を調和的に統合する才にたけた歴史画家としての手腕が遺憾なく発揮されている。このように、北方的な主題が歴史画の構成原理によってモニュメンタルなスタイルに刷新されたタピスリーは、ボーヴェ製作所において織られたことはなかった。

〈イタリアの祭り〉におけるジャンルの境界

テニールスのタピスリーを刷新するためにブーシェは、歴史画的な人物描写や画面構成を試みた。それと同時に画家は、北方の田舎の情景を描いた風俗画をイタリア風の詩的な田園風景、すなわちパストラル（牧歌的理想風景）の絵画伝統を取り入れることを考えた。そのことは、〈イタリアの祭り〉という連作名からも明らかである。イタリア的風景を彷彿とさせる要素としては、タピスリー《占い師》［図17］の背景に置かれた牧神パンのヘルメ像や、大型作品《のぞきからくり屋と好奇心、狩人とブドウをもつ娘》［図14］に描かれた古代風の神殿などが指摘できる。この神殿は

図39　フランソワ・ブーシェ《ティヴォリの円形神殿》1730年代、黒チョーク、白チョーク、擦筆、青い色紙、31.8 × 41.4 cm、アムステルダム国立美術館

タピスリーに関連づけられる素描《田舎の縁日》の後景にも大きく描かれており、タピスリーのなかでは全体の構図を支える役割を担っている。実際この建築モティーフは、ブーシェがイタリア滞在中にティヴォリにあるヴェスタ神殿を描いた素描［図39］に基づいている。

古代遺跡を描くことによって舞台をイタリアに変えるという手法は、牧歌的な理想風景を描くときの常套手段である。しかしなぜ「イタリア」の風景が選ばれたのだろうか。この選択には、十八世紀の風景画に対する絵画理論や、タピスリーの購買者のあいだにおける風景画に対する趣味が考慮されていたに違いない。そこで以下では、まず十八世紀の絵画理論形成の上で大きな影響力をもった二つの美術理論書、すなわちロジェ・ド・ピールの『絵画論講義』(一七〇八年)とジャン＝バティスト・デュボスの『詩と絵画についての批判的考察』(一七一九年［以下『詩画論』と略記］)を順次取り上げ、当時の風景画に対する美術理論と趣味について明らかにする。次に、ブーシェの初期風景画の変遷を踏まえた上で、その表現方法が、タピスリーの北方的風俗画表現を刷新する上で援用されていることを具体的に論じたい。

1　ロジェ・ド・ピールの『絵画論講義』における風景画の定義

十八世紀フランスにおいて、風景画はどのように評価されていたのだろうか。フランスの美術アカデミーの絵画理論を打ち立てたロジェ・ド・ピール(一六三五―一七〇九年)は著名な『絵画論講義』のなかで、風景画には二つのタイプがあると述べている。[61] 二つのタイプとはすなわち、英雄的様式と牧歌的様式(あるいは田園的様式)である。英雄的様式は、芸術や自然が生み出しうるあらゆる偉大なものや、非凡なものから抽出された要素によって構成される。この様式を代表する画家としてド・ピールは、十七世紀フランス古典主義を代表する画家ニコラ・プッサンを挙げている。一方、牧歌的様式とは、洗練されたというよりはむしろ、自然の気紛れにゆだねられたように見える景色である。クロード・ロランはこの様式を代表する画家とみなされている。ロランはプッサンと同時代のフランスの画家で、生涯の大半をイタリアで過ごした。ロランの風景画は古典的（あるいは理想的）風景画と称され、その特徴は、牧歌的風景に古代の建築物をちりばめた画面構成にある[62]。ド・ピールの理論が示すように、ロラン風の理想的風景やヴェネツィア派の作品に代表される牧歌的風景画は、当時フランスにおいて高い評価を受けていた。

ド・ピールは十七世紀アカデミズムの教条主義とは異なる、鑑定家の目という確かな趣味基準によって、ルーベンスを模範と見なして色彩派の傾向を是認した[63]。さらに、自由な創造による主題設定を特徴とした十六世紀のヴェネツィア派に注目し、その優れた描写力を賞賛した。『絵画論講義』のなかでド・ピールは、風景画はティツィアーノやヴェネツィア派から学ぶことを奨励していた[64]。

このド・ピールの絵画評価は、十八世紀初頭にクロザを中心とするパリの美術愛好家のあいだにおけるヴェネツィア派に対する評価と密接に連動していた。ド・ピールはクロザの美術サークルのメンバーであり、彼らの美術認識を絵画理論として権威づけすることに貢献した[65]。上述のようにブーシェは一七二〇年代よりこの美術サークルと密接なつながりをもっており、ド・ピールが提唱する「理想的な風景画」に対する評価が、当時のパリの愛好家たちのあいだで広く受け入れられていたことをよく認識していたと考えられる。パリの美術愛好家たちの中核をなしたクロザ一族は、財力により社会的地位を獲得した法服貴族であった。彼らの美術に対する鑑識眼や趣味が、パリの上流階級のあいだで共有されていたであろうことは想像に難くない。第一章で論じたように、クロザをはじめとするこれらの新興階級層は、ボーヴェ製作所の重要な顧客であった。したがって、ブーシェの構想に彼らの趣味が反映されたことは容易に想像できる。

2　ジャン＝バティスト・デュボスの『詩画論』における理想的風景

さて、十八世紀フランスの美術理論に大きな影響を与えたジャン＝バティスト・デュボスもまた、絵画と詩の比較論において「イタリアの羊飼い」に詩的なイメージを重ね合わせていたことは特筆される。絵画と詩の比較論は、ホラティウスの

『詩学』に記される有名な一句「絵は詩のごとく」（*Ut pictura poesis*）をよりどころとするものであり、そこでは絵画と詩が等価なものと見なされ、詩学やキケロなどの修辞学が絵画論に適用された。デュボスの『詩画論』は、十八世紀にこの伝統ある議論に深甚な影響を及ぼした点できわめて重要である。(66)本節の文脈に関連して取り上げたいことは、イタリアの理想的な田園風景に関するデュボスの見解である。理想的表現はアリストテレスの『詩学』に基づく「真実らしさ」の議論に結び付く。十七世紀以来、「真実らしさ」は美術理論の中心テーマとなっていた。デュボスは『詩画論』のなかで、絵画は詩と同じく、模倣の対象物である自然の「真実」ではなく「真実らしさ」を提示する役割をもつ、と述べている。(67)そして、ウェルギリウスや古代の詩人は「もう少し品のいい、彼らの国の同時代の羊飼いと農夫とを牧歌に書き入れた」としている。しかしながら近代のフランスの農民は、赤貧にさらされ、本来のあるべき姿でないという。言い換えるならば、これらの粗野な農民は、詩と同様に絵画にもふさわしくないということになる。これに対して、現代の（つまり同時代の）イタリアの農民に対しては、古代詩人がみた農民を彷彿とさせると述べ、彼らを理想的な農民のイメージと重ね合わせている。

今日でさえも、これらの地方［イタリア］の政治状況から田舎の住民が以前のような安定を保っているとはいえないとはいえ［……］、それでも尚、彼らが我々の国の農民の範囲をはるかに超えて、豊かに楽しむのがはっきりわかるのだ。イタリアの一部の農夫たちは、背中にギターをしょって、家畜の番をして大地を耕しに行く。彼らはなお野原で作った詩を自分の楽器の音で伴奏しながら、愛を歌うことを知っている。(68)

デュボス『詩画論』一七一九年

すなわちデュボスは、自然の「真実らしい」模倣のためには、古代の農民あるいは現代のイタリアの農民を描くという手段を提示しているのである。

当時の理想的風景の手本として、ド・ピールは具体的にヴェネツィア派を挙げており、デュボスは絵画と詩の比較論の見地から、真実らしい風景画の手本として、同時代のイタリアの農民を人物モティーフとして取り入れた風景を描くことを賞賛していた。かくして十八世紀前半には、「イタリアの風景」に対する理想的ヴィジョンが明確に理論化されることになった。

3　風俗画から牧歌的理想風景画へ

ド・ピールの実践的理論やデュボスの風景画に対する詩的な見解を踏まえた上で〈イタリアの祭り〉を見直すならば、この連作は当時のイタリアの風景に対する理想的なヴィジョンを体現しているように思われる。タピスリーに表現された理想的風景はまた、ボーヴェ製作所の顧客層の趣味とも一致するものであった。テニールス風の風俗画的表現を、理想化された風景画の概念を利用して高貴なものへと変えるブーシェの試みは、美術アカデミーにおけるジャンルの境界を実に巧みに利用している点で注目に値する。ジャンルに関する問題は絵画研究において広く論じられてきたが、タピスリーの下絵が考察の対象として取り上げられたことはない。そこで次に、〈イタリアの祭り〉の手本である北方的な風俗表現を刷新するためにブーシェが活用した、牧歌的理想風景の表現について考察したい。

ブーシェの牧歌的風景画を観察するにあたって、まずはそれを画家の風景画表現の変遷に跡づける必要がある。すでに述べたように、ド・ピールはパリの美術愛好家クロザを中心とした美術サークルのメンバーであり、彼らはド・ピールの理論を擁護していた。クロザの邸宅を制作の拠点としていたヴァトーは、当然ながらその理論を熟知していた。(69)クロザが所有するヴェネツィア派、とくにドメニコ＝カンパニョーラの素描から理想的な風景表現を学んだヴァトーは、それを独自の絵画ジャンルであるフェット・ギャラント（雅宴画）の舞台背景に利用して、ド・ピールの美術理論を実践していた。

ブーシェはヴァトーの原画に基づく版画集『さまざまな性格の人物像』(70)（一七二六、一七二八年刊行）の制作に参加し、この版画集に収録される風景画全二十一点をすべて版刻した。ブーシェはヴァトーの風景素描を版刻する作業を通じて、イタリアの理想的風景画のエッセンスを確実に身につけることになる。それ以前に風景画というジャンルに取り組んだことはなかったブーシェにとって、理想的風景画は風景表現の出発点となった。

このようにブーシェは、ヴァトーの作品を介して――そして直接クロザのもとでヴェネツィア派の素描コレクションを見ながら――当時、ド・ピールが理想的と見なしたヴェネツィア派の風景表現を習得した。(71) すなわちブーシェもまたヴァトーと同じく、理論の上でも実践の上でも、当時の理想的風景表現に精通していたのである。

ブーシェはイタリア留学をきっかけに、写生に基づく風景画を制作しはじめた。アルプスを越えた北方の画家ならだれしも感銘を受けたイタリアの風景に、ブーシェも同じように魅了されたのである。当時ローマのフランス・アカデミー院長を務めていたニコラ・ヴリューゲルは、写生研究を奨励し、アカデミーの留学生を頻繁にティヴォリに連れていった。(72) ブーシェは美術アカデミーの正規留学生ではなかったが、ヴリューゲルの厚遇を受けて美術アカデミーに寄宿していた。ヴリューゲルは王室建造物局総監ダンタン公爵に宛てた書簡のなかで、ブーシェのことを「感じのよい有望な青年」と評価しており、(73) さらに、美術アカデミーの一角にある、かろうじて屋根が取りつけられている場所に宿泊することをブーシェに許可した旨を記している。したがって、ブーシェはローマのフランス・アカデミーの正規留学生ではなかったが、正規生と同じように、美術アカデミーの教育に参加していたと考えられる。

《ティヴォリの円形神殿》［図39］は、すでに述べたように、ブーシェがローマ滞在中にスケッチした風景素描である。ブーシェはこの素描を利用して、一七三四年に《ティヴォリの理想風景》［図40］を制作している。画家は家畜を追う牧童のいる山岳風景に、ティヴォリの古代遺跡を描き加えて、地誌的性格をもつ「理想的」な牧歌的風景を描いた。このような古代の神殿を想起させる風景画は、ヴェネツィア派と並び称されたクロード・ロランの理想的風景画を彷彿とさせる。

クロード・ロランの《牧歌的風景》［図41］には、遠景にティヴォリの眺望を想起させる神殿が配されており、建築モティーフが牧歌的風景に古典的要素を付与する重要な画面構成要素となっている。そこには、古代の詩人たちがうたい上げた牧歌的世界を想わせるかのように、古代風の衣装をまとった牧人がパノラミックな風景に溶け込むように描かれている。ブーシェの作品の特徴は、クロードのような古代風の牧人ではなく、現代の羊飼いが描写されている点にある。

図40　フランソワ・ブーシェ《ティヴォリの理想風景》1734年頃、油彩、板、65 × 34 cm、ブローニュ＝スル＝メール考古学博物館

すでに述べたように、デュボスは『詩画論』のなかで、現代のイタリアの羊飼いのイメージを理想的と考え、羊飼いたちの営みは詩的モティーフになると論じた。ブーシェはローマ滞在前後から田園風景を描きはじめるようになるが、それらは主にオランダ絵画からインスピレーションを受けていることから、フランスではバンボシャードと称された。(74) たとえば、ブーシェの一七三〇年代初期の作《農夫の休息》［図42］には、粗末な田舎の日常生活が洗濯物や野菜などの生活観の漂うモティーフとともに描かれており、一見したところバンボシャード風の作品にみえる。しかし細部をよく観察するならば、そこにはデュボスが助言するようなギターを弾き、愛を歌っているかのような人物が描かれている。ブーシェの描くギターを弾く農夫は、土臭さとは無縁であり、農夫たちの身なりも現実の農民よりはこぎれいで理想化されている。つまり、ブーシェはイタリアを想起させるモティーフを描き込むことを通じて、北方的な田園風景に洗練を与えて、風俗場面に理想化された様相を付与している。実際、同時代評価においてブーシェのバンボシャードには優雅さがあると評価されていた。『メルキュール・ド・フランス』の一七七〇年の記事によれば、「バンボシャードの主題を手がけても、不自然にならずに美化することを心得ており、不愉快な絵を描くことは決してなかった」というように、ブーシェは自然を美しく描くことを熟知していたのである。(75)

イタリアから帰国後一七三〇年代初頭にブーシェは、このように当時次第に人気を集めつつあった北方的な風俗表現と、パリにおけるイタリア的風景に対する趣味、そして自らの経験とを融合させた作品を制作していた。それはまた、美術アカデミーの絵画ジャンルの厳格な境界を巧みに踏み越えた、新しい絵画制作の試みでもあった。

ここで、〈イタリアの祭り〉に立ち返ってみるならば、絵画制作で試みた手法がこの連作においても存分に応用されていることがわかる。さまざまな階層の人物が寄せ集められた賑やかな人物表現は、テニールスのタピスリーに負うものであるが、彼らはイタリアを思わせる古代遺跡の風景のなかで「理想的田園風景」（パストラル）の一場面としてまとめ上げられている。換言すれば、ブーシェの〈イタリアの祭り〉は当時のテニールス風タピスリーの趣味に応えると同時に、フランスにおけるイタリアに対する憧憬、理想風景に対するヴィジョンにもかなうデザインとして考案されているのである。

このように、ブーシェは北方の風俗画主題のタピスリーを、絵画において高い評価が与えられていたパストラルの伝統を援用して刷新する。その試みは、タピスリーの表現伝統の延長上にも位置づけられる点において特筆される。タピスリーには、第七章第三節で述べるように、パストラルの長い絵画伝統がある。そこでは自然を舞台に羊飼いや人々の日々の暮らしが主要なテーマとなっており、この種のタピスリーは、自然を室内にもち込むという点で、同じくタピスリーの主題として広く親しまれてきたヴェルデュールと共に、ボーヴェ製作所でも創業以来のレパートリーとして広く制作されていた。これに対して、絵画におけるパストラルの伝統は、ヴェネツィア派に遡るもので、カラッチ、クロード・ロラン、ルーベンスなどの当代一流の画家が手がけてきた

図41　クロード・ロラン《牧歌的風景》1677年、油彩、カンヴァス、57.2 × 82.2 cm、フォート・ワース、キンベル美術館

図42　フランソワ・ブーシェ《農夫の休息》1730年代初期、油彩、カンヴァス、37 × 136 cm、ジェフリー・E・ホルヴィッツ夫妻コレクション

ものであった。ブーシェは絵画制作活動を通じて、これらの高い評価がなされていたさまざまなパストラルの絵画表現の伝統を習得していた。〈イタリアの祭り〉でブーシェが試みたことは、絵画におけるパストラルの表現手法によって、テニールスのタピスリーのような風俗画的表現を詩的表現に昇華させることであった。それは、タピスリーの表現伝統の一つである自然を基調とする図柄を踏襲しつつ、一流の画家たちに比肩する理想風景のイディオムによって、タピスリーが示すバンボシャードの雰囲気を刷新する試みであった。たとえば、〈テニールスのタピスリー〉［図37］と〈イタリアの祭り〉［図14］の構図についていえば、前者では平面に点々と人々が集う情景が描かれているのに対して、後者では画面の中央の空間が抜けており、画面全体に躍動感が生まれるように人々が配されている。さらに、ブーシェはイタリア的な古代風の要素を加えることによって、北方の風俗画的な印象を和らげている。これらの変更を加えながらブーシェは、絵画伝統として確立されていた逸楽境の雰囲気によって、〈イタリアの祭り〉に理想的な現実世界の描写ではなく、詩的に昇華された風景表現のイメージを与えたのである。それは決して、厳しい自然風景ではなく、心地よく、優しい自然のなかの一場面であり、絵画におけるパストラルの伝統の上に正しく位置づけられる風景表現であった。

同時代のフランス絵画からの着想

ブーシェは〈イタリアの祭り〉の着想源であるテニールス風の風俗画的な描写を、理想的風景として表現することによって、田舎の情景を高貴な場面表現として描き出した。これが、テニールス風のタピスリーのイメージを刷新する二つ目の方法であった。次に、三つ目の手段として次に、ブーシェが同時代のフランス絵画からも重要な着想を得ていたことを観察する。

タピスリーの第一グループの登場人物は、田舎風の装いの人物像であったのに対して、第二グループでは、当世風の人々が主人公となる。彼らは田園で優雅で楽しいひと時を過ごしている。レジーナ・シュールマン・スラットキンは、これらの優雅な人物表現の着想源としてヴァトーの雅宴画（フェット・ギャラント）を指摘している。すなわちブーシェは、〈イタリアの祭り〉の第一グループにおいて、テニールスのタピスリーのイメージを手本としながらも、それを理想的風景画としてとらえ直したに対して、第二グループでは、当時パリで一世を風靡していた新しい絵画ジャンルである雅宴画の手法を取り入れた。こうして、数年のスパンのあいだに同一シリーズ内でのいわゆるモデル・チェンジを試みたわけである。

以下では、スラットキンの指摘を踏まえて、ヴァトーの雅宴画の基本的な特徴とブーシェの作風を考察した上で、〈イタリアの祭り〉の重要な着想源として、ジャン＝フランソワ・ド・トロワによる風俗画を新たに指摘したい。

1　アントワーヌ・ヴァトーの雅宴画

ヴァトーの雅宴画には、のどかな田園風景のなかに優雅に着飾った紳士淑女が集う場面が描かれている[76]。雅宴画はさまざまな絵画伝統を踏襲している。第一に、ヴェネツィア派のパストラルの絵画伝統を挙げることができる。たとえば、ヴァトー作《田園の楽しみ》［図43］の背景には、ヴェネツィア派の牧歌的風景を想起させる風景描写が認められる。十八世紀初頭のパリにおいてヴェネツィア派の牧歌的風景画は最も権威あるものと見なされていた。その評価はド・ピール『絵画論講義』に大きく負っていたことはすでに述べた。雅宴画は従来の美術アカデミーの絵画のジャンルではカテゴリー化できない主題であったため、新たなジャンルとして加えられたものであるが、ド・ピールの理論を背景に、詩的で高尚な主題と考えられていた。

図43　アントワーヌ・ヴァトー《田園の楽しみ》1716-1718年、油彩、板、32 × 47 cm、個人蔵

雅宴画の第二の着想源は、北方の画家ルーベンスの《愛の園》である。[77]「愛の園」の絵画表象は時代とともに表現が大きく変化したが、ヘルトが指摘するように、ルーベンスはこの伝統的テーマを上流階級の規範に準じた優雅な世界として描くことによって刷新している。[78]ヴァトーはルーベンスと同じく同時代の紳士淑女が集う様子に取材しながら、アルルカンなどの当時パリで評判であったコメディア・デラルテの俳優も登場させることによって、現実と幻想が混じり合った世界を創出したのである。ルーベンスと異なるヴァトーの作品の独自性は、このような登場人物の組み合わせとともに、その画面構想にある。ヴァトーの作品の人物像の配置は、ルーベンスのように人物をクローズアップさせるやり方でもなく、クロードの作品［図41］のように点景人物として描くわけでもなく、牧歌的風景のなかに包まれるように配される。こうしてヴァトーは、現実と幻想がやわらかな詩的雰囲気のなかで溶け合う独創的な絵画世界を作り出した。[79]

ブーシェの〈イタリアの祭り〉の第二グループには、当世風の男女が楽しげに集う場面が描かれており、その作風がヴァトーの雅宴画の雰囲気を踏襲していることは明らかである。しかしブーシェの作品は、ヴァトーの作風に認められる幻想的な印象を強く喚起させるものではない。ブーシェの〈イタリアの祭り〉の舞台は、ヴァトーと同じくイタリア的な田園風景であるが、ブーシェの人物像は現実世界につなぎとめられている。この点に関して、ブーシェの下絵とジャン＝フランソワ・ド・トロワのタブロー・ド・モードの名で知られる風俗画とのあいだに緊密な共通性があることを指摘したい。

2　ジャン＝フランソワ・ド・トロワのタブロー・ド・モード

ブーシェがフランソワ・ルモワーヌに次いで、ジャン＝フランソワ・ド・トロワからも画技を学んでいたことはすでに述べた。[80]一七〇八年に歴史画家として美術アカデミー会員となったド・トロワは、一七二〇年から一七三〇年代には徴税請負人をはじめとする、パリの裕福な新興階級のあいだで名声を確立する。ブーシェをクロザに紹介したのもおそらくド・トロワであろう。ド・トロワはブーシェの一世代前の画家であり、歴史画の分野でルモワーヌと競い合いながら活躍していた。

ド・トロワは当時の画壇を代表する歴史画家であったが、下層のジャンルの作品も意欲的に制作していた(81)。幅の広いジャンルに多才な能力を示すことは賞賛に値することであったからだ(82)。ド・トロワは歴史画とともに「タブロー・ド・モード」と称される作品群をサロンで披露した。タブロー・ド・モードの特徴は、登場人物をファッション・プレートに登場するような装いの貴族階級に限定し、彼らを歴史画的手法で表情豊かに描くことによって、雅宴画よりも現実感に富んだ風俗描写がみられる点にある(83)。

ブーシェの〈イタリアの祭り〉とタブロー・ド・モードとの関連性については、これまで指摘されたことがないが、〈イタリアの祭り〉を構想する上で、ブーシェがそれに着想を得ていたことが推測される。たとえば、ド・トロワの《ピエ・ド・バフ》[図44]と〈イタリアの祭り〉の第二グループ(《ダンス》、《軽食》、《音楽》、《庭師》)には、どちらも流行の衣装をまとった同時代の上流階級の人々が戸外で集う様子が描かれるという共通性が指摘できる。「ピエ・ド・バフ」は当時親しまれていた遊びの一つである。この遊びには、参加者が数を数えながら手を重ねてゆき、九番目の人に手首をつかまえられた者が、彼のいう三つの願い事のうち必ず一つを実行しなければならない、という決まりがある。通常、二つの願い事は不可能なことであり、三つ目の願い事を「キス」にするのがお決まりであった。ド・トロワの作品の新しさは、十七世紀フランスでは主に版画やタピスリーの主題として取り上げられてきた貴族の風俗描写を、絵画の主題として積極的に取り入れたところにある。たしかに十七世紀のフランドルではすでに、同時代の貴族たちが描かれる対象となったキャビネット・ピクチャーが

図44　ジャン・フランソワ・ド・トロワ《ピエ・ド・バフ》1725年、油彩、カンヴァス、68.5 × 56 cm 、個人蔵

あり、ヴァトーもフランスの上流階級の人々が登場する絵を描いている。しかしヴァトーの人物像は、風景の一部に溶け込むように比較的小さいサイズで描かれており、衣装の描写においてもディテールよりは絹の光沢やドレスの襞など素材感を表現することに重点が置かれている。これに対してド・トロワの人物像は画面の最前景に配されており、最新の流行服で描かれている点に特色がある。人物を最前部に置くことによって、その身振りや表情を克明に表現することが可能となる。この画面構成には明らかに歴史画の手法が生かされている。ヴァトーも上流階級の人々をモデルとしていたが、彼らは演劇の人物と共に描かれていたため、現実と夢想が混合した詩的モティーフのようであり、その人物像も風景の一部として描写される。したがって、作品のスタイルに関して、ヴァトーと歴史画の手法を生かして描くド・トロワとでは大きく異なっていた。

ブーシェがその師でもあったド・トロワの作品を熟知していたならば、その新鮮な作風をタピスリーのなかに取り入れようとした可能性は高い。ド・トロワのタブロー・ド・モードがブーシェの作品に与えた影響についてはこれまで指摘されたことはない。しかしながら、ブーシェが一七三〇年代半ば頃に制作した作品には、明らかにド・トロワのタブロー・ド・モードに着想を得た作品があることも付言しておきたい(84)。ブーシェの下絵の独創性は、その舞台背景があくまでイタリアの理想風景であることから、ド・トロワのような現実感を想起させない点に指摘できる。ブーシェはド・トロワとヴァトーが示した先駆的な絵画表現を取り入れ、二人の画法をこの見事なバランス感覚によって融合したのである。

3　フランスの肖像画のスタイル

最後に、ブーシェの下絵に同時代の肖像画の典型的な表現形式も反映されていることを指摘したい。たとえば、伝統的な貴族の娯楽である狩猟を楽しむ狩人の姿［図45］は、フランスの紳士のあいだで当時流行していた「狩りをする男」の肖像画のスタイルと一致する。最初にこの形式の肖像画を手がけたのは、アレクサンドル＝フランソワ・デポルト（一六六一―一七三四年）である。デポルトは宮廷付きの動物画家として狩りの獲物や猟犬などを得意としていた。一六九九年、デポル

図45　フランソワ・ブーシェの下絵に基づく《狩人とブドウをもつ娘》（タピスリー連作〈イタリアの祭り〉より）部分図、ニューヨーク、メトロポリタン美術館

図47　ジャン＝マーク・ナティエ《アレクサンドル・ボリソヴィッチ・クラキンの肖像》油彩、カンヴァス、131 × 107 cm、サンクト＝ペテルブルク、エルミタージュ美術館

図46　フランソワ・デポルト《狩人姿の画家の肖像》油彩、カンヴァス、197 × 163 cm、パリ、ルーヴル美術館

トが美術アカデミーの入会作品として提出した《狩人姿の画家の肖像》[85]〔図46〕は、典型的な狩人に扮した肖像画形式の一例を示している。王族の狩猟や獲物、王家の愛犬などを専門にしていたこの画家は、肖像画のなかに積極的に獲物の数々を描き込むことによって、動物画の実力も披露している。

高貴な狩人という肖像画の形式は、十八世紀を代表する肖像画家、ジャン＝マーク・ナティエも取り入れている。《アレクサンドル・ボリソヴィッチ・クラキンの肖像》〔図47〕は、ナティエが一七二八年にフランス在住のロシア大使の息子のために制作した肖像画である。[86]紳士は狩りの腕前を披露するように、誇らしげに銃を手にしてポーズをとっており、足もとには獲物が添えられている。猟犬も主人に寄り添って疲れをいやしているように見える。ブーシェのタピスリー〔図45〕にも、これらの肖像画と同様に狩りをする紳士の姿が認められる。狩人は銃を手にし、寄り添う猟犬の頭部に手をあてて休息しており、その犬は誇らしげに捕らえた獲物を踏みつけている。タピスリーの狩人の身なりは、ナティエの肖像画のそれと同じく当世風の装いである。

このように、ブーシェは十八世紀初頭に主題の選択とスタイルにおいて独自の絵画形式を試みたヴァトーやド・トロワの作品、そして同時代の肖像画の形式を取り入れることによって、テニールス風のタピスリーに当時の流行を反映させた、魅力的な連作を生み出した。

四　〈イタリアの祭り〉とロココの室内装飾

タピスリーは「動く壁画」と称されるように、[87]特定の場所に飾られることを想定して制作されるケースが決して多くはない。伝統的にタピスリーは、国王が城を移動する際に持ち運ばれ、祭典の折りには広間の壁面に掛けられ、城館や私邸の取り外し可能な装飾として時機に応じて飾られた。ボーヴェ製作所で織られたブーシェの連作についても、販売後にどのようなかたちで私邸に飾られていたのかを伝える記録は残されていない。しかし、〈イタリアの祭り〉に関しては、この連作を所有していた大貴族スービーズ公の財産目録をたよりに、その館であるオテル・ド・スービーズ［図22 B］にどのように飾られていたのかを推定することができる。[88] スービーズ公は〈イタリアの祭り〉の三点、大型作品《覗きからくり屋と好奇心・狩人とブドウをもつ娘》［図14］と《占い師》と《釣りをする娘》（後者二点共にベルギー、ベルイユ城所蔵）を所有していた。オテル・ド・スービーズは、現存するロココの室内装飾をとどめた邸宅であることからも、その歴史も少し詳しくみておくことにしたい。その歴史を知ることは同時に、〈イタリアの祭り〉の購買者のプロフィールを知る上でも重要である。

オテル・ド・スービーズの場合

オテル・ド・スービーズはルイ十四世統治下より有力な宮廷貴族として知られていたスービーズ家が、[89] 三代に渡ってパリに所有していた私邸である。[90] 館の歴史は初代当主のスービーズ大公フランソワ・ド・ロアン（一六三〇―一七一二年）が一七〇〇年にギース館を購入し、改築したことに由来する。二代目の当主、その長男のフランソワの長男エリュキュール・メリアデック・ド・ロアン（一六六九―一七四九年）の死後、その孫、ロアン・スービーズ元帥として知られているシャルル（一七一五―一七八七年）が先に他界した父に代わって三代目当主となり栄華をきわめた。しかし、シャルルに後継者はなく、シャルルの死とともにスービーズ家は断絶する。スービーズ家はこの三人の当主によって、十八世紀初頭のおよそ二十年の短期間のうちに異例の地位上昇を果たし、「外国の君主」（Prince étranger）という特別な身分を獲得した。「外国の君主」という身分は、国王の血族と公爵、大貴族の中間に位置する特異な位階であった。この地位を獲得するために、初代当主のフランソワはブリュターニュ王家の血筋をひくロアン家のアン・シャボ・ド・ロアンと婚約し、国王との結び付きを強めた。

オテル・ド・スービーズの一連の改装計画は、初代当主フランソワ・ド・ロアンとアン・シャボ・ド・ロアンの結婚を機に始まった。その後一七三二年、二代目当主で当時六十三歳のエリュキュール・メリアデックは十九歳のマリー・ソフィー・ド・クルシオン（一七一三—一七五六年）との結婚をきっかけに、[91] オテル・ド・スービーズの改装を思い立つ[92]［図48］。建築家ジェルマン・ボフラン（一六六七—一七五四年）の指揮のもと、ブーシェをはじめとする美術アカデミーの画家たち、カルル・ヴァンロー、レストゥ、トレモリエール、ナトワールからなる装飾家チームが編成された。[93]

一階には大公のアパルトマン、二階には大公妃のアパルトマンが置かれ、各階は社交の間である楕円形サロンを中心に構

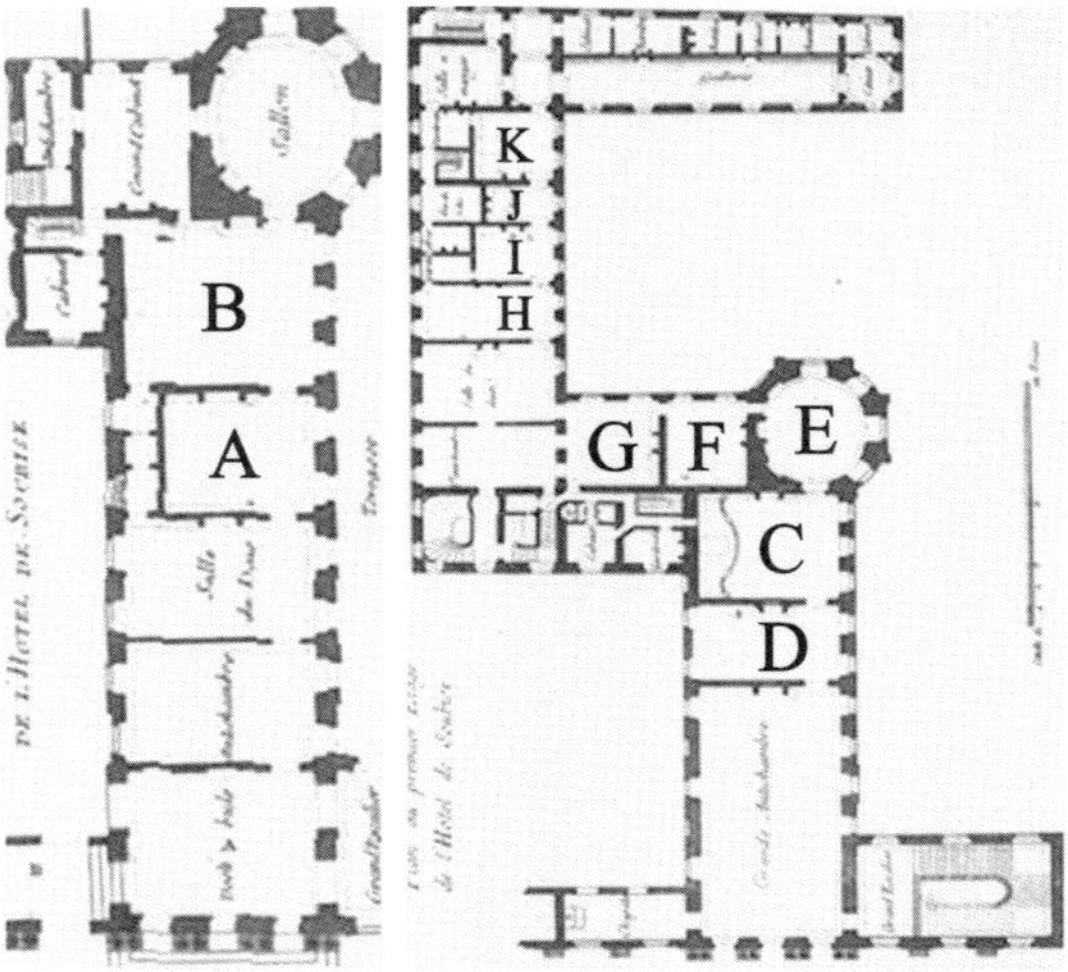

図48　オテル・ド・スービーズ1階（左）、2階（右）の平面図（ジャック＝フランソワ・ブロンデル『フランスの建築』巻2、1752年に基づき筆者作成）

A 大キャビネ、B 大公の寝室、C 天蓋の間、D 大公妃のパラードの間、E 大公妃の楕円形サロン、F 大公妃の寝室、G 控えの間、H 伴侶の間、I 王子の寝室、J 大公妃の寝室、K 小キャビネ

図49　シャルル＝ジョセフ・ナトワール、連作〈プシュケの物語〉1737-1739年、パリ、オテル・ド・スービーズ

成された。装飾画が依頼された部屋は、一階の二部屋（大執事室とパラードの間）と二階の八室（天蓋の間、パラードの間、楕円形サロン、伴侶の間、二つの寝室と小部屋）である。このうちナトワールは二階の大公妃の楕円形サロンの八点連作〈プシュケの物語〉［図48E・49］を手がけた。[94] 絵画と装飾が一体となったナトワールの連作は、現存するロココ様式の最も優れた作例の一つとみなされている。大公妃のサロンは、四つの窓と三つの鏡、一つの扉と合計八つの開口部から構成されている。各開口部にはアーチが冠され、その間のピア（付柱）にも小さなアーチが架けられており、これらの連続した大小のアーチが室内をリズミカルに取り囲んでいる。ナトワールの連作〈プシュケの物語〉は、ピア上部の波打つコーニスに囲まれた変形の三角小間にはめ込まれている。ナトワールの作品については第三章で詳述するため、ここでは〈イタリアの祭り〉が置かれた大キャビネとそのほかの部屋の室内装飾とについてみてみよう。

「大キャビネ」に置かれた〈イタリアの祭り〉の位置づけ

ナトワールが二階の楕円形サロンのために連作〈プシュケの物語〉を制作したのに対し、残る四人は一階と二階の合計九部屋の戸口上部装飾画を描いた［表8を参照］。一階の「パラードの間」と二階の「伴侶の間」には、四点の装飾画が四人の画家によって制作された残りの部屋は二人の画家がそれぞれ二点の装飾画を手がけた。画家の組み合わせは一定していない。戸口上部装飾画の置かれた全八部屋の各主題ジャンルは、神話画（六部屋）、風景画（一部屋）、ラ・フォンテーヌの寓話に取材した作品（一部屋）、そしてブーシェが手がけた二点のパストラル［図50・51］（一部屋）である。[95]〈イタリアの祭り〉はブーシェのパストラルとともに「大キャビネ」［図48A］に置かれていた。主題選択は伝統的な室内装飾に倣い、神話画が最も多かった。ブーシェは神話画・風景画・パストラルとヴァラエティに富む主題を計七点制作した。その作品数は装飾にたずさわった画家のなかでナトワールに次いで多く、装飾画家としてのブーシェが高い名声を得ていたことがうかがえる。[96] ブー

アパルトマン	部屋	作品数	作品名	ブーシェ	トレモリエール	レストゥ	ヴァンロー	ナトワール
一階 大公のアパルトマン	大キャビネ	2	優雅な羊飼	○				
			親切な羊飼	○				
	大公の寝室	4	アウロラとケファロス	○S 1739				
			ヘラクレスとヘベ		○S 1738			
			ウェヌスとマルス				○	
			ネプチューンとアンフィトリテ			○S 1738		
二階 大公妃のアパルトマン	天蓋の間	2	ユピテルとユノ				○S 1737	
			ミネルウァとネプトゥヌス			○S 1738		
	大公妃のパラードの間	2	アモルと三美神	○S 1738				
			ニンフに機織を教えるミネルウァ		○S 1737			
	大公妃の寝室	2	ウェヌスの水浴	○S 1738				
			ウェヌスの化粧				○S 1738	
	控えの間	2	アモルに琴を教えるアポロン			○S 1737		
			デイアナとアモル		○			
二階 王子の子供のアパルトマン	伴侶の間	4	カストールとポリュックス				○S 1738	
			メリクリウスとアモル	○S 1738				
			賢明と秘密			○S 1737		
			真実と誠実		○S 1737			
	王子の寝室	2	ラブレーに基づく物語2点(現存せず)					
	大公妃の寝室	2	北風と太陽(ラ・フォンテーヌの寓話)			○S 1738		
			メリクリウスときこり(ラ・フォンテーヌ寓話)				○	
	小キャビネ	2	水車のある風景	○				
			魚釣りの風景		○			
二階	大公妃の楕円形サロン	8	プシュケの物語					○ 1736-1739
画家別作品数				7	5	5	5	8

表8　オテル・ド・スービーズの戸口上部装飾画（筆者作成）
Sはサロン展示年を示す。

図50　フランソワ・ブーシェ《親切な羊飼い》1736-1739年頃、油彩、129 × 157cm、パリ、オテル・ド・スービーズ

図51　フランソワ・ブーシェ《優雅な羊飼い》1736-1739年頃、油彩、125 × 167 cm 、パリ、オテル・ド・スービーズ

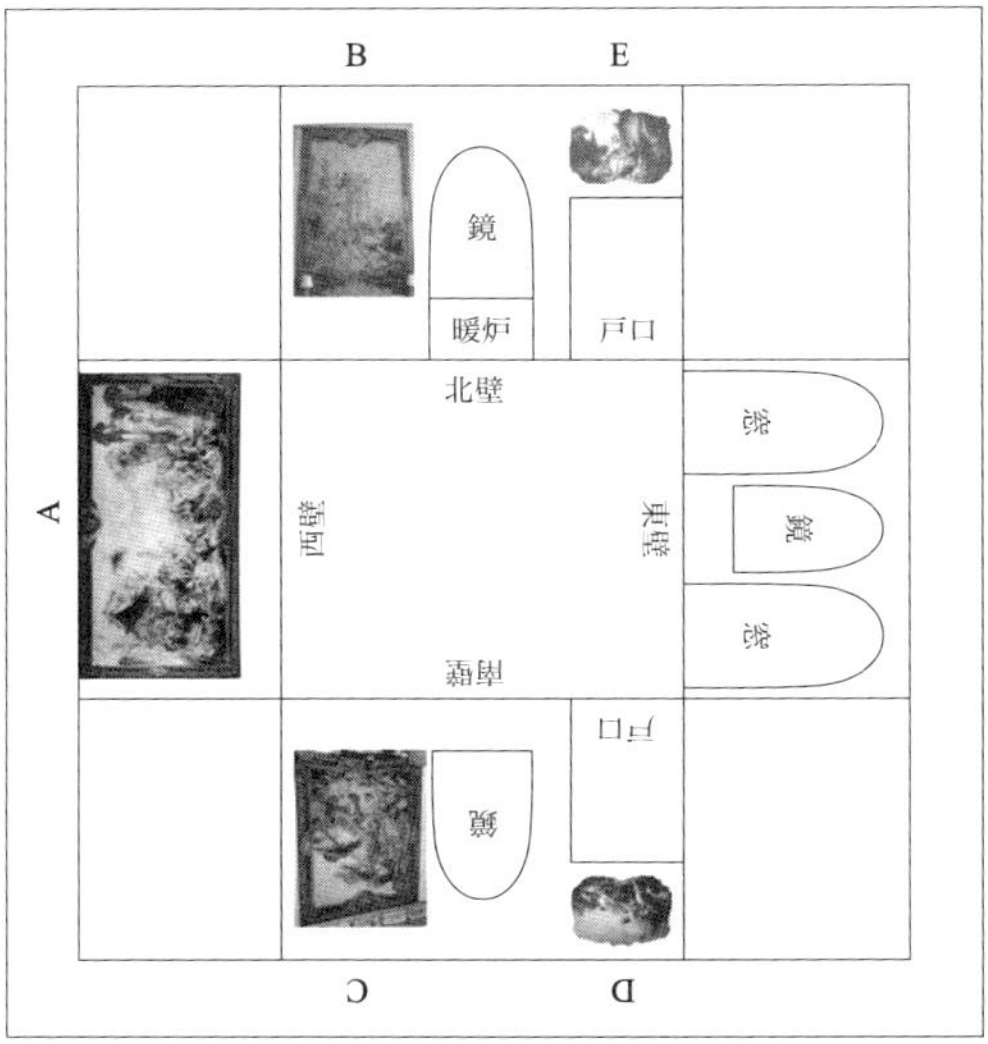

図52　オテル・ド・スービーズの「大キャビネ」再構成図、18世紀第2四半期の状況（筆者作成）
A《のぞきからくり屋と好奇心、狩人とブドウをもつ娘》、タピスリー連作〈イタリアの祭り〉より［図14］、B《占い師》、連作〈イタリアの祭り〉より、エノー、ベルイユ城、C《魚釣りをする娘》、タピスリー連作〈イタリアの祭り〉、エノー、ベルイユ城、D フランソワ・ブーシェ《親切な羊飼い》［図50］、E ﾌﾗﾝｿﾜ・ブーシェ《優雅な羊飼い》［図51］

シェはナトワールとならび、一室すべての装飾を制作した。

　ブーシェのパストラルが置かれた「大キャビネ」は、おそらく館の主人が高位の訪問者と特別の用件を協議する公的な接客の間として機能しており、[97] 東面に二つの大きな窓、北面に暖炉を備えていた。二つの戸口は館の玄関から奥の間へと各部屋を一続きに貫く通路のシステムに従って、南と北の壁面に配されていた。この部屋に連作〈イタリアの祭り〉のタピスリー三点が飾られていた。残念ながら三点のタピスリーとブーシェの二点のパストラルがどのように配置されていたのかを伝える詳細な記録は残されていない。再構成図［図52］は、タピスリーのモティーフを手がかりに作品の配置について論じたミミ・ヘルマンに基づいて、筆者が制作したものである。[98] ヘルマンの見解の妥当性はともかく、ここでとりわけ重要なことは、タピスリーに描かれた田園で遊ぶ村人や貴族の様子［図52 A・B・C］は、同じく、田園が舞台であるブーシェのパストラルとともに室内装飾のアンサンブルをなしていた、ということである。

　このようにスービーズ家では、大きく二つのタイプの結婚を祝する室内装飾が見られた。一つは、田園の宴をテーマとしたボーヴェ製作所のタピスリー〈イタリアの祭り〉とパストラルを取り上げた戸口上部装飾の組み合わせ、もう一つは、ナトワールによるプシュケの絵画連作のように伝統的な室内装飾である。ここで留意しておきたいことは、絵画ジャンルの位階の観点からは、ナトワールが手がけた神話画主題は、〈イタリアの祭り〉やそれと同一空間に置かれたブーシェのパストラルよりも「高貴なジャンル」に位置づけられている、ということである。それはまた、ナトワールとブーシェの一七三〇年代後半における画家としての評価の格差を示しているといえよう。のちにブーシェのジャンルとして絶大な人気を誇るパストラルも、当時は〈イタリアの祭り〉に付随的に添えられた作品にすぎなかった。

ブーシェとナトワールの競合関係

一七三〇年代後半、ブーシェにとって最も強力なライヴァルはナトワールであった。ナトワールは国王のための装飾画制作や、王室以外の注文においてもブーシェと競合していた。オテル・ド・スービーズの装飾計画の分担は、ナトワールが神話テーマの装飾画家として、非常に高く評価されていたことを示している。ブーシェが手がけた戸口上部装飾画の主題には神話画も含まれていたが、それらは連作として構想されたものではなかった。興味深いことに、一七四一年の記録によれば、ナトワールはブーシェが暮らしていたのと同じサン・トマ・デュ・ルーヴル通り［図12A］に住んでいたことがわかる。(99) この二人のライヴァルは制作環境においても互いに強く意識せざるえない近距離にいた。

ナトワールのそれまでの画業を手短にみておきたい。ブーシェより三歳年長のナトワールは、ブーシェの師でもあったルモワーヌとルイ・ガロッシュに学んだ。(100) 一七二一年にローマ賞を受賞して、一七二三年から一七二八年までのあいだローマに滞在した。帰国後は王室建造物局総監の庇護のもと、注文にことかかなかった。一七三一年にフィリベール・オリーのために描いたシャペル・ゴドフロワ城の装飾画連作〈神々の物語〉は神話画の装飾画家としてのナトワールの名を広めることに貢献した。ナトワールはさらに美術アカデミーのサロンを利用して、神話画家としての名声を高めることも狙っていたと考えられる。ナトワールは一七三六年からサロンに参加しはじめ、一七三九年までのあいだ毎年数点の作品を出展していた。

出展作品はすべて神話画であり、風俗画を一切展示していないことは注目に値する。(101) 明らかに一七三〇年代のナトワールは、神話主題の装飾画家としてはブーシェより高い知名度をもっていた。ブーシェがこのライヴァルに対して、強い競争心を抱いていたであろうことは容易に想像できる。ブーシェはまもなくタピスリー芸術の分野で、ナトワールの絵画連作〈プシュケの物語〉に挑戦する機会を得ることになる。

＊

若き美術アカデミーの画家ブーシェにとって、ボーヴェ製作所のデザイナーとしての第一の使命は、フランドルのテニールスのタピスリーを重要な着想源としながらも、それを当時の美術理論や歴史画の手法を用いることによってボーヴェ製作所の顧客の趣味を十分に配慮した連作を生み出すことにあった。結果として、第一作〈イタリアの祭り〉は目覚ましい成功を収めた。

ブーシェは美術アカデミーに歴史画家として入会した年に、ボーヴェ製作所の共同経営者ウードリーの依頼を受けて、ボーヴェ製作所に下絵を提供しはじめた。歴史画家でありながら、動物画と静物画を得意としたウードリーにとって、歴史画の手法を生かした連作を自ら提供することは現実的ではなかったであろう。このような状況を考慮するならば、ボーヴェ製作所の新作を生み出すために、ウードリーがどれほど大きな期待をブーシェに寄せていたかが想像される。

註

1　Dumesnil 1856 ; Cailleux 1967.

2　Mariette 1851-1860, p. 165-167.

3　Guiffrey 1915.

4　Bordeaux 1984.

5　十八世紀のシリルの競売カタログ（Cat. vente, Sirul, 3 décembre 1781）には「ブーシェがド・トロワの工房にいたときに、師の作品をコピーした作品」というコメント付きで《眠ルノーのもとで鎧をぬぐアルミード》と記されている。Cat. exp. New York-Detroit-Paris 1986-1987, nº 26を参照。

6　Tillerot 2010.

7　『フランスの歴史』（初版一六九六年）は一七一三年（第二版）と一七二二年（第三版）にドゥニ・マリエットのもとで出版された。Gabriel 1696を参照。マリエットはブーシェが一七二二年版の挿絵を手がけたと述べているが、ブーシェが制作したのは一七二七年版の挿絵である。

8　歴史家ジャック・ニコラ・オーギュスタン・ティエリー（一七九五―一八五六年）は、ダニエル神父の『フランスの歴史』は真のフランス史の方法論を教授するテクストであると評価している。Thierry 1829を参照。

9　Massé 1752.

10　『さまざまな性格の人物像』については、Roland-Michel 1987 ; Cat exp. Paris 2010を参照。ヴァトーの版画については、Cat exp. Paris 2010aを参照。

11　Laclotte 1965.

12　マリエットは弁護士デルベの人名とその職業を誤って理解し、大理石彫刻家ドルベと記している。正確には弁護士デルベは大理石彫刻家デルベの息子である。Cat. exp. New York-Detroit-Paris 1986-1987, nº 17を参照。

13　Ingram 1970.

14　Hornsby 1997.

15　シャルル＝ジョセフ・ナトワール（一七〇〇―一七七七年）は一七三四年アカデミーに入会し、一七三五年に准教授、一七三七年にアカデミーの教授、一七五一年にローマのフランス・アカデミーの院長に任命された。

16　Cat. exp. Troyes-Nîmes-Rome 1977.

17　*Mémoire inédit* de Cochin, p. 100.

18 ブーシェはマリー＝ジャンヌ・ブゾーとブーシェのあいだに三人の子供をもうけた。長女ジャンヌ・エリザベス・ヴィクトワール（一七三五年生）、長男ジュスト＝ナタン（一七三六年生）、次女マリー＝エミリエ（一七四〇年生）である。

19 Cat. exp. Paris 2005-2006.

20 *Mercure de France*, juin 1725.

21 *Mercure de France*, janvier 1734.

22 JR 1378, 1377.

23 ジャン・ドノー・ド・ヴィゼによって刊行された『メルキュール・ギャラン』（一六七二―一六七四年）はその後タイトルが変わり、『ヌーヴォー・メルキュール・ギャラン』（一六七七―一七二四年）となり、最終的に『メルキュール・ド・フランス』となった。

24 Fontenelle 1678-1757.

25 ド・ラ・ロクについては、Sgard 1999 ; Todd 1983を参照。ド・ラ・ロクはブーシェと同時代の画家シャルダンの作品の収集家でもあった。船岡二〇〇六 aを参照。

26 Badin 1909 ; Standen 1977a ; Standen 1985, t. II, p. 507-533, n° 78 ; Cat. exp. New York-Detroit-Paris 1986-1987, p. 334-339を参照。ニューヨークのメトロポリタン美術館には八点からなる〈イタリアの祭り〉が所蔵されている。

27 この連作の下絵について補足するならば、スタンデンによると、下絵の縦の長さは実際のタピスリーの縦の長さと同じであり、下絵の横幅は臥機用下絵が織機にはいるように切りとられている幅より長い。したがって、ブーシェの下絵はタピスリー製作所で写しがとられ、九十センチ幅に切りとられて織り糸の下に置かれたのではないか、と考えられている。

28 Bennett et Sargentson 2008, p. 301-302, cat. n° 119.

29 フィラデルフィア美術館に所蔵されている四つの主題が組み合わされたタピスリー《のぞきからくり屋と好奇心、狩人とブドウをもつ娘》は、現存する最も大型の〈イタリアの祭り〉である。この作品にはロアン・スービーズ家の紋章が織り込まれている。ほかにもロアン・スービーズ家の紋章入りの二点の〈イタリアの祭り〉のタピスリーがある。後者二点のタピスリーは現在、ベルギーのボレイユ城に所蔵されている。スービーズ家が所有していた〈イタリアの祭り〉のタピスリーについては、本書、第二章第五節のなかの「オテル・ド・スービーズの場合」、「「大キャビネ」に置かれた〈イタリアの祭り〉の位置づけ」および、小林二〇〇四を参照。

30 蔵持二〇〇三を参照。

31 Larousse 1874, p. 1562-1647.

32 Slatkin 1977.

33 Slatkin 1976.

34 Cat. exp. Dijon-Londres 2004-2005, p. 64.

35 Cat. exp. New York-Detroit-Paris 1986-1987, p. 334.

36 Cat. exp. Dijon-Londres 2004-2005.

37 本節は、Kobayashi 2006 に加筆したものである。

38 Cat. exp. New York-Fort Worth 2003-2004, p. 28-29, 70-75.

39 *Ibid.*, p. 28-29, 70-75, 80-81.

40 Bruand 1950.

41 《漁場》の古いマウントの裏には以下のような銘記が記されている。« J'ai ramassé dans les débris de papier ce magnifique dessin lorsque nous avons déménagé du Nivage [?] pour aller à Romane [?]. Je n'ai jamais pu savoir comment il s'y trouvait. R de Pibrac [?] ; et sur le panneau du cadre, sur un morceau de papier : Esquisse de [ ] pour une tapisserie ou un panneau décoratif. Le pendant intitulé la lanterne magique se trouve au Musée des arts décoratifs à Paris ; et l'étiquette imprimée de Guy, Doreur-Encadreur, 7 Rue Saint-Etienne et Rue des Arts, 2 Toulouse »（傍線は筆者）。アラステア・レイングによれば、現在パリの装飾美術館のコレクションには銘記の傍線部で言及される作品と思われるエスキスあるいは素描はない。一方、現在パリのルーヴル美術館には、ここで言及される作品に関連づけられる素描《田舎の縁日》が所蔵されている。

42 JR 519.

43 テニールスのタピスリーのうち、確実にテニールスの絵画作品に基づいて制作されたタピスリーはごくわずかしかない。テニールス風のタピスリーについては、Marillier 1932 ; Delmarcel 1999, p. 352-361を参照。テニールス（子）については、Cat. exp. Anvers 1991を参照。

44 ボーヴェ製作所のテニールスのタピスリーは、経営者オードナルドの出身フィリップ・ベアグルの指揮のもと、一六八四年から一七〇四年のあいだに織りが開始した。Badin 1909, p. 9-13を参照。

45 Brosens 2005a.

46 漁港を主題としたテニールスによる絵画作品のなかには、ブーシェの素描にみられるように、二人の漁師が魚を移しかえる様子が描かれたものもある。その作品については、Cat. exp. Anvers 1991, p. 83-84を参照。

47 〈テニールスのタピスリー〉における《漁港》のいくつかのヴァリエーションについては、Marillier 1932, pl. 8-15を参照。ジェローム・ルクレールとジャック・ファン・デル・ボルヒトによる最も古いエディションについては、Cat. exp. Karlsruhe 2005, p. 345-346を参照。

48 東京一九八四、六一―六二頁を参照。Boccara 1971, p. 167-169を参照。

49 Cavallo 1967, t. II, p. 159-161.

50 たとえばテニールス作の油彩画《占い師たちのいる風景》には、タピスリーに見られる人物像と同じように、人物像が小さく描写されている。Cavallo 1967, t. II, p. 51-52を参照。

51 ジェローム・ル・クレールとジャック・ファン・デル・ボルヒトに工房で制作された「占い師」に基づく作品は、その後、諸工房で制作された。たとえば、ブリュッセルのレニエルス工房で十八世紀の第1四半期に制作された《占い師》（個人蔵）については、Marillier 1932, pl. 23bを参照。また同時期にレニエルス工房で織られた《パストラルの場面》（個人蔵）については、*Ibid.*, pl. 39bを参照。

52 ブーシェの素描に基づきピエール・アヴリーヌによって版刻された版画《占い師》（JR 223）には、本素描と同じような舞台設定と人物構成が認められる。

53 乳しぼりの主題を取り上げたテニールスのタピスリーのヴァリエーションについては、Marillier 1932, pl. 18-19を参照。

54 ここでは牛の代わりにラバが描かれている。ラバとは雄ロバと雌馬とのあいだの雑種で、馬より小さく強靭で忍耐力が強く雑食に堪えるため、労役に使われていた。

55 Cat. exp. Paris-Munich-Bonn 2005-2006 nº 8.

56 JR 519.

57 東京二〇〇三、六〇―六三頁を参照。そのほかのヴァリエーションについては、Marillier 1932, p. 15-16, pl. 3を参照。ダーフィット・テニールス（子）の《村の祝祭》（一六四八年作、カールスルーエ国立美術館所蔵）については、Cat. exp. Anvers 1991, p. 186-187を参照。

58 ブーシェは〈イタリアの祭り〉の二番目のシリーズを制作する上で、当初テニールスのタピスリーに馴染み深い「食事」や「ダンス」などの主題に着想を得たことが推測される。しかし、ブーシェの〈イタリアの祭り〉の《食事》や《ダンス》の素描にはテニールスの作品に描かれるような田舎風の人物像ではなく、より洗練された人々が描かれている点で興味深い。

59 ブーシェのアカデミー（人体表現）については、Michel（C.）2003を参照。美術アカデミーにおける裸体表現の素描教育については、Cat. exp. Paris 2009-2010を参照；栗田二〇〇二を参照。

60 素描《漁場》のなかで船の上でギターを弾く人物像は興味深いことに、ヴァトーの油彩画《春》に描かれた人物描写と一定の共通性が指摘できる。この作品はエティエンヌ・ブリロンによって版刻され、一七三二年に出版された。Cat. exp. Valenciennes 2004 nº 32を参照

61 Piles 1708を参照。ド・ピールについては、Thomas Puttfarken, *Roger de Piles' theory of art*, New Haven, 1985および、島本一九八七を参照。

62 東京一九九八を参照。

63 十八世紀におけるロジェ・ド・ピールは一六七六年ルーベンス擁護論を唱えた。この擁護論は古典主義の殿堂であったフランス・アカデミーに芸術論争を巻き起こした。ルーベンス派に対立するのは、ローマに学んだ古典派のプッサン派とされる。クリスチャン・ミシェルが詳細に論じたように、色彩論争は二つの陣営が競い勝敗がきまった、という単純な図式で理解されるものではない。Michel（C.）2005 ; Lichtenstein et Michel 2006, t. I, p. 25-41, 2006を参照。

64 De Piles 1708.

65 Crow 1985.

66 十八世紀を含めた美術批評全般については、ヴェントゥーリ一九六三年、一三八—一三九頁を参照。十八世紀前半の美術批評に関しては、Michel（C.）1993, p. 202-222を参照。詩と絵画をめぐる理論についてはLee 1967を参照。

67 デュボスは絵画における「真実らしさ」をさらに、「詩的真実らしさ」と「技巧的真実らしさ」の二つに分けて考察している。「技巧的真実らしさ」とは静態、運動、光学の諸法則のことを指す。ここで述べているのは「詩的真実らしさ」についてである。Dubos 1719を参照。デュボス一九八五、一〇三—一〇六頁を参照。

68 Dubos 1719, p. 176.

69 ヴァトーは一七一二年前後から一七一八年までのあいだ、クロザがパリ近郊に所有していた館に寄寓していた。彼は《田園の楽しみ》（個人蔵）の牧歌的風景を描くにあたって、ヴェネツィア派の画家カンパニョーラの素描《木立の下の演奏家》（パリ、ルーヴル美術館所蔵）を利用したと考えられる。

70 『さまざまな性格の人物像』については本書、第二章第一節のなかの序を参照。

71 ブーシェはヴァトーの作品を版画化にすることを通じて、ヴァトーの手法を身につけた。たとえば、一七二六年から一七二八年に制作された素描《石橋と河岸にある城のあるイタリアの理想風景》（個人蔵）素描は当初、ヴァトーの素描であると考えられていたが、その後ビバリー・シュレイベール・ヤコビーによって、ブーシェの手に帰属された。Cat. New York 2003-2004, n° 86 を参照。ブーシェの初期の風景素描については、Jacoby 1986 を参照。ブーシェの初期の風景画については、Voss 1953 ; Voss 1954を参照。

72 Hercenberg 1975.

73 *Lettre du Sr Wleugels à Monsieur d'Antin.* Paris, Archives nationales, O^{1} 1960, fol. 55 ; Montaiglon, t. VII, p. 423.

74 十七世紀におけるイタリアのバンボシャードについては、Briganti 1983を参照。

75 Desboulmiers 1770.

76 Cafritz 1988.

77 Goodman-Soellner 1992.

78　ヘルト一九九二を参照。

79　Cat. exp. New York 2009.

80　Leribault 2002.

81　ロジェ・ド・ピールは『絵画原論』のなかで、歴史画家に対して風景、建築、肖像画の描き方、ドレーパリーの描き方を学ぶことを奨励している。Piles 1708 p. 72-127 を参照。

82　十八世紀初頭には専門のジャンルしか制作しないことのほうがまれであった。Dussieux, Souilé, Chevinnière, Mantz, Montaiglon 1854, t. II, p. 258を参照。十八世紀初頭から中期にかけて活躍する歴史画家のなかで、「風俗画」を制作した画家としては、ジャン・レストゥ、ジャン＝フランソワ・ド・トロワ、シャルル・コワペル、エティエンヌ・ジョラ、ピエール・シュブレイラ、カルル・ヴァンロー、ジャン＝バティスト・マリー・ピエール、ノエル・アレなどがいる。十八世紀における絵画ジャンルについては、Bailey 2003 p. 2-40を参照。

83　表情や身振りによって心情を描き出す手法には、十七世紀後半にシャルル・ル・ブランが確立した歴史画の人物像表現が反映されている。Montagu 1994 ; Mérot 1996, p. 145-162および小佐野一九九九を参照。

84　一七三七年のブーシェ作《田園生活の魅力》（パリ、ルーヴル美術館所蔵）は明らかにド・トロワの《ピエ・ド・バフ》に着想を得たと考えられる。ド・トロワの《ピエ・ド・バフ》は、サロンに出展されたほか、一七三五年にコシャンによって版画化されて広く知られていた。

85　Laclotte et Cuzin 1993.

86　十八世紀のフランスの肖像画家たちは国際的に高く評価されていた。ロシアのピョートル大帝は一七一七年にパリを訪れた際に、ナティエの技倆に魅せられ、大帝自身の肖像のほかに皇妃や従者の肖像も描かせている。Cat. exp. Versailles 1999-2000, nos 4, 5を参照。

87　Delmarcel 1999, p. 11-24 ; Chalmet 1994.

88　不思議なことにボーヴェ製作所の記録簿には、〈イタリアの祭り〉の購買者名のなかにスービーズ家の名前が記されていない。スービーズ家が所有していた三点のタピスリーは紋章入りで制作された。そのうち一点は〈イタリアの祭り〉のなかの最も大型のタピスリーである。おそらく、このような特別注文として制作されたタピスリーについては、通常の注文が記載された記録簿に記載されなかったのかもしれない。

89　サン・シモンは『回想録』のなかで、ルイ十四世の最盛期に有数の宮廷人として知られていたロアン大公の父スービーズ大公（一六三〇—一七一二年）と、ロアン・スービーズ一族について語っている。Saint-Simon 1856-1858, t. II, chap. IX, V, chap. XVIIを参照。

90　当時の貴族の住居は所有者の身分に応じて異なる呼称がつけられていた。市民の場合はメゾン、貴族の場合はオテル、国王と君主の場合はパレと呼ばれた。「外国の君主」という身分をもつスービーズ家の場合、館は正式にはパレ・ド・スービーズと呼ばれることになる。しかしながら十八世紀当時から今日に到るまで、「オテル・ド・スービーズ」という名称が使われることが多い。マリアンヌ・ル・ブランによれば、短期間のうちに異例の地位上昇を果たしたスービーズ家に対する宮廷貴族たちの妬みが「オテル」という名称に反映されているとみている。本書では今日用いられている通称「オテル・ド・スービーズ（Hôtel de Soubise）」の名称を用いることにした。オテル・ド・スービーズの建築・装飾については、Le Blanc 2001 および、小林二〇〇七を参照。十八世紀の建築一般に関しては、エリアス一九八一、三四〇—四一二頁を参照。

91　ロアン大公とマリー・ソフィーの挙式は一七三二年八月三十一日に行われた。*Mercure de France*, septembre 1732, p. 2080 を参照。これはロアン大公の二度目の結婚であった。はじめの結婚相手アン＝ジュヌヴィエーヴ・ド・レヴィ・ヴァンタドゥール（一六七三—一七二七年）との挙式は一六九四年に行われた。

92　オテル・ド・スービーズの平面図［図48］には戸口上部装飾画が制作された部屋を記した。各部屋の装飾画の主題と制作者については［表8］を参照されたい。Rosenberg et Babelon 1967 ; Helleman 2000 を参照。

93　オテル・ド・スービーズの建築に関する一次史料としては、Source Manuscrits : Paris, Archive Nationales, Minutier Central, Documents Réserve, Devis et marché pour l'hôtel de Soubise: XCIX, 369 (14. vii. 1705) ; XCIX, 370 (21. xi. 1705) ; XCIX, 371 (11. iii. 1706, 14. iv. 1706) ; XCIX, 375 (28. iii. 1707, 15. v. 1707) ; XCIX, 376 (23. vii. 1707) ; XCIX, 378 (5. ii. 1708, 28. ii. 1708, 16. iii. 1708, 24. iii) ; XCIX, 451 (12. ix. 1735) を参照。オテル・ド・スービーズの建築装飾の研究史としては、Langlois 1922 ; Kimball 1964 ; Babelon 1982 ; Babelon 1988 ; Bechu et Taillard 2005 を参照。また、オテルの建築装飾を家主の社会的地位との関係から

論じた最近の研究として、Helleman 2000 ; Le Blanc 2001, p. 63-77を参照。

94 ナトワールの連作については、Bechu et Taillard 2005および、太田二〇〇七を参照。

95 各作品の主題がどのように決められたのかに関する記録はない。戸口上部装飾画については、Rosenberg et Babelon 1967を参照。

96 オテル・ド・スービーズの改装計画が開始する前年の一七三五年、ブーシェはヴェルサイユ宮殿「大妃の間」のための天井を飾る四点の装飾画（A&W 115-118）の制作を依頼された。

97 「大キャビネ」は一七五二年に刊行されたブロンデルによる平面図には「謁見の間」と記されている。Blondel 1752, t. IIを参照。本書では一七四九年に作成されたロアン大公の死後の財産目録にしたがい「大キャビネ」と記す。キャビネ、ならびに大キャビネの機能については、建築家ジェルマン・ボフランが著した『大百科全書』のなかの「CABINET」の定義を参照されたい。Diderot et Alembert 1751-1772, p. 488-489を参照。

98 Helleman 2000, p. 310-322.

99 Bachaumont（m.s. fol°. 324）; A&W doc. 159.

100 ルイ・ガロッシュについては、Marandet 2007を参照。

101 ナトワールは一七三七年のサロンにフランス王クローヴィスの物語に取材した歴史画も展示した。

第三章　連作〈プシュケの物語〉（一七四一年）

序

連作〈プシュケの物語〉は、ブーシェがボーヴェ製作所のために制作した二作目のタピスリーである。連作は五つの主題から構成されている。神話画を主題とするこの作品には、古代ローマの作家ルキウス・アプレイウスの『黄金のろば』において語られるアモルとプシュケの恋のエピソードが描かれている。

〈プシュケの物語〉は一七三七年に国王ルイ十五世の依頼を受けて、国家外交で用いる贈呈品として制作されることになった。[1] 同年十一月、ルイ十五世よりタピスリーについて次のような詳しい指示――「できるだけこれまでに何度も取り上げられていない、豪華で魅力的な場面からなる六つの主題を選択すること。タピスリー芸術を存分に引き立てるのにふさわしい連作となるように」という[2]――が下された。連作は注文主である国王の希望に応じて、六つの主題を含むはずであったが、最終的には五つの場面から構成されることになった。[3] 三点のタピスリーからなる第一エディションは一七四一年に織り上がった。

ブーシェは連作〈イタリアの祭り〉に引き続き、ボーヴェ製作所の経営者ウードリーから依頼を受けて、〈プシュケの物語〉の下絵を制作することになった。国王がボーヴェ製作所にこの連作を依頼した丁度その頃、ブーシェはオテル・ド・スービーズの室内装飾計画に参加していた。この計画においてナトワールが絵画連作〈プシュケの物語〉（一七三七―一七三九年）の制作を任されていたことは示唆的である。ブーシェの〈プシュケの物語〉の第一エディションが一七四一年に完成していることから判断して、タピスリーの下絵は国王から注文がなされた一七三六年から一七四〇年頃に構想されたと考えられる。ブーシェが下絵制作に着手するにあたって、強力なライヴァルであるナトワールの連作を強く意識していたことは、想像に難くない。以下では、まずこの下絵の構想が練られた頃のブーシェの制作活動について概観しておくことにしよう。

一七三〇年代の美術アカデミーにおけるキャリア

ブーシェは一七三四年に美術アカデミーの会員となってから、二作目の連作〈プシュケの物語〉を制作するまでのあいだに目覚ましい昇進を遂げた。一七三五年七月二日に准教授、一七三七年七月六日に教授に就任した。永年の競争相手となるナトワールもブーシェと同じく一七三七年に准教授に着任した。ブーシェと共にイタリアに渡り、のちに首席画家の地位を競うカルル・ヴァンローも、ブーシェやナトワールと同時期に教授に任命された。カルルは十七世紀に遡る画家の家系に生まれ、父のルイ＝アブラハム・ヴァンロー、祖父のヤコブ・ヴァンローと同じく歴史画家として活躍していた。(4)

一七三〇年代の美術アカデミーには、ブーシェやナトワール、ヴァンローなど新進の歴史画家が次々に登場した。彼らは、その多くが一七〇〇年世代に生まれた画家であることから、今日では「一七〇〇年世代の画家」という名で総称されている。一七三〇年代後半におけるこの世代の画家の目立った活躍は、この時期に美術界でおこった重要な出来事と連動している。それは、ブーシェの師である国王付き首席画家フランソワ・ルモワーヌが一七三七年に自殺し、ルモワーヌの好敵手、ド・トロワが一七三八年にローマのフランス・アカデミー院長になった、という予想外の事態である。つまり、当時の美術アカデミーを牽引していた二人の歴史画家が一七三〇年代後半に突如パリの画壇から姿を消したのである。ド・トロワの不在によって、一七〇〇年世代の画家たちが競合する時代が本格的に始まったのである。

ブーシェは一七三五年以降、王室から定期的に制作を依頼されるようになった。王室のための最初の仕事は、王妃の間の四点の寓意画（ヴェルサイユ宮殿美術館所蔵）である。(5) なお、王妃の間の室内装飾計画には、ブーシェのほかにもド・トロワ、ナトワール、クレマン・ベルが参加していた。翌一七三六年にブーシェはヴェルサイユ宮殿の国王の小キャビネ（小居室）の回廊を飾るために、「異国の狩猟」をテーマにした装飾画《虎狩り》を制作した。さらに一七三九年に《ワニ狩り》（アミアン美術館所蔵）も描くことになった。この装飾計画には、ブーシェのほかにド・トロワ、シャルル・パロセル、カルル・ヴァンロー、ニコラ・ランクレ、ジャン＝バティスト・パテルと、複数の画家が加わった。一七三七年にはフォンテーヌブローの国王の小アパルトマンのための装飾画として、ブーシェは四点の田園主題の作品を手がけた。この小アパルトマンの装飾計画にもまた、ブーシェと同時にド・トロワ、ナトワール、カルル・ヴァンロー、ランクレ、パロセル、ルイ・ガロッシュが参加していた。

この時期にブーシェが王室のために制作した作品を見直すならば、王妃の間の寓意画をのぞいて、すべて風俗画であることがわかる。このことは、歴史画家ブーシェが風俗画のジャンルにおいても評価されていたことを示している。ブーシェは美術アカデミー入会後の一七三五年から一七三九年のあいだ、途切れることなく王室の室内装飾画を提供する機会に恵まれた。しかし、その注文は多くの場合、ブーシェと同時に複数の画家が参加する計画のひとつとして依頼されたものであった。すなわち、一七三〇年代後半のブーシェは、同時代の画家たちとの競作を余儀なくされていた。

一七三〇年代後半のサロンにおけるブーシェ

一七三四年から一七三九年のあいだ、ブーシェは四回（一七三五、一七三七、一七三八、一七三九年）にわたりサロンに参加した。その間に出展された作品のジャンルは、多様性に富んでいる。歴史画家としてのブーシェの本領を発揮する高貴なジャンルは、おそらく一七三八年以降のサロンから展示されることになる。これに対して、ナトワールは一七三六年から一七三九年までのサロンに神話画のみを出展し続けた。すでにみたように、オテル・ド・スービーズの装飾計画において、ナトワールは最も名誉あるプシュケの物語の絵画連作を手がけており、神話画家としてのナトワールのイメージは一七三〇年代後半の時点ですでにゆるぎないものとなっていた。一方ブーシェは、ナトワールとは異なる路線で顧客獲得を狙っていた。そのことはサロンに出展された多様なジャンルの作品が物語っている。つまり、ブーシェはさまざまなジャンルをこなす多才な画家として売り出す路線を選択したのである。

ここで一七三五年から一七三九年のあいだに、ブーシェがサロンに出展した作品とその評価を概観したい。ブーシェは一七三五年に、女性や子供によって表現された四季の寓意画（所在不明）を展示した。『メルキュール・ド・フランス』のなかで、その寓意画は「楽しげな創意がある」(6)と評価されていることから判断して、愛らしい風俗画の趣向で描かれていたことがわかる。一七三七年のサロンにも、ブーシェは似たような風俗主題の作品を出展した。サロンの小冊子には「さまざまな田園風景を描いた四点の曲線の絵画、ブーシェ氏、教授」と記されている。(7)小冊子には明記されていないが、これら四点の作品は、国王のフォンテーヌブロー宮殿のために制作されたものであった。ブーシェが王室からも風俗画のジャンルにおいて評価されていたことは、前述の通りである。

翌一七三八年のサロンにおいて、ブーシェは初めて神話画を中心とした作品を出展した。それらはオテル・ド・スービーズのために制作された三点の神話主題の戸口上部装飾画――《二輪馬車を降りるウェヌス》、《アモルを縛る三美神》、《メルクリウスによるアモルの教育》――であった。一七三八年のサロンは、ブーシェが美術アカデミー入会以来、はじめてまとまったかたちで歴史画家として技量を披露する機会となった。これらの作品は名高いスービーズ家のために制作されたことから、サロンに出展するのにふさわしい作品であった。ブーシェのほかにも、オテル・ド・スービーズの装飾画を手がけた画家たちは、サロンに積極的に自作を出展していた［表8を参照］。

ブーシェの神話画はサロンにおいてきわめて好ましい評価を受けた。サロン批評では、その作品の優美さ[8]と色彩[9]が賞賛された。これらの評価ポイントは、その後のブーシェの作品に対するサロン批評のなかで、繰り返し取り上げられることになる。

続く一七三九年のサロンは、ブーシェのタピスリー連作〈プシュケの物語〉の下絵《ゼフュロスによって宮殿に導かれるプシュケ》（所在不明）が出展された点で注目に値する。[10]この油彩画は現存しないが、そこに描かれている主題から判断して、それは本連作の《プシュケの到着》の下絵であったと考えられる。この下絵はブーシェがこれまでのサロンに展示した作品のなかで最も大型のものであり、鑑賞者に強いインパクトを与えたことが、次のサロン批評からうかがえる。この批評はある婦人に語りかける形式で記されている。

マダム、あなたがもしアモルの宮殿のプシュケのように、このような場所に運ばれたとするならば、あなたは喜んで一ヶ月のあいだ、自然が心地よい散歩道で与えてくれる田園の美しさを犠牲にすることでしょう。私がこのようにプシュケのたとえを用いた理由は、サロンに展示されたブーシェ氏の大型作品にこの主題が取り上げられていたからです。

彼の作品の構図ほど感じのよいものはありませんし、その色彩の調子ほどに心地よいものはありません。神が愛するに値する美しくて、完全な優美さをプシュケに与えることができる人はブーシェ氏をのぞいてほかにいるでしょうか。これほどまでに美しくプシュケの姿を描いた作品はないでしょう。しかしながらプシュケの描写以外の部分にも、正確であると同時に優美さが認められます。ブーシェ氏の筆は魔術であるといえましょう。それは魂の動きをすべて止めてしまうようで、優しい賞賛を喚起させずにはおかないのです。[11]（筆者訳）

『一七三九年のサロンに出展された絵画の記述』

一七三九年のサロンにおいて注目すべきは、ブーシェの作品の「構図」が評価の対象として言及されたことである。この年のサロンに関するほかの批評のなかでも、ブーシェの作品が示す優れた構図は賞賛を浴びている[12]。歴史画家は複雑な構図を組織する大型作品を描く能力を有していると見なされていた。それまでブーシェがサロンに展示した作品は、数人の人物から構成される小型作品であった。これに対して、タピスリー下絵《ゼフュロスによって宮殿に導かれるプシュケ》は、複数の人物像によって構成される大型作品であり、歴史画家としての能力を存分に発揮することができた。タピスリーの下絵をサロンに展示することが、大構図に対応する能力を示す上できわめて有効な手段になったわけである。美術アカデミー入会後の一七三〇年代後半、ブーシェは国王のために作品を制作するようになるが、その多くは風俗画であった。ボーヴェ製作所の下絵制作が高収入に結び付かなかったとしても、大型作品の注文を得ることに腐心していたブーシェは、歴史画家としての才能を誇示する有効な手段として、タピスリーの下絵を制作する機会を最大限に活用したのである。

また、サロンに下絵を出展することは、ボーヴェ製作所が購買者を獲得するための宣伝にもなった。実際ブーシェの作品は、サロンの小冊子のなかで「幅十四ピエ、高さ十ピエの大型作品。教授ブーシェ氏による作品。ゼフュロスによってアモルの宮殿に導かれるプシュケが描かれている。この絵は国王のタピスリーとしてボーヴェ製作所において制作される[13]」と明記されており、それがボーヴェ製作所のタピスリーのための下絵であることが公に示されていた。

ブーシェは一七三九年のサロンにおいて、タピスリー・デザイナーとしての制作活動を踏み台にして、ようやくナトワールのような高貴な主題を扱う画家と技量を競うことになった。興味深いことに、ナトワールも一七三九年のサロンにゴブラン製作所のために制作したタピスリー連作〈テレマコスの物語〉の下絵を出展していた。ブーシェとナトワールはこの時期に、タピスリー・デザイナーとしても競合関係にあったことがわかる。実際このサロンにおいて、ブーシェはナトワールと比較されていた。そのことは、先に引用した批評『一七三九年のサロンに出展された絵画の記述』に記された、以下のような結びの一文から認められる。

マダム、私はブーシェ氏の描き方との類似から、ただちにナトワール氏の作品に取りかかりましょう。二人の画家はその点で競い合っているのです。[14]（筆者訳）

『一七三九年のサロンに出展された絵画の記述』

一七三九年以降、ブーシェは絵画作品に署名を入れるようになる。そのことは、ブーシェの画家としてのアイデンティティーが確立してきたことを示しており、また、一七三〇年代末になってようやくブーシェが確固たる知名度をもつようになったことを示唆している。この時期のブーシェは、一七三〇年代初頭にイタリアから帰国し、注文を得るために破格の値段で作品を提供していた頃の状況とは、確実に大きく変化していた。

一　〈プシュケの物語〉の概要

主題と構成

連作〈プシュケの物語〉は五つの主題から構成される。[15]《プシュケの到着》、《プシュケの化粧》、《プシュケの富》、《アモルに捨てられるプシュケ》［口絵1］、《プシュケとかごを編む人（ケレスのもとを訪れるプシュケ）》［図6］は、一七四一年から一七七〇年のあいだに六セットが織られ、そのほか注文に応じたヴァリエーションが作られた。[16]冒頭で述べたように、この連作は一七三七年に国王の依頼を受けて外交上の贈り物として制作された。[17]

プシュケの物語は、ルキウス・アプレイウスの小説『黄金のろば』（二世紀）のなかで語られる恋物語である。[18] その筋書は次のように要約される。

ウェヌスは美女プシュケに嫉妬し、アモルに復讐を命じる。しかし、プシュケに恋をしたアモルはゼフュロスをつかわし、彼女を宮殿に運ばせる。アモルはプシュケに自分の姿を見ることを禁じていたが、プシュケは嫉妬深い姉たちにそそのかされ、ある晩ランプを手にアモルの寝姿をみてしまう。アモルは怒りプシュケを捨て去る。プシュケは恋人アモルを求めてさまよい、ケレスとユノに助けを請うが断られ、ウェヌスの課した難題に取り組むことになる。最終的にプシュケはユピテルのとりなしにより天上界に運ばれ、アモルと結ばれる。

ブーシェの連作には、物語の進行に応じた五つの場面が描かれている。第一場面《プシュケの到着》［図53］では、ゼフュロスに先導されてアモルの宮殿に到着したプシュケが、ニンフたちに歓迎されている。ゼフュロスとプシュケの周囲には雲が漂っている。左端には宮殿の庭園が見える。第二場面《プシュケの化粧》［図54］には、アモルの宮殿でのプシュケの日常生活の様子が表されている。画面の中央には、身づくろいをするプシュケとニンフたちの姿がある。左手には欄干、右手には噴水彫刻が配され、遠方には緑のパノラマが望まれる。第三場面《プシュケの富》［図55］に描かれているのは、二人の姉を宮殿に招待したプシュケが、アモルからの贈り物である数々の宝石を見せる場面である。宝箱の装身具を手にするプシュケのもとに、ニンフが高価な品を運んでいる。その様子を寄り添い合って見ているのはプシュケの姉たちである。後景右の欄干では楽師たちが音楽を奏でている。

ブーシェの連作では、プシュケの物語のなかのよく知られたエピソードである「眠るアモルを見つめるプシュケ」の主題が取り上げられていない。その代わりに、このランプの事件に続く《アモルに捨てられるプシュケ》［口絵1］の悲劇が第四場面として描写されている。タピスリーには、プシュケを捨てて飛び去っていくアモルの様子が表されている。プシュケは、絶望的な表情を浮かべて、川岸に横たわり恋人を見上げている。河のニンフであるネレイスたちがその様子を眺めている。

最後の第五場面《プシュケとかごを編む人》［図6］には、プシュケがアモルを探して地上をさまよい歩くときの一場面に取材している。ここでは、牧神にエスコートされて、二人の女性のもとに到着したプシュケが描かれている。右腕を伸ばし驚きの表情を浮かべているのは豊穣の女神ケレスであり、手前で正面に背を向けてすわっているのはケレスの娘プロセルピナである。

先行研究と問題提起

ブーシェによる連作については、キャスリン・B・ヒージンガーによって、その文学的典拠や視覚的着想源について論じられている。ヒージンガーはこの連作の主題選択を、現在フランス国立図書館に所蔵される美術批評家ルイ・プチ・ド・バショーモンがブーシェに宛てた年記のない書簡と密接に関連づけて論じている。[19] 書簡のなかでバショーモンは、プシュケの物語を主題に描くべき十の場面――①プシュケを迎えに来るゼフュロス、②アモルの宮殿でニンフたちに迎えられるプシュケ、③プシュケの化粧、④プシュケの食事、⑤眠るアモルを見つめるプシュケ、⑥煙のなかに消えるアモルの宮殿、⑦羊飼いの家を訪れるプシュケ、⑧ウェヌスの前でニンフに打たれるプシュケ、⑨プシュケとアモルの結婚、⑩プシュケの壮麗な葬儀である――を提案している［巻末資料2を参照］。しかしながら、書簡の冒頭に記されるように、バショーモンはボーヴェ製作所の連作のためではなく、回廊を飾る絵画連作として取り上げるべき諸場面を提案している。[20] バショーモンは「プシュケとアモルの結婚」について言及するなかで、「九番目の作品については、それがタピスリーとなるように単純化することができる」と手短に述べているが、それ以外にタピスリーについて触れる箇所はない。「もし私がルイ十五世だったら……」という一節は、王室による装飾計画を示唆している。このように、バショーモンの手紙を本連作と直接関連づけるヒージンガーの見解は、書簡の内容がプシュケの物語を絵画連作として描くための主題選択についてである点において、全面的に認めることはできない。一方、ブーシェが「プシュケの物語」を主題に取り上げた絵画連作を制作した記録はなく、バショー

図53　フランソワ・ブーシェの下絵に基づく《プシュケの到着》（タピスリー連作〈プシュケの物語〉より）
ボーヴェ製作所、1741-1742年、羊毛と絹、298 × 518 cm、フィラデルフィア美術館

図54　フランソワ・ブーシェの下絵に基づく《プシュケの化粧》（タピスリー連作〈プシュケの物語〉より）
ボーヴェ製作所、1748-1750年頃、羊毛と絹、365 × 583 cm、ローマ、クイリナーレ宮殿

図55　フランソワ・ブーシェの下絵に基づく《プシュケの富》(タピスリー連作〈プシュケの物語〉より）ボーヴェ製作所、1748-1750年頃、羊毛と絹、362 × 410 cm、ローマ、クイリナーレ宮殿

モンの手紙に最も関連づけられる作品群は、国王の注文を受けて作られたタピスリー連作〈プシュケの物語〉の下絵のほかにはない。したがって筆者は、バショーモンの手紙をブーシェが参照した可能性については、否定されるものではないと考える。

ヒージンガーはさらに、ブーシェとともにナトワールもバショーモンの書簡を参考にしたとみている。(21) その根拠は、ブーシェの連作が構想された頃、一七三七年から一七三九年頃にかけてナトワールは、オテル・ド・スービーズのために八点連作装飾画〈プシュケの物語〉〔図49〕――《アモルの宮殿の宮殿でプシュケに花を捧げて歓迎するニンフたち》、《姉たちに宝物をみせるプシュケ》、《ランプをもって夫を見つめるプシュケ》、《ゼフュロスに救われるプシュケ》、《気を失ったプシュケの体を引き起こすニンフたち》、《羊飼いの家を訪ねるプシュケ》、《アモルに連れられて天上に昇るプシュケ》、《冥界の化粧箱を開けて気を失うプシュケ》――を制作しており、そのいくつかの主題は、バショーモンが書簡のなかで提案する場面と一致しているためである。

たとえば、バショーモンが指摘するラ・フォンテーヌの作品のなかの「アモルの宮殿でニンフたちに迎えられるプシュケ」の場面は、ブーシェの《プシュケの到着》〔図53〕やナトワールの《アモルの宮殿でプシュケに花を捧げて歓迎するニンフたち》〔図56〕に、「羊飼いの家を訪れるプシュケ」の場面は、ブーシェによる《プシュケとかごを編む人》〔図6〕やナトワールの《羊飼いの家を訪ねるプシュケ》〔図57〕に、それぞれ対応するという。またヒージンガーは、ブーシェが明らかにナトワールの作品に着想を得て制作したと推測している。(22) たとえば、ブーシェの《プシュケの富》〔図55〕はナトワールの《姉たちに宝物を見せるプシュケ》〔図58〕の人物の配置やポーズ、アモルの宮殿の入り口を舞台背景としている点に共通性が認められるという。ブーシェはナトワールとともにオテル・ド・スービーズの室内装飾計画にたずさわっていたことからも、ナトワールの主題選択や場面描写にブーシェが着想を得たとしても不思議ではない。(23) しかしながら、ブーシェがこの時期に彼の宿敵であったナトワールの作品の構想や人物描写を借用した、と単純に結論づけるわけにはいかない。おそらくブーシェはナトワールの作品をよく知った上で、それを凌駕するような作品を生み出すことを目指していたはずである。

そこで以下では、ブーシェがタピスリー連作〈プシュケの物語〉の下絵を構想するにあたって、ナトワールとは異なる文学的、視覚的着想源を模索した可能性について検討したい。これに際して、まず先行研究ではまったく考慮されていない、タピスリーにおけるプシュケの物語を主題とする先行作例をみる必要がある。(24)

図56　シャルル＝ジョセフ・ナトワール《アモルの宮殿でプシュケに花を捧げて歓迎するニンフたち》(連作〈プシュケの物語〉より) 1737-1739年、パリ、オテル・ド・スービーズ

図57　シャルル＝ジョセフ・ナトワール《羊飼いの家を訪ねるプシュケ》(連作〈プシュケの物語〉より) 1737-1739年、パリ、オテル・ド・スービーズ

図58　シャルル＝ジョセフ・ナトワール《姉たちに宝物を見せるプシュケ》(連作〈プシュケの物語〉より) 1737-1739年、パリ、オテル・ド・スービーズ

二　タピスリーにおける〈プシュケの物語〉の表現伝統

ギリシア語で「魂」を意味するプシュケの図像的伝統は古代にまで遡る。[25] 十六世紀イタリアにおいてプシュケの物語は、結婚を記念する装飾画のテーマとして好まれた。プシュケの絵画伝統は、ルネサンス期にラファエッロによるヴィッラ・ファルネジーナの装飾やジュリオ・ロマーノのパラッツォ・デル・テの連作によっていっそう豊かになった。[26] それらは版画を介して広範に流布し、多様な芸術分野の制作に影響を及ぼした。十七世紀フランスでは、『黄金のろば』に着想を得た詩人ジャン・ド・ラ・フォンテーヌ（一六二一－一六九五年）による『プシュケとアモルの恋』[27]（一六六九年）や、モリエールによるバレエ悲劇『プシュケ』[28]（一六七一年）、後者をオペラ化したトマ・コルネイユらによる悲劇（一六七八年）が著され、[29] これらを典拠としたプシュケの新たな図像表現が生まれた。[30] 十七世紀にはタピスリー芸術においてプシュケの物語を主題とする数々の連作が制作されている。

ブーシェが〈プシュケの物語〉を構想するにあたっては、国王からの要望――タピスリー独自の装飾性を生かした、これまでにできるだけ取り上げられていない場面からなる連作――を満たすような下絵を考案しなければならなかった。そのためにもブーシェは、プシュケの物語に関するタピスリーの主題のレパートリーを知悉している必要があった。

十六世紀フランスでは、プシュケの物語を主題としたフランソワ一世のタピスリーのコレクションが広く知られていた。[31] その作品はブリュッセルで織られた二十六点の作品から構成される連作であり、ラファエッロに着想を得たミヒール・コクシーの下絵に基づき、サイコロ印の版画家によって版刻された版画連作に着想を得ている。[32]

十七、十八世紀初頭には、フランスの諸工房において〈プシュケの物語〉が織り出された［表9］。まず十七世紀前半に織られた連作は、いくつかの工房群——ルーヴル工房とシェーズ通り工房および、世紀後半のゴブラン製作所の前身となったラファエル・ド・ラ・プランシュの工房——で制作された。それらの連作は、フランソワ一世が所有していたタピスリー連作と同じく、サイコロ印の版画家の版画に着想を得たものである。[33]モーリス・フナイユによって七つの主題が確認されている。[34]二つ目の作例は、十七世紀後半にオービュッソン製作所で制作されたイザック・モワイヨン（一六一四―一六七三年）のカルトンに基づいて制作された十一点連作である。[35]これに次いで十七世紀第3四半期には、ボーヴェ製作所で八点から構成される連作が作られた。ジュスタ・ベルトランは作品全体に看取される古典主義的な作風から、原画制作者をプッサン派の画家とみている。[36]これらの連作に加えて、ブリュッセルの作例もある。ピーテル・ファン・デン・ヘッケの工房の記録（一七一三年）によれば、ヤン・ファン・オルレイ（一六五五―一七三二年）の下絵による七点連作〈プシュケの物語〉が制作された。[37]以上の連作は、それぞれ『黄金のろば』で語られる「プシュケの物語」を典拠とするいくつかの主題から構成されており、主題間には物語的連続性が認められる。[38]

ブーシェによる連作は、一連の工房作の主題を基準に二つのグループに分類することができる。第一のグループ——《プシュケの到着》［図53］、《アモルに捨てられるプシュケ》［口絵1］、《プシュケとかごを編む人》［図6］——は、タピスリーの先行作例のない作品群である。そのうち《アモルに捨てられるプシュケ》と《プシュケとかごを編む人》は、プシュケの物語で語られる二つの場面が一つに組み合わされている点に、主題構成上の特徴が認められる。

第二のグループ、《プシュケの化粧》［図54］と《プシュケの富》［図55］はすでにいずれかの工房で織られたことのある主題である。[39]これらの主題は繰り返しタピスリーで取り上げられていたが、ブーシェの《プシュケの化粧》や《プシュケの富》には、先行作例よりいっそう豊かな装飾性が認められる。

このように本連作は、新しい主題とともに、タピスリー芸術のなかですでに取り上げられたことのある主題によって構成されており、その全体構想には、注文主の要望がおおよそ反映されている。以上の主題選択上の特徴を踏まえて、次に五点のタピスリーに関する初期の構想段階から最終的に下絵となる過程について考えてみたい。そのなかでブーシェの〈プシュ

工房	ルーヴル工房・シェーズ通り工房	オービッソン製作所	ボーヴェ製作所	ファン・デン・ヘッケ工房	ボーヴェ製作所
制作年	17世紀前半以降	17世紀後半	17世紀第3四半期	17世紀末から18世紀初頭	18世紀中頃(1741-)
原作者	サイコロ印の版画家の版画(コクシーに基づく)	モアイヨン	不明	ファン・オルレイ	ブーシェ
プシュケの物語を語る老女	○		○		
プシュケに敬意を表する場面		○	○	○	
神の神託を仰ぐプシュケの父	○		○	○	
家族と別れるプシュケ			○		
山上に運ばれるプシュケ	○	○			
ゼフュロスに運ばれるプシュケ			○		
アモルの宮殿に到着するプシュケ					○
プシュケの水浴		○			
プシュケの化粧	○	○		○	○
プシュケの食事	○			○	
プシュケのもとに姉たちを運ぶゼフュロス	○				
姉たちに贈り物をするプシュケ		○			○
眠るアモルをみるプシュケ		○	○	○	
アモルに捨てられるプシュケ					
ニンフに見守られるプシュケ*					○
鳥から知らせを受けるウェヌス				○	
命を救われるプシュケ			○		
牧神に慰められるプシュケ					
ケレスに助けを求めるプシュケ	○				○
ユノに助けを求めるプシュケ		○			
金の毛のエピソード		○			
美の軟膏のエピソード		○	○		
アモルによって目ざめるプシュケ		○			
プシュケとアモルの結婚		○		○	

表9 17-18世紀におけるタピスリー連作〈プシュケの物語〉の場面選択
*はアプレイウスの『黄金のろば』にはない物語場面を示す。

ケの物語〉に関連づけられる素描や油彩画、ブーシェが参考にしていたであろう先行作例や文学作品について考察する。

三　文学的・視覚的着想源をめぐる考察

《プシュケの到着》

「プシュケがアモルの宮殿に到着する」場面は、バショーモンが提案した場面であり、ナトワールもオテル・ド・スービーズの連作のなかで同一の場面〔図55〕を取り上げている。《プシュケの到着》〔図53〕は、タピスリーの先行作例のない主題であり、ブーシェがタピスリー以外の媒体の作品を参考にした可能性が考えられる。現在ブロワ城美術館に所蔵される《アモルの宮殿で歓迎を受けるプシュケ》〔図59〕は、《プシュケの到着》の初期構想と推定される油彩習作であるが、ヒージンガーはこの作品の人物描写とナトワールの作品の共通性を指摘している。これに対して筆者は、まずブロワの油彩習作が実際にタピスリーの初期構想と見なせるか否かを検討したのち、この油彩習作を制作するにあたって、ブーシェがナトワールの作品のほかに参照したであろう視覚上の着想源を示す。次に、ブーシェのタピスリー《プシュケの到着》の視覚的着想源についても新たに指摘したい。

グリザイユで描かれた油彩習作《アモルの宮殿で歓迎を受けるプシュケ》〔図59〕は、ジャン・カイユやヒージンガーによって、タピスリー《プシュケの到着》〔図53〕の初期構想と見なされている。(40) その見解は、油彩習作とタピスリーのある程度

図59　フランソワ・ブーシェ《アモルの宮殿で歓迎を受けるプシュケ》1739年頃、42 × 54 cm、ブロワ城美術館

図60　フランソワ・ブーシェ原画（フィリップ・パリゾー版刻）《プシュケの到着》パリ、ルーヴル美術館版画素描部

図61　フランソワ・ブーシェ《プシュケの化粧》油彩、カンヴァス、52 × 54 cm、個人蔵

図62　フランソワ・ブーシェ《プシュケの富》油彩、カンヴァス、44 × 54 cm、個人蔵

の類似、本連作のための初期構想と見なされる二点が同じくグリザイユで描かれている事実に依拠している。一方、アラステア・レイングはこの油彩習作がフィリップ・パリゾーによって版画［図60］に翻案されていることから、[41]油彩習作が版画制作のためのスケッチである可能性に言及している。とはいえ、油彩習作とパリゾーの版画の制作年代のあいだには大幅な開き——前者はレイングの推定によれば一七四〇年代前半、後者は一七六九年から一七七三年代の作とされる——があることから、レイングはその見解に一定の留保を示している。[42]

ブロワ城の油彩習作《アモルの宮殿で歓迎を受けるプシュケ》［図59］は、レイングが観察するように、本連作のほかの油彩習作［図61、62］に比べて、やや入念に仕上げられていることから、版画制作との関係が示唆される。しかし、横長の油彩習作は正方形の版画のサイズや構図とは完全に一致せず、両者の細部描写にも違いがある。版画の原画とみなされている素描や、ブーシェによる正方形の油彩スケッチの存在が十八世紀の売立目録に確認されることを考慮するならば、版画はおそらくブロワ城の油彩習作の派生作品に直接的に関連づけられる可能性が高い。すなわち、油彩習作が当初から版画制作を意図して制作されていたという確証はない。

それでは、ブロワ城の油彩習作はやはりタピスリーの初期構想と考えられるだろうか。油彩習作の作品名は、パリゾーによる版画のタイトルに基づいて《アモルの宮殿で歓迎を受けるプシュケ》と称されているが、宮殿のなかでプシュケが歓迎を受けている点ではタピスリー《プシュケの到着》［図53］と同じ場面設定である。また、両者の建築空間やプシュケを中心に人物が配される構図は共通しており、人物描写にも類似が認められる。油彩習作においてプシュケの正面で捧げ物をする低い姿勢の女性と、タピスリーのなかで、プシュケの左側から花かごを差し出すニンフはよく似ている。その一方で、二つの作品のあいだには大きな相違もある。タピスリーの画面中央に配されたゼフュロスは油彩習作には描かれていない。しかしながら、後述するように、ブーシェは本連作のために初期構想としていくつかの油彩習作を制作しているが、それらは必ずしも最終的デザインとして実現されていない。したがって、この油彩習作が《プシュケの到着》の初期構想である可能性は、必ずしも否定されるものではない。

ブロワ城の油彩習作［図59］の視覚上の着想源については、前述のナトワールの作品《アモルの宮殿でプシュケに花を捧げて歓迎するニンフたち》［図56］であるという指摘がなされている。二点の作品において、画面中央に描かれるプシュケと、その前にひざまずく女性像のポーズには、たしかに一定の共通性が認められる。(43)ヒージンガーが指摘するように、ナトワールのプシュケとその前にかしづく女性の姿は、ラファエッロによるヴィッラ・ファルネジーナの「プシュケのロッジャ」に描かれた「三美神」のポーズを思わせる。ラファエッロによる先行作例については、バショーモンが書簡のなかでも次のように言及している。「マルカントワーヌ［マルカントニオ・ランモンディ］が版刻したラファエッロのプシュケを見ることもできる。これは、たしかクロザ氏とマリエット氏の自宅にあると思う」。(44)したがって、ファルネジーナの連作のイメージは十八世紀フランスにおいて版画を通じて知られていたことがわかる。ナトワールやブーシェは版画を通じてラファエッロの作品をよく知っていたであろうし、当然ながらローマ滞在中にその作品に学んでいたことであろう。

筆者はブロワ城の油彩習作の着想源として、ナトワールによるオテル・ド・スービーズの連作装飾画に加えて、十七世紀に制作されたセバスティアン・ルクレール（一六三七―一七一四年）の版画連作『アモルとプシュケ』の一点《アモルの宮殿のプシュケ》(45)［図63］を指摘したい。この版画は銘文から、アモルの宮殿に到着したプシュケにアモルの廷臣が敬意を表する場面であるとわかる。(46)版画の舞台設定は油彩習作と同じく列柱が並ぶ回廊をもつ宮殿である。プシュケを囲むように人物が配される点でも両者は共通している。人物表現についていえば、版画においてプシュケの正面で捧げ物をする子供や、プシュケの背後で縦笛を吹く演奏者は、ブーシェの油彩習作の人物像のなかにも認められる。ルクレールの作品目録（一七一五年）によれば、彼の版画連作はゴブラン製作所で購入することができた。(47)以上のことからも、ルクレールの版画がブロワ城の油彩習作《アモルの宮殿で歓迎を受けるプシュケ》［図59］の構想に直接の影響を与えた可能性は高いと思われる。ブーシェはタピスリーを構想する上で、ナトワールの連作のみならず、ルクレールの版画連作も参考にしていたと考えられる。

ブロワ城の油彩習作に示されるタピスリーの初期構想は、最終的にタピスリーに翻案される際に大きな変更が加えられることになった。下絵の最終段階には、タピスリーのデザインが示すように楽器を演奏するニンフが多数登場する。(48)この最終

図63　セバスティアン・ルクレール《アモルの宮殿のプシュケ》（連作『アモルとプシュケ』より）17世紀末、エッチング、138 × 185 cm、パリ、フランス国立図書館

図64　ヤン・ファン・オルレイの下絵に基づく《プシュケの食事》（タピスリー連作〈プシュケの物語〉より）ギリアム・ファン・レーフデル工房、17世紀末、370 × 650 cm、レーゲンスブルク、トゥルン・ウント・タクシス城

段階における着想源として筆者が着目するのは、ブリュッセルで織られたファン・オルレイの下絵に基づく連作〈プシュケの物語〉のなかの《プシュケの食事》[49]［図64］である。ファン・オルレイのタピスリーに描かれているのは、ニンフたちが円卓のうしろに腰かけたプシュケにご馳走を運んでいる場面である。ファン・オルレイの《プシュケの食事》［図64］とブーシェの《プシュケの到着》［図53］を比べると、左手端から宮殿の庭がのぞく建築構造や画面右手奥に見えるカーテンのモ

ティーフなど、構図や室内装飾の描写に類似した特徴が認められる。また、ファン・オルレイのタピスリーに描かれている、左手の庭からプシュケを眺めるアモルの姿は、ブーシェのタピスリーにおいてプシュケを見下ろすゼフュロスの姿を思わせる。このように、主題の異なるフランドルで織られた先行作例と、ブーシェのタピスリーとあいだにみられる共通性は注目される。十八世紀初頭のパリではフランドルのタピスリーの市場があり、[50]前述したように、ブーシェの生家があったヴェリエ通りでもフランドルのタピスリーを購入することができた。ボーヴェ製作所は創設当時、長い伝統のある北方のタピスリーを凌駕する作品を生産することを目指していた。ブーシェの一作目の連作〈イタリアの祭り〉も、その初期構想はフランドルの連作〈テニールスのタピスリー〉を手本に考案されたものであった。[51]このような背景を考慮するならば、プシュケの連作を構想する際に、ブーシェがファン・オルレイの連作を参考にしていたとしても不思議ではない。

以上、《プシュケの到着》［図53］を構想するにあたってブーシェは、初期構想の段階を示すブロワ城の油彩習作［図59］においては、ナトワールによる同主題の作品のみならず十七世紀の版画を参考にし、最終段階では十七世紀北方のタピスリー、ファン・オルレイに基づく連作〈プシュケ〉に重要な視覚上の典拠を見出した。

《プシュケの化粧》

ヒージンガーは《プシュケの化粧》の文学上の着想源として、モリエールの『プシュケ』やバショーモンの書簡――バショーモンはニンフたちがプシュケの身づくろいを手伝う場面について書簡のなかでふれている[52]――に言及している。[53]一方で、この作品の視覚上の着想源についてはこれまで論じられたことはない。なおナトワールはオテル・ド・スービーズの連作のなかで、プシュケの化粧の場面を取り上げていない。そこで以下では、《プシュケの化粧》の初期構想から最終的な下絵に至る、各段階におけるブーシェの視覚的の着想源について検討したい。また、下絵の構想に利用されたと思われるブーシェの絵画作品についても見ていきたい。

ブーシェは《プシュケの化粧》［図54］の初期構想として、グリザイユによる油彩習作［図61］を制作している。[54] 油彩習作とタピスリーのあいだには、群像構成のみならず舞台背景にとくに著しい違いがみられる。すなわち前者では室内が、後者では庭園が舞台となっている。

視覚的典拠を検討するにあたって、まずは「プシュケの化粧」を主題に取り上げたタピスリーの先行作例を考察しよう［表9を参照］。室内における化粧の場面をとらえたタピスリーとしては、十七世紀前半に制作されたシェーズ通り工房の《プシュケの化粧》［図65］がある。この連作はサイコロ印の版画家の版画［図66］をもとに構想されている。タピスリーは版画と同様にプシュケと三人の侍女から構成されており、寝台に腰かけて髪を手入れするプシュケのポーズも大まかに共通している。[55] 一方、版画にみられる簡素な室内や人物の衣装は、タピスリーでは精緻な意匠の織り込みや天蓋や絨毯のモティーフが付加されることによって、装飾的に翻案されている。室内の化粧場面を描いたプシュケのタピスリーは、オービュッソン製作所でも制作されていた。[56] ブーシェの初期構想は、このような「プシュケの化粧」を取り上げたタピスリーにみられる場面表現の類型に準じている。[57]

これまでの考察によって、ブーシェは当初、タピスリーの表現伝統に倣い室内を舞台とした化粧場面を考案していたが、最終的に戸外の設定に変更したことが明らかになった。その動機にはおそらく、「できるだけこれまでに繰り返し取り上げられていない」主題を選択する、という注文主の要望に対する配慮があったに違いない。その結果、タピスリーの伝統に依拠したデザイン［図61］は採用されず、戸外での化粧場面という目新しい下絵を構想したのであろう。

こうして最終的な下絵はタピスリー［図54］にみられるように、戸外の場面となったが、筆者はこの構図の視覚的着想源として、前述したルクレールに基づく版画連作の別作品［図67］を指摘する。[58] 版画に記された銘文によれば、そこにはプシュケに対抗して化粧するウェヌスが描かれている。[59] 版画とタピスリーの人物像表現には類似が認められる。鏡の前に腰かけたプシュケの衣の描写やポーズ、ニンフたちがプシュケの髪を整えている様子はそれぞれよく似ている。また、二つの作品に

図65　サイコロ印の版画家の版画に基づく《プシュケの化粧》（タピスリー連作〈プシュケの物語〉より）シェーズ通り工房、17世紀初頭、395 × 350 cm、フォンテーヌブロー宮殿

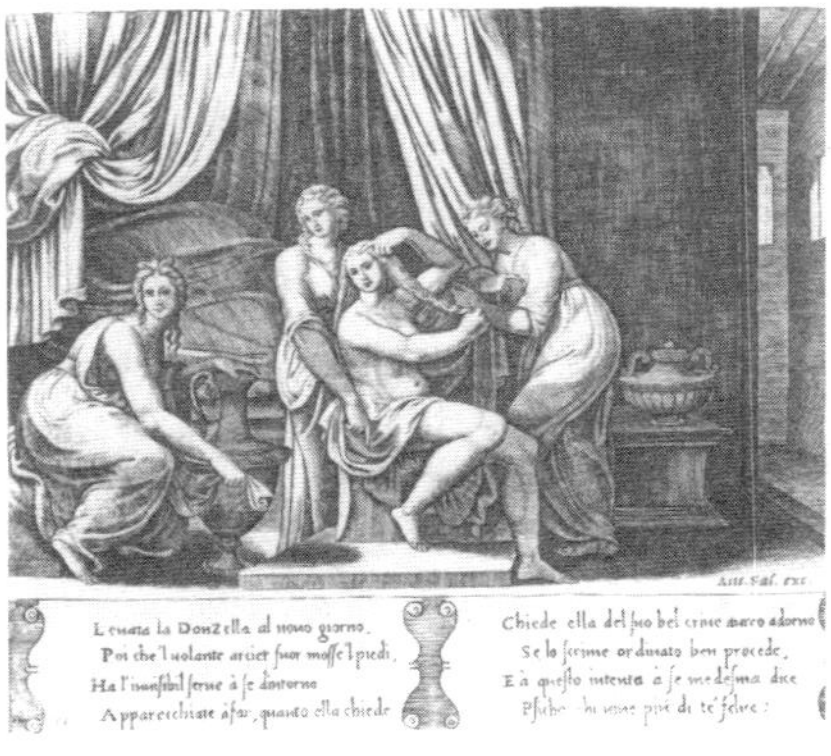

図66　ミヒールル・コクシー原画（サイコロ印の版画家版刻）《プシュケの化粧》エングレーヴィング、ロンドン、大英博物館版画素描部

図67　セバスティアン・ルクレール《ウェヌスの化粧》（連作『アモルとプシュケ』より）17世紀末、エッチング、137 × 181 cm、パリ、フランス国立図書館

は右側に噴水、左側に主要人物グループがそれぞれ配されており、場面設定にも一定の共通性を指摘することができる。[60] しかしタピスリーの構図やモティーフの細部には版画とのはっきりとした相違もある。ブーシェは版画の人物描写や大まかな構図を借用した上で、「豪華で魅力的な」タピスリーに仕上げるために、主要な人物グループをクローズアップして画面の中央に配した。さらに新たなモティーフとして、当時のロカイユ趣味を反映させた貝殻や曲線美を基調とした噴水彫刻を加えたのである。[61]

タピスリー《プシュケの化粧》に関連づけられる絵画作品は知られていないが、筆者は現在ストックホルム国立美術館に所蔵される《ウェヌスの誕生》［図7］との関係に注目したい。[62] 油彩画の左端のトリトン［図68］とタピスリーの右手に配された噴水彫刻のトリトン［図69］、（原画は反転する）は、ほとんど鏡像の関係にあり、同一の習作素描に基づいていることが明らかである。その人体表現は美術アカデミーの教鞭をとり、生徒たちの手本として写生に基づく裸体画のデッサンを手がけたブーシェのアカデミックな関心を示している。[63] 絵画のモティーフの一部がタピスリーの下絵として利用されたのか、タピスリーのために考案されたモティーフが絵画に利用されたのか、《プシュケの化粧》の下絵（所在不明）の制作年代が確定できないために、その判断は難しい。《プシュケの化粧》［図54］は一七四一年から一七四二年のあいだに織り出されており、一七三九年九月のサロンには本連作の所在不

図68　フランソワ・ブーシェ《ウェヌスの誕生》図7の部分図

図69　フランソワ・ブーシェの下絵に基づく《プシュケの化粧》（タピスリー連作〈プシュケの物語〉より）図54の部分図

明の下絵《ゼフュロスによって宮殿に導かれるプシュケ》（本作に対するサロン評については、本章序説のなかの「一七三〇年代後半のサロンにおけるブーシェ」を参照）が出展された。すると《プシュケの化粧》の下絵の制作年代はおそらく、一七三九年から一七四〇年頃と推定される。一方《ウェヌスの誕生》［図7］は一七四〇年に制作され、同年八月のサロンに展示されていることから判断して、タピスリーの下絵と油彩画の構想はほぼ同時期――上限についていえば下絵は油彩画に若干先行すると推測される――に練られたものと考えられる。

以上のように、ルクレールの版画連作は《プシュケの到着》の初期構想のみならず、《プシュケの化粧》の最終的な下絵の視覚的典拠であった。この作品を構想するに際しても、再び版画が視覚上の典拠として重要な役割を担っていたわけである。また、本タピスリーと油彩画《ウェヌスの誕生》とのモティーフの類似は、ブーシェがタピスリーの構想と絵画作品の構想のあいだで自在にモティーフの転用を行っていた事実を示すものであり、ここにブーシェの制作手法の一端をうかがうことができる。

《プシュケの富》

プシュケが姉たちに宝物を見せるという主題は、タピスリーの先行作例があるのみならず、ナトワールもオテル・ド・スービーズの装飾画連作のなかで取り上げており、きわめてポピュラーな主題であった。タピスリーの注文主である国王の要望は「これまで何度も取り上げられていない場面」であったが、宝物を見せる場面は、一方で国王が望む「豪華で魅力的な」場面であるため、おそらく主題として採用されたのであろう。なお、「プシュケが姉たちに宝物を見せる」という主題は、バショーモンの書簡では言及されていない。

ヒージンガーはブーシェの《プシュケの富》[図55]の視覚上の着想源として、ナトワールの《姉たちに宝物を見せるプシュケ》[図58]を指摘している。たしかに、ブーシェのタピスリーにみられるフリーズ状の人物配置や人物像のポーズ、円柱が並ぶアモルの宮殿などの描写が、ナトワールの作品から想を得ていることは確実だろう。筆者は以下で、タピスリー《プシュケの富》の副次的場面に関連づけられるブーシェの素描を新たに提示したい(64)。

ブーシェ[図55]とナトワールの作品[図58]のあいだでは、空間設定に大きな相違がある。ブーシェのタピスリーでは、人物像が配される舞台設定の表現が重要であるのに対して、ナトワールの作品では人物描写に重点が置かれている。ナトワールの人物像がほぼ前景に大きく描かれているのに対して、ブーシェの作品では、最前景に配されたプシュケを中心とするグループに加えて、左背景の円柱のあいだに楽器を奏でる人物のグループが挿入されている。

この後景の人物グループに関連づけられるブーシェの素描がある。まず、これらの人物像が初期構想から最終的下絵の段階でどのように描かれていくかについてみておくことにしたい。グリザイユで描かれた油彩習作[図62]は《プシュケの富》

の初期構想を示している。(65) 油彩習作とタピスリー［図55］を比べると、油彩習作の右手に位置する彫像がタピスリーでは省略されており、肘をつく姉の顔の向きにも違いがある。しかし、場面設定や構図上の大きな変化はない。どちらにもはっきりと認められるのが、背景の欄干部分に描かれた楽士たちのグループである。筆者は、この人物グループに関連づけられるブーシェの素描として、現在ベルリン国立美術館図書館に所蔵される《装飾絵画と建築彫刻の習作》（Hdz 2983）［図70］に注目したい。(66) まず本素描の左下の部分図に配された人物群像［図71］を観察しよう。そこに描かれたギター弾きや、欄干の左端で腕を添えている女とその背後の盆をもち上げた男性はそれぞれ、油彩習作［図72］のギターを弾く人物、右端の人物像、タンバリンを手にした人物とポーズが共通している。また、素描のタンバリン奏者の指先の特徴的な表現は、油彩習作のタンバリンをもつ人物のそれに明らかに類似している。油彩習作では人物の表情が明瞭に示されていないため、素描との類似性はやや不明瞭であるが、タピスリーの部分図［図73］を見ることによって、そのことがはっきりと確認される。タピスリーでは、ギター弾きの顔の向き（左右は逆転）が素描（さらに初期構想を示す油彩習作）とは若干異なるが、欄干に寄りかかる女とその背後でタンバリンを手にした人物は、素描の左端の男女と配置やポーズにおいて類似している。ベルリンの本素描が初期構想の段階からデザインの一部として利用されたことはほぼ間違いない。この予測は、素描とタピスリーの制作年代の点からも検討される必要がある。

《装飾絵画と建築彫刻の習作》［図70］の制作年代についてエッカート・ベルケンハーゲンは、その様式が一七五三年の年記のあるニューヨークのクーパー＝ヒューイット美術館所蔵の素描(67)（inv. 1911-28-8）に近いことから一七五三年頃の作としている。(68) これに対しレイングは本素描の制作年代を一七三四年から一七三八年頃に位置づけている。レイングの見解は、一七三四－一七三八年頃に制作されたとされるロンドンのヴィクトリア&アルバート美術館所蔵の素描（inv. 8509.2）との技法と様式上の類似、一七三七年版刻のブーシェによる風俗画の人物像との共通性に依拠している。(69) 本素描を一七三〇年代に位置づけるレイングの見解は、この素描が《プシュケの富》の初期構想［図62］に利用されているという筆者の考察に合致するものである。素描の下限年についていえば、レイングの見解はタピスリーの制作年代を考慮すると妥当であるように思

図70　フランソワ・ブーシェ《装飾絵画と建築彫刻の習作》1734-1738年、ペン、茶インク、灰色と茶色の淡彩、22.3 × 35.5 cm、ベルリン国立美術館、芸術図書館

われる。《プシュケの富》の下絵が制作された正確な時期は知られていないが、本連作は一七三七年十一月二十五日に依頼されていることから、上限は一七三八年頃と考えられる。下限年については、《プシュケの到着》のカルトン（所在不明）が一七三九年のサロンに出展されていることを勘案すると、一七三九年から一七四〇年頃とするのが順当であろう。以上、本素描の制作年代はレイングが推定するように一七三四年から一七三八年頃と考えられることからも、素描のモティーフが一七三八年から一七四〇年頃にデザインされた本タピスリーの構想に利用された可能性はきわめて高い。

レイングによれば《装飾絵画と建築彫刻の習作》［図70］は、ブーシェが一定数手がけた絵画建築装飾の意匠の一つであり、それらの素描の特徴は建築装飾として実現されるために制作されたものではなく、個人的で自由な想像力の産物という性格を有している[70]。一連の考察は、これまで特定の作品と関連づけられていなかった本素描が、実際にタピスリーのデザインの構想の一部として利用されたことを示しており、ブーシェの素描の機能に関するレイングの見解に新たな一面を補足するものである。また、ブーシェは

図71　フランソワ・ブーシェ《装飾絵画と建築彫刻の習作》図70の部分図

図72　フランソワ・ブーシェ《プシュケの富》図62の部分図

図73　フランソワ・ブーシェの下絵に基づく《プシュケの化粧》
（タピスリー連作〈プシュケの物語〉より）図55の部分図

ナトワールの絵画連作とは異なるタピスリー連作としてのプシュケの物語を演出するにあたって、場面の装飾性を付与するのに役立つ豊富な副次的モティーフのストックを利用していたことも明らかになった。

《アモルに捨てられるプシュケ》

プシュケがアモルに捨てられる場面については、タピスリーの先行作例はなく、ナトワールの連作にも含まれていない主題である。ヒージンガーは、ブーシェがこのタピスリーを構想するにあたって、『モリエール全集』のために制作した挿絵［図74］と、(71) さらにその挿絵の着想源となったシャルル・コワペルに基づく版画に着想を得たとし、(72) その見解をバショーモンの書簡によって裏づけている。(73) これに対して筆者はブーシェのタピスリー《アモルに捨てられるプシュケ》［口絵1］の構想にいっそう近い視覚的典拠と文学上の着想源を指摘するとともに、ブーシェのタピスリーに関連づけられる素描を新たに指摘したい。

まずヒージンガーの論拠となっているバショーモンの書簡について見直すことにしよう。バショーモンは書簡のなかで「プシュケの物語」をテーマに描くべき一場面として、「煙の中に消えるアモルの宮殿。コワペル氏は実に独創的にこの主題を描いている。それは版画になっている」と述べている。この場面は「煙の中に消えるアモルの宮殿」を描いたもので、モリエールの『プシュケ』の第四幕第三場にあたる。ここでは、アモルが約束を破ったプシュケを捨て去り、同時にアモルの宮殿が消えるという短い瞬間の中に展開する出来事が描かれている。(74) バショーモンが指摘するように、コワペルはこの場面を『モリエールの主要な喜劇』という版画連作のなかで取り上げている。ブーシェもまた、一七三四年に刊行された『モリエール全集』のために三十三点の挿絵を提供しており、『プシュケ』の挿絵［図74］も制作していた。(75) 一七三四年版の『モ

図75　ピエール・ブリサール原画（ジャン・ソーヴェ版刻）《プシュケ》（『モリエール全集』の挿絵より）1682年

図74　フランソワ・ブーシェ原画（ローラン・カール版刻）《プシュケ》（『モリエール全集』の挿絵より）1734年

リエール全集』の基本的な構成は一六八二年版の『モリエール全集』を踏襲している。また、一七三四年版の挿絵の場面選択についても、一六八二年版のピエール・ブリサールの挿絵との照応関係が認められる。ブーシェの挿絵《プシュケ》もブリサールの《プシュケ》［図75］に着想を得ている。(76)

プシュケの描写に関してブーシェの版画挿絵［図74］とコワペルの版画［図76］、ブーシェのタピスリー(77)［口絵1］の三点を比べると、二点の版画作品とタピスリーのあいだにはプシュケの描写に大きな相違が認められる。

ブーシェとコワペルの版画にみられるプシュケは、舞台の登場人物のような華美な衣装に装身具を身につけ、立ち姿で描かれているのに対して、タピスリーのプシュケは簡素な衣の上に青みがかったドレーパリーをまとい、古典的な飾り気のない装いで地面に座っている。タピスリーのプシュケの描写により近い作例として筆者は、シャルル・コワペルの父であるアント

図76　シャルル＝アントワーヌ・コワペル原画（フランソワ・ジュラン版刻）《プシュケ》1726年、パリ、フランス国立図書館

ワーヌ・コワペル（一六六一―一七二二年）に基づく版画［図77］を指摘する。(78) アントワーヌの版画とブーシェのタピスリー（左右は逆転）を比べると、プシュケのポーズや着衣の表現のみならず、アモルの鋭い視線にも類似性が認められる。本版画を版刻したニコラ＝アンリ・タルデューは、一七三〇年代にブーシェの絵画作品を版刻していることから、(79) タルデューを通じてブーシェがコワペルの版画を身近にみる機会があったとしても決して不思議ではない。

ブーシェの挿絵《プシュケ》の特質が明らかになったところで、タピスリー《アモルに捨てられるプシュケ》の文学的の典拠についても検討したい。ヒージンガーはこのタピスリーの文学的の典拠がモリエールの『プシュケ』であると見なしていた。その根拠は、ヒージンガーがタピスリーの視覚的の典拠であると考えるブーシェ自身の版本挿絵とコワペルの版画が、モリエールの『プシュケ』のために制作された、という単純な事実に基づいている。しかしながら、すでに論じたように、ブーシェのタピスリーと二点の版画のあいだでは、プシュケの描写のみならず副次的人物像にもはっきりとした違いが指摘できる。ブーシェとコワペルによる版画に登場する河神［図74・76］は、タピスリー［口絵1］には描かれていない[80]。その代わりにタピスリーには、版画には登場しないネレイスたちの姿が認められる。このような場面描写の相違は、典拠の違いに由来していると考えられる。

モリエールの『プシュケ』やアプレイウスの原作『黄金のろば』において、アモルがプシュケを捨て去る前後の場面にネレイスは現れない。これに対して、ラ・フォンテーヌの『プシュケ』ではネレイスが物語の展開の上で重要な役割を担っている。ネレイスは河神から、プシュケが川に身を投じたら彼女を救い出すように命じられ、プシュケの様子を近くから見守

図77　アントワーヌ・コワペル原画（ニコラ・アンリ・タルデュー版刻）《プシュケ》パリ、フランス国立図書館

図78　シャルル＝ジョセフ・ナトワール《気を失ったプシュケの体を引き起こすニンフたち》（連作〈プシュケの物語〉より）1737-1739年、パリ、オテル・ド・スービーズ

る。タピスリーにはこの物語の展開に即した二つの場面──「アモルに捨てられるプシュケ」と「ニンフ（川の精ネレイス）たちに見守られるプシュケ」──が、物語の一場面のようにイメージ化されていると考えられるのである。注目すべきことには、ナトワールもまた、オテル・ド・スービーズの連作のなかで、川に身投げして気を失ったプシュケを救い出す場面［図78］を描いていた、ということである。ブーシェはナトワールと同じくラ・フォンテーヌの『プシュケ』を参考にしながらも、ナトワールが取り上げた物語場面とわずかに時間をずらし、ライヴァルとは異なる場面描写を試みたのである。

《アモルに捨てられるプシュケ》［口絵1］の文学的典拠がラ・フォンテーヌであるという推測は、タピスリーに描写されるアモルの怒りに満ちた表情からも裏づけられる。ラ・フォンテーヌは憤ったアモルがプシュケを捨て去る様子について、「彼は哀れなプシュケに烈火のごとき視線を投じ」[81]と語っている。一方、モリエールの『プシュケ』や『黄金のろば』には、アモルの表情に関する言及はない。実際、ブーシェによるモリエールの『プシュケ』の挿絵［図74］と、タピスリーに描かれたアモルの表情［図79］のあいだには際立った相違がある。挿絵のアモルは肩越しにプシュケの方を振り返っており、その表情は愛らしい。これに対してタピスリーのアモルは、身をそり返し全身で怒りを表しながら憤怒の形相でプシュケを睨みつけており、その表情は「彼はプシュケに烈火のごとき視線を投じ」というテクストの記述をよく反映している。以上の考察から、タピスリーの構想に際してブーシェが参照した主要なテクストがラ・フォンテーヌの『プシュケ』であったことは、ほぼ確実と思われる。

最後に、本タピスリーに関連する素描について言及しよう。ここで注目したいのは、旧レオン・ミシェル＝レヴィー・コレクション所蔵の制作年不明の《子供の頭部》［図80］である。[82]この素描の子供の表情とタピスリーのアモル［図79］のそれは、印象的な共通性を示している。アナノフは素描目録（一九六六年）においては本素描を特定の作品と関連づけていないが、後年の絵画目録（一九七六年）のなかで、これをブーシェ晩年の作品《女占い師》（一七六七年）に描かれた子供に類似する素描として挙げている。[83]素描と油彩画の人物像は頭部の向きの点で大方一致しているが、両者の表情には──前者の柔らかな眼差しと後者の鋭い視線──顕著な相違がある。これに対し、素描とタピスリーのアモルは、見下げる右斜めの視線、

図80　フランソワ・ブーシェ《子供の頭部》黒鉛筆、赤チョーク、白のハイライト、灰色の紙、19 × 15 cm、旧レオン・ミシェル＝レヴィイ・コレクション

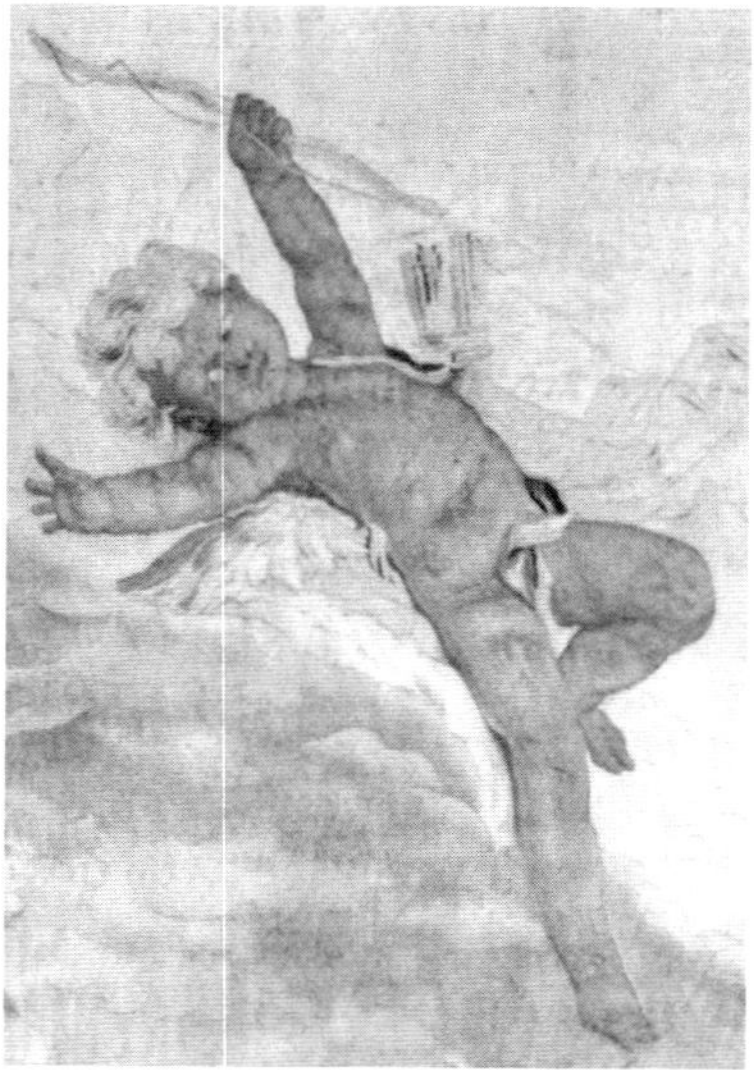

図79　フランソワ・ブーシェの下絵に基づく《アモルに捨てられるプシュケ》(タピスリー連作〈プシュケの物語〉より）口絵1の部分図

白目を強調した鋭い眼、波打つ柔らかな頭髪の描写が、よく似ている。さらに、素描の子供は、ほぼ確実に一七四〇年頃に描かれたとされるボストンのホルヴィッツ・コレクション所蔵の素描《巻物をもつアモル》[84]に類似していることからも、素描《子供の頭部》の制作年代は、晩年ではなく一七四〇年前後に位置づけるのが妥当であろう。ブーシェによるアモルの素描群は、油彩画のための習作か版画制作のための下絵に大別される。後者では二、三人のアモルが全身像で描写されることが多い[85]。本素描のアモルは類型化されたアモルと異なり、その表情に強い感情的表出力を感じさせる点で、タピスリーとの密接な関係が示唆される。

以上のように、《アモルに捨てられるプシュケ》を構想するにあたって、ブーシェはここでもまた版画作例を参照するとともに、その文学上の典拠としてすでに指摘されるモリエールではなく、ラ・フォンテーヌの『プシュケ』に取材していたことが明らかになった。

《プシュケとかごを編む人》

《プシュケとかごを編む人》〔図6〕には、牧歌的風景を舞台にプシュケが老人にエスコートされて二人の女性のもとを訪ねる場面が描かれている。このタピスリーについてヒージンガーは、その文学上の典拠としてラ・フォンテーヌの『プシュケ』を指摘している。その見解の根拠は、バショーモンが書簡のなかで描くべき物語場面として「羊飼いの家を訪れるプシュケ。この場所はラ・フォンテーヌの本のなかでも美しさに溢れている」と言及しているためである。さらにヒージンガーは、ナトワールもこの場面を取り上げており〔図57〕、ブーシェのタピスリーとの密接な関連性があることを指摘している。ヒージンガーの見解はその後、ジェラルディン・C・フスマンによって正しく修正され、ブーシェの作品の文学的着想源が『黄金のろば』原作の「プシュケ」であることが示された(86)。ブーシェは『黄金のろば』の記述に従って、［かごを編んでいる］ケレスのもとを訪ねるプシュケを描いている。すなわちここでは、『黄金のろば』のなかの二つの場面――「牧神に慰められるプシュケ」と「ケレスに助けを求めるプシュケ」――を想起させるイメージが組み合わされていると考えられる。ブーシェは、二つの場面の登場人物を暗示するために、人物像のそばにアトリビュートを描き加えていることがわかる。画面の左でプシュケの手を取り先導している白髪の人物は牧神である。そのことは、画面の前景左端に描かれたヤギの存在によって暗示されている。プシュケの方をおどろきの表情を浮かべて見ているのは豊穣の女神ケレスであり、アトリビュートの穀物の束と共に描かれている。こちらに背を向けて座っているのはケレスの娘プロセルピナである。プロセルピナの右横には再生を象徴する切り株が見える。プロセルピナは冥界の王ハデスの妻となったのち、地上と冥界を行き来することになったため、春や死と再生の女神とみなされている。

ブーシェの作品は牧歌的な物語場面を描いているために、一見したところナトワールの作品によく似ている。しかし、ナトワールがラ・フォンテーヌの『プシュケ』を文学上の典拠としたのに対して、ブーシェはアウプレウスの『黄金のろば』を典拠としてライヴァルとは異なる場面描写を試みていたのである。ブーシェの作品の独自性は二つの場面――牧神とプシュケの場面とケレスに助けを求めるプシュケの場面――」を組み合わせている点にあるが、とりわけ興味深いことは、後述するようにケレスがかごを編む人として表現されている点にある。フスマンは一九五一年の英訳版『黄金のろば』をもとに、かごはケレス信仰で用いられる祭具であり、この「かご」については、プシュケがケレスに助けを求める時のせりふ「あなた様の［祭式における］行列において運ばれる編み込みのかご（basket）の秘密の中身[87]［にかけてお願いいたします］」――のなかでも言及されていると指摘している。おそらくブーシェはこの記述に着想を得て、ケレスを想起させるモティーフとして採用したに違いない。

とはいえ、タピスリーにかごのモティーフがいくつも描かれている点は注目に値する。かごはケレスのひざもととその背後に二つ、前景に一つと、合計四つも描かれており、明らかに《プシュケとかごを編む人》の重要なモティーフをなしている。そこで筆者はかごの着想源について、フスマンの考察をさらに詳しく再検討したい。フスマンは二十世紀半ばの英訳版を参考としており、したがってそのテクストも、十八世紀にブーシェが直接参考にしたであろう俗語訳版本とは相違があることが十分想定できる。アプレイウスの『黄金のろば』は古くは十六世紀以前から版を重ねており[88]、オリジナルのテクストに若干の変更が加えられ、さまざまな註解が添えられるためである。そこで以下では、かごのモティーフの着想を中心に、ブーシェが実際に参考にしたであろう十八世紀に刊行された『黄金のろば』のテクストを参照しながら検討したい。

十八世紀初頭のフランスでは、『黄金のろば』の二つの仏訳本が（一七〇七年［巻一］、一七三六年［巻二］、一七一九年）刊行された[89]。一七一九年版は『黄金のろば』のプシュケの挿話のみが編集されたものである。これらの公刊は、モリエールやラ・フォンテーヌのプシュケの物語のみならず『黄金のろば』原作にも当時高い関心が寄せられていたことを示しており、ブーシェが構想を練る際に、古代の典拠を身近に参照できたことを物語っている。

実際に、フスマンが引用した前述した現代英訳版のプシュケのせりふ「あなた様の［祭式における］行列において運ばれる編み込みのかご（basket）の秘密の中身(90)［にかけてお願いいたします］」に注目して、十八世紀に刊行された二つの版本（一七〇七年と一七一九年版）のテクストを比較しよう。結論からいえば、十八世紀の版本では、現代語版と異なる記述がなされている。一七〇七年版では「あなた様を祝うための秘密の供物(91)」となり、一七一九年版では「これらのあなた様の秘儀の秘密が封じられている聖なる箱」と記されている。(92)これらの版本では現代英訳版にみられる「かご（フランス語のcorbeille）」という単語や記述はみあたらない。このキーワードはしかし、一七〇七年版のテクストの註のなかに確認することができる。一七〇七年版には本文の「秘密の供物」の部分に次のような註がついている。

ラテン語では［……］かごに詰めたあなたの秘密によって［となる］。私［訳者］はこの部分について正確には表現できない。というのも、それはすべての人に理解されるものでなかったからである。これらの柳のかごのなかには、ケレス崇拝の聖なるものが隠されており、それは祭式において［……］運ばれた。(93)（筆者訳）

アプレイウス『黄金のろば』一七〇七年

つまりブーシェは、プシュケがケレスに会いに行く場面を構想するにあたって、一七〇七年版の註をヒントにして、ケレスと密接に結ぶつくモティーフとして「かご」に注目した可能性が高い。ブーシェの創意はかごをそのまま描き込むのではなく、想像を駆使して、ケレスがかごを編んでいるという物語場面を作り出した点に認められる。

ブーシェのタピスリーの場面描写の特異性は、タピスリーの先行作例と比較することでいっそう明らかとなる。「ケレスのもとに助けを求めに行くプシュケ」という主題を取り上げた、タピスリーの先行作例としては、十七世紀前半にシェーズ通り工房で織られたタピスリーがある。この作品には、サイコロ印の版画家による版画(94)［図81］に基づいて、プシュケが女神ケレスの足もとにひざまずいて助けを請う様子が描かれている。ケレスの周囲には、女神のアトリビュートを示す穀物の束などが描かれている。これらの特徴はブーシェのタピスリーにも認められることから、画家がタピスリーの伝統的な表現パターンによく学んでいたことを示している。しかしながらブーシェの場合、ケレスをかごを編む女性として風俗画的に表現している。さらにプシュケが牧神パンに慰められるエピソードを含めた場面描写を試みている点において、斬新なデザイン構想がなされている。冒頭で述べたように、ブーシェは連作〈プシュケの物語〉を作るにあたって、できるだけ新味のある連作を作らねばならなかった。その解決策として、第一に「牧神に助けられるプシュケ」の場面と、「ケレスに助けをもとめるプシュケ」の場面を組み合わせ、第二に、ケレスを表現するにあたって、ブーシェが身近に参照することのできた一七〇七年版『黄金のろば』の注記に着想を得て「かご」のモティーフを取り入れた、と考えられる。また、この作品には、同じ牧歌的場面を取り上げたナトワールの作品に対する挑戦の意図があったことも指摘しておかねばならない。ブーシェはナトワールと同じ牧歌的主題を取り上げながらも、縦長の画面を生かした豊かな自然表現と、風俗画的な人物描写によって、ナトワールの作品とは非常に異なる新鮮な装飾性を実現した。そこには、理想的風景、パストラル、風俗画の分野でブーシェが積んできた経験が存分に活かされている。

*

第三章ではブーシェのタピスリー連作〈プシュケの物語〉を取り上げ、先行研究で指摘された着想源について、タピスリーの表現伝統のコンテクストを踏まえた上で再検討することを試みた。一連の考察によって、これまで主にナトワールの装飾画連作の影響やバショーモンの手紙と関係づけられてきたブーシェの連作は、実に幅

図81　ミヒール・コクシー原画(サイコロ印の版画家版刻)《プシュケへの手助けを断るケレス》エングレーヴィング、ロンドン、国立大英博物館版画素描部

広い視覚的、文学的典拠に基づいていることが新たに示された。ブーシェの連作は、ライヴァルであったナトワールの連作を強く意識しながらも、それとは異なる文学上、視覚上の典拠に基づいて構想されていた。ブーシェは先行するプシュケの連作の伝統を踏まえ、細部のモティーフにロココの趣味を取り入れつつ、構図や舞台設定についてはコワペルやルクレールの版画やブリュッセルのタピスリーから着想を得るなど、さまざまな要素を組み合わせていた。さらに、作品の主題選択は、従来のタピスリーの典拠である『黄金のろば』を含めた複数の文学的典拠を参照することによって、文学に対する深い見識を披露したのである。このような作品制作に対する態度は、これまでにない新しい主題からなる連作を希望した国王の要望が反映された結果であると同時に、そこには同時期に絵画連作としてプシュケの物語を手がけたナトワールに対する強いライヴァル意識を読み取ることができる。

註

1 外交上の贈り物としてのタピスリーについては、Thépaut-Cabasset 2007-2008.

2 *Lettre au Manufacture de Beauvais*, daté le 25 novembre, 1737, Archives nationales, O^1 2037.

3 Weigert 1933, p. 232.

4 カルル・ヴァンロー（一七〇五―一七六五年）は一七三五年に美術アカデミーに入会したのち、准教授（一七三六年）、教授（一七三七年）、准主幹（一七五二年）、主幹（一七五四年）、首席画家（一七六二年）、美術アカデミーの教授（一七六三年）に任命される。カルルは歴史画家ルイ＝アブラハム・ヴァンロー（一六四一年頃―一七一二年）の次男である。長男ジャン＝バティスト・ヴァンロー（一六八四―一七四五年）の三人の息子（ルイ・ミシェル・ヴァンロー一七〇七―一七七一年、フランソワ・ヴァンロー一七〇八―一七三二年、シャルル・アメデ・フィリップ・ヴァンロー一七一九―一七九五年）も画家となった。カルル・ヴァンローの息子ジュール＝セザール＝ドゥニ（一七四三―一八二一年）が一族の最後を飾る画家である。ブーシェとイタリアへ旅立ったのは、カルルとその二人の甥ルイ＝ミシェルとフランソワで、後者はイタリア滞在中に死去する。Cat. exp. Nice-Clermont-Ferrand-Nancy 1977を参照。

5　ブーシェは四点の寓意画に対する報酬として千リーヴル（一点に付き二百五十リーヴル）を受け取った。

6　*Mercure de France*, juin 1735, p. 1386.

7　四点の作品の主題はそれぞれ「二人の人物の合唱」、「かごをもった夫人と魚をもった夫人」、「子供をひざに抱え、魚とブドウをもつ麦藁帽子をかぶった夫人、後ろに鳥採集をする男性」、「やぎや羊に囲まれた二人の少女」である。アレクサンドル・アナノフは《田園生活の魅力》（パリ、ルーヴル美術館所蔵）が一七三七年のサロンに出展された作品である可能性を指摘している。

8　たとえば「優美さ」について言及した次の二つの批評を参照されたい。「ブーシェ氏は彼の全作品において優美さや筆づかいにおいて際立っており、それはアモルをからかう三美神にはっきりと認められる。」*Observation sur les écrits modernes, Fond Deloyens*, p. 132を参照。「ブーシェ。二輪馬車から降りるウェヌスは、水浴するためにアモルに寄りかかっている。メルクリウスによるアモルの教育、アモルを縛る三美神は、戸口上部装飾画である。ブーシェ氏の偉大な才能は一般的によく知られている。輝きがあり優雅な構図や筆使いの優美さはだれも見逃さない。」*Mercure de France*, 1738 octobre, p. 2178, 2182を参照。「優美さ」という表現は、その後、ブーシェの作品を評価する際に頻繁に用いられるキーワードとなる。

9　「三美神が描かれた絵を見て思うことは、驚くべき軽快さである。ブーシェ氏は作品に私たちが想像できない以上の魅力を付与している。［……］」*Description raisonné des tableaux du Salon de 1738* ; A&W doc. 107を参照。

10　一七三九年のサロンには、タピスリーの下絵のほかに風景画（一点）とオテル・ド・スービーズの装飾画《アウロラとケファロス》が出展された。

11　*Description raisonnée des tableaux du Salon de 1739.*

12　「ブーシェ氏はつねに優美で快活な画家であり、感じがよくて見事な構図によって際立っている」*Observation sur les ècrits modernes, Fond Deloyens*を参照。

13　Livret de Salon de 1739.

14　*Description raisonné des tableaux du Salon de 1739.*

15　連作〈プシュケの物語〉の基本情報については、Badin 1909, p. 60 ; Forti Grazzini 1994, t. II, p. 492-514 ; Bremer-David 1997, p.

106-119 ; A&W 186-193 を参照。本章は、小林二〇〇八に加筆したものである。

16 五点の完全なセットはマルセイユ市、スペイン大使、スウェーデンの国王フレデリック一世、ナポリ、ルイ十五世、プロイセンの国王フリードリヒ大王と、個人（コタン氏）から発注された。現存する完全なセットは、フィラデルフィア美術館とスウェーデン王立コレクションに所蔵されている。

17 Hiesinger 1967 ; Hussman 1977.

18 十七世紀から十八世紀初頭にパリで刊行されたアプレイウスの版本としては、たとえば、*Les Métamorphoses, ou l'Anse d'or d'Apulée*, Paris : S. Thiboust, 1623 ; *Les Métamorphoses, ou l'Anse d'or d'Apulée*, Paris : S. Thiboust, 1648 ; *Les Métamorphoses, ou l'Ane d'or d'Apulée*, Paris : M. Brunet, 1707 ; La Fontaine, *Les Amours de Psiché et de Cupidon*, Paris : J.-G. Nion, 1708 を参照。アウプレイウス一九六六を参照。

19 Bachaumont, *Lettre de M. Bachaumont au peintre Boucher*, Bibliothèque national de France, Arsenal, M.S. 4041.

20 ブーシェは「プシュケとアモルの結婚」の主題を取り上げた油彩画（パリ、ルーヴル美術館所蔵）を手がけたが、その作品が制作された背景は不明である。同作品については、Pagliano 2003 を参照。

21 Hiesinger 1967.

22 ブーシェとナトワールの人物表現には、大まかな類似が認められるが、構図上の大きな相違がある。ブーシェの連作では人物像が配される舞台設定や建築空間の表現が重要視されるのに対し、ナトワールの作品では舞台背景よりは人物像の描写に重点が置かれている。

23 オテル・ド・スービーズのナトワールの作品については、本書、第二章註94を参照。

24 ソニア・カヴィッチオーリは十七–十八世紀前半に制作されたプシュケの物語をテーマとするタピスリーについて断片な考察を行っている。Cavicchioli 2002, p. 186-197 を参照。

25 プシュケの図像表現については、以下の図像学の基本文献がある。Lacombe de Prezel 1779 ; Daremberg et Saglio 1877-1919 ; Waal et Couprie 1973-1985 ; Pigler 1974 ; Reid 1993 を参照。

26 ラファエッロのロッジャの装飾については、Frommel 2003 ; Varoli-Piazza 2002 ; Gerlini 1949 を参照。ジュリオ・ロマーノの連作については、Signorini 1983 ; Belluzzi 1998を参照。

27 La Fontaine, *Les Amours de Psiché et de Cupidon*, 1669, Parisを参照。パリのフランス国立図書館の調査によれば、ラ・フォンテーヌの『プシュケとアモルの恋』は本連作タピスリーが制作される一七四〇年までに一七〇一年、一七〇八年、一七二八年および、一七二九年（同版は『ラ・フォンテーヌ全集』）にパリで刊行されている。十八世紀のプシュケの挿絵本と十八世紀のラ・フォンテーヌの挿絵本に関連する作品研究としては、安室二〇〇三、二〇〇五を参照。

28 Molière, *Psiché, tragi-comédie et ballet, dansé devant S. M. au mois de janvier*, Paris : R. Ballard, 1761 ; Molière, *Psiché, tragédie ballet*, Paris : P. Le Monnier, 1671を参照。モリエールの『プシュケ』の出版史については、小林二〇一〇cを参照。

29 一六七八年にはコルネイユ、フォントネル、ルリー、キノーによってモリエールの『プシュケ』に基づくオペラが制作された。Corneille, Fontenelle, Quinault, Lully 1678を参照。

30 美術におけるプシュケのテーマを広く取り上げたものとしては、Cavicchioli 2002を参照。十七―十八世紀フランスにおけるプシュケの図像表現については、Petit-Delchet 1911を参照。フランス文学・演劇におけるプシュケの物語については、Le Maître 1940を参照。

31 フランソワ一世が所有していた連作〈プシュケの物語〉は、金銀調達の目的で革命期に破棄された。Guiffrey 1888を参照。

32 版画連作『プシュケの物語』のうち一点はアゴスティーノ・ヴェネツィアーノ（一四九〇―一五四〇年）によって版刻された。Boorsch 1982, n°s 39-71 ; Cat. exp. Stuttgart 2001 n°s 605-621を参照。

33 Cat. exp. Versailles 1967, p. 56-59.

34 Fenaille 1903-1923, t. II, p. 225-228を参照。エマニュエル・コッケリーはラ・プランシュの工房では作者不明の下絵に基づく〈プシュケの物語〉の連作も織られていた可能性を示唆している。Cat. exp. Paris 2002, p. 161, n°91を参照。

35 Cat. exp. Aubusson 2005, p. 246-266.

36 Jestaz 1979, p. 187-207.

37 Reyniès 1995aを参照。コンラード・ブロセンスは近年の研究において、ブリュッセルではオルレイの連作のほかにも、ビクトール・ヤンセン（一六五八―一七三六年）の下絵に基づく連作〈プシュケの物語〉が織られていたことを指摘している。

Brosens 2005bを参照。

38 通称「プシュケの愛のタピスリー」の名で知られるゴブラン製作所の七点連作〈神話主題のタピスリー〉（十七世紀後半）は、ジュリオ・ロマーノによるパラッツォ・デル・テの「プシュケの間」の装飾を源泉としている。この連作の場合、各々の主題のあいだに物語的連続性はない。Standen 1964を参照。

39 《プシュケの化粧》のタピスリーの先行作例については、Cat. exp. Aubusson 2005, p. 255-258 ; Leribault 2002, nº P. 263を参照。《プシュケの富》の主題は十七世紀のオービュッソン製作所の作例がある。その特徴は人物像がフリーズ状に配されることによって作られる安定した構図と、タピスリー固有の二次元的な装飾性にある。これに対して、ブーシェの《化粧》では、中景にプシュケを中心とした人物像が置かれ、後景に視線を奥へと導くように列柱廊が配されること三次元的絵画空間が構築されている。当時ボーヴェ製作所ではウードリーの指導のもとで、タピスリーによって下絵を正確に再現することが重要視されていた。十八世紀の製織技法や染色技術の発展も絵画的再現のために重要な役割を果たした。ブーシェによる下絵に基づくタピスリーは、このような技術的進歩が反映された完成度の高い作品であったと考えられる。オービュッソン製作所の作品については、東京二〇〇三、作品番号三番を参照。

40 Cat. exp. Paris 1964, nºˢ 14-16 ; Hiesinger 1967, p. 11.

41 JR 1441.

42 Cat. exp. New York-Detroit-Paris 1986-1987, nº 36.

43 Hiesinger 1967, p. 11-12.

44 Oberhuber 1978, vol. 26, nº 245-I（197）. Marc Antoine Raimondi, *Le Jugement de Paris*, d'après Raphael ; Boorsch 1982, vol. 29, nº 38（210）-71（224）. Maître de Dé, d'après Raphael.

45 Préaud 1980, p. 123-125, nº 453.

46 版画の銘文には「素晴らしい宮殿へと運び去ったプシュケに、アモルは彼の廷臣たちの敬意を表させる。／ウェヌスはつがいの鳩に引かれた凱旋車で飛び去る」（筆者訳）と記される。

47 Vallemont 1715, p. 50-55, 206を参照。ルクレールはゴブラン製作所のタピスリーの連作を版画におこす仕事も手がけていた。

Weigert 1937を参照。

48　ヒージンガーは《プシュケの食事》の文学上典拠として、モリエールやコルネイユの『プシュケ』を指摘している。Hiesinger 1967, p. 11-13を参照。

49　《プシュケの食事》はファン・デン・ヘッケの工房とギヨーム・ファン・レーフデルの工房で制作された。Piendl, p. 72-79, n° 27 ; Reyniès 1995a, p. 210-211を参照。

50　Reyniès 1995b, p. 173.

51　ブーシェによる一作目の連作〈イタリアの祭り〉と北方のタピスリーとの関係については、本書、第二章第二節を参照。

52　「三番目の絵。プシュケに仕えるニンフたちに囲まれたプシュケの化粧。なんと美しい金や水晶の壺だろう！　なんと美しくくすぶり香る香炉だろう！　美しく豪華なプシュケの寝室。その奥のアルコーヴの下には好奇心をそそる天蓋付きのベッドがある。」［巻末資料2を参照。］

53　Hiesinger 1967, p. 13, 15.

54　A&W191.

55　Cat. exp. Versailles 1967, p. 56, n° 18 ; Machault et Thierry 2000, p. 65-67.

56　Cat. exp. Aubusson 2005, p. 255-258を参照。オービュッソン製作所のタピスリーには、室内で化粧するプシュケのみが描かれており、室内描写よりは人物描写が重視されている。

57　室内における化粧の場面は、同時期にゴブラン製作所で織られたジャン＝フランソワ・ド・トロワに基づく連作〈エステルの物語〉でも取り上げられている。ド・トロワのタピスリー《エステルの化粧》の下絵は、一七三八年のサロンに出展されていた。ブーシェがライヴァルの製作所の連作を参考にした可能性はきわめて高い。Kobayashi 2015を参照。ド・トロワの作品については、Leribault 2002, n° P. 263を参照。

58　Préaud 1980, n° 452.

59　版画の銘文には「プシュケに対抗してウェヌスは魅力を保つために身づくろいをする／悪意ある喜びを浮かべるユノとミネルウァ」（筆者訳）と記される。

60 レイニエスはルクレールの版画がオルレイによる《プシュケの化粧》の着想源になった可能性を示唆している。オルレイのタピスリーにおいては、左右の庭園の描写が省略される点でブーシェの作品と大きく異なっている。Reyniès 1995aを参照。

61 一七三六年には、ブーシェの素描に基づく噴水のデザイン集が二巻（JR 216-222, 1090-1097）刊行された。

62 《ウェヌスの誕生》については、Grate 1994, p. 52-56, cat. nº 81, pl. 13, NM 770を参照。なお本連作に関連づけられる素描としてはニンフの頭部習作がある。Cat. exp. New York-Fort Worth 2003-2004, p. 162-163, nº 59を参照。

63 Michel (C.) 2003.

64 本タピスリーに関係づけられる素描としては、A&W 193 / 1を参照。

65 A&W 193を参照。東京一九八二、作品番号二〇番を参照。

66 Berckenhagen 1970, p. 246 ; Cat. exp. New York-Fort Worth 2003-2004, p. 84-85, nº 23.

67 Wunder 1962, nº 30.

68 Berckenhagen 1970, p. 246, Hdz 2983.

69 素描については、Cat. exp. New York-Fort Worth 2003-2004、版画についてはJR 207を参照。

70 Cat. exp. New York-Fort Worth 2003-2004, nºs 22, 23.

71 一七三四年版『モリエール全集』のために制作されたブーシェの挿絵は、ローラン・カールによって版刻された。挿絵の基本情報については、Michel (A.) 1906, nº 2599 ; JR 402-452（《プシュケ》の挿絵はJR 447）を参照。『モリエール全集』の挿絵のためのブーシェの習作素描についてはBjurström 1959を参照。版画のための習作素描は現在フランス国立図書館に所蔵されている。*Catalogue des livres composant la bibliothèque de feu M. le baron James de Rothschild*, Paris, 1884, nº 220を参照。

モリエールの『プシュケ』は一六七一年に二種類のテクストが刊行された。ル・モニエ版と国王の前で上演された時の台本であるバラード版である。*Psiché, tragédie ballet*, par J.-B. P. Molière, Paris : P. Le Monnier, 1671 ; *Psiché, tragi-comédie et ballet, dansé devant S. M. au mois de janvier*, Paris : R. Ballard, 1761を参照。

モリエールの『プシュケ』は、ブーシェの挿絵入り一七三四年版の『モリエール全集』の『プシュケ』が刊行されるまでのあいだ、単独のテクストとして、あるいは『モリエール全集』の一部として版を重ねていた。それらはル・モニエ版の『プシュケ』のテクストを踏襲している。フランス国立図書館の現地調査によれば、一七三四年版の『モリエール全集』以前にパリで刊行されたモリエールの『プシュケ』の刊行本は以下の通り。*Les Œuvres de Monsieur Molière*, t. VII, Paris : C. Barbin, 1673 ; *Psiché, tragédie-ballet, par J.-B. P. Molière*, Paris, Barbin, 1673 ; *Les Œuvres de Monsieur de Molière*, t. VI, Paris : D. Thierry et C. Barbin 1674 ; *Les Œuvres de Monsieur de Molière*, t. VI, Paris : D. Thierry, 1674 (D. Thierry et C. Barbin の一六七四年版と同一) ; *Les Œuvres de Monsieur de Molière*, t. VI, Paris : D. Thierry et C. Barbin, 1676 (同版はBN紛失図書のため未参照) ; *Les Œuvres de M. de Molière*, t. IV, Paris : D. Thierry, C. Barbin et P. Trabouillet, 1681 ; *Les Œuvres de Monsieur de Molière*, t. VI, Paris : D. Thierry, C. Barbin et P. Trabouillet, 1682 ; *Les Œuvres de Monsieur de Molières*, t. VI, Paris : D. Thierry, C. Barbin et P. Trabouillet, 1697 ; *Les Œuvres de M. de Molière*, t. VI, Paris : F. Delaulne, 1710 ; *Les Œuvres de M. de Molière*, t. VI, Paris : La Compagnie des libraires, 1710 ; *Les Œuvres de Monsieur de Molière*, t. VI, Paris : La Compagnie des libraires, 1730 (同版元は一七一八年にも『モリエール全集』を刊行しているが、プシュケが所収される第六巻のみ一七三〇年に刊行されている) ; *Les Œuvres de Molière*, t. VI, Paris : P. Prault, 1734を参照。

72　Hiesinger 1967, p. 18-19を参照。コワペルの版画については、Lefrançois 1994, n. P.75, D. 29-33を参照。

73　「六番目の絵。煙の中に消えるアモルの宮殿。コワペル氏は実に独創的にこの主題を描いている。それは版画になっている。」
［巻末資料2を参照。］

74　第四幕第三場はアモルの以下に引用するせりふで完結し、第四場——川に身投げしようとするプシュケを河神がとどめるというシナリオ——となる。第三場は宮殿が舞台となり、アモルとプシュケが登場する。

アモル　［……］この宮殿も、この庭も、私と共に消えうせて、芽吹き始めたあなたの栄光は、跡形もなく消え去るでしょう。あなたは私を信じようとしませんでした。この疑いが晴れたことで、神でさえも震えおのき、私の愛よりも強く、神々が力を合わせても勝つことのできない運命、その運命があなたに憎しみの牙をむき、私をここから追い払うのです。（モリエール二〇〇〇—二〇〇三、第八巻に基づく筆者訳）

モリエール『プシュケ』一七三四年　*Les Œuvres de Molière*, 1734, t. VI, p. 202.

75　ブーシェは『プシュケ』の挿絵として、《プシュケのプロローグ》と《プシュケ》の二点の挿絵を提供した。

76　『モリエール全集』はブリサールの挿絵入り一六八二年版からブーシェの挿絵一七三四年版までのあいだに版を重ねていたが、パリで刊行された新編版の『プシュケ』のテクストは一六八二年版に倣っており、それらの挿絵はいずれも明らかにブリサールの挿絵を模したものである。一六九七年版は一六八二年版の版元によって刊行されているため、ブリサールの挿絵がそのまま使用されている。その後、ほかの版元によって出版された全集のプシュケの挿絵では、ブリサールの挿絵のプシュケの衣装や人物の表情、床の描写が少しずつ変化していることがわかる。これらの挿絵では、当然ながらブリサールと版刻者ソーヴェの署名がない。二つの一七一〇年版の挿絵においては、ブリサールの挿絵が反転している。一七三〇年版では、宮殿越しに見える景色が変化し、新たに噴水のある庭が描かれている。

77　《プシュケの前から飛び去るアモル》は、ミヒール・コクシーの原画に基づきサイコロ印の版画家によって版刻された連作版画〈プシュケの物語〉の一点である。この連作のうち一点は、アゴスティーノ・ヴェネツィアーノによって版刻された。版画連作〈プシュケの物語〉については、Boorsch 1982, n°s 39-71 ; Cat. exp. Stuttgart 2001, n°s 605-621を参照。《プシュケの前から飛び去るアモル》はモリエールの『プシュケ』との関係から言及されたことはないが、その示唆に富む物語表現は注目される。前景には飛び去るアモルを見上げるプシュケ、後景には物語の次の展開が右から左に向かって視覚的に具現化されている。アモルに捨てられるプシュケの場面とそれに後続するエピソードに関して、十六世紀に制作されたこの版画の典拠である『黄金のろば』と、モリエールの『プシュケ』では若干の相違が指摘できる。前者の場合、プシュケは飛び去るアモルの足をつかみ天に昇るが力尽きて落下する。プシュケはその後、川に身を投げるが、結局命を落とすことなく牧神に慰められる。ミヒール・コクシーによる挿絵の前景には、力尽き地に落ちたプシュケがそこからアモルを見上げる様子が描写されている。中景には上述の物語の展開が描写されている。このように物語の展開を同一画面に描く手法は、長い絵画伝統に根ざしている。コワペルの物語表現もその上に位置づけることができる。

78　アントワーヌ・コワペルの版画（Paris, Bibliothèque National, Est. NF. Est., Db 8-fol）については、Garnier 1989, cat. n° 79を参照。

79　JR 1593.

80　モリエールのテクストでは、アモルが飛び去った直後の場面の登場人物として、プシュケと共に新たに河神が登場する。

一七三四年版の『モリエール全集』に収録された『プシュケ』の第三幕第四場は次のように記されている。一七三四年版版画『モリエール全集』は一六八二年版のテクストを抜本的に見直した改訂版である河神像を強調した描写には、河神に関する記述の変化が見事に反映されている。

［アモルは飛び立ち、そして庭が消え去る］

第四場

舞台は人気がなく荒々しい川岸。

プシュケ、河神

［河神は］たくさんの葦の上にすわり壷に寄りかかっている。

プシュケ　残酷な運命！　致命的な不安！　取り返しのつかない好奇心！［……］（筆者訳）

モリエール『プシュケ』一七三四年　*Les œuvres de Molière*, 1734, t. VI, p. 202.

81 « Cupidon outré de colere, ... Il jetta quelques regards foudroyants sur la malheureuse Psyché », dans *Les Amours de Psiché et de Cupidon*, par M. de La Fontaine, Paris : Pierre-Michel Huart, 1728, p. 107.

82 Ananoff 1996, nº 305.

83 A&W 640 / 3.

84 Cat. exp. Versailles 2004-2005 nº 31

85 たとえばブーシェに基づくアモルを取り上げた一連の版画集（JR 235-240, 241-246, 1171-1176, 1285-1293）を参照。

86 Hussman 1977, p. 45-50.

87 « by the secret contests of the wicker baskets carried in your procession », dans Robert Graves, *The Golden Ass by Apuleius*, New York, 1951, p. 127, cité par Hussman 1977, p. 47.

88 フランス国立図書館における調査によれば、アプレイウスの『変身物語』は十六世紀の半ばからフランス語訳版が出版されている。たとえば最も早い時期の訳本としては、*Apulée, Métamorphose, autrement l'Asne d'or de L. Apulée, traduite de latin en*

nostre vulgaire par George de La Bouthiere, Lyon : J. de Tournes et G. Gazeau, 1553を参照。

89 *Les Métamorphoses, ou l'Ane d'or d'Apulée*, t. I, Paris 1707 : M. Brunet, t. II, Paris, 1736（プシュケの挿話は第一巻所収）; *Les Amours de Psyché et de Cupidon, tiréz de la Metamophose ou de l'Anse d'or de L. Apulée de Madaure*, Paris, chez Robert Mackuel le jeune, 1719.

90 « by the secret contests of the wicker baskets carried in your procession », dans Robert Graves, *The Golden Ass by Apuleius*, New York, 1951, p. 127, cité par Hussman 1977, p. 47.

91 « par les sacrifices mystérieux qu'on célèbre pour vous », dans *Les Métamorphoses* ..., 1707, p. 346.

92 « par ces Coffres Sacrez qui renferment les secrets de vos Mystères », dans *Les Métamorphoses* ..., 1719, p. 73.

93 *Les Métamorphoses* ..., 1707, p. 398.

94 Boosch 1982, nº 57-II（219）.

第四章　連作〈中国主題のタピスリー〉（一七四二年）

序

連作〈中国主題のタピスリー〉は、ブーシェがボーヴェ製作所のために制作した三作目のタピスリーである。この連作は六つの主題から構成されている。主題のジャンルはシノワズリー（中国趣味）の風俗画であり、中国人たちが娯楽を楽しむ様子が異国情緒豊かに描かれている。この企画が決定された経緯についての記録は残されていないが、当時一世を風靡していた中国趣味を取り入れつつ、成功を収めた一作目の〈イタリアの祭り〉に続く連作として構想されたのだろう。〈中国主題のタピスリー〉のためのブーシェによるエスキスは一七四二年のサロンに出展された。これらのエスキスに基づいて、ジャン＝ジョセフ・デュモンによって原寸大のカルトンが作られ、三点の主題からなる第一エディションが一七四三年に織り出された。つまりこの連作は、ブーシェが〈プシュケの物語〉の下絵を完成させて間もない一七四〇年代初頭に制作されたわけである。以下では、まずブーシェの一七四〇年代頃の美術アカデミーにおけるキャリアについてみることにしよう。

一七四〇年代初頭のブーシェの制作活動

前述のように〈中国主題のタピスリー〉の小型エスキスは一七四二年に完成した。この時期ブーシェは美術アカデミーの教授を務める傍ら、さまざまな制作活動に取り組んでいた。王室からの注文は一七三五年以来、ほとんど途切れることがなかった。国王は一七四〇年代初頭にいくつかの城の室内の改装を企画する。その一環としてブーシェも王のために作品を描くことになった。まず一七三九年、国王はコンティ妃からショワジー城を購入したことをきっかけに、ブーシェをはじめフランシスク・ミレ、ジャック・デュモンに装飾画の制作を依頼した。支払記録によれば、ブーシェは十二点近くの油彩画を提供しており、一七四〇年代初頭には九点の作品が完成していた。[1] 次いで一七四一年に国王は、ヴェルサイユ宮殿にあったメダルのキャビネをパリの図書館に移設することを計画し、建築家ロベール・ド・コットによって「ムーサとその守護神」をテーマとする図像プログラムが考案された。[2] ブーシェはオテル・ド・スービーズの室内装飾計画にたずさわって以来の競争相手であるナトワールとカルル・ヴァンローと共に、この名誉ある装飾計画に参加する画家として選ばれた。ナトワールとヴァンローはそれぞれ三点のムーサを主題とした作品を手がけたのに対して、ブーシェは四人のムーサたち《悲劇（メルポネメ）》、《歴史（クレイオ）》、《雄弁術（ポリュムニア）》、《天文学（ウラニア）》を提供した。最初の二点は一七四三年に、後者二点は一七四五年に完成し、四点の作品はいずれもサロンに展示された。一七四六年には四点の作品に対して四千リーヴルの報酬が支払われた。

ブーシェが王室からの依頼を受けて、重要な場所を飾るために高貴なジャンルの絵画の制作に取り組んだのは、一七三五年にヴェルサイユ宮殿の王妃の間の寓意画を描いて以来のことであった。このことは、一七三五年からの六年のあいだに、ブーシェの作品に対する王室の評価が急速に上昇したことを示している。ブーシェが一七三〇年代に王室のために手がけた作品の主題は主に風俗画が中心であったことはすでに述べた。この評価には、国王の依頼を受けて織られた神話画を主題とするタピスリー連作〈プシュケの物語〉の成功も貢献していたに違いない。ブーシェの作品に対する評価の変化に連動するかのように、ブーシェは四百リーヴルの恩賜助成金を支給されることになった。

このようにブーシェは王室から継続的に作品の注文を受けるようになり、一定の評価を獲得するに至った。しかしながら、王室からの依頼はつねにブーシェを含む数人の画家に向けられたものであった。一七四〇年代初頭にもなお、ナトワールやヴァンローをはじめとする一七〇〇年世代の画家たちの競作の時代は続いていたのである。

一七四〇年代初頭のサロンにみられるブーシェの戦略とサロン批評

ブーシェは一七三八年より神話画をサロンに出展しはじめ、その作品は早くも高い評価を受けていた。一七三九年、一七四〇年のサロンにも引き続き神話画が出展された。さらに一七三九年からは新たに風景画もサロンに出品されるようになる。一七四二年のサロンに展示された風景画《水車小屋の見える風景》（アミアン、ピカルディー美術館所蔵）は、サロンの小冊子に記されるように、オペラの書割として制作された作品であり、単なる風景画ではない(3)。ブーシェは、一七三七年から一七四八年のあいだ、オペラのための書割やコスチュームのデザイン制作にもたずさわっていた。一七四二年のサロンに出展された作品は、オペラの書割と〈中国主題のタピスリー〉のための八点のエスキスである。これらのエスキスが、ボーヴェ製作所のタピスリー下絵であることは、サロンの小冊子にも明記されていた(4)。つまり、ブーシェはこのサロンにおいて、タピスリーのみならずオペラの舞台デザイナーとしての豊かな才を公に披露したである。

すでに述べたように、ブーシェのサロン出展作品の選択は、ナトワールとは大きく異なっていた。ナトワールは歴史画家ならではの力量を示すべく、神話画を中心とした主題の絵画のみを展示した。一方ブーシェは、画家としての万能さをアピールするという方向を選んだ。高貴なジャンルを手がける歴史画家は、静物画や肖像画家などの特定のジャンルのみに特化した専門画家とは異なり、幅広い才能を有していると評価された。第二章で論じたように、タブロー・ド・モードを制作したド・トロワのアプローチは、さまざまな主題を手がけたブーシェのアプローチと共通している。一七三〇年代初頭より、歴史画よりは風俗画で評価されていたブーシェは、年々サロンに出展する作品のジャンルを広げることによって、多才な歴史画家としての才能を強く印象づけようとしていたに違いない。一七四〇年や一七四二年のサロン評を読めば、実際にブーシェの目論見通りの評価がくだされていたことがわかる。

『一七四〇年のサロンについて』

ブーシェ氏。この画家の見事な筆使いとほとばしる才能は我々が賞賛するまでもなく素晴らしい。[5]（筆者訳）

『一七四二年のサロンの観察』

ブーシェ氏の作品において賞賛すべきは、その評価を次第に増していく豊かな才能である。すなわち、風景画、歴史画等々。彼はすべてにおいて成功している。[6]（筆者訳）

このようにブーシェは一七三〇年代後半より、歴史画家としてのキャリアと並行しながら、タピスリーやオペラの舞台デザイナーとして積極的な制作活動を展開する。その成果は一七四〇年代初頭には次第に実を結び、ブーシェは王室より一七三〇年代頃のように風俗画の注文だけではなく、高貴な主題を取り上げた作品の制作も依頼されるようになる。とはいえ王室のための作品をブーシェが一手に手がけていたわけではない。ブーシェは一七〇〇年世代の画家たちとの競合関係のなかで、いまだ抜きん出た地位を獲得しているわけではなかった。ブーシェがサロンにさまざまなジャンルの作品を出展することの意義は、幅広い制作活動と豊かな才能を示し、競争者たちとは異なる個性を明瞭に際立たせることにあった。

肖像画にみる一七四〇年代初頭のブーシェのイメージ

多岐にわたる制作活動は、ブーシェに経済上のゆとりをもたらすことになった。スウェーデン出身の画家グスタフ・ルンドベリ（一六九五－一七八六年）が描いた《ブーシェの肖像》［図82］は、一七四一年、当時三十八歳のこの画家の社会的イメージをよくとらえている。(7) ブーシェは生涯一度も自画像を描かなかったことからも、この肖像はブーシェの容貌を知るための貴重な視覚的史料でもある。

ブーシェはビロード地の上着を身につけ、スタイリッシュな巻き毛のウィッグ（かつら）で頭部を整えている。品よくカールした髪はサテンの黒いリボンで結ばれ、背中の部分で優雅に波打っている。胸もとに手をあてるポーズは、大きな金のカフスボタンや繊細な袖口の刺繍とジャボ（シャツの胸飾り）を目立たせる。首もとに無造作に結ばれたスカーフは、着飾った印象をやわらげている。ブーシェは鑑賞者のほうに自然な眼差しを投げかけている。

ルンドベリによるこの肖像画は、一七四三年に彼が美術アカデミーに入会するために提出した作品である。ルンドベリはこのブーシェの肖像とともに、ブーシェより三歳年長の《ナトワールの肖像》［図83］を美術アカデミーに提出している。ブーシェとナトワールの肖像を比べると、ブーシェが実にファッショナブルな紳士として描かれていることがわかる。ナトワールは画家のアトリビュートとして数枚の素描がはさまった紙ばさみを手にしている。黒味がかった上着を身につけ、その下には袖口とジャボの部分にひかえめなレースがついたシャツがみえる。ナトワールはブーシェとは異なり、全体的に波打つカールをそのままたらしたウィッグをかぶっている。このウィッグは、たとえば、ナトワールより九歳年上のジャン・レストゥや、三十六歳年長のセバスティアン・ルクレールらの肖像画のなかで身に着けているウィッグと同じタイプのものであり、それらは年配者向けの旧型のウィッグである。(8) ナトワールの肖像において重要なことは、画家というアイデンティティを示すことであり、装いは二義的なものにすぎない。一方、ブーシェはナトワールのイメージとは対照的に、華やかな身な

図82　カール・グスタフ・ルンドベリ《フランソワ・ブーシェの肖像》1741年、パステル、67.2 × 51.0 cm、パリ、ルーヴル美術館

図83　カール・グスタフ・ルンドベリ《シャルル＝ジョセフ・ナトワールの肖像》1741年、パステル、65 × 50 cm、パリ、ルーヴル美術館

りで上流階級の紳士として描かれており、絵筆やパレットなど職業を明示するモティーフをなに一つもっていない。優雅に胸もとに添えた手と、こちらを見つめる目が、画家として資質のすべてを暗示している。

　ブーシェの肖像はまた、衣装の細部描写にモデルの社会的地位の高さがはっきりとわかるように描かれている。上着の金ボタンや細やかな刺繍は当時非常に高価なものであった。ブーシェはこれらの高価な身づくろいを強調するポーズをとっている。肖像画において衣装の描写はステイタスを示す重要な指標であり[9]、ここでは装いがブーシェの地位を象徴しているのである。一七四〇年初頭のブーシェの生活状況は、画業初期の頃から大きく変化していた。ブーシェは王室から定期的に注文を受けるようになり、個人からの注文も増え、版画制作、デザイナーとしての活動を精力的にこなしながら、確実に収入を増やしていた。一七四二年からは四百リーヴルの年金も支給されるようになる。名声が高まるにつれて、おそらくブーシェの工房も次第に大きくなっていったことが予想される。それに応じて大きなアトリエを確保する必要がでてきたに違いない。

一七四三年にブーシェがサントノーレのグレネル通りに引っ越すのも、[10]そのような制作環境の変化に順応するためであったと思われる。新しい転居先は前回と同じく美術アカデミーから近距離のところに位置していた。

ブーシェはこの頃から、美術愛好家や上流階級の人々のように、いろいろなジャンルの美術品収集に手を染めるようになった。死後の財産目録が示すように、ブーシェは絵画、素描、版画のコレクターであるのみならず、十八世紀にとりわけ収集対象として人気を博したシノワズリーの一大コレクターとしても広く知られるようになる。十八世紀のパリでは中国趣味が一世を風靡していた。ブーシェがシノワズリーのコレクションを開始したのも一七四〇年代初頭になってからのことであろう。ブーシェは知り合いの名高いパリの画商ジェルサンを通じて、中国趣味のさまざまな品を収集したと思われる。ジェルサンは一七四一年にシノワズリーの流行の兆しをいち早く察知し、これまでの屋号「偉大なる君主」を新しく「パゴダ」[11]に変えた。

このように一七四〇年代初頭のブーシェの生活状況は、画業初期の頃とは明らかに大きな変化を遂げていた。こうした制作環境の変化にもかかわらず、ブーシェは必ずしも高収入に結び付くわけではないボーヴェ製作所のための下絵制作を続けた。この事実は注目に値する。ブーシェが下絵を制作したのは、デザイナーとして得る報酬のためだけではなく、競争の時代を勝ち抜くための重要な手段となりえたからにほかならない。

一　〈中国主題のタピスリー〉の概要

主題と構成

〈中国主題のタピスリー〉はブーシェの下絵に基づいて制作された三作目のタピスリー連作である。[12] この連作は六点の主題から構成される。《中国の食事》、《中国の市場》[13]［口絵3］、《中国のダンス》、《中国の魚釣り》、《中国の狩り》[14]、《中国の化粧》[15]である［巻末資料1―3を参照］。

ブーシェはこの連作の下絵として、中国の宮廷生活を主題とする十点の小型のエスキスを提供した。[16] 十点の下絵のうち、ほかの下絵に比べて縦長の二点《中国の珍奇な品》と《幸福の鳥》は、タピスリーの下絵として採用されなかった。残る八点の作品――《中国の食事》、《中国皇帝の謁見》、《中国の市場》、《中国のダンス》、《中国の魚釣り》、《中国の狩り》、《中国の化粧》、《中国の結婚式》――は一七四二年のサロンに展示された。[17] このうち《中国皇帝の謁見》と《中国の結婚式》をのぞく六点の下絵が、最終的にタピスリーに翻案された。これらのブーシェのエスキスに基づいて、原寸大のカルトンを制作したのはジャン＝ジョセフ・デュモンである。デュモンのカルトンは、一八二九年にボーヴェ製作所で売却されたのち所在不明である。

〈中国主題のタピスリー〉は後述の通り複数回織られたが、そのなかには、中国の皇帝が所有することになったタピスリーがある。[18] それはもともと、一七五九年に国王ルイ十五世のために織られたセットで、一七六三年に国王はそのセットを外務大臣ベルタンに贈り、ベルタンはさらにそのタピスリーを二人の中国人のイエズス会宣教師アロイス・カオとトマ・ヤングに与えた。彼らを介してこのタピスリーは一七六七年に清朝の乾隆帝に献上されることになった。皇帝はブーシェのタピスリーを嘆賞し、それを飾るために「夏の離宮」を建築したという[19]。その離宮はイエズス会神父たちによって設計されたヨーロッパ風の宮殿であった。一八六〇年に仏英軍によって宮殿が略奪されたため多くの美術品が消失した。ブーシェの連作も例外ではなかった。《中国の市場》はフランスの官吏によってもち去られたのち、パリで競売にかけられた。その後このタピスリーは、一八七一年にモントルトゥのポッツォ・ディ・ボルゴ伯爵が所有していた城に所蔵されていたが、城の火災によって焼失してしまった。

十点のエスキスについていえば、第一章で言及したように、それらはピエール＝ジャック＝オネジム・ベルジェレ・ド・グランクールが所有していた。その後、エスキスは建築家ピエール＝アドリアン・パリスの手にわたり、一八一九年に《中国の化粧》をのぞく九点がブザンソン市立図書館に寄贈され、現在はブザンソン美術考古学博物館に所蔵されている。

〈中国主題のタピスリー〉は、一七四三年から一七七五年まで繰り返し織られ[20]、そのあいだに少なくとも十回、合計五十点近くのタピスリーが織り出された。この連作の人気を受けて、一七五四年からはオービュッソン製作所でもブーシェの連作を手本にしたシノワズリーの連作が織られることになった。オービュッソン製作所はボーヴェ製作所に比べてより廉価なタピスリーを制作していた。ブーシェの下絵がオービュッソン製作所のタピスリーに翻案されるプロセスについては、のちに詳しく取り上げる。

ブーシェは、中国人を主人公とする六つの場面をデザインした。一作目の《中国の食事》には、中国の皇帝と皇妃がお茶を飲む様子が描かれている。二作目《中国の市場》［口絵3］には、さまざまな商人や屋台と、そこに集まる人々からなる賑やかな市場の情景が表現されている。三作目《中国のダンス》には、皇帝の前で手をつないで輪をなして踊る中国人たちの姿が見える。四作目《中国の魚釣り》には、のどかな川面で老人や若者が大魚を釣り上げている様子が描写されている。五作目《中国の狩り》には、鳥の捕獲に用いる網の前で、獲物がかかるのを待つ人々の姿がみられる。最後の《中国の化粧》

図84　フランソワ・ブーシェの下絵に基づく《中国の化粧》（タピスリー連作〈中国主題のタピスリー〉より）ボーヴェ製作所、1748-1750年、379 × 316 cm、トリノ王宮

〔図84〕には、中国の庭園を舞台に女主人の身づくろいを手伝う付き人や若者の様子が取り上げられている。六つの主題はすべて戸外を舞台としており、牧歌的雰囲気が感じられる。人々は狩りや釣り、食事やダンスなどの娯楽を楽しんでいる。

先行研究と問題提起

〈中国主題のタピスリー〉については、その着想源について詳しく論じられている。ルートヴィッヒ・ドーリーやペラン・ステインは、ブーシェがイエズス会の神父や旅行者の著書に添えられた版画に着想を得たという指摘をしている。(21)《中国の結婚式》を構想するにあたって、ブーシェは一六八〇年にアムステルダムで刊行されたアルノルドゥス・モンタヌスの著作『日本の皇帝への記念すべき使節団』に添えられた挿絵をを自在に転用した。(22)ブザンソン美術考古学博物館に所蔵されるエスキス《中国の魚釣り》に描かれた中国人と、モンタヌスの書の挿絵にみられる中国人のとのあいだには、ポーズや着衣の点で際立った類似が認められる。また《中国の食事》は、ピーター・ファン・デル・アーの『楽しい世界のギャラリー』(一七二九年)から取材したものと考えられる。(23)モンタヌスの著書のような東方の文明を紹介する挿絵付きの書物は中国に関する図像の宝庫であり、ヨーロッパの芸術家たちのあいだで大いに活用された。それらの書物がブーシェにとっても重要な着想源となったことはすでに指摘されている。

本章では、〈中国主題のタピスリー〉の着想源を解明することに関心が注がれてきた先行研究に対して、これまでほとんど考慮されていない視点、すなわち、ブーシェのタピスリーがいかなる点で独自の表現を達成したのかをめぐって、以下の三つの視点から検討したい。第一に、タピスリーを考察するにあたって、まずはブーシェのシノワズリーの制作活動の中核が版画であることに注目する。そして、これまで断片的な言及が散見されるにすぎないシノワズリーに取材した版画の全体像を明確にする。第二に、ブーシェの連作をタピスリーの表現伝統の変遷の上に位置づける。第三に、ブーシェのタピスリーの特質を明らかにするために次の三タイプの作品との比較考察を行う。すなわち、シノワズリー版画、ボーヴェ製作所でブーシェの連作以前に織られたタピスリー、そしてオービュッソン製作所で織られたタピスリーである。オービュッソン製作所はボーヴェ製作所より格下のタピスリー製作所であり、そこでは廉価なタピスリーが販売されていた。オービュッソン製作所とボーヴェ製作所のタピスリーを比べてみることは、ゴブラン製作所とオービュッソン製作所の中間に位置づけられるボーヴェ製作所の作品の特質を把握するための一助になるであろう。最後に本連作の制作意図についても検討したい。

二　ブーシェによるシノワズリー版画

〈中国主題のタピスリー〉の下絵がすべて完成した一七四二年以前より、ブーシェは絵画や版画制作活動を通じてシノワズリーのレパートリーに精通していた。ブーシェのシノワズリーに関する制作活動についての正確なクロノロジーを確立するのは難しい。しかし、おおよその制作経験を把握しておくことは、タピスリーについて考察する上でも有益であろう。シノワズリーの趣味はすでに十七世紀よりフランスに広く浸透していた。ロココの時代には、ブーシェに先駆けてアントワーヌ・ヴァトーがミュエット城のためにシノワズリー趣味の室内装飾（現存せず）を手がけていた。ブーシェが最初に制作したシノワズリーは、このヴァトーの室内装飾に基づいた一連の版画であった。それらは『画家ヴァトーによる国王のミュエット城のキャビネのさまざまな中国人集』と題してジャン・ド・ジュリエンヌによって刊行された。(24) この版画集は一七三一年の『メルキュール・ド・フランス』誌上で宣伝されていることから判断して、おそらく一七三〇年から一七三一年頃に制作されたと考えられる。そこには、ヴァトーのシノワズリー装飾に基づく三十点の版画が収められており、ブーシェはそのうち十二点の作品を版刻している。(25) 版画には、中国の若い娘や老人をはじめとして、医者［図85］や庭師などのさまざまな職業人が、書割的に表現された自然を舞台に一人ずつ描かれている。ブーシェが一七三〇年初頭に本作を手がけたのち再びシノワズリーの制作に取り組むのは、一七三〇年代後半になってからのことである。ブーシェはその後、一七四〇年代を中心にシノワズリーの版画作品を次々と世に出していくが、これらの版画制作において、常にブーシェの参照点となったのはヴァトーのシノワズリーであった。

一七三八年から一七四五年のあいだに刊行された『国王の画家、フランソワ・ブーシェのキャビネのさまざまな中国人物集』[26]（以下、『ブーシェの中国人集』と略記）［図86］は、ブーシェがヴァトーのシノワズリーを強く意識しながら作品の構想を練ったであろうことをよく示している。この版画集の制作年は、そこに記された版画の刊行者ガブリエル・ユキエの住所から判断して、一七三八年から一七四五年のあいだと考えられる。十二点の版画からなるこの版画集は、ブーシェが原画も版刻もすべて手がけた数少ない作品であり、そこにはブーシェ自身のコレクションに由来するシノワズリーの人形が描かれている[27]。ブーシェ自らの収集品が描かれたこの版画集の制作に、画家が強い思い入れをもって取り組んだことがうかがえる。

図85　アントワーヌ・ヴァトー原画（ブーシェ版刻）《中国の医者》（『ヴァトーによるミュエット城の中国人集』より）パリ、フランス国立図書館

図86　フランソワ・ブーシェ原画・版刻《中国の医者》（『ブーシェの中国人物集』より）パリ、ルーヴル美術館版画素描部

図87　フランソワ・ブーシェ《昼食》1739年、油彩、カンヴァス、81 × 65 cm、パリ、ルーヴル美術館

陶器製の中国人形は当時、小型のエキゾチックな室内装飾品としてフランスで人気を集めていた。たとえば、一七三九年にブーシェが制作した《昼食》［図87］には、家族がコーヒーを飲みながら団欒する場面が描かれている。画面奥の棚の上には、小さな布袋風の人形［図88］が置かれている。この作品はロココ時代のシノワズリーの趣味を取り入れた室内装飾の一例であると同時に、ブーシェ自身の中国人形に対する嗜好が看取される。

『ブーシェの中国人物集』に描かれているのは、ヴァトーと同じく中国の医者［図86］や音楽家をはじめとするさまざまな職業人や若い女性である。人物像の多様性はヴァトーの版画集に倣っている。一方、構図や描写については、両者のあいだに大きな違いが認められる。この版画集の刊行にブーシェ自身のコレクションを紹介するという意図があったことを考慮するならば、対象を近くからよく観察して細部も含めて描こうとした、というブーシェの制作態度が推察できる。また顔貌表現の点でも、ヴァトーの中国人は平穏で均一な面持ちである［図85］のに比べて、ブーシェの作品では、たとえば医者［図86］の風変りで陽気な表情にみられるように、人物像の表情や身振りが豊かである。ブーシェは人物像をクローズアップして描くことによって、エキゾチックな表現を強調している。さらに、異国趣味をよりいっそう効果的に演出するために、ヴァトーの作品にはない奇異でピクチャレスクな小道具も描かれている。このようにブーシェはヴァトーが先鞭をつけたシノワズリーのレパートリーを、ヴァトーとは異なる手法で刷新したのである。

ブーシェは主に一七四〇年代に、中国趣味の流行を背景にシノワズリー制作に精力的に取り組んでいく。すでに述べたように、一七四〇年にパリの名高い美術商エドム＝フランソワ・ジェルサンは、店の屋号「偉大なる君主」を、新しい屋号「パゴダ」にかえた。ジェルサンは流行を敏感に察知し、ルイ十四世の治世を暗示する時代遅れな屋号を、顧客の目を引くエキゾチックな名称に改名したのである。興味深いことにジェルサンは、屋号を変更するに際して、新しい店のカードのデザインをブーシェに依頼した(28)［図89］。カードのなかでひときわ目を引くモティーフは、漆のキャビネットの上にどっしりと座っている中国人形であり、その風変りな佇まいはすでにみた『ブーシェの中国人物集』の医者［図86］と共通している。ジェルサンのカードに描かれた個性的な中国人のイメージは、店に通う富裕層のあいだで評判になっていたと考えられる。そのことは、フランス駐在のスウェーデン大使であるテッシン伯爵の妻が所有していた箪笥の表面に、ジェルサンの店のカード

図88　フランソワ・ブーシェ《昼食》図87の部分図

図89　フランソワ・ブーシェ原画（ケイリュス伯版刻）《パゴダにて》1740年、パリ、フランス国立図書館

図91　フランソワ・ブーシェ原画（ユキエ版刻）《お茶》（『中国の日常風景』より）パリ、ルーヴル美術館版画素描部

図90　《燭台付ポプリ壺》セーヴル王立磁器製作所、パリ、ルーヴル美術館

のイメージがそのまま、だまし絵のように描かれていることからもわかる[29]。このようにブーシェがシノワズリーの画家としての名声を着実に獲得していくなかで、版画は評判を高める上でのきわめて重要な視覚媒体となった。

版画商で版画家のガブリエル・ユキエは、一七四〇年にブーシェがジェルサンの店のカードを制作する以前から、ブーシェの下絵からなるシノワズリー版画を手がけており、ブーシェのシノワズリーのイメージを広く流通させる上で、重要な役割を担った。『ブーシェの中国人物集』の版元も前述の通りユキエである。ユキエはとくに装飾版画を専門に取り扱う版画商であり、ロカイユをはじめとする装飾オーナメントの版画を積極的に売り出していた。ブーシェの版画もまた、シノワズリーや装飾デザインが中心であった。それらはセーヴル王立磁器製作所にも供給され、絵つけのモデルとして広く利用された[30]［図90・91］。ユキエはヴァトーに基づくシノワズリーをブーシェが版刻した一七三〇年代初め頃より、ブーシェのなかに装飾デザイナーとしての才能を見出していたのであろう。一七三四年にアカデミーに入会する以前より、版画家として幅広く活躍していたブーシェにユキエは注目していたに違いない。

ブーシェ原画のシノワズリーの版画連作は少なくとも九つ残されているが、そのうち五つの連作はユキエによって出版されている。(31) ユキエはブーシェと協力関係を結ぶことによって、シノワズリー版画を積極的に売り出していった。これらの版画集では、ブーシェは長い図像伝統のある寓意的主題を中国人を登場人物として表現することで――たとえば四大元素の「火」はお茶を飲む二人の中国男性によって表現される――新味を加えている。そのほか、ユキエ自身が版刻したブーシェに基づく連作『中国の日常風景』(32)［図91］も出版されている。一連の版画の共通した特徴は、人物像一人だけで構成されたヴァトーに原画の版画とは異なり、お茶を飲む人物が描かれた版画作品［図91］にみられるように、通常二、三人程度の人物像が戸外を舞台にやりとりする様子が描かれている点にある。自然景のなかに数名の人物が描かれるという画面構想は、北方の風俗画やブーシェが得意としたパストラルに共通する特徴でもある。ブーシェはこうした表現パターンをシノワズリーの版画にも適用することで、次々にシノワズリー版画のヴァリエーションを生み出していった。(33)

このようにブーシェは、〈中国主題のタピスリー〉に取り組む以前の一七三〇年代後期から一七四〇年代前半にかけて、ヴァトー風のシノワズリーを出発点としながら、制作意図に応じて、中国人のエキゾチックな側面を強調した単独人物像から構成される作品や、中国人を主人公としつつ北方的な風俗画表現にパストラルのイメージを重ね合わせた作品［図91］を制作し、シノワズリーの表現を発展させていった。シノワズリーの定型表現を確立したブーシェが、新しい表現の可能性を大規模に試みるきっかけは、ボーヴェ製作所を通じて訪れることになった。ブーシェは下絵画家という立場を利用して、すでに版画で手がけていた中国の人物像を主人公とするシノワズリーの世界を、小型の版画媒体とは異なるモニュメンタルなタピスリーに描き出すことに挑むのである。

三　シノワズリーのタピスリーと〈中国主題のタピスリー〉

連作〈中国主題のタピスリー〉の企画がどのように決定されたのかを示す記録は残されていない。ブーシェがタピスリーの下絵を提供する上での第一の課題は、タピスリー芸術におけるシノワズリーのレパートリーを熟知し、それを刷新することにあった。ボーヴェ製作所では、ブーシェの連作以前にすでにシノワズリーのタピスリーを制作していた。以下では、まずタピスリーにおけるシノワズリーの表現伝統を見直すことからはじめたい。

シノワズリーのタピスリーの先行作例

十七世紀にフランスのシノワズリーのタピスリーとして、ボーヴェ製作所で織られた二つの連作を考察しよう。一つ目は、一六八八年から織られた連作〈グロテスク〉である。[34] この連作は正確にはシノワズリーのタピスリーではないが、中国人が装飾モティーフとして表現されているところに注目したい。グロテスク装飾の起源は、ルネサンス期に再発見されたローマ皇帝ネロの黄金宮の壁面装飾に遡る。動植物からなる奇矯な装飾表現に、ラファエッロやジョヴァンニ・ダ・ウーディネがヴァティカン宮殿のロッジャ装飾の着想を得たことはよく知られている。[35] この連作は、後世にさまざまなかたちで継承されたグロテスク装飾の一例である。

〈グロテスク〉の下絵を手がけたのはジャン＝バティスト・モノワイエ（一六三六―一六九九年）とギー＝ルイ・ヴェルナ

ンサル（一六四八―一七二九年）である。連作は六つの主題――《音楽家と踊り子》、《らくだ》［図92］、《象》、《バッコスへの貢物》、《パンへの貢物》、《音楽家》――から構成されており、作品間に物語的関連性は認められない。タピスリーにはイタリアを起源とする即興演劇、コメディア・デッラルテの登場人物や動物、神々の彫像などが優美な天蓋モティーフと共に描かれている。シノワズリーとの関連で注目すべきは、縁飾りに登場するワイングラスをもった陽気な中国人である［図93］。この人物像は、タピスリーの主要場面のなかで戯れる演奏者や曲芸師たちの賑やかな雰囲気に調和している。このように具体的な関連性のない表象を気まぐれに並置する手法は、伝統的なグロテスクの装飾体系――人や動植物の奇抜な組み合わせからなる構成原理――を踏襲している。シノワズリーの表現という文脈において重要なことは、十七世紀ボーヴェ製作所のタピスリーにおいて、中国人はタピスリーの縁飾り装飾のモティーフとして表現されていたという点である。

ボーヴェ製作所はその後、本格的なシノワズリーのタピスリーを世に出した。連作〈中国皇帝の物語〉はジャン＝バティスト・ブラン・ド・フォントネイ（一六五三―一七一五年）と、上述のモノワイエとヴェルナンサルの下絵に基づき、一六九七年から一七〇五年頃にかけて織り出された。連作は九つの主題――《皇帝の謁見》、《食事》、《パイナップルの収穫》、《天文学者たち》、《皇帝の旅》、《狩りからの帰還》、《皇妃のお茶》、《皇帝の船出》、《皇妃の到着》――から構成されている。本連作には、ルイ十四世統治下における中国との交流の歴史が反映されており、中国人がタピスリーの主役として描出されている。そこには十七世紀に中国を訪問したフランス人イエズス会士の姿も認められる。[36]

〈中国皇帝の物語〉の特徴を明らかにするために、《皇帝の船出》[37]［図94］を観察したい。画面には、大海原に乗り出す皇帝の姿が船上に雄大に描かれている一方で、グロテスク装飾に由来する非現実的で滑稽な中国人のモティーフが入り混じっている。装飾モティーフとして表された中国人は、物語世界の現実的空間と奇妙に結び付き、天蓋装飾の一部として宙に腰かけている。つまり、中国人はタピスリーの主役であると同時に、装飾モティーフとしての役割も担っているのである。さらに縁飾りの上部中央には、グロテスクな装飾モティーフとして中国人の姿が――〈中国皇帝の物語〉には〈グロテスク〉と同じ縁飾りが使用されている――認められる。

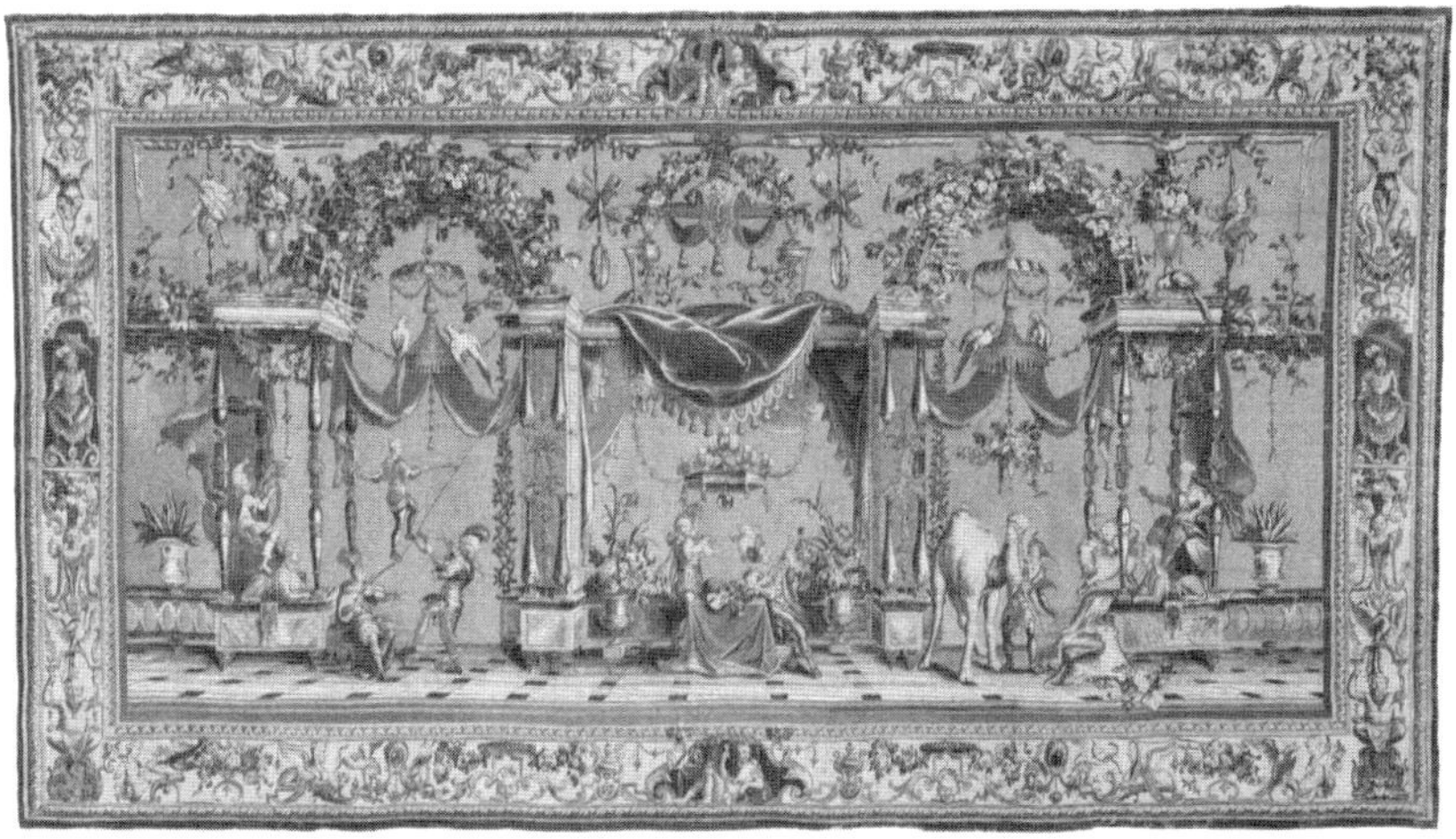

図92　ジャン＝バティスト・モノワイエとギー＝ルイ・ヴェルナンサルに基づく《らくだ》（タピスリー連作〈グロテスク〉より）ボーヴェ製作所、293.3 × 204.5 cm、ニューヨーク、メトロポリタン美術館

図93　ジャン＝バティスト・モノワイエとギー＝ルイ・ヴェルナンサルに基づく《らくだ》（タピスリー連作〈グロテスク〉より）図92の部分図

〈中国皇帝の物語〉は、タピスリーの伝統的な主題として取り上げられてきた神話や聖書の物語と並んで、中国の風俗が主題化された画期的な作品である。とはいえ、主要場面と縁飾りの両方の領域において、グロテスク装飾として中国人を表象する既存の表現様式が継承されている。すなわち〈中国皇帝の物語〉には、中国人の表象をめぐる新旧の表現方法が併存しているのである。

図94　ジャン＝バティスト・ブラン・ド・フォントネイ、ジャン＝バティスト・モノワイエ、ギー＝ルイ・ヴェルナンサルに基づく《皇帝の船出》（タピスリー連作〈中国皇帝の物語〉より）ボーヴェ製作所、1725-1730年、419.1 × 195 cm パリ、ルーヴル美術館

十八世紀の室内装飾に中国人が描かれる場合、通常それは軽妙な空間のなかでさまようアクロバティックな人物モティーフとして、しばしばサンジュリー（猿づくし）と共に描かれた。ブーシェは中国人のみで構成されたヴァトーのミュエット城の壁面装飾に着想を得ながらも、歴史画的手法を用いて人物を描き、シノワズリー版画の新しい表現を確立した。一連の版画制作は、ブーシェがシノワズリーのタピスリーの下絵を構想する上での重要な前提になったと考えられる。ブーシェは複数の中

国人から構成される空想的な世界を描き出すという、新しいタイプのシノワズリーの下絵制作を試みる。以下では、その制作プロセスについて下絵の構想段階から順に考察したい。

ブーシェの連作〈中国主題のタピスリー〉

〈中国主題のタピスリー〉を制作するにあたって、ブーシェは中国の宮廷生活を主題とする十点の小型のエスキスを提供し、そのうち六点が最終的にタピスリーに翻案された。〈中国主題のタピスリー〉を構想する上で、ブーシェはまずボーヴェ製作所の連作〈中国皇帝の物語〉を手本にしながら十点のエスキスを制作したと考えられる。そのうち、最終的にタピスリーに翻案されなかった《中国皇帝の謁見》［図95］は、〈中国皇帝の物語〉に含まれた同じ主題の作品［図96］と構図や人物配置が酷似している。このエスキスは旧連作のデザインとあまりにもよく似ていたために、結局、新作として採用されなかったのではないだろうか。ブーシェの《中国の化粧》［図84］についても、〈中国皇帝の物語〉の一つ《皇后のお茶》［図97］に想を得たであろうことが、二つのタピスリーのあいだにみられる人物構成や舞台設定の共通性から推測される。ブーシェは、「お茶」を飲む情景を「化粧」の場面に変更することにより、古いデザインを巧みに刷新することを図ったのである。

ここでは筆者は、ブーシェの下絵の様式的特徴を明確にするために、ボーヴェ製作所のためにすでに提供していた一作目の連作〈イタリアの祭り〉［口絵2］の作品構想との密接な関係性を指摘したい。第二章で論じたように、〈イタリアの祭り〉は、十七世紀からフランドルを中心に制作されていた〈テニールスのタピスリー〉に着想を得た連作である。(38) 同時にブーシェの〈イタリアの祭り〉には、古代の遺跡や彫刻などの建築モティーフが、人々の集う舞台背景にちりばめられている。つまりブーシェは、十七世紀北方の風俗画的な素朴な田園風景を、雅宴画などの同時代絵画の流行を取り入れながら、イタリアの理想風景の雰囲気に仕上げたわけである。ブーシェは〈中国主題のタピスリー〉の連作においても同様な手法をとった。す

図95　フランソワ・ブーシェ《中国皇帝の謁見》1742年、油彩、カンヴァス、41.5 × 56 cm、ブザンソン美術考古学博物館

図96　ジャン＝バティスト・ブラン・ド・フォントネイ、ジャン＝バティスト・モノワイエ、ギー＝ルイ・ヴェルナンサルに基づく《皇帝の謁見》（タピスリー連作〈中国皇帝の物語〉より）ボーヴェ製作所、1720年頃、350 × 550 cm、パリ、ルーヴル美術館

なわち、実際に見たことのない中国の人々の日常の情景を、パストラルの構図原理に基づく理想風景として描き出したのである。たとえば《中国の市場》［口絵3］と、〈イタリアの祭り〉のなかで、縁日に集う人々の様子に取材した《覗きからくり屋と好奇心》［口絵2］は、主題選択と構図の上できわだった共通性が指摘できる。両者にはどちらも、さまざまな年齢層と階級の人々が縁日で楽しむ場面が描かれている。構図についていえば、どちらも人物像や建築モティーフが画面に大きく弧を描くように配され、左右には木々が置かれ、画面の上部の片側が遠方へと抜けている。このような画面構成は、クロード・ロランの理想風景に連なる牧歌的風景画の表現伝統の上に位置づけられる。ブーシェは〈イタリアの祭り〉で試みたパストラルの基本的な画面構想を利用しながら、実に軽妙に、パストラル趣味のシノワズリーという新味ある連作を生み出すことに成功したといえよう。

このようにブーシェの〈中国主題のタピスリー〉はいわば中国趣味のパストラルであり、すでに成功を収めていた〈イタ

図97　ジャン＝バティスト・ブラン・ド・フォントネイ、ジャン＝バティスト・モノワイエ、ギー＝ルイ・ヴェルナンサルに基づく《皇妃のお茶》（タピスリー連作〈中国皇帝の物語〉より）ボーヴェ製作所、1697-1705年、419.1 × 195 cm、ロサンゼルス、ポール・ゲッティ美術館

リアの祭り〉のパラフレーズというべきものである。ここで筆者はさらに、〈中国主題のタピスリー〉の制作が、今度は〈イタリアの祭り〉の続編を制作させるきっかけとなった可能性を指摘したい。

〈イタリアの祭り〉は十二の主題から構成されている。[39]すでに第三章で述べたように、これらの作品はタピスリーが織り出された年代から判断して、大きく二つのグループに分けられる。一つ目のグループは六つの主題から構想され、一七三六年には第一エディションが織り上がっている。一方、四つの主題からなる二つ目のグループの作品はそれぞれ、《ダンス》は一七四四年、《軽食》は一七四五年、《音楽》と《庭師》は一七四六年に制作されており、いずれも早くとも一七四四年以降の製織であることから、〈イタリアの祭り〉の第二シリーズとして構想されたものと見なすことができる。「ダンス、音楽、軽食」というテーマは、〈中国主題のタピスリー〉の《中国のダンス》［図98］（本作には音楽を奏でる人物も含まれる）や《中国の食事》と共通した主題選択である。新たな続編が販売されることになった背景には、ブーシェの中国主題のタピスリーの販売に連動するように、ブーシェのパストラル・テーマのタピスリーの選択肢の幅を拡大し、さらなる顧客を獲得しようとしたボーヴェ製作所の意図がうかがえるのである。〈イタリアの祭り〉の第二シリーズが制作された理由については不明であり、先行研究において

図98　フランソワ・ブーシェ《中国のダンス》1742年頃、油彩、カンヴァス、40.9 × 54.5 cm、ブザンソン美術考古学博物館

も〈中国主題のタピスリー〉と関連づけて言及されたことはない。しかし、二つのタピスリー連作はこのように、構想の上でも、販売のストラテジーの上でも密接に連動するものであった。

オービュッソン製作所のシノワズリーのタピスリーとの比較

最後に、ブーシェによる斬新なシノワズリーの連作が人気を博したことを受けて制作された、オービュッソン製作所のシノワズリーのタピスリーについて考察したい。オービュッソン製作所のタピスリーは、一七五四年以降にブーシェの〈中国主題のタピスリー〉を手本として制作されたものであり、ボーヴェ織りの派生作品と見なすことができる。(40) 以下では、この作品を取り上げ、ブーシェの下絵がオービュッソン製作所で具体的にどのように利用されていたのか、それに基づいて織られたタピスリーの特徴はどのようなものであったかについて検討する。まずはオービュッソン製作所の歴史を概観することからはじめたい。

オービュッソン製作所はボーヴェ製作所とほぼ同時期に、国の援助のもとに設立された王立タピスリー製作所である(41)［図5を参照］。フランスのリムーザン地方、グルーズ県に位置するオービュッソンでは、すでに十六世紀初頭からタピスリーが織られており、すでに織物産業の礎が築かれていた。このような歴史的背景も手伝って、一六六五年コルベールの重商主義政策の一環としてこの地に製作所が創設されたのである。しかし、一六八五年にナントの勅令が廃止されたために新教徒の織師たちが亡命し、製作所の運営は危機に陥った。その後十八世紀に王室は再びオービュッソン製作所に関心をもち、新たに染色家やアトリエを指揮する画家を派遣するなどの援助をするようになった。その結果、製作所は再び活力を取り戻した。一七三一年からは製作所の画家として、前述の画家ジャン＝ジョセフ・デュモンが任命された。デュモンはその後ボーヴェ製作所のために、ブーシェの下絵に基づく〈中国主題のタピスリー〉のカルトンを制作することになる。

オービュッソン製作所は王立製作所であったが、そのステイタスはゴブラン製作所やボーヴェ製作所とは大きく異なっていた。外国の宮廷向けの贈り物としても利用される高品質のタピスリーを制作していたゴブランやボーヴェとは異なり、オービュッソン製作所では一般向けの廉価なタピスリーが織られていた。たとえば、一七五五年のオービュッソン製作所の通常のタピスリー価格は、一オーヌ四方につき十一リーヴル、上質のタピスリーでも一オーヌ四方につき七十リーヴルであった。[42] これに対してボーヴェ製作所のタピスリーは、同じ時期に一オーヌ四方、五百七十五から六百五十リーヴルで売られていた。[43]

オービュッソン製作所は低価格のタピスリーを提供し、ボーヴェ製作所とは異なる階級層に対象を絞ってタピスリーを販売して成功を収めた。低価格でタピスリーを販売するためには、当然ながら下絵制作のコストを抑えることが必要になった。したがってオービュッソン製作所の下絵は、ゴブラン製作所やボーヴェ製作所のように画家によるオリジナルの下絵に基づくものではなく、多くの場合、既存の版画を利用して制作された。一七六一年には下絵の選択肢を広げるために、ボーヴェ製作所で利用しなくなったウードリーのカルトンが再利用された。[44]

一七五一年、デュモンはオービュッソン製作所の商人ジャン＝フランソワ・ピコンからの依頼を受けて、ブーシェの原画に基づいて、オービュッソン製作所用に〈中国主題のタピスリー〉の下絵を供給した。デュモンがボーヴェ製作所のために、ブーシェの〈中国主題のタピスリー〉の小型のエスキスから原寸大カルトンを制作したことはすでに述べた。ピコンはデュモンのこの経歴を高く評価していたのであろう。デュモンがオービュッソン製作所のために中国主題のタピスリーの下絵を制作した正確な時期は明らかではない。オービュッソン製作所のシノワズリー連作が一七五四年から織り出されていることから判断して、おそらく一七五二年から一七五三年頃に下絵が制作されたとみるのが妥当であろう。

オービュッソンの下絵はブーシェの下絵を直接利用して制作されたのではなく、サロンに展示されたブーシェのエスキスに基づく版画を利用して作られた可能性が高い。というのも、ブーシェのエスキスは、すでに論じたブーシェのシノワズリー版画を手がけていたガブリエル・ユキエの子、ジャック＝ガブリエル・ユキエよって版刻され、六点の版画連作として

図100　フランソワ・ブーシェ原画（ユキエ［子］版刻）《中国の市場》部分図、パリ、ルーヴル美術館版画素描部

図99　《市場と精米》（タピスリー連作〈中国主題のタピスリー〉より）オービュッソン製作所、1755-1770年頃、123 × 378 cm、個人蔵

売り出されていたからである。

たとえば、オービュッソン製作所の〈中国主題のタピスリー〉の一つ、《市場と精米》［図99］の下絵は、おそらく一七四二年頃に版刻されたブーシェの〈中国主題のタピスリー〉のためのエスキスに基づく版画を利用して制作されたであろうことが推察される。タピスリーの画面左側で鳥を売る商人は、ユキエの版画［図100］の左前景に描かれた貴婦人と鳥商人からなる人物グループを左右反転して借用したものであろう。オービュッソン製作所のタピスリーは伝統的に臥機で織られていた。したがって、《市場と精米》の下絵の構図はタピスリーを反転させたものとなるが、それは版画と同じ向きに描かれていたと考えられる下絵の向きと一致している。このように、オービュッソン製作所で織られた作品には、ブーシェの版画が部分的に利用される傾向が指摘できる。

オービュッソン製作所において、ブーシェの版画がタピスリーの下絵として利用される場合、《市場と精米》のように、版画の一部のみが利用されることもあれば、版画の構図が全体的に借用されることもある。たとえば、《中国の庭園》［図101］の中心部分の構成は、ユキエの版画［図102］のそれにきわめて近い。これらの例は、ブーシェのエスキスあるいはユキエの版画が別なタピスリーに転用される場合のヴァリエーションといえよう。

図101　《中国の庭園》(タピスリー連作〈中国主題のタピスリー〉より) オービュッソン製作所、1755-1770年頃、245 × 310 cm、パリ、ジャックマール・アンドレ美術館

図102　フランソワ・ブーシェ原画 (ユキエ［子］版刻)《中国の庭》ニューヨーク、メトロポリタン美術館

オービュッソン製作所のタピスリーをさらに詳しく観察することで、ボーヴェ製作所のタピスリーとの違いが浮彫りになる。オービュッソンの作品には、前述のようにブーシェのタピスリーから派生した版画が部分的に転用されるが、その際に絵柄のどの部分を切り取るべきかについて、さほど考慮をしていないことがわかる。たとえば、ブーシェの《中国の市場》［口絵3］の最前景右手で膝をついている人物は、その傍らに置かれた鳥かごの存在によって鳥を売る商人であるとわかる。こ

の商人は、その横で鳥を手にとまらせている女性に声をかけようとしている。一方、ボーヴェ製作所のタピスリーと同じくオービュッソン製作所のタピスリーにもこの商人の姿が認められるが、鳥売りのアトリビュートである鳥かごが描かれていないため、この人物が何をしようとしているのかを読み取ることは難しい。さらに、画面の構図についても、ブーシェのタピスリーが示す伝統的なパストラルの画面構想はまったく考慮されておらず、田園を背景に人物像が貼りつけられたようなきわめて単純な配置に還元されている。

オービュッソン製作所では、低価格でさまざまなサイズの幅の広い選択肢のタピスリーを提供していた。そこではブーシェのタピスリーにみられるような、複数の人物からなる複雑な構図やこまやかな小道具の描写はできるだけ簡素化され、コストを抑えて迅速に作品を織ることが重要視されていたのである。

一連の考察が示すように、オービュッソン製作所のシノワズリー連作は、ボーヴェの連作を手本にしたものではあるが、その忠実な模倣ではなかった。サイズの幅や値段の選択肢を増やすためには、簡略化された構図とモティーフでタピスリーの絵柄を構成する。これに対してボーヴェ製作所のシノワズリーは、ブーシェの構想に忠実な構図が入念に織り出されており、品質の点でもはるかに優れていた。

四　本連作の制作意図

これまで〈中国主題のタピスリー〉の様式的特徴について、オービュッソン製作所のシノワズリーや、〈イタリアの祭り〉と比較することを通じて観察してきた。最後にこの連作の制作意図について検討したい。〈中国主題のタピスリー〉が制作された背景については明らかではないが、筆者は作品の細部を観察することを通じて、このタピスリーが国王ルイ十五世に対する間接的なオマージュの意図を込めて制作されていた可能性を新たに指摘したい。

〈中国主題のタピスリー〉は、中国の人々の日常の情景が六つの主題によって表現されている。そのなかの三つの主題に、中国の皇帝と皇妃が描きこまれていることは注目に値する。下絵に明らかなように《中国の食事》と《中国のダンス》［図98］には、明らかに高位の人物とわかる身なりをした皇帝と皇妃の存在が認められる。《中国の市場》［口絵3］の画面中央で天蓋付の押し車に乗る高貴な女性にも、皇妃の姿を読み取ることができるかもしれない。

すでに指摘したように、ボーヴェ製作所の古いシノワズリー連作〈中国皇帝の物語〉は、ルイ十四世統治下の中国の皇帝と皇妃を主題に取り上げた作品であり、太陽王統治下のフランスと中国の友好関係を示す作品でもあった。[45]したがって、ブーシェが〈中国皇帝の物語〉とは異なる当世風な新作を作るにあたって、国王ルイ十五世を意識して、牧歌的な中国の情景のなかにさりげなくダンスや食事を楽しむ皇帝の姿を描きこんだであろうことは、想像に難くない。ルイ十五世の時代においても、中国とフランスは太陽王の時代と同じく、イエズス会士を通じてきわめて良好な外交関係が保持されていた。[46]中国はヨーロッパ人にとってエキゾチックな理想郷としてのイメージをもつ国であり、中国皇帝像は君主の理想的イメージとして模範とされていた。[47]

国王の関心を引くことはボーヴェ製作所にとって重要な課題であった。十八世紀ブルボン王家と親密な外交関係のあった中国の皇帝に取材したブーシェの新作は、ボーヴェ製作所の運営上もっとも重要な顧客でありパトロンでもある国王にアピールするという点でも、意義深い連作となった。

一七四〇年代初頭にもなお、ブーシェはナトワールやヴァンローをはじめとする一七〇〇年世代の画家たちと激しく競い合っていた。ブーシェにとって、美術アカデミー主催のサロンは、画家としての力量を示す上で有効な場であった。〈中国主題のタピスリー〉が「ボーヴェ製作所で織られるための下絵」というコメント付きで展示されていたことは注目に値する。タピスリーとして織られることは、ブーシェのシノワズリーの名声を高めることに大きく貢献することになったと同時に、下絵がサロンに展示されることは、国王から注目される絶好の機会となったのである。実際この連作は国王に高く評価された。連作は一七四三年から一七七五年までのあいだに十二エディション織られているが、そのうち国王は全六点セットを三回購入しているのである。ブーシェはタピスリーの下絵制作が、ライヴァルたちとは異なる個性を明瞭に際立たせるための有効な手段となることを、確実に意識しはじめていたと思われる。

*

本章では三作目のブーシェの下絵に基づく連作〈中国主題のタピスリー〉の特徴をめぐって、ブーシェのシノワズリー制作の出発点となる版画制作活動に遡って検討した。ブーシェの〈中国主題のタピスリー〉の新奇性は、中国人を理想郷の住人として表現した点にある。その構想は、すでに販売されて好評を博していた一作目の連作〈イタリアの祭り〉にみられるパストラル風の表現パターンを巧みに利用したものであった。ブーシェは〈イタリアの祭り〉に引き続き、〈中国主題のタピスリー〉によって目新しい風俗画のジャンルを拡大して、大きな成功を収めたのである。また、ブーシェはこのタピスリー連作に、中国の皇帝夫妻をさりげなく描くことで、ルイ十四世時代より受け継がれてきた中国とフランスの友好関係や、理想的君主のイメージを示している。このような国王ルイ十五世へのアピールは看過できない。ブーシェにとってタピスリー制作活動は、最終的に国王付き首席画家に至るキャリアのための重要な布石となっていく。そのことは、次にブーシェが手がける連作〈神々の愛〉で、よりいっそう明らかになるのである。

註

1　記録によれば、ブーシェはショワジー城のために一七四一年に三点の油彩画、一七四二年には一点の油彩画と五点の戸口上部装飾画を提供した。その他の作品の詳細については明らかでない。

2　Sarmant 2007.

3　Livret de Salon de 1742.

4　« Huit Esquisses de différents sujets Chinois, pour être exécuté en Tapisserie à la Manufacture de Beauvais ; désignés sous le même numéro. » Livret de Salon de 1742.

5　*A propos du Salons de 1740, Fond Deloyens*, p. 170, Cabinet des Estampe.

6　*Observation ...sur le Salon de1742*を参照。また、一七四二年のサロン評がきわめて好ましいものであったことは、次の批評からもうかがえる。「ブーシェ氏。［……］彼の作品は観衆にとってつねにいっそう心地よいものである。」（筆者訳）*A propos du Salons de 1742, Fond Deloyens*, p. 240, Cabinet des Estampe.

7　Hyde 2006b ; Lajer-Burcharth 2009.

8　古いスタイルのウィッグの例としては、たとえば、モーリス＝カンタン・ド・ラ・トゥール作のパステルによる《レストゥの肖像》（パリ、ルーヴル美術館所蔵）、一七四一年頃にドナ・ノノットによって制作された当時六十五歳の《セバスティアン・ルクレールの肖像》（ヴェルサイユ宮殿美術館所蔵）などがある。

9　このような視点を踏まえた十八世紀の肖像画についての論文としては、Kobayashi 2002を参照。

10　*Liste des meilleurs peintres, sculpteurs et graveurs de l'Académie royale de peinture et de sculpture de Paris* dans Portefeuille de Bachaumont, Paris, Bibliothèque de l'Arsenal. Bachaumont (m.s.).

11　「パゴダ（Pagode）」は一七六二年に刊行された『アカデミー・フランセーズ辞典』には次のように定義されている。「PAGODE 女性単数。東洋のインドに由来することばで、「異教の神殿」を意味している。この村には素晴らしいパゴダがある。また、その神殿で崇拝する偶像のことも意味する。黄金のパゴダ。パゴダはまた、小さな人物像の意味でもあり、それらは通常、磁器でできており、その頭部は動くように作られている。そこで、次のような口語表現ができた。パゴダのように頭を動かしている。パゴダのふりをしている。これは単なるパゴダにすぎない」（傍線は筆者）。ブーシェはジェルサンが新しく屋号を変えた際に、店のカードのデザインを依頼されている。カードの中央に中国人形が描かれていることから判断すると、ジェルサンの屋号「パゴダ」には、「異教の神殿」という意味と同時に、異教の神である小さな「中国人形」という意味も込められていると考えられる。*Dictionnaire de l'Académie française*, 4eme édition, PARIS : Chez la Vve B. Brunet, 1762, 2 vol., t. 2を参照。

12 本章は、小林二〇一五aに加筆したものである。

13 Adelson 1994, p. 324-325, nº 19, rep. en col. ; Cat. exp. New York-Detroit-Paris 1986-1987, nº 90 ; A&W 226.

14 Cat. exp. Colorno 1998, p. 199, nº 47.

15 Cat exp. Colorno 1998, p. 200-201, nº 48 ; Torino, Palazzo Reale（inv. 1966, nº 147).

16 ブーシェの〈中国主題のタピスリー〉に関する基本情報については、Döry 1960, p. 180-216 ; Stein 1996 ; Stein 2007 ; Bertrand 1990a, ; Adelsm 1994, p. 322-342 ; A&W 224-233および、田中二〇〇四を参照。

17 Ebeltje et Smit 2004, p. 362-366, nº 108 ; Adelson 1994 ; Cat. exp. Colorno 1998, p. 196.

18 〈中国主題のタピスリー〉の主な所蔵先は、トリノ王宮（六点）やスコットランドのローズベリー伯爵夫妻のダルメニー・ハウス（五点）である。そのほか、ミネアポリス美術館には《中国の市場》、フィラデルフィア美術館には《中国の魚釣り》が所蔵されている。トリノ王宮のタピスリーについては、Chierici 1969 ; Cat. exp. Colorno 1998, p. 194-203を参照。

19 東京・熊本一九八二、一三一―一三二頁を参照。

20 Cat. exp. Colorno 1998, p. 194-203.

21 Döry 1960, p. 180-216 ; Stein 1996を参照。たとえば、ブーシェの《中国の化粧》の画面中央に腰かけている夫人は、一六六九年に刊行されたモンタヌスの著書の挿絵に想を得た可能性が考えられる。Montanus 1669を参照。

22 *Ibid.* ; Döry 1960.

23 Aa 1729.

24 *Diverses Figures Chinoises Peintes Par Watteau Peintre du Roy en son Academie Royalle de Peinture et Sculpture Tirées du Cabinet de sa Majesté au Château de la Muete*, Paris, chez la Vve de F. Chereau ; chez Surugue, 1731.

25 JR 164-175.

26 *Recueil de diverses Figures Chinoise du Cabinet de Fr. Boucher Peintre du Roi Dessinées et Gravées par lui-même Avec Priv. Du Roy. A Paris Chez Huquier rue St. Jacques, au coin de la rue des Mathurins, Paris : chez Huquier*, [*ca 1740*].

27 ブーシェのシノワズリーのコレクションについては、Remy 1771および、小林二〇一五bを参照。

28　Gruber 1992, p. 282および、小林二〇一五aを参照。

29　オローフ・フリーズベルイ作《テッシン伯爵夫人の部屋》（ストックホルム国立美術館所蔵）に描かれた箪笥は現在スウェーデンのオーケルエーの館に残されている。

30　Cat. exp. Versailles 2012, n° 32.

31　九つのブーシェの原画に基づく版画連作は以下の通りである。①一七三八年から一七四五年のあいだに刊行された『ブーシェの中国人物集』、ブーシェ原画・版刻（JR12-20）、②『中国の本』、ピエール・アヴリーヌ版刻、③『中国人物集』フランソワ＝アントワーヌ・アヴリーヌとバレシュ版刻（JR 198-202, 254）、④『五感』、ジャック＝ガブリエル・ユキエ（子）版刻、⑤『四大元素』、ピエール・アヴリーヌ版刻（JR230-234）、⑥『一揃いの中国人物集』、ピエール・ジャン・ルイ・ローラン・ウエル版刻（JR1082-1088）、⑦『中国の日常風景』、ユキエ版刻（JR1125-1133）、⑧『シノワズリー』（〈中国主題のタピスリー〉のためのエスキスに基づく連作）、ガブリエル・ユキエ（父）および、ジャック＝ガブリエル・ユキエ（子）版刻、⑨『中国女性人物集』、ジョン・アングラム版刻（JR1208-1215）を参照。このうちユキエのもとで出版されたものは、①、④、⑤、⑦、⑧である。制作年については、①は版画に記されたユキエの店の住所から一七三八年から一七四五年のあいだ、④は一七四〇年に『メルキュール・ド・フランス』誌に同版画の宣伝がなされていることから制作念が推定できる。その他の版画の制作年は不明である。ただし様式的判断から、ブーシェのシノワズリー版画制作は一七四〇年代に集中したということが一般的な見方である。ブーシェのシノワズリーはその後、版画を介して、セーヴルやヴァンセンヌ製作所の陶器やボーヴェやオービュッソン製作所のタピスリーのモティーフとして繰り返し利用され、一七四〇年代以降も装飾美術の分野で重要なレパートリーとして使用され続けた。

32　JR 1125-1133.

33　たとえば『四大元素』（JR230-234）にみられるように、ブーシェは中国人によって、北方の風俗画の表現伝統に連なる「四大元素」の主題を表現する試みをしている。本版画の制作年については、ジャン・リシャールが指摘するように、ユキエのもとで一七四〇年に刊行された『五感』とほぼ同時期に制作されたものと考えられる。したがって、ブーシェはタピスリーの下絵が完成する一七四二年以前に、版画制作を通じてシノワズリーの新しい表現を試みていた。

34　Cat. exp. New York-Madrid 2007-2008, n° 51.

35　Dacos 1969 ; Chastel 1988.

36　Jarry 1975.

37　Gruber 1992, p. 282.

38　Kobayashi 2006.

39　Standen 1977a.

40　オービュッソン製作所で織られたシノワズリーの連作については、Cat. exp. San Francisco 1976-1977, n° 69 ; Bertrand 1990a, p. 173-184 ; Cat. exp. Paris 2007, p. 149を参照。

41　オービュッソン製作所については、Chevalier（D. etp.） et Bertrand 1988 ; Guinot 2009 ; Cat. exp. Aubusson 2013を参照。

42　オービュッソンとボーヴェ製作所のタピスリーはフランドルのオーヌを基準に制作された。Bremer-David 2007, p. 409を参照。

43　Archives nationales F 12 1456 B.

44　Bertrand 1990a, p. 173-184 ; Adelson 1994, p. 322-342.

45　Bremer-David 1997, n° 9.

46　Cat. exp. Versailles 2014.

47　Elisseeff-Poisle 1991.

第五章　連作〈神々の愛〉（一七四八年）

序

連作〈神々の愛〉はブーシェがボーヴェ製作所のために制作した四作目のタピスリーである。この連作は九つの主題から構成されている。神話画を取り上げたこのタピスリーには、古代ローマの詩人オウィディウスの『変身物語』に取材した神々の愛の物語が織り出されている。主題選択がどのように決定されたのかについての記録はない。〈神々の愛〉は一七四七年から織が始まり、翌年に一点目が完成した。したがって下絵の構想は一七四六年頃からはじまったと考えられる。九点すべての作品は一七五一年までに織り上がった。

この連作は〈プシュケの物語〉に次いで、ブーシェが手がけた二作目の神話主題のタピスリーである。〈プシュケの物語〉は国王からの依頼を受けて制作された連作であり、主題がすでに決められていたことを考慮すれば、〈神々の愛〉はボーヴェ製作所内部から企画されたブーシェのタピスリーとしては、最初の神話主題の連作ということになる。以下では、まずこの連作の下絵が構想される一七四〇年代後半の歴史画家ブーシェの制作活動と評価について概観したい。

歴史画家ブーシェは一七四〇年代初頭からさまざまなジャンルの作品をサロンに出展し、その多才な能力により高い評価を受けていた。その後、一七四三年から一七四七年までのあいだブーシェはサロンに四回参加しているが、いろいろな主題が取り上げられた豊かな作品群は引き続き観衆の注目を集めた。一七四三年のサロンには神話画、寓意画、風景画が展示された。[1] これらの作品については、次のような批評が寄せられている。

ブーシェ氏はつねに公衆の目にとって、楽しくて感じのよいものを見せてくれる。彼の豊かな発想は、おどけた調子の主題にも、国王の図書館を飾るムーサが描かれた二点の作品にみられるような真面目な主題にも対応できる。芸術に精通した人は次のように私に言う。「ブーシェ氏の卓越した才能はいくら褒めちぎっても足りないくらいだ」。[2]（筆者訳）

『一七四三年のサロンについて』一七四三年

この批評に端的に示されるように、ブーシェはおどけた調子の主題にも真面目な主題にも対応できた。言い換えれば、「低俗なジャンルから高貴なジャンルまで」幅広く手がけることができた。低俗なジャンルに関連していえば、ブーシェが一七四六年から一七四八年頃に制作した紙人形のデザインは宮廷やパリの婦人たちのあいだで大流行した。[3] このような「女性をよろこばせる」作品に対する嗜好は、「高尚な趣味」(grand goût) に対して、「小趣味」(petit goût) と呼ばれていた。ブーシェにとっては小趣味の作品を作ることも、楽しみの一つであったに違いない。その制作態度は、同じ歴史画家であっても、十七世紀を代表する威厳ある美術アカデミーの歴史画家たちのそれとは、明らかに大きく異なっていた。

一七四五年のサロン出展作品には、その後、ブーシェのジャンルと称されて絶大な人気を博するパストラル（牧歌的主題）の他にも、[4] 多数の素描が出展された点で注目に値する。ブーシェの素描は当時コレクションの対象として注目を集めており、とりわけ三色チョーク（白・赤・黒チョーク）の素描は高く評価されていた。[5] ブーシェの素描は、画業初期に版画に起こしたヴァトーの素描を想起させる筆致とともに、歴史画家ブーシェ独自の官能的で力強い線描によって特徴づけられる。[6] 伝統的に素描とは絵画の構想を練るための画家の習作にすぎず、素描が収集されることは一般的ではなかった。ブーシェは、美術愛好家のあいだで素描が収集の対象となる可能性に注目し、素描をはじめて作品として売り出した先駆者であった。[7] サロンへの出展は、新たなマーケットを開拓するための宣伝の場となったのである。

このように、ブーシェは年々新機軸の作品をサロンに出展した。ブーシェの作品の多様性は、その主題選択のみならず、作品の媒体にも同様に認められる。一七四五年のサロン評によれば、多彩な主題の作品からなるブーシェの作品は常に新鮮味に溢れており、注目の的となったことがうかがえる。素描が出展された一七四五年のサロンにおいて油彩画はわずか二点しか出展されなかった。

この著名な画家がこの年ほんの少ししか作品を展示しなかったことに、我々は驚きと同時に怒りをおぼえる。作品は二点しか展示されておらず、もっと見ることができたらと残念に思う。我々のことをまったく無視していると公衆の立場から批判してしまうほどに。[8]（筆者訳）

『一七四五年のサロンについて』一七四五年

一七四五年にブーシェが数点しかサロンに出展しなかった理由は、国王のための作品制作に没頭していたからであろう。この頃ブーシェの名声が確立されていたであろうことは、美術批評家バショーモンの『今日パリの王立絵画彫刻アカデミーにおける最も優れた画家と彫刻家一覧』[9]からもうかがえる。バショーモンは一七三〇年代よりこの一覧を定期的に執筆していた。一七三七年から一七四三年までのあいだに、バショーモンはブーシェについて六回言及しているが、いずれのコメントもきわめて簡潔――ブーシェの現住所、ローマに滞在したこと、ルモワーヌの弟子であることなど――であった。[10] ところが、一七四五年になってはじめて、ブーシェの専門とする絵画ジャンルについて次のような詳細な記述が加わる。「風景画、バンボシャード、グロテスク、ヴァトー風の装飾オーナメントも優れている。花、果物、動物、建築、優雅で当世風なちょっとした主題もよい」と評価されている。[11] バショーモンのコメントは、ブーシェのアピール点が、伝統的な歴史画家と異なり多様なジャンルを扱える才能にあったことを示している。

一七四五年、ブーシェの恩賜助成金は四百リーヴルから六百リーヴルに増額した。当時、有力な美術アカデミーの画家にはルーヴル宮殿にアトリエが与えられたが、ブーシェはまだその名誉にあずかっていなかった。彼がルーヴル宮殿のアトリエを切望していたであろうことは間違いない。一七四六年、ブーシェの友人の詩人アレクシス・ピロン(一六八六―一七七三年)が王室建造物局総監宛に送った詩はその証左である。ピロンの詩には、彫刻家クストゥの死によって空きになった一室をブーシェに与えてほしいという気持ちが読み込まれている。(12)

翌一七四六年のサロンには、油彩画三点が出展された。《雄弁術》と《天文学》の二点は、国王の図書館に置かれたメダルのキャビネのために描かれた作品であり、残る一点は《ウルカヌスにアイネアスの武器を依頼するウェヌス》であった。ブーシェの作品に対する評価の高さは、『メキュール・ド・フランス』に明らかである。

> ブーシェ氏が国王の図書館のために制作した作品には雄弁術と天文学が描かれている。これらは三美神の画家と呼ぶに値するこの画家の名誉を表す作品となるだろう。(13)(筆者訳)
>
> 『メルキュール・ド・フランス』一七四六年

一方、一七四六年のサロンはブーシェをはじめとする美術アカデミーの画家たちを攻撃の的とするサロン批評が登場した点において、サロンの歴史を考察する上できわめて重要なものとなった。

一　連作〈神々の愛〉の概要

主題と構成

〈神々の愛〉はブーシェの下絵に基づいて制作された四作目のタピスリー連作である。神々の愛の主題は、ローマの詩人オウィディウスによる『変身物語』のなかで語られる神々の恋愛に取材している。この著作に登場する機織の名手アラクネは、女神ミネルウァと技を競ったとき、ユピテルの恋を描出したタピスリーを織り上げたという。以来、神々の愛のテーマは、タピスリー芸術と深く結び付いている。

ブーシェの連作は九つの主題――《バッコスとアリアドネ》[14]、《プロセルピナの略奪》[15]、《ネプトゥヌスとアミュモネ》、《バッコスとエーリゴネ》[16]［口絵5］、《マルスとウェヌス》[17]、《ボレアスとオレイテュイア》[18]、《エウロペの略奪》、《ウルカヌスとウェヌス》、《アポロンとクリュティエ》［口絵4］――から構成される。〈神々の愛〉は一七四七年から織られ始め、翌年に一点目の織が完成した。九点すべての作品は一七五一年までに織り上がった［巻末資料1―4を参照］。その後、十八世紀半ばから第4四半期までのあいだに合計三十三セットが制作されており、今日では各国の美術館や個人のもとに百二十点近くのタピスリーが分散して所蔵されている。現在まったく残っていないブーシェの下絵の制作時期は、製作所の記録から上限は一七四六年頃、下限は一七五一年と推定される[19]。

九つの主題から構成される連作〈神々の愛〉は、十二の主題から構成される一作目の連作〈イタリアの祭り〉と並び、ボーヴェ製作所が企画した大規模な連作である。連作〈神々の愛〉は様式的には、ブーシェがイタリア滞在中に習得したバロッ

工房	パリとアミアンの工房	サン・マルセル製作所	ゴブラン製作所	ボーヴェ製作所		
制作年	1600-1650頃	1640頃	1684-1736	1690頃-1730	1734-	1748-
制作者	ヴーエ	ラ・イール	複数の画家	ウアス、セーヴ	ウードリー	ブーシェ
グラウコスの魚					○	
グラウコスとスキュレ		○				
ケファロスとアウロラ	○					
ゼフュロスとフローラ			○			
ディアナの狩からの帰還			○			
ディアナの水浴	○			○		
ディアナとアクタイオン			○			
ディアナとエンディミオン			○	○		
ディアナとカリスト			○	○		
ナルキッソス	○					
ナルキッソスとエコー		○	○			
ネプトゥヌスとアミュモネ						○
ネプトゥヌスとケレス	○					
バッコスとアリアドネ	○		○			○
バッコスとエーリゴネ						○
パンとシュリンクス			○	○		
プシュケとアモル*			○			
プロセルピナの略奪	○	○				○
ヘラクレスとオンファレ	○					
ボレアスとオレイテュイア			○	○		○
ルノーとアルミード*			○			
ユピテルとセメレ	○					
牡牛に変身したユピテル					○	

工房	パリとアミアンの工房	サン・マルセル製作所	ゴブラン製作所	ボーヴェ製作所		
制作年	1600-1650頃	1640頃	1684-1736	1690頃-1730	1734-	1748-
制作者	ヴーエ	ラ・イール	複数の画家	ウアス、セーヴ	ウードリー	ブーシェ
アキスとガラテイア			○			
牡鹿に変身したアクタイオン					○	
アタランテとライオンに変身したヒッポメネス					○	
アタランテとメレアグロス		○				
アポロン	○					
アポロンとクリュティエ						○
アポロンとダフネ			○			
アポロンとピトン			○			
アポロンとヒュアキントス			○			
矢を射るアモル	○					
アルゴスとメルクリウス			○			
アルフェイオスとアレトゥサ				○		
牛に変身したイオ					○	
ウェルトゥムヌスとポモナ			○	○		
ウェヌスとアドニス	○		○			
ウェヌスとアモル	○					
ウェヌスとウルカヌス						○
ウェヌスとマルス	○					
エウロペと牡牛		○	○	○		○
馬に変身したオキュロエ					○	
竜に変身したカドモス					○	
キルケの宮殿*					○	

↗

表10　17-18世紀の「変身物語」を主題としたタピスリー連作（筆者作成）
＊はオウィディウスの『変身物語』とは異なる文学上の典拠に基づく作品を示す。

ク的でダイナミックな空間表現を特徴としており、美術アカデミーの歴史画家ブーシェの手腕が遺憾なく発揮される連作となった。この連作は、ボーヴェ製作所にフランス国内にとどまらぬ名声と成功をもたらすことになる。

先行研究と問題提起

オウィディウスに取材したこの連作については、イーディス・スタンデン（一九八五年）による基礎研究以来、フォルティ・グラッツィーニ、カンダス・アデルソン（一九九四年）、ブレマー＝デイヴィッド（一九九七年）らによって部分的に論及されてきた。[20] しかしながら、一連の先行研究は作品の基礎情報を提示することに重点を置くものであり、作品自体の図像や様式に関する考察が、十分になされているとは言いがたい。

本章では、九点からなる〈神々の愛〉連作のうち、《アポロンとクリュティエ》［口絵4］と《バッコスとエーリゴネ》［口絵5］に焦点を絞って論じる。[21] この連作の多くの場面は、『変身物語』中の一般になじみ深いエピソードを主題に構成されるが、「アポロンとクリュティエ」と「バッコスとエーリゴネ」の主題は例外であり、先行するフランス十七、十八世紀の諸連作のなかで前例がない［表10を参照］。以下では、これらの作品に織り込まれた重層的なイメージを紐解くことで、その制作意図を明らかにすることを試みたい。そこで、まずこれまで詳細な研究がなされていない両主題の図像的伝統の変遷を明示した上で、ブーシェのタピスリーの視覚上・文学上の着想源を新たに指摘する。さらに主題選択の意図について、歴史的背景を視野に入れた考察を行う。

この観点にそって、以下、《アポロンとクリュティエ》と《バッコスとエーリゴネ》の図像的伝統と着想源、ブルボン王朝の歴史を踏まえた作品解釈と時代背景の順に検討する。

二　《アポロンとクリュティエ》の着想源

「神々の愛」をめぐるタピスリーの表現伝統

神々の愛の主題には、カラーリオによるエロティックな版画連作や、[22]アンニーバレ・カラッチのファルネーゼ宮殿天井装飾画に代表される絵画伝統があり、[23]ブーシェもこれらの作例をよく学んでいた。[24]ここでは、十七世紀よりフランスで多数制作された『変身物語』に基づくタピスリーの伝統の上にブーシェの作品を位置づけることで、その特質を明示する［表10を参照］。

早い時期の作品としては、十七世紀前半パリの諸工房で織られた、シモン・ヴーエ[25]やローラン・ド・ラ・イールの構図に基づく連作がある。[26]これらの成功を受けて、一六八〇年代よりゴブラン製作所においても、シャルル・ド・ラ・フォスをはじめとする複数の画家によって、先行作を上回る二十点近くからなるタピスリー連作が織られた。[27]

ボーヴェ製作所でも、ブーシェの連作に先立って二つの連作が作られた。十七世紀末には、ゴブラン製作所の作例に倣った伝統的な図像表現によるタピスリーが制作された。[28]これに対して一七三四年のウードリーの下絵による連作は、豊かな自然と動物だけで神話の主題を表現するという新奇な趣向の作品であったが、成功には至らなかった。[29]

ブーシェの連作は、これらに代わる新作として考案されたわけである。その特徴は、雄弁な身振りを示す人物表現と、ウードリーが先鞭をつけたみずみずしい自然描写とが、躍動感溢れる光のなかで共鳴する画面構想にある［図103］。ブーシェはイタリア留学時代に学んだバロック的な画風によって、先行作の刷新を試みたのである。

図103　フランソワ・ブーシェの下絵に基づく《ボレアスとオレイテュイア》（タピスリー連作〈神々の愛〉より）ボーヴェ製作所、1750年、ローマ、クイリナーレ宮殿、旧ウィルデンシュタイン・コレクション

主題選択についていえば、その多くが十七世紀以降フランスにおいて先例のある一般的な主題――《バッコスとアリアドネ》、《エウロペの略奪》、《プロセルピナの略奪》など――である。《アポロンとクリュティエ》と《バッコスとエーリゴネ》は《ネプトゥヌスとアミュモネ》とともに、先行作例がない点において注目される。[30] これら三点の作品の下絵制作年について付言するならば、三点はいずれも一七四七年から一七四九年のあいだに優先的に織られていることから判断して、下絵の構想は一七四六年から一七四八年初頭頃に検討されていた、と考えるのが妥当であろう。したがって、「神々の愛」という連作の主題は、おそらく一七四五年から一七四六年頃に決定されたとするのが自然である。

連作〈神々の愛〉の最も重要な購買者は、王室関連であった［巻末資料1―4を参照］。一七五〇年から一七五二年に九点すべて揃った連作を最初に購入したのは、ルイ十五世の長女を后妃とするパルマ公フェリペであった。[31] その後、ルイ十五世は六点セットを五回にわたって購入している。注目すべきことに、そのすべてのセットに必ず含まれていたのが、《アポロンとクリュティエ》であった。前述のように、王室のタピスリーはゴブラン製作所において制作されていたが、国王は特権マニュファクチュールを援助する目的から、ボーヴェ製作所の作品を購入することもあった。一七三七年にはその支援が強化され、ボーヴェ製作所は国王の命を受けて外務省向けに、毎年二つの新しい連作を制作することになった。[32] ブーシェの下絵に基づく連作〈プシュケの物語〉（一七四一年に一作目完成）は、国王の意向を受けて制作されたが、王はこの連作を二回購入しただけであった。[33] このような制作状況を考慮するならば、連作〈神々の愛〉が例外的に王室から高い評価を受けたことがうかがわれる。[34] さらに、アポロンとクリュティエの主題が国王に特別に好まれた理由の一つは、ルイ十四世の時代より、アポロンが国王の表象と密接に結びつけられてきたことと無関係ではあるまい。「神々の愛」の主題がルネサンス以来、しばしば君主称揚の文脈で表現されたことを念頭においても、以上のような注文状況から、《アポロンとクリュティエ》はブルボン王家への特殊な言及性をもって構想されたのではないか、という推測が生じる。両者の関係を問うにあたって、まずはこの図像伝統について考察しよう。

《アポロンとクリュティエ》の図像的伝統

アポロンとクリュティエの恋物語をめぐっては、それを主題としたほかのタピスリーの作例は知られていない一方で、版本挿絵や絵画においてしばしば取り上げられてきた。[35] オウィディウスによれば、海の妖精クリュティエと太陽神アポロンは恋人同士であったが、アポロンが心移りしたためにクリュティエは嫉妬にかられ、恋敵レウコトエを死に至らしめた。その後クリュティエはアポロンにうとまれて衰弱し、ヒマワリに姿を変えて太陽を見つめ続けているという。[36] 多くの場合クリュティエは、アポロンを見上げながらヒマワリに変身していく姿で描かれる。しかし、ブーシェのクリュティエはアポロンと身を寄せ合う姿で表わされ、同時に左前景には、ヒマワリが豊かな水面から太陽を見上げるように咲き誇っている。その表現は、伝統的な図像表現とは明らかに異なるものである。

クリュティエの図像についてのまとまった研究はなされていないため、この主題に関する『変身物語』の挿絵も含めて考察する必要がある。まずはブーシェの作品の特殊性を理解するために、十六世紀から十八世紀前半のフランスにおけるクリュティエ図像の変遷を見直すことからはじめたい。

1 『変身物語』をめぐる版本挿絵と道徳的寓意の伝統

一五五七年リヨンで刊行された『挿絵入りオウィディウスの変身物語』は、クリュティエに関連づけられる早い時期の挿絵［図104］を示している。(37) そこには、次のようなテクストが添えられている。

クリュティエの処女を奪うフェブス［アポロン］

美しいクリュティエを恋した太陽は、／すぐさま喜びを得たいがために、／その母親の姿に変身し、／全力で彼女を説き伏せ、／そして本来の姿に戻った。／彼女はその神の輝きを目の当たりにして、太陽の前に突如ほほを赤らめ、／そして慎み深い羞恥をもって彼を迎えた。(38)（筆者訳）

『挿絵入りオウィディウスの変身物語』一五五七年

ベルナール・サロモンに帰される挿絵には、訳者の誤解から『変身物語』の本文にはない「アポロンとクリュティエが臥所を共にする場面」が描かれている。(39) 新しいタイプのクリュティエの挿絵は、『ムーサの殿堂のタブ

図104　ベルナール・サロモン《クリュティエ》（『図解版オウィディウスの変身物語』より）リヨン、トゥルヌ版、1557年

ロー』（一六五五年）に添えられたアブラハム・ファン・ディーペンベークに基づく挿絵［図105］に見出される。[40] テクストの教訓的解釈によれば、アポロンを見上げるクリュティエは、嫉妬を体現する寓意像であるとわかる。また、もともとディーペンベックの挿絵の代わりに利用される予定であったピエール・ブレビエットによるクリュティエ［図106］も、道徳的寓意像として前景に大きく描かれている。[41] このように十七世紀半ばのクリュティエ図像は、嫉妬という寓意的概念を示す表象であった。

次なるクリュティエ図像は、『ロンド形式による変身物語』（一六七六年）に添えられたセバスティアン・ルクレールの挿絵［図107］にみることができる。[42] クリュティエの物語はそこで次のように歌われている。

ヒマワリになったクリュティエ

アポロンがレウコトエに愛したことに嫉妬したクリュティエは、いつも太陽のほうを向く花に姿を変えた。不幸で忠実なクリュティエは／黄金の太陽から少しも身を守らなかった。／彼女は彼のために貞潔な誇りを忘れたのに、／彼は棺に入らんとしているもう一人［レウコトエ］のために、彼女を［忘れたのだ］。／彼女［クリュティエ］がその親に密告してしまったのだ。／この嫉妬深さは、／さめかけた愛が弱まる原因にもなり、／彼は決してもう彼女に優しい眼差しをむけなくなった。／哀れな女よ。／彼女はいまだ太陽のとりことして、／彼を目で追い、決して彼から気をそらすことはなく、／いつもこの不吉な暗礁のほうを向いている、／彼女が花に変身して以来、／わずかな関心すらも払われないのに。／哀れな女よ。[43]（筆者訳）

バンスラード『ロンド形式による変身物語』一六七六年

挿絵に描かれたクリュティエは、ロンドで歌われる「哀れな女」として表現されており、その仕草には、チェーザレ・リー

図106　ピエール・ブレビエット原画（ブルーマールト版刻）《クリュティエ》パリ、1655年

図105　アブラハム・ファン・ディーペンベーク原画（ブルーマールト版刻）《クリュティエ》（ミシェル・ド・マロール『ムーサの殿堂のタブロー』より）パリ、ソマヴィル版、1655年

図108　ジャック・ド・ビ《後悔》（チェーザレ・リーパ『イコノロギア』より）パリ、ギルモ版、1644年

図107　セバスティアン・ルクレール《クリュティエ》（バンスラード『ロンドによるオウィディウスの変身物語』より）パリ、王立印刷局、1676年

図110　シャルル・ド・ラ・フォッス《ヒマワリに変身したクリュティエ》1688年、油彩、カンヴァス、131 × 159 cm、ヴェルサイユ宮殿美術館

図109　ジャン・バティスト・テュビー《クリュティエ》1670-1672年、ヴェルサイユ宮殿南翼

パ著『イコノロギア』(パリ、一六四四年)における《後悔》[図108]との共通性が認められる。(44) つまりクリュティエは嫉妬の表象ではなく、後悔する女として表されるようになったのである。

このような新たなクリュティエ図像が生み出された背景は、一六六一年から親政を開始するルイ十四世のイメージ体系と関連づけられるだろう。当時の芸術家は国王をアポロンに重ね合わせ、栄光に輝く王の表象を創出することに従事した。(45) ルクレールの挿絵のアポロンも、光輝を放ち威厳ある趣で描かれている。『ロンド』は王立印刷局から出版されていることから、クリュティエ図像が太陽王のイメージに連動して刷新された可能性はきわめて高い。

この見解は、『ロンド』と同じ頃に国王のために制作されたジャン＝バティスト・テュビーの彫像《クリュティエ》[図109]と、シャルル・ド・ラ・フォスの絵画作品[図110]によって確証される。テュビーの彫像はヴェルサイユ宮殿の南翼に配され、(46) 懇願するように現実の太陽を見上げている。その構想は、後悔の概念を表すセバスティアン・ルクレールの挿絵[図107]の図像タイプにあてはまる。一方、ラ・フォスの作品[図110]はトリアノン宮殿の王の寝室のために制作された。(47) 去り行くアポロンを背に涙をぬぐうクリュティエもまた、ルクレールの図像タイプ〔図107〕の延長上に位置づけられる。

　クリュティエを主題にした作品は、ルイ十四世の治世が終わる一七一五年以降にも散見される。それらはニコラ・ベルタンの版画にみられるように〔図111〕、太陽王統治下に定型化した後悔と悲しみの感情を強調するクリュティエ図像の系譜に分類される。(48) 十八世紀前半のパリではクリュティエの新たな挿絵を伴う『変身物語』は刊行されていないことから、(49) 十七世紀後半に制作されたルクレールの挿絵は、後世の画家にとって重要なモデルとなったと考えられる。

図111　ニコラ・ベルタン原画（ガスパール・デュシャンジュ版刻）《アポロンに捨てられたクリュティエ》1710-1720年

　以上の図像変遷が示すことは、ルイ十四世の時代を境に、クリュティエ図像は嫉妬の寓意的表象から後悔と悲しみの感情をたたえた女性像へと大きく変化し、その図像タイプが十八世紀の第1四半期にも継承された、ということである。

2　ドゥヴィーズの伝統

　《アポロンとクリュティエ》の主要な購買者が国王ルイ十五世であったことはすでに述べた。この事実と、上述のようなルイ十四世をめぐるイメージ体系の伝統を考慮すれば、本作品には国王の嗜好に特別に訴えるメッセージが内包されている可能性がある。この推測について、以下では、アポロンとヒマワリが取り結ぶ関係に着目し、新たにドゥヴィーズの伝統に注目して検討したい。

太陽の運行に従って向きを変えるヒマワリの習性は、万物の主である太陽への深い尊敬の表れであると考えられ、その行為を人間の美徳と見なすドゥヴィーズが十六世紀より作られるようになった。クロード・パラダンの『英雄的ドゥヴィーズ集』（一五五一年）には、「劣れるものを追わず」というモットーとともに、太陽を見上げるヒマワリ［図112］が描かれている。[50] そこには、次のようなテクストが添えられている。

劣れるものを追わず

名高いナヴァールの王妃、故マグルリット・ド・フランスは、ヒマワリの花をドゥヴィーズにしていた。それは何にも増して太陽に似た花。その放射状に広がる花びらや、その葉が似ているばかりでなく、太陽が進むほうに顔を向け、太陽を追い、東から西へと、陽の高さや、低さに従って、開花したり、つぼんだりするのだから。高潔な王妃はこのようなドゥヴィーズをもつことで、自らの行為、考え、意思、そして愛情のすべてを、偉大なる正義の太陽、すなわち高き天上の神聖なるものを観想している万能なる神に捧げるのだ。[51]（筆者訳）

パラダン『英雄的ドゥヴィーズ集』一五五一年

ここにはヒマワリのように太陽に付きしたがい、万能なる神、太陽に自らを捧げるマルグリット・ド・ナヴァール妃（アンリ四世の祖母）の美徳が暗示されている。ヒマワリの美徳はドゥヴィーズ集を介して広まり、十七世紀になるとルイ十四世が太陽を自身のドゥヴィーズとしたことによって、宮廷人の精神に深く刻み込まれるようになったことが推測される。紋章学者であり、歴史学者としても知られるクロード＝フランソワ・メネストリエは『馬上武術試合、騎馬槍試合、パレード、そのほかのスペクタクル論』[52]（一六六九年）のなかで、ルイ十四世統治下最大のスペクタクルとなった騎馬パレード（一六六二年）において、国王は太陽、貴族はヒマワリのドゥヴィーズを身につけていたことを伝えている。臣下たちのドゥ

図112　クロード・パラダン『英雄的ドゥヴィーズ集』リヨン、トゥルヌ・ガゾウ版、1557年

図113　ピエール・ルモワンヌ『ドゥヴィーズの芸術』パリ、クラモワジ版、1666年

ヴィーズは「国王に対する敬意、君主の栄光、忠誠心［……］などの心情を示す」ものであった。すなわちルイ十四世の時代の宮廷人は国王を太陽として称え、それに付き従う自らの姿をヒマワリによって表象していたのである。また、ヒマワリの美徳を表すドゥヴィーズ［図113］は、ピエール・ルモワーヌの『ドゥヴィーズの芸術』（一六六六年）が示すように、図像表現としても定型化して、宮廷社会において視覚的に共有されるイメージになったと思われる。[53]

　ヒマワリのドゥヴィーズは、一七一五年に即位したルイ十五世の時代にはコード化されていたに違いない。《アポロンとクリュティエ》は、ドゥヴィーズの構図と同じように、アポロン（太陽）とヒマワリを対角線上に配する構図パターン［図113］で描かれていることがわかる。すなわち《アポロンとクリュティエ》には、ブルボン朝の宮廷人のあいだで広く浸透していた「太陽とヒマワリのドゥヴィーズ」のイメージが重ね合わされている、と考えられる（図口絵4と図112を比較されたい）。

3　詩的・文学的伝統

最後に、ヒマワリをめぐる詩的・文学的な表象伝統について取り上げる。

古代ローマのプリニウスは『博物誌』において、「太陽を追うヒマワリの自然な動きは愛の表れである」という興味深い言及を残している。(54) ヒマワリと太陽の愛という主題は、その後、『変身物語』によるクリュティエとアポロンの悲恋の物語として広く知られるようになり、詩人たちの想像力を刺激した。恋愛詩を通じて、ヒマワリには、太陽の忠実な恋人としてのイメージが付与されることになった。

十六世紀フランスのペトラルカ主義を代表する詩集モーリス・セーヴ作『デリ』（一五四四年）には、ヒマワリ（正確にはヒマワリによく似たキンセンカ）と太陽の愛をよんだ詩がある。(55)

どこにいても私はあなたを追う

太陽の優雅な光線によって、／花は春の間に育つのだが、／私は彼女の両目の光線を浴びて活気づき、／その両目のまわりを遠く近くあくまでも遊弋する。／彼女をおもう私の心が、／いつも同じ親しい姿で彼女自身を見せてくれた。／彼女の美しい姿によって瞳は何ができようか、／それはわたしが敬い、あれほど追い求めるものなのだ。／だから彼女の不在は少しも私を害さない。／どこにいてもわれを忘れて、その後を追うわたしだから。(56)

モーリス・セーヴ『デリ』一五四四年

ここでは恋焦がれる詩人がヒマワリ、意中の女性が太陽によって象徴されている。詩に添えられた図像［図114］には、太陽を見上げる花が描かれ、モットーには「どこにいても私はあなたを追う」と記されている。セーヴのヒマワリは太陽を慕

図114　モーリス・セーヴ『デリ』リヨン、サボン版、1544年

図115　オットー・ウェニウス『愛のエンブレム集』アントウェルペン、1608年

う忠実な恋人の象徴にほかならず、それはすでにみたオウィディウスの挿絵本におけるヒマワリのイメージ、すなわち後悔する不幸な人物とは大きな相違がある。

愛しい人を慕うヒマワリのイメージは、その後、十七世紀に生み出される一連の愛のエンブレム集を通じて広く浸透したと考えられる。オットー・ウェニウス作『愛のエンブレム集』（一六〇八年）〔図115〕には「あなたが動くところに私も向かう」というモットーが付され、次のようなテクストが添えられている。

あなたが動くところに私も向かう

ヒマワリの花は何よりも目立つ太陽の炎を追って顔を向ける。／そのように、恋人はその心、その眼差しを、愛する人に向けるのだ。／彼女は恋人にとって魂の太陽なのである。(57)（筆者訳）

オットー・ウェニウス『愛のエンブレム集』一六〇八年

エンブレムの部分には、太陽とヒマワリを指差すアモルの仕草によって、太陽に求愛するヒマワリの思いが強調されている。ブーシェのタピスリーとウェニウスのエンブレムとのあいだには、モティーフや構図において一定の共通性が看取されることからも、ブーシェのヒマワリに、「太陽を愛する花」という詩的なイメージを読み取ることができる。ウェニウスのエンブレム集は、十七世紀後半から十八世紀前半にかけて少なくとも三度再版されていることから、ブーシェの着想源の一つとなった可能性は高いと考えられる。[58] すなわち、ブーシェのタピスリーのヒマワリには、前述した版本挿絵における道徳的寓意によって形成された嫉妬という悪徳を体現した女というイメージよりはむしろ、恋愛詩の伝統やエンブレム文学を通じて作られた忠実な恋人というイメージが投影されている。

三　作品構想の同時代的背景と着想源

前節では、絵画、彫刻、詩のさまざまな分野における「アポロンとクリュティエ」の主題に関連する図像表現の変遷を跡づけた。その結果、元来否定的なイメージと結びついていたクリュティエ図像に、時代の変遷とともに異なった意味づけが与えられる過程が認められた。すなわち、クリュティエの否定的イメージは、ルイ十四世のイメージ体系と関連づけられることによって、次第に「忠誠心」を意味する肯定的なイメージへと変化していった。ブーシェはこうした図像的伝統を巧みに取り入れながら、タピスリーを構想したのである。本節では、ブーシェの構想の背景をなす時代状況について分析するとともに、ブーシェが利用した着想源についてさらに考察を進める。

ルイ十五世の表象としてのアポロン

ブルボン王朝の第四代の王、ルイ十五世（在位一七一五―一七七四年）をめぐる政治的・社会的状況は、曾祖父ルイ十四世（在位一六四三―一七一五年）の時代から確かに大きく変化していた。親政を開始し、中央集権化と対外戦争による領土拡大を推進したルイ十四世の時代に対して、ルイ十五世の時代は、パリで富を蓄えた金融家や大貴族が政治的・社会的影響力を次第に強め、王権が次第に弱体化していく斜陽期にあった。しかしながら、ブーシェが《アポロンとクリュティエ》の構想を開始した一七四〇年代半ば頃、国王としてのルイ十五世の表象の展開に、強い刺激を与えるような時代状況が指摘できる。

この時期にフランスが参戦したオーストリアの王位継承をめぐる国際戦争（一七四〇―一七四八年）のなかで[59]、一七四四年、ルイ十五世はフォントノワの戦いに自ら出陣し、オーストリア側についたイギリス・オランダ勢を破り、輝かしい勝利を収めた[60]。戦勝による王の偉業は一七四五年、ヴォルテールによる『フォントノワの戦いの詩』で讃えられ、それは『メルキュール・ド・フランス』に掲載されて広く読まれた[61]。

国王もまた自身を軍事的英雄として表象することを望んでいたことが、以下の装飾計画からうかがわれる。その計画とは、従軍画家シャルル・パロセルによる一連の戦闘を題材にした記念碑的絵画連作〈ルイ十五世の征服〉によって、ショワジー城の「征服の回廊」を飾るというものであった。この回廊はもともと、ルイ十四世のオランダ戦争における勝利をたたえるために作られ、そこにはファン・デル・ムーランによる連作〈ルイ十四世の征服〉が飾られていた[62]。すなわちルイ十五世は、自らのイメージを、ブルボン王朝の英雄的統治者ルイ十四世のイメージに重ね合わせることによって、効果的に演出することを試みたのである。

パロセルによる十点の戦闘場面のエスキスは、一七四六年のサロンに展示された。デザリエ・ダルジャンヴィルによる『最も著名な画家たちの生涯の概要』（一七六二年）によれば、パロセルの死によって連作は完成に至らず、回廊には《フォントノワの戦い》だけが飾られていた。[63] さらに、このショワジー城の征服の回廊の中央には、一七四六年サロンに展示されたランベール＝シジスベール・アダムによるアポロンに見立てたルイ十五世の胸像が置かれ、王自身が「その肖似性と高貴さに驚いた」という。[64] このことは、オーストリア継承戦争下におけるルイ十五世が、いわば「ルイ十四世＝アポロン」というトポスを自己のイメージに取り込もうとした意図の表れといえるだろう。

この戦勝によってルイ十五世とアポロンの表象が密接に結び付きを深めたことは、当時パリで催された戦勝記念の祝祭装飾[65]とオペラにも確認できる。一七四四年、ルイ十五世の帰還を祝した祭典には、栄光の象徴である花火の舞台として、アポロンに捧げられたデュメニル作の神殿が作られた。そこには国王の勝利の象徴として、地から這い上がる大蛇ピュトンを倒すアポロンの姿があった。[66]

図116　ルイ・トケ原画（ルイ＝ジャック・カトラン版刻）《アポロンに扮したジェリオット》パリ、フランス国立図書館

また、フォントノワの戦いの勝利を記念して、ルイ十五世からの依頼を受けてヴォルテールがラモーと共作したオペラ・バレエ『栄光の殿堂』（一七四五年）においても、国王のイメージは英雄として表象された。[67] この作品は一七四五年にヴェルサイユで、翌年にはパリで上演され、そのテクストはこの間にパリで四回版を重ねて出版された。[68] このオペラは栄光の殿堂の座をめぐる物語であり、その筋書によれば、ルイ十五世を暗示するトラヤヌス帝は「栄光」の擬人像から王冠を与えられ、最終的に栄光の座につく。また、第一幕に栄光の殿堂のもとで「妬み」の擬人像を叩きのめすアポロンの姿にも、王の勝利が暗示されていると考えられる。アポロンとトラヤヌス帝の役を演じたのは人気のオペラ歌手ジェリオットであ

り、彼がアポロンに扮した姿は、カルル・ヴァンローやルイ・トケによって描かれて、後者の作品は版画化されて流布した[69]［図116］。ブーシェは一七三七年から一七四八年のあいだオペラの舞台装飾を手がけていたことから、このオペラの内容にも精通していたことは間違いない。

このように一七四四年のフォントノワの戦いを契機に、国王の表象は、ブルボン王朝の最盛期に確立した「栄光のアポロン」というイメージによって表わされる傾向があった。前述のように《アポロンとクリュティエ》の下絵が構想された一七四六年頃は、こうした「栄光のアポロン」としての王の表象が広く浸透していた時期と一致している。したがって、タピスリーに描かれるアポロン像に、当時の国王ルイ十五世のイメージを投影してみることは、決して不自然なことではなかったであろう。

ルイ十五世の愛をめぐるイメージ

前節で述べたように、タピスリーに表わされたアポロンの姿にルイ十五世を重ねてみることができるとしても、ブーシェのタピスリーの主題はアポロンの英雄的征服の物語ではなく、愛の物語である。その点に留意しつつ、もう一つの着想源を提示するとともに、その構想の時代背景について考察したい。そこで、再びクリュティエ図像の伝統に立ち返って、ブーシェのタピスリーを考察することからはじめよう。

タピスリー［口絵4］には、アポロンとクリュティエ、二人の恋人たちがきわめて近くに描かれている点において、その表現は十六世紀から十八世紀の版本挿絵にみられるクリュティエ図像とは大きく異なっている。すでにナトワールがこのような斬新な人物配置を試みていたことに留意したい[70]［図117］。ナトワールはアポロンがクリュティエの背に腕を回しかける仕草によって親密な関係を示しつつも、二人を上下に配することで悲しい結末を暗示させている。たしかにブーシェの人物表現はナトワールのそれにかなり近く、ブーシェがナトワールの先例を参照した可能性は高い。とはいえ、ナトワールは神話主題の恋愛場面の常套手段に倣い、人物を前景に大きく描き出しているのに対して、ブーシェは人物を大自然の舞台に天高く配しており、両者のあいだには画面構想上の違いがある。

このようなブーシェの画面構想の着想源として、新たに、ルーベンスの連作〈マリー・ド・メディシスの生涯〉のなかの一点、《アンリ四世とマリー・ド・メディシスのリヨンでの対面》［図118］を指摘する。[71] そこに描かれているのは、ユピテルに見立てられたアンリ四世が女神ユノに扮した花嫁マリーをリヨンで迎える場面である。結婚を祝して手を握り合う二人はアモルたちに祝福されている。ルーベンスの作品とブーシェの作品は構図や細部の描写に共通性が指摘できる。たとえば、手を握り合う国王と王妃の仕草と身を寄せ合うアポロンとクリュティエ、ルーベンスの作品の右端上空に描かれた松明をもつアモルと、ブーシェのタピスリーの右端上空に配されたアモル［図119］は、それぞれよく似ている。

図117　シャルル＝ジョセフ・ナトワール《アポロンとクリュティエ》1745年、油彩、パネル、117×109 cm、ストックホルム国立美術館

当時リュクサンブール宮殿二階の王妃の回廊に飾られていたルーベンスの連作は、一七五〇年以降広く一般公開されることになった。[72] しかし、ジェルマン・ブリースの『パリにおける最も注目すべきものについての新たな記述』（初版一六八四年、改訂版一七二四年）によれば、すでに十七世紀よりこの回廊は、外国の要人や美術愛好家、そして画家たちにも開かれていた。[73] また、その連作は一七一〇年にはナティエ兄弟による模

写に基づく版画集を通じて、一般にも広く知られていた(74)［図120］。

このように、ブーシェはナトワールのクリュティエ図像を継承し、かつルーベンスの作品を参照することによって、結婚を誓う国王夫妻の表現を取り入れ、忠実な愛を象徴する新しいクリュティエ図像を生み出したと考えられる(75)。この作品構想は、ヒマワリを太陽の忠実な恋人と見なす恋愛詩やエンブレム文学の伝統に基づくイメージと見事に重なり合っている。ルーベンスの作品が参照されたとすれば、ブーシェの作品にはブルボン王朝の創始者であるアンリの結婚に象徴されるように、国王の愛をめぐるイメージが織り込まれていることが推察される。さらにいえば、愛を誓うユピテルが国王アンリ四世の表象であったように、タピスリーのアポロンも、当時の国王ルイ十五世の愛にまつわる寓意的肖像の性格を具えている可能性が高い。

一七四四年、シャトールー夫人と別れた国王は、翌年ポンパドゥール夫人を見染めた。夫人は一七四五年に国王の公式な

図118　ピーテル・パウル・ルーベンス《アンリ4世とマリー・ド・メディシスのリヨンでの対面》（連作〈マリー・ド・メディシスの生涯〉より）1621-1625年、油彩、カンヴァス、394 × 297 cm、パリ、ルーヴル美術館

図119　フランソワ・ブーシェの下絵に基づく《アポロンとクリュティエ》（タピスリー連作〈神々の愛〉より）口絵4の部分図

図120　ジャン・バティスト・ナティエ原画（ガスパール・デュシャンジュ版刻）《アンリ4世とマリー・ド・メディシスのリヨンでの対面》（『ルーベンスによるルクサンブール宮殿のギャラリー集』より）パリ、ドゥシャンジュ版、1710年

愛妾として宮廷入りを果たし、その後、国王の最愛の人として権力を強めていった。ブーシェも一七五〇年に夫人からの最初の公式な注文を受けて以来、この強力なパトロンのために数々の作品を制作することになる。(76) このような背景を考慮するならば、《アポロンとクリュティエ》が国王とポンパドゥール夫人との愛を祝す言外の意を込めて構想されたことも推測されよう。夫人が国王の愛妾となったのは、本連作の主題決定がなされたと考えられる一七四六年の丁度前年のことであった。

ブーシェが国王と愛妾ポンパドゥール夫人の関係を暗示的に示すような愛のイメージを描き出したとすれば、その主題選択と解釈にいっそう微妙な意図を読み取ることもできるかもしれない。ルーベンスの作品には国王夫妻の公式な結婚の場面が描写されているのに対して、ブーシェの作品には国王とその愛妾という地位の異なる者同士が描かれることになる。ここで二つの作品を比べてみると、ブーシェは男女の関係に応じた変更を加えているようにもみえる。たとえばユピテルは恥じらうようにうつむく妻ユノをしっかりと見つめているのに対し、アポロンの視線はクリュティエから向けられた熱い視線と交わることなく宙に向いている。また、人物の配置に関しても、ユノとアポロンは互いに居並んでいるのに対して、クリュティエはアポロンより明らかに下方に不安定なポーズで配されており、懇願するようにアポロンを見上げている。このようにブーシェは、ルーベンスの作品を参考にしながらも、それとは異なる人物配置や眼差しなどの細部描写によって、国王と愛妾という微妙な関係を巧妙に描出しているようである。その上で、ブーシェは恋愛詩や愛のエンブレムを援用することによって、クリュティエ図像の否定的なイメージを「太陽＝国王」を慕う忠実な恋人、という肯定的なイメージへとかえて、夫人と国王の愛を詩的に描き出したのではなかろうか。それはまた、夫人と国王との、この時点での関係を表現しているのかもしれない。

四　《バッコスとエーリゴネ》の着想源

第二節で述べたように、連作〈神々の愛〉の多くの場面は、オウィディウス『変身物語』中のよく知られたエピソードを主題としている。しかし、早い時期に優先的に制作された作品群に含まれる《バッコスとエーリゴネ》［口絵5］の主題は、[77]《アポロンとクリュティエ》［口絵4］と同様に、絵画の主題として時おり取り上げられていた程度であり、タピスリー作品の先行例は存在しない。この二つのタピスリーの最も重要な購買者は国王ルイ十五世であった。これまでの考察で明らかにされたように、《アポロンとクリュティエ》には国王の愛をめぐるイメージが織り込まれていた。第四節では、同じ作品群に属する《バッコスとエーリゴネ》もまた、同様に当時の王室への特殊な言及性をもって構想された作品である事実を示したい。以下、《バッコスとエーリゴネ》の新たな着想源を指摘し、それを手がかりにして、重層的に織りなされたこの作品のイメージを読み解くことを試みる。

《バッコスとエーリゴネ》の制作状況と購買者

第二節で述べたように、連作〈神々の愛〉の主題構成・制作順序の興味深い特徴は、《バッコスとエーリゴネ》や《アポロンとクリュティエ》など、オウィディウスに基づく過去のタピスリー連作に先行例をもたない数点の主題が、早い時期に優先的に織られている点にある。《バッコスとエーリゴネ》の制作年についていえば、一七四八年から一七四九年のあいだに織り出されていることから判断して、下絵の構想は一七四六年から一七四八年頃に検討されたと考えるのが自然であろう。

連作〈神々の愛〉の最も重要な購買者は王室関連であり、一七五〇年から一七五二年のあいだに九点すべて揃った連作を最初に購入したのは、ルイ十五世の長女を妃とするパルマ公フェリペであった。その後、ルイ十五世はこの連作を九回にわたって購入している。《バッコスとエーリゴネ》は《アポロンとクリュティエ》とともに、国王が最初に購入した六点のタピスリーからなるエディションに含まれている。さらに、二つの作品の最も重要な購買者が王室関連であることは、特筆に値する。(78) ここでは、《バッコスとエーリゴネ》が国王に好まれた理由として、古くから支配者をバッコスになぞらえる君主称揚の伝統があることに加えて、このタピスリーが《アポロンとクリュティエ》と同様に、王室の同時代の状況に関連した特別な意味をもつ作品であった可能性を検討してみよう。そこで、まずはこの主題の図像的な伝統について考察することから始めることにする。

《バッコスとエーリゴネ》の図像伝統

『変身物語』(巻六)によれば、機織の名手アラクネはミネルウァと技を競った際に、神々の愛を主題としたタピスリーを

図121　フランソワ・ブーシェ《人物習作》3色チョーク、旧フランツ・ケーニッヒ美術館

図122　フランソワ・ブーシェの下絵に基づく《バッコスとエーリゴネ》（タピスリー連作〈神々の愛〉より）口絵5の部分図

織り上げた。(79) そこには「バッコスがブドウに姿を変えてエーリゴネを欺く」場面があった。このように、オウィディウスのテクストにおいて、二人の恋はアラクネのタピスリーに関するエクフラシスとして、ごく簡潔に言及されている。

絵画的図像としては、多くの場合エーリゴネはブドウを手にするか、それを見つめる姿で描かれる。ブーシェのエーリゴネも、その人物習作素描［図121］が示すように、ひと房のブドウを手にしている。(80) しかしタピスリーにおいて、エーリゴネは、バッコスの従者に差し出されたかごから、ひと房のブドウを選び取るという設定に組み込まれている［図122］。さらに、エーリゴネはバッカントたちに取り囲まれている点においても、画面構想の上で伝統的な図像表現とは大きく異なっている。

エーリゴネの図像についてのまとまった研究はこれまでになく、ブーシェの作品の特殊性を理解するためには、まず十六世紀から十八世紀前半のフランスにおけるエーリゴネ図像の変遷を見直す必要がある。

1　十六世紀における星座としてのエーリゴネ

バッコスとエーリゴネの愛に関する典拠は『変身物語』であるが、エーリゴネはアポロドーロスの『神話集』をはじめとする古代の諸典拠において、悲劇的物語に登場する農夫イカリオスの娘として語られている。[81] イカリオスはバッコスからもらった酒を隣人たちにふるまった。酔った隣人は毒を飲まされたと思い、イカリオスを殺害する。エーリゴネは父を捜し歩き、その死体を発見して自ら首をつり、死後、神の計らいによって黄道十二宮の一つである乙女座になった。

ルネサンス時代には、星座となったエーリゴネを取り上げた文学・絵画作品が散見される。[82] 十六世紀フランスのプレイヤード派の詩人ロンサールは『アストレに捧げるソネットとマドリガル』（一五七八年）のなかで、星座エーリゴネによって象徴される意中の女性に恋焦がれる詩人の心情を歌い上げている。

美しきエーリゴネ、イカリオス族の女よ、／天に輝き、私の理性を押しやり／私の心に甘美な戦いを挑まんと／地上に降り立ったものよ／私は降参する。私を突き刺す愛の天使が／お前を眼の前にして哀れみを起こし／この束縛から優しく私を解き放つことを／願う以外に何ができるというのか／難破の危険に曝された私の船は／恋に焦がれて嵐のただなかに宙づりになっている／マストも帆も相当ひどい有様で／天に輝いておくれ、私のために／星の世界の私のアストレ、／輝き、救い、下帆を揚げ、導いておくれ。[83]（筆者訳）

ロンサール『アストレに捧げるソネットとマドリガル』

一五七八年

絵画や装飾美術の作例としては、バルダッサーレ・ペルッツィによるファルネジーナ荘のガラテアの間の天井画や、[84] ジュリオ・ロマーノの下絵に基づき一五七四年から一五七五年頃にフランドルで織られた〈グロテスクの月々〉の《八月》［図

123］の星座図像がある。[85] 後者の作品では、縁取り下部中央部分のメダイヨンに抱擁し合うバッコスとエーリゴネが表わされている。この図像表現は、タピスリーに付された銘文によれば、[86] オウィディウスを典拠としており、パノフスキーが指摘するように、バッコスがブドウではなく人の姿で表された特異な作例といえよう。[87] このエーリゴネ図像は、〈グロテスクの月々〉を手本としてゴブラン製作所で織られた〈アラベスクの月々〉を介して、十七世紀第4四半期にフランスにも知られていた。[88] しかしこのタイプの図像表現は、後述するように十八世紀前半に継承されることはなかった。

2 『変身物語』の版本挿絵と絵画伝統

『変身物語』版本にエーリゴネが挿絵として取り上げられるのには、結論を先取りすれば、十七世紀後半まで待たねばならない。十七世紀の早い時期に刊行された『変身物語』の一つ、ニコラ・ルヌアール訳のランジェリエ版（パリ、一六一九年）の場合、エーリゴネについて言及される巻六の冒頭に添えられたイザーク・ブリオによる挿絵には、[89] ミネルウァがアラクネを蜘蛛に変える場面が描かれている。その後、世紀半ばに刊行されたゲイ版（リヨン、一六五〇年）、クールベ版（パリ、一六五一年）は、ルヌアール訳に基づく『変身物語』であり、後者にはランジェリエ版の挿絵と同じブリオの挿絵が利用されている。[90]

図123 《8月》（タピスリー連作〈グロテスクの月々〉より）部分図、ブリュッセル、ウィーン美術史美術館

エーリゴネの挿絵は、宮廷詩人で劇作家としても知られるイザック・ド・バンスラード作『ロンド形式によるオウィディウスの変身物語』(一六七六年)〔図124〕にはじめて見出される。[91] そのテクストの特徴は「バッコスがブドウに姿を変えてエーリゴネを欺く」というオウィディウスの手短な語りを脚色し、二人の愛の結末やエーリゴネの性格描写をしている点にある。誇り高いニンフのエーリゴネに恋したバッコスは、ブドウに変身して彼女を欺き征服する。

ブドウの房となったバッコス

ニンフのエーリゴネに恋したバッカスは／ブドウの房に身を変えた。彼女はブドウが好きだから。／まったく、それは些細なことだけど、だがしかし、／結局女の虚栄に勝るものはないのだから。／バッカスはエーリゴネに容易く勝ち、／そして、この酒神は／酒でうまいこと愛を味方につけたのだ。／誇りを捨てさせようと試みて／房の姿でこの素晴らしい女に気に入られ／こうしてその心にたどり着いたのだ。／それは些細なことだけど。／まったく新しく、奇妙な運命だ、／あの誇り高い彼女が、だまされて／その名誉がブドウに躓いたとは。／ここで寓話は、ある皇帝がブドウの種に喉を詰まらせた／昔語りに見えてくる。／それは些細なことだけど。[92]（筆者訳）

バンスラード『ロンド形式によるオウィディウスの変身物語』一六七六年

テクストに添えられたフランソワ・ショーヴォによる挿絵〔図124〕には、愛神が手にした見事なブドウが、エーリゴネの掲げる杯に酒となって注がれる情景が描写されている。挿絵には、テクストに登場しない二人のサテュロスが認められるが、彼らはバッコスの存在と好色な意図を暗示するための補助的モティーフとして描き加えられたのだろう。

バンスラードの『ロンド』は、一六六一年から親政を開始したルイ十四世の命を受けて執筆・出版された。当時の文人・芸術家たちの最大の関心事が栄光に輝く王の表象を生み出すことであったからには、[93]『ロンド』におけるオウィディウス神話のパラフレーズ全般にも、そのような基本的意図を読み取ることができる。したがって、新しいタイプのエーリゴネ図像の登場は、ルイ十四世を称揚するイメージ体系の創出という文脈の内部に位置づけられるわけである。たとえば、「エーリゴネの愛を勝ち取るバッコス」という『ロンド』の発想は、バンスラードやキノーによる牧歌劇『アモルとバッコスの祭典』のシナリオを連想させる。[94] この芝居はフランシュ＝コンテ地方の獲得を慶賀する目的で、一六七四年にヴェルサイユで催された祝祭で上演された。芝居の最終場面では、愛神とバッコスのどちらが偉大かについて論じられ、両者共に素晴らしい神であると結論づけられて幕が閉じる。女性を征服するエピソードによって暗喩的に領土の獲得を意味するレトリックは古くから知られており、[95]『ロンド』の挿絵においてブドウによって暗示されるバッコスにも、「偉大なる国王」のイメージが重ね合わされていると考えられる。

『ロンド』の刊行後まもなく出版された劇作家トマ・コルネイユによる『変身物語』（パリ、一六九七年／リエージュ一六九八年）にも、二人の恋が数行の詩句のなかでドラマティックに語られている。[96]

ブドウの房に扮したバッコス 寓話 四

バッコスは愛するエーリゴネを騙すため／彼の方で、世にも珍しい策略を用いたのだ。／美しい人はブドウ摘みの最中に運命に負ける。／ブドウの房は輝く深紅に美しく／エーリゴネにむさぼるように摘みとられ／彼女はそれを手にとって、うっとり見つめ、そして、心が燃え立ち／こうして自分が魅了した神の力を感じるのだ。[97]（筆者訳）

トマ・コルネイユ『変身物語』一六九八年

ブドウに魅了されたエーリゴネがその神の力を感じた、というテクストは、『ロンド』と同じくバッコスの偉大さを強調している。パリ本に添えられたフランツ・エルタンジェールの挿絵［図125］は、明らかに先行するショーヴォの挿絵に手が

図124　フランソワ・ショーボ《ブドウになったバッコス》（イザック・ド・バンスラード『ロンドによるオウィディウスの変身物語』より）パリ、王立印刷局、1676年

図125　フランツ・エルタンジェール《ブドウになったバッコス》（トマ・コルネイユ『オウィディウスの変身物語』より）パリ、ジラン版、1697年

加えられたものである。

十八世紀前半には、エーリゴネを主題にした絵画作品が散見される。それらは二つのタイプに分けられる。一つ目は、ジャン＝フランソワ・ド・トロワの作品やエティエンヌ・モーリス・ファルコネの彫像(98)［図126］にみられるもので、ショーヴォの挿絵［図124］のように、エーリゴネはブドウと共に全身で表現される。ブーシェのエーリゴネは、ポーズや着衣の描写においてショーヴォの挿絵と一定の共通性を示しており、さらに二つの作品の舞台背景――木々のあいだに装飾的モティーフとして描き込まれたドレーパリー――も、類似した印象を受ける。フランス宮廷でよく知られた『ロンド』の版本挿絵は、ブーシェの着想源の一つと見なせるかもしれない。

図126　エティエンヌ・モーリス・ファルコネ《エーリゴネ》セーヴル、国立陶磁器美術館

図127　カルル・ヴァンロー《エーリゴネ》1747年、アトランタ、ハイ美術館

図128　グイド・レーニ《エーリゴネ》スイス、個人コレクション

二つ目は、カルル・ヴァンローの作品［図127］のように、半身像のエーリゴネを近距離から描写するものである。[99]この図像タイプは、美術アカデミーで高く評価されていたイタリア画家グイド・レーニによる《エーリゴネ》［図128］の系譜上に位置づけられる。[100]レーニの作品は十八世紀にフィリップ・オルレアン公のコレクションにあり、セバスティアン・ルクレールの版画を通じて広く知られていた。

以上のような図像の変遷が示すことは、フランスでは『変身物語』を典拠とするエーリゴネ図像がルイ十四世の時代を契機に、国王を暗示する偉大なるバッコスというイメージとともに版本挿絵を通じて流布し、その図像表現は十八世紀前半にも一つの表現パターンとして継承された、ということである。

一七四七年のバレエ『エーリゴネ』

前節では版本挿絵と絵画を中心に「バッコスとエーリゴネ」の主題に関連する図像表現の変遷を跡づけた。『変身物語』を典拠とする「バッコスとエーリゴネの愛」のイメージは、ルイ十四世のイメージ体系に関連した版本挿絵を介して広く知られるようになった。おそらくブーシェは、こうしたブルボン王朝に関連した図像的伝統を参照しながら、タピスリーを構想したのであろう。本節では、おそらくブーシェの主題選択を決定づけたと思われる同時代の状況を提示することによって、エーリゴネの恋物語に重ね合わされた暗示性の内容を明らかにしたい。まず、再びブーシェのタピスリーを観察することからはじよう。

タピスリー［口絵5］のエーリゴネは音楽を奏で、歓談をするバッコスの従者たちに取り囲まれており、その画面構成は十七、十八世紀の版本挿絵や絵画作品にみられるエーリゴネ図像とは大きく異なっている。ブーシェの連作が構想されていたのと同じ頃、ナトワールがこのような多数の人物に取り囲まれた人物配置を試みていたことに留意したい。ナトワールの

図130 《バッコスとエーリゴネ》口絵5の部分図

図129 シャルル＝ジョセフ・ナトワール《バッコスの勝利》1747年、160 × 194 cm、パリ、ルーヴル美術館

制作年	作品名	特徴
1639	Jean Desmarets de Saint-Sorlin, *Érigone, tragi-comédie*, Paris : H. Le Gras, 1642.	ジャン・デマレ・ド・サン＝ソルランによる悲喜劇。タプロバネ国の王妃の娘エーリゴネとアラビアの王子プトロメの結婚をめぐる物語。イカリオスの娘エーリゴネとの関連性はない。
1731	François-Joseph de La Grange-Chancel, *Erigone, tragédie*, Paris : Vve de P. Ribou et P.-J. Ribou, 1732.	フランソワ＝ジョセフ・ド・ラ・グランユ＝シャンセルによる悲劇。初演は1731年12月17日。古代ギリシアを舞台にした物語で、主人公エーリゴネはエピュロスの王妃、アイアキデス族の最後の末裔として登場する。イカリオスの娘エーリゴネとの関連性はない。
1732	Pierre-Charles Roy, *Le Ballet des sens, représenté pour la 1re fois par l'Académie royale de musique* [Paroles de Roy, musique de Jean-Joseph Mouret.], Paris : Jean-Baptiste-Christophe Ballard, 1732. ※ actes 5. Le Goût : Bacchus et Erigone.	ピエール＝シャルル・ロワ（台本）、ジャン＝ジョセフ・ムレ（音楽）によるオペラ・バレエ。初演は1732年6月5日。エーリゴネとバッコスはが登場する「味覚」は初演には含まれず、1732年8月14日の上演の際に新たに加えられた。バッコスとエーリゴネは第5幕「味覚」に登場する。
1745	Voltaire, *Le temple de la Gloire, feste donnée à Versailles, le 27 novembre 1745* [Préface et texte de Voltaire, pour une musique de Jean=Philippe Rameau], Paris : Jean-Baptiste-Christophe Ballard, 1745. ※actes 2. Bacchus et Erigone.	ヴォルテール（台本）、ジャン＝フィリップ・ラモー（音楽）によるオペラ・バレエ。初演は1745年11月27日（ヴェルサイユ）。ルイ15世の栄光を称揚する物語で、バッコスとエーリゴネは第2幕に恋人たちとして登場する。
1747	Charles-Antoine Leclerc de La Bruère, *Érigone, ballet représenté devant le Roy, sur le Théâtre des petits appartemens, à Versailles* [paroles de Leclerc de La Bruère et musique de Jean-Joseph de Mondonville], s.l., 1748.	シャルル＝アントワーヌ・ルクレール・ド・ラ・ブルエール（台本）、ジャン＝ジョセフ・ド・モンドンヴィル（音楽）によるオペラ・バレエ。初演は1747年3月13日（ヴェルサイユ）。エーリゴネとバッコスの愛の物語。

表11 17-18世紀前半に上演された「エーリゴネ」に関する演劇（筆者作成）

《バッコスの勝利》［図129］には、中央でブドウを眺めるエーリゴネの周りを囲むように、バッカントやサテュロスが配されている。[101] たしかに多数の人物像によって構成されるブーシェのエーリゴネ図像は、ナトワールのそれに近い。ナトワールの作品はブーシェも参加した一七四七年の美術アカデミー主催のコンクールに出展されたことから、ブーシェがこの作品を参照した可能性は高い。とはいえ、ナトワールは画面奥にも凱旋車に乗るバッコスを描いており、一つの場面にこの神の複数のイメージを組み合わせている点において、ブーシェの作品と画面構想の上ではっきりとした相違がある。

さらに、ブーシェのタピスリーには、ナトワールの作品をはじめ、すでにみたエーリゴネ図像にはない「演劇の仮面」［図130］が描かれていることに注目しよう。この仮面は、本作品の着想が演劇と関連していることを暗示する示唆的なモティーフであると考えられないだろうか。十七、十八世紀にはエーリゴネの登場するいくつかの演劇作品が作られている［表11を参照］[102]。これまでの研究で指摘されていない事実だが、ここでタピスリーと関連して特筆に値するバレエ作品がある。それは、ブーシェの作品が構想されていた時期に重なる一七四七年三月十三日、ヴェルサイユにおいてルイ十五世の臨席のもとで上演された『エーリゴネ』［図131］である。[103] このバレエは、国王の愛妾ポンパドゥール夫人が主催する小部屋劇団（テアトル・ド・プチ・キャビネ）によって演じられ、夫人自らがエーリゴネ役として出演した。その筋書きは、バッコスに恋したエーリゴネが、愛神の力をかりて、彼女に無関心であったバッコスの愛を勝ちえるというものである。つまり、オウィディウス以来知られていた「狡猾な手段でエーリゴネを籠絡するバッコス」という神話の内容が完全に逆転し、「高貴な神バッコス」に恋したエーリゴネが、

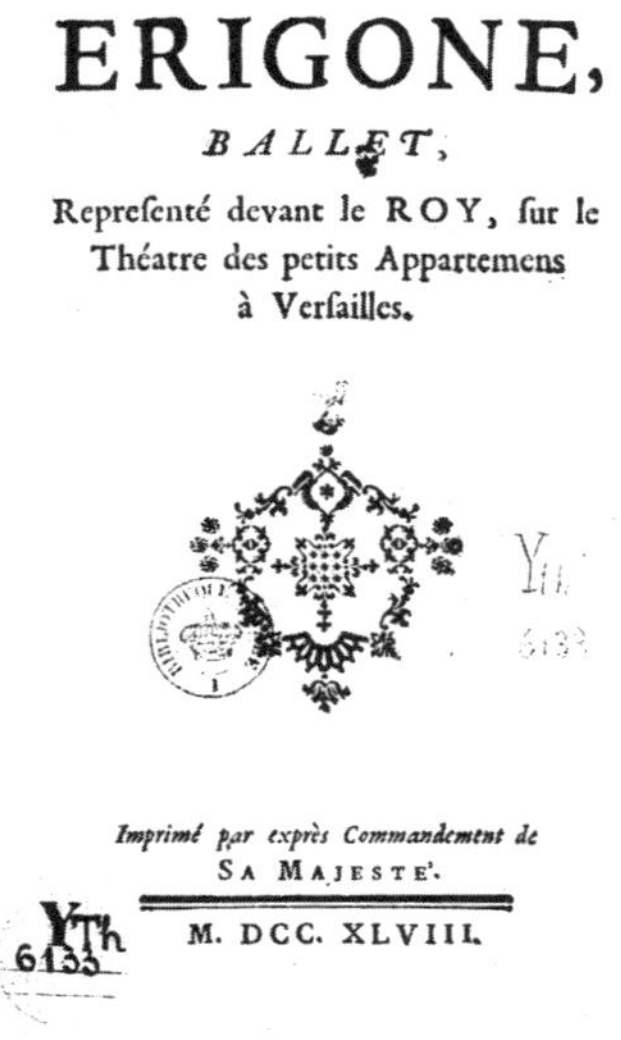

図131　シャルル＝アントワーヌ・ルクレール・ド・ラ・ブルエール『エーリゴネ』（1747年初演）1748年

アモルの力を借りて愛を成就する」という筋へと読み替えられているわけである。また、アポロドーロスが語るイカリオスの殺害やエーリゴネの自殺などの不吉なエピソードはすべて排除され、バレエは二人の幸福な結び付きによって閉じられる。このような根本的な筋の改変は、いまや国王の愛妾となったポンパドゥール夫人によって演じられる舞台のために、当然必要なものであったことは想像に難くない。

バレエの冒頭は、エーリゴネが愛神に懇願する次の台詞から始まる。「私の愛する英雄を勝ちえるために、私の目に愛の炎をください［……］。バッコス、私たちの豊かな土地の誇り高きこの勝利者が、私の最も激しい情熱を掻き立てる」(104)。英雄バッコスという発想は、ルイ十四世時代の『ロンド』にみられるイメージを継承するものである。すなわち、バレエの台本には、エーリゴネになぞられたポンパドゥール夫人が、愛神の力を借りてバッコスに象徴される国王の愛を勝ち取る、というメッセージが巧妙に織り込まれているのである。

ここで台本とタピスリーを比較してみると、タピスリーの舞台設定はバレエのそれと同じ田園であり、バレエに登場するバッカントやシルウァーヌス、ニンフは、ブーシェのエーリゴネの周囲を取り囲む多数の人物像と関連づけることができる。とはいえ、台本にはバッコスがブドウに扮してエーリゴネを誘惑する場面はない。しかし、ブーシェはこのバレエの筋書きに一致するようなエーリゴネの描写を試みているようである。エーリゴネは従者が差し出す果実が盛られたかごのなかから、ひと房のブドウを取り上げており、その描写はバレエに登場する「バッコスの愛を勝ち取るエーリゴネ」を想起させる。一方、バッコスの存在はエーリゴネが手にするブドウによって示されていると同時に、前述の仮面のモティーフにも暗示されている。この仮面の頭部は、バッコスのアトリビュートそのままに、冠のようにブドウの実で飾られており、前景に配されたバッカントの視線を受けて画面のなかで存在感を放っている。さらに、仮面の眼差しは、エーリゴネに向けられているようにも見える。

また、豊かな果実が差し出されるという設定は、バレエの幸せな結末——国王の愛が与えられる——を暗示しているように思われる。同時に、従者が差し出すかごに溢れるように盛られたブドウや果実は、バッコスによって大地にもたらされる豊かな実りを意味し、それは国王ルイ十五世によってもたらされるフランスの豊穣（台本冒頭の台詞にある「私たちの豊かな土地」）を象徴するイメージと解することができる。

《アポロンとクリュティエ》に関連してすでに指摘したような時代背景を考慮するならば、《バッコスとエーリゴネ》もまた「国王とポンパドゥール夫人の愛」を祝福する意を込めて構想された可能性はきわめて高い。事実、バレエ『エーリゴネ』の台本は国王の命を受けて特別に出版されており、そのような時期を見計らったように制作された同主題のタピスリーが、同じ文脈において受けとられなかったはずはなかろう。連作〈神々の愛〉のなかで、《バッコスとエーリゴネ》とともに早い時期に織られた《アポロンとクリュティエ》もまた、国王と夫人の愛を暗示させる作品であった。

このように《アポロンとクリュティエ》と《バッコスとエーリゴネ》には、国王とポンパドゥール夫人の愛の祝福を意図する私的なイメージとが、暗示的に織り込まれていると考えられる。とはいえ、〈神々の愛〉は王室からの注文を受けて企画された連作ではない。だとすれば、ブーシェはなぜ、この時期に国王の関心に焦点を定めたタピスリー制作を試みたのだろうか。この問いに答えるために、最後に当時の美術界の動向とブーシェの画業を中心に本連作の制作の背景をなす文脈を明らかにしたい。

五　制作背景と本連作の制作意図

一七四七年の美術アカデミーの改革

ブーシェの連作〈神々の愛〉が構想された一七四〇年代後半、美術アカデミーは大きな変革期にあった。[105] ブーシェの連作はこの美術アカデミーの改革の一環として企画されたコンクールと、ある内的な関係をもっている。ここではまず、美術アカデミーの改革についての概略をみておくことにしよう。

美術アカデミーでは一七四五年、王室建造物局総監に着任したポンパドゥール夫人の義理の叔父トゥルヌエムが、シャルル・コワペルの指揮のもと、アカデミー創設当時の理念に立ち返り、王権の擁護に有益な歴史画家の育成を推進した。この改革が目指したことは古典主義的美術の復興であった。古典主義に立ち返ることになった背景にはさまざまな要因が考えられるが、ここでは、一七四〇年代に国王の寵姫となり、諸芸術のパトロンとして君臨するポンパドゥール夫人とその取り巻きに着目して、彼らの政治的策略が美術の領域におけるルイ十四世時代への懐古的風潮と密接に結びついていることを論じたい。

トゥルヌエムはポンパドゥール夫人の昇格とともに美術アカデミーを指導することになった。徴税請負人出身のトゥルヌエムは美術行政に精通していなかったことから、美術アカデミーの院長で、一七四七年より国王付き首席画家となるシャルル・コワペルを相談役として、ルイ十四世親政下の美術アカデミーを組織したコルベールをモデルとした一連の事業に着手した。

コルベールのモデルは、ヴォルテールが一七四〇年代に着手し一七五一年に完成をみた著書『ルイ十四世の世紀』に体現されるように、ルイ十四世の治世に対する理想化されたヴィジョンに基づいていた。すなわち、賢明な専制君主、国王ルイ十四世が、新たな芸術庇護者コルベールの仲介によって美術と文学を開花させる、というものである。このモデルを支持したのは、ルイ十五世治下の文芸学者たちであった。ルイ十四世時代の文芸学者は国王から厚遇され、十分な年金や支援が与えられていたからである。このような状況から、コルベール統治下のよき時代への懐古の念が当時湧き上がっていた。

ヴォルテールは、ポンパドゥール夫人を介して一七四四年頃に宮廷詩人としてヴェルサイユに出入りするようになり、一七四五年には修士官、アカデミー・フランセーズの会員となり宮廷での地位を獲得した。夫人にもコルベールのモデルの有用性を説いた。すなわち、トゥルヌエムと同じく徴税請負人の階層出身のポンパドゥール夫人が宮廷で権力を行使するにあたっては、コルベールのモデルに倣い、自ら国王ルイ十五世との仲介役となり、芸術家たちを庇護することによって彼らの敬意を集め地位を確実なものにしていく、というストラテジーである。

コルベールのモデルは、絵画の分野においては、かつての美術アカデミーの体制への復帰、歴史画を奨励する傾向へと向かった。一七四八年は美術アカデミー創設百周年に当たる年であり、アカデミーの理念や国王の威厳を飾る宮廷画家を育成することが再確認された時期でもあった。美術アカデミー創立当初のメンバーの生涯と作品が講演において取り上げられたことも、注目されよう。

実際、当時の美術の傾向はといえば、ラ・フォン・ド・サン＝ティエンヌによるサロン批判（一七四七年）に示されるように、際立った歴史画離れの状況にあった。ルイ十四世時代の美術の賛美者であるラ・フォンは、室内を飾るための眼に心地よい装飾画や肖像画が幅を利かせているサロンの現状を辛辣に批判し、ラファエッロ、カラッチ、プッサンやル・ブランをモデルとする古典的文学に取材した歴史画の重要性を主張した。ブーシェもまた辛辣な批評の対象になった。

このような美術の状況下、トゥルヌエムやコワペルによる、ルイ十四世時代をモデルとした歴史画の復興を目指す一連の改革が試行されることになったわけである。その一環として、一七四七年のコンクールが企画された。

美術アカデミーのコンクールと〈神々の愛〉との関連

一七四七年のコンクールの目的は、ルイ十五世にとって有益な画家を見きわめ、歴史画という最も優れた絵画ジャンルを刷新し、それを経済的に支援するために、出展作品を王室の宮殿を飾るための作品として購入することを保証するというものであった。(106) 主題の選択は参加者に一任された。

コンクールには十一名の画家が参加した。カルル・ヴァンロー、セバスティアン・ルクレール、ジャン・レストゥ、(107) ルイ・ガロッシュ、ジャック・デュモン、(108) コラン・ド・ヴェルモン、エティエンヌ・ジョラ、ジャン＝バティスト・マリー・ピエール、ナトワール、ピエール＝ジャック・カーズ、(109) そしてブーシェである。

ブーシェはこのコンクールに《エウロペの略奪》［図132］を出展した。(110) コリン・ベイレーが指摘するように、ブーシェにオウィディウスの『変身物語』に基づきながらも、古代ギリシアの牧歌詩人モスコスの詩に着想を得ることで、よく描かれる「エウロペ」の主題を刷新することを試みたと考えられる。(111) このコンクール作品と〈神々の愛〉の同主題のタピスリー［図133］は、構図や表現に著しい類似がみられることから、両作品の緊密な関連性が指摘されている。実際、《エウロペの略奪》の最初のタピスリーが織られたのは一七五〇年以降であることから、(112) その下絵制作は一七四八年前後の可能性が高く、両者の年代はほぼ一致している。なお、このコンクールの結果は、嫉妬による混乱を回避するため、参加者の合意によって全員受賞となった。

絵画とタピスリーそれぞれの媒体で同じテーマを表現した背景には、歴史画家として、また、タピスリー・デザイナーとして、両芸術における技量を示し、宮廷画家として取り立てられようとしたブーシェの意図を読み取ることができるだろう。

図132　フランソワ・ブーシェ《エウロペの略奪》1747年、油彩、カンヴァス、160 × 193 cm、パリ、ルーヴル美術館

図133　フランソワ・ブーシェの下絵に基づく《エウロペの略奪》(タピスリー連作〈神々の愛〉より)ボーヴェ製作所、1750-1772年、365.76 × 441.96 cm、ロサンゼルス・カウンティ美術館

「王権の称揚にとって有益な歴史画家を見きわめる」ことを目的に企画されたこのコンクールにおいて、ブーシェは大規模なタピスリー連作の企画に関連した作品を出展することによって、「国王の画家」にふさわしい豊かな才を示すことを狙ったのではないだろうか。すでに述べたように、一七四〇年代のブーシェは、コワペルやナトワールなど同時代の美術アカデミーの画家たちと、依然として激しい競争関係にあった。[113] このような状況のなかで、一七四〇年代後期のブーシェが〈神々の愛〉の下絵制作を通じて、何を達成しようとしていたのか、改めて考察する価値がある。

一七四七年のコンクールに参加した十人の競争相手のうち四人、ナトワール、ヴァンロー、レストゥ（一七一九―一七六八年）、エティエンヌ・ジョラは、ブーシェのボーヴェ製作所での活動期間とほぼ同時期に、国王のためにゴブラン製作所に下絵を提供していた［表12を参照］。そのうち前者三名は一七三〇年代後半にブーシェとともにオテル・ド・スービーズの装飾計画にたずさわったライヴァルでもあった。この時期に、王立ゴブラン製作所に下絵を提供していた画家について整理しておこう。ゴブラン製作所では、七人の画家が連作を手がけており、そのうち美術アカデミーの肖像画家で、国王の動物・狩猟画家であったフランソワ・デポルトをのぞく六人――ヴァンロー、シャルル・コワペル、ジョラ、ド・トロワ、ナトワール、デポルト、レストゥ――はみな歴史画家であった。この六人のうち四人が一七四七年のコンクールにおいてブーシェと競ったわけである。

ボーヴェの下絵制作をほぼ一手に引き受けていたブーシェが、その主題選択において、ライヴァルたちの手になるゴブラン製作所のタピスリーを強く意識していたであろうことは想像に難くない。彼らが、ボーヴェより格上のゴブランのデザインを手がけていることに、ブーシェが無関心であったはずはない。後述するように、一七四八年コンクールの翌年に国王からのタピスリーの下絵を依頼される――実現しなかったにせよ[114]――までに実力を蓄えていたブーシェが、ゴブラン製作所への移籍の機会を期していたであろうことは十分考えられる。一七四七年のコンクールにおけるブーシェの主題選択は、王立ゴブラン製作所において神話や歴史をテーマとするデザインを手がけていたライヴァルたちに負けない力量を示す、という狙いがあったに違いない。

画家	連作名	1736-1741 スービーズ	1747 コンクール	美術アカデミーにおける地位 （1740年代以降）
ヴァンロー	テセウスの物語（1744）	○	○	教授（1737-） 王立選抜制学校校長（1749） 主幹（1754） 院長（1763） 国王付き首席画家（1762-1765）
コワペル	オペラの断章（1734） ドレスデンのタピスリー（1747）			院長（1747-1752） 国王付き首席画家（1747-1752）
ジョラ	ダフニスとクロエ（1738-1741） 村の祭り（1750）		○	教授（1743-） 国王の絵画監督官（1767-） 副院長（1784-）
ド・トロワ	エステルの物語（1737） イアソンの物語（1743）			ローマのアカデミー院長（1738-1751）
ナトワール	マルクス・アントニウスのタピスリー（1741）	○	○	教授（1737-） 主幹（1752-） ローマのアカデミー院長（1751-1775）
デポルト	新しいインド（1737）			1661-1741年没
レストゥ	諸芸術のタピスリー（1739）	○	○	教授（1733-） 主監（1752-） 院長（1760） 副院員長（1761）
ブーシェ	イタリアの祭り（1736、1744） プシュケの物語（1741） 中国主題のタピスリー（1743） 神々の愛（1749） オペラの断章（1752） 高貴なパストラル（1755）	○	○	教授（1737-） 准主監（1751-） 院長（1765-52） 国王付き首席画家（1747-1752）

表12　1735-1750年代前半のゴブラン製作所の下絵画家たちとブーシェ（筆者作成）

ゴブラン製作所では、伝統的に歴史画を主題とする作品が織られていた。一方、〈神々の愛〉以前にボーヴェ製作所で織られたブーシェの三連作のうち、国王の注文で作られた〈プシュケの物語〉をのぞく二つの連作は、当世風のテーマであった。(115) したがって、〈神々の愛〉という神話主題への取り組みには、次章で詳しく論じるように、王立ゴブラン製作所において伝統的な歴史画主題の下絵を手がけていたナトワール、ヴァンロー、レストゥなどのライヴァルたちに伍する才を披露する、という狙いが込められていたと推測される。〈神々の愛〉の下絵制作は、歴史画家ブーシェの実力をとくに王室に対してアピールするという意味で、美術アカデミーのコンクールと緊密に連動していたことは疑いない。

当時のブーシェはゴブラン製作所に下絵を提供したことがなかった。ゴブラン織りの大型下絵はサロンにおいて多くの場合「王のために制作されるタピスリー」の下絵であることを伝えるコメントとともに展示されていた。ゴブラン製作所に下絵を提供することは、画家にとって非常に名誉なことであった。[116] このような文脈を考慮するならば、ブーシェはゴブラン製作所での下絵制作への進出を視野に入れて、コンクール出展作品と緊密に連動したタピスリーを制作したものと思われる。

＊

連作〈神々の愛〉の下絵が制作された一七四〇年代後半、ブーシェはさまざまな有力画家たちと激しく競い合っていた。彼らの多くは、ゴブラン製作所のため下絵を提供していた。なかでもナトワールやヴァンローは、オテル・ド・スービーズの装飾以来のブーシェのライヴァルであり、一七四七年のコンクールでも互いにしのぎを削る間柄であった。彼らがブーシェとほぼ同じ時期に「エーリゴネ」の主題を取り上げているのは、決して偶然ではなかろう。[117] このような競合関係からすれば、ブーシェにとってボーヴェ製作所の〈神々の愛〉の下絵制作は、やがて最大のパトロンとなるポンパドゥール夫人と国王に対して、ライヴァルに比肩する力量を示すための絶好の機会であったと考えられる。この連作は、また、宮廷画家ブーシェが最終的に首席画家に至る輝かしいキャリアを構築していく上で、鍵となった仕事として位置づけることができる。タピスリー制作活動がブーシェにとって、同時代のライヴァルたちを凌駕していくための重要な競争の場であった可能性について、ブーシェが次に手がけた連作〈オペラの断章〉を取り上げて検討したい。

註

1　一七四三年のサロン出展作品は次の通り。《ウェヌスの誕生》とその対作品《ウェヌスの化粧》、二点の国王のメダルのキャビネの装飾画《歴史（クレイオ）》と《悲劇（メルポメネ）》、《水車小屋のある風景と鳥にえさを与える夫人》とその対作品《洗濯女と塔のある風景》、《鳩小屋と橋から釣人を見る母子》である。

2 *A propos du Salons de 1743.*

3 A&W fig. 78-79.

4 一七四五年のサロンに出展された二点の油彩画は《パストラルの主題》と《水から上がるウェヌス》（グアッシュによるエスキス）である。

5 ルイ＝マラン・ボネ（一七三六―一七九三年）は、赤チョークの特徴をそのまま伝える版画技法クレヨン・マナーを生み出し、ブーシェによる三色チョークによる作品を精力的に版画として売り出す。クレヨン・マナーについては、Griffiths 1980を参照。

6 ブーシェがヴァトーの素描を版刻する作業を通じて、自己の素描スタイルを確立していく一例については、筆者によるヴァトーの素描解説を参照されたい。小林二〇〇八を参照。

7 ブーシェの市場向けの素描とそれに基づいた版画については、今後詳細に研究することを予定している。

8 *A propos du Salons de 1745. Fond Deloyens*, p.307, 308, Cabinet des Estampes.

9 *Liste des meilleurs peintres, sculpteurs et graveurs de l'Académie royale de peinture et de sculpture de Paris* dans Portefeuille de Bachaumont, Paris, Bibliothèque de l'Arsenal.

10 ①一七三七年「ブーシェ、R［ローマ留学］。ルモワーヌの弟子。P［風景画専門］」Bachaumont (m.s.) dans A&W doc. 68参照。②一七三八年の一覧は一七三七年と同一。③一七四一年「国王付き首席宮廷画家、故ルモワーヌの弟子。ナトワール、R［ローマ留学］。オテル・ド・ロルングヴィル［在住］。サン・トマ・ド・ルーヴル通り。ブーシェ、R［ローマ留学］。ロングヴィルの近く［在住］」Bachaumont (m.s. fol° 324) ④一七四二年の一覧は一七四一年と同一。」Bachaumont (m.s. fol° 329) ⑤一七四三年の一覧は、住所以外前年と同一。ブーシェが引っ越したことを受けて、旧番地に傍線が引かれ、次の新しい住所が記されている。「ブーシェ、R［ローマ留学］。P［風景画］サントノーレのグレネル通り、ド・エキュ通りの向かい［在住］。」（筆者訳）。

11 Bachaumont (m.s. fol° 330) を参照。なお、一七四六年の一覧は一七四五年と同一である。Bachaumont (m.s. fol° 324) を参照。

12 Verèb 1997, p. 247.

13 *Mercure de France*, octobre 1746, *Fond Deloyens*, p. 312.

14 Forti 1994, p. 523-526, nº 176.

15 Cat. Vente Londres, Christie's, The Wildenstein Collection auction, 14 et 15 décembre 2005.

16 Cat exp. Colorno 1998, p. 189.

17 *Ibid.*, nº 44.

18 *Ibid.*, nº 46.

19 本連作に関連づけられる油彩画については、A&W 344-352を参照。

20 本連作に関する主要論文としては、Standen 1984, p. 63-84 ; Standen 1985, t. II, p. 534-543 ; Forti Grazzini 1994, t. II, p. 512-530, n°s 174-177 ; Adelson 1994, p. 120-127, nº 20 ; Bremer-David 1997, p. 120-127, nº 12を参照。

21 本章の調査研究は、二〇〇九年度鹿島美術財団研究「美術に関する調査研究」の助成を受けて遂行したものである。その成果は、小林二〇一〇aを参照されたい。

22 Koshikawa 2008.

23 Posner 1971, t. I, p. 93-108 ; Dempsey 1995.

24 Cat. exp. Paris-Philadelphie-Fort Worth 1991-1992, p. 306-313, nº 47.

25 Fenaille 1903-1923, t. I, p. 345-346.

26 Cat. exp. Grenoble-Rennes-Bordeaux 1989-1990, p. 240-246.

27 Standen 1988.

28 Jestaz 1979.

29 Bertrand 1990a.

30 〈神々の愛〉の《ウェヌスとウルカヌス》については、シャルル・ル・ブランの下絵に基づいてゴブラン製作所で織られた四点連作〈四大元素〉の《火》の主題として取り上げられている。

31　フェリペの注文については本章の註60を参照。

32　Coural et Gastinel-Coural 1992, p. 164.

33　〈プシュケの物語〉については本書、第三章「連作〈プシュケの物語〉（一七四一年）」を参照。〈プシュケの物語〉の制作以後、ボーヴェ製作所において毎年新しい連作が作られることはなかった。

34　国王は〈神々の愛〉外交上の贈り物としても利用していた。Maze-Sencier 1885, p. 335 ; Bremer-David 1997, p. 125.

35　クリュティエに関する図像については、Pigler 1974, t. II, p. 61, t. III, nº 188 ; Reid 1993, t. I, p. 306-308を参照。ピグラーが指摘しているヴァトーに帰属される作品はその後、フランソワ・ルモワーヌ作と同定されたが、ボルドーはそれをブーシェの初期作品とみている（その判断根拠は不明）。同作品はA&Wには掲載されていない。Bordeaux 1984, p. 137.

36　オウィディウス一九八一、上巻、一六八―一六九頁を参照。

37　Ovide, *La Métamorphose d'Ovide figurée, dessiné par Bernard Salomon*, Lyon : Jan de Tournes, 1557.

38　Ovide, *La Métamorphose d'Ovide figurée*, Lyon : Jan de Tournes, 1557.

39　一五五七年版の誤解はほどなく刊行された訳本（Ovide, *Les XV livres de la Métamorphose d'Ovide*, Paris : H. de Marnef et G. Cavellat, 1574）において正されているが対する挿絵は刷新されず、ソロモンの挿絵によく似たものが使われている。クリュティエの物語は十七世紀初頭に刊行された訳本（Ovide, *Les métamorphoses d'Ovide*, trad. par N. Renouard, Paris : Vve Langelier, 1619, p. 107）ではより詳しく記されている。また、ルネサンス期における神話図像の解釈については、Seznec 1940を参照。

40　Marolles 1655.

41　McAllister Johnson 1968.

42　Benserade 1676 ; Préaud 1980, p. 25-33を参照。ルクレールの挿絵は一六九七年にパリで刊行された『変身物語』のモデルとしても利用された。Ovide, *Les Métamorphoses d'Ovide*, trad. par T. Corneille, gravure par F. Ertinger, Paris : J.-B. Coignard, 1697を参照。

43　Benserade 1676, p. 91.

44　Ripa 1644, p. 140-141を参照。この身振りはルポートルの彫像（一七二六年作、個人蔵）にも見いだせることから、クリュティエ図像の定型として十八世紀前半には確立をみたと考えられる。ルポートルの彫像については、Souchal 1977-1993, t. III, p.

387, n° 40を参照。

45 Apostolidès 1981 ; Burke 1992 ; Sabatier 1999 ; Milovanovic 2005 ; Cat. exp. Versailles 2009-2010.

46 Souchal 1977, t. III, p. 336, n° 20.

47 Gustin-Gomez 2006, t. II, p. 63, n° P. 92.

48 ベルタンの作品については、Lefrançois 1981, p.158, n° 169, fig. 82を参照。クリュティエを主題とした同時期の作例としては、Lefrançois 1994, p. 172-173, n° P. 31 ; Leribault 2002, n^{os} P. 32, 60, 153を参照。

49 十八世紀前半にパリで刊行された『変身物語』の訳本としては次のものがある。*Les Métamorphoses d'Ovide*, trad. par Mr Du Ryer, Paris : Vve C. Barbin, 1704 ; *Les Métamorphoses d'Ovide*, trad. par M. l'Abbé Banier, Paris : Huart, 1737 ; *Les Métamorphoses d'Ovide*, trad. par M. l'Abbé Banier, Paris : Aux dépens de la Compagnie, 1742.

50 Paradin 1557, p. 41-42.

51 *Ibid.*, p. 41-44.

52 Ménestrier 1669.

53 ヒマワリの図像には、「ヒマワリが太陽の意のままに向きをかえられるように、向きを変える」というモットーが添えられている。Le Moyne 1666, p. 349を参照。

54 「この植物［ヘリオトロープ］は曇った日にも太陽について回る。あの発光体に対する愛情はそんなにも強いのだ」。プリニウス一九八六、二九頁を参照。

55 Scève 1544.

56 *Ibid.*, p. 67を参照。セーヴ一九九〇、一一二一一一三頁）に基づく筆者による訳。

57 Vaenius 1608, p. 74-75.

58 エンブレムについては、Praz 1946および、プラーツ一九九八を参照。『愛のエンブレム集』は一六〇八年（初版）、一六六七年、一六六八年、一七一五年に刊行された。ブーシェが一七三〇年後半にこのエンブレム集を参照していた可能性については、小林二〇〇七、七三一八九頁を参照されたい。

59　Antoine 1989 ; Salles 2001.

60　オーストリア継承戦争の結果マリア・テレジアは、神聖ローマ皇帝位を確保するが、パルマ公国をスペインに割譲することになった。フランスに大きな収穫はなかったが、一七三九年ルイ十五世の長女ルイーズ・エリザベートと結婚したスペイン・ブルボン家の王子フェリペがパルマ公国の王位に就くことで、ブルボン・パルマ家の祖となった点は注目されよう。連作〈神々の愛〉はフェリペのパルマ公爵位着任を契機に構想されたものではないが、この連作を全点購入したのがブルボン・パルマ朝の初代公爵であり、さらにフランスの王室が本連作の最大の購入者であったという事実は、本連作がルイ十五世下のブルボン王朝の栄光を象徴する政治的意味、ブルボン王朝の繁栄を孕んだイメージとして利用されたことを強く示唆している。

61　Voltaire 1745a.

62　Cat. exp. Dijon-Luxembourg 1998-1999, p. 290-296.

63　Dézallier d'Argenville 1762, t. IV, p. 431-433.

64　Dézallier d'Argenville 1787, t. II, p. 348-349を参照。アダムの作品については、Hodgkinson 1952, p. 37-41を参照。

65　Cat. exp. Londres 1976, p. 6.

66　Ledoux-Prouzeau 1997.

67　Voltaire 1745b.

68　Voltaire, *Les Œuvres complètes de Voltaire*, 28A, Oxford, 2006, p. 310-314.

69　ヴァンローの作品については、Mirimonde 1966, n° 3, p. 149を参照。トケの作品については、Nemilova 1986, p. 331, n° 252を参照。

70　Grate 1994, p. 208, n° 187.

71　アポロンの着想源として、ラ・フォスに基づく版画作品が指摘されている。Cat. exp. Londres 2004, p. 105を参照。馬の描写に関連づけられる素描については、Joulie 1988を参照。

72　Thuillier et Foucart 1969, p. 140-141.

73　Brice 1684, p. 159-160 ; Brice 1725, t. III, p. 335.

74 ボーヴェ製作所では臥機が使用されていたため、下絵の図柄がタピスリーでは反転して織り出された。おそらくブーシェは身近に入手可能であったナティエの版画を参考にしたと推測される。Cat. exp. Versailles 1999-2000, p. 40-51を参照。

75 アンリ四世はヴォルテールによる叙事詩『アンリアード』（一七二八年）によって、十八世紀前半きわめて高い評価を得ていた。ブーシェがルーベンスの連作に着想を得たという見解は、このようなアンリ四世の評価をめぐる歴史的文脈にも一致している。

76 Cat. exp. Versailles-Munick-Londres 2002-2003.

77 Forti Grazzini 1994, t. II, p. 520-522, n° 175.

78 《バッコスとエーリゴネ》は合計十点織られた。国王はそのうち三点を一七五四年、一七六四年、一七七一年に購入した。

79 オウィディウス一九八一、上巻、二二六頁を参照。

80 Cat. exp. Moscow 1995-1996, n° 217.

81 オウィディウスの『変身物語』のなかに星となったエーリゴネについて手短な言及がなされている。Ovide 10. 251 ; Erastothenes, *Erigone* ; Apollodorus, *Bibliotheca* 3. 14. 7 ; Hygin, *Fables* 130 ; Hygin, *Poetica astronomica*, 2. 4 ; Nonus, *Dionysiasca*, 47. 34を参照。

82 Pigler 1974, t. II, p. 481 ; Reid1993, t. I, p. 389-390.

83 Ronsard 1609, p. 215.

84 Lippincott 1990.

85 Hulst 1966, p. 239-244.

86 « BACHVS VT ERIGONEM FICTA DECEPERIT VVA ». *Ibid.*

87 Panofsky 1961, fig. 32.

88 ジュリオ・ロマーノに基づきフランソワ・ヴェルディエ下絵制作、《八月》（タピスリー連作〈アラベスクの月々〉より）ゴブラン製作所、一六八七—一六八八年、三二四×四三六センチ（国立ポー宮殿美術館所蔵）を参照。このタピスリーにも、註86の銘文は認められるが、図像は反転している。Fenaille 1903-1923, t. II, p 330を参照。

89 « Bacchus y estoit aussi sous vne grappe de raisin, pour abuser Erigone », dans Ovide, Les métamorphoses d'Ovide, trad. par N. Renouard, Paris : Vve Langelier, 1619, p. 157.

90 *Les Metamorphoses d'Ovide*, Lyon : N. Gay, 1650, p. 225 ; *Les Metamorphoses d'Ovide*, Paris, chez Augustin Courbe, 1651, p. 153を参照。クールベ版については、Kimura 2006を参照。

91 Benserade 1676, t. II, p. 182-183.

92 *Ibid*.

93 Cat. exp. Versailles 2009-2010.

94 Quinault 1672, p. 47.

95 細野二〇〇九、一一六頁を参照。

96 コルネイユによる『変身物語』はルイの親政開始後の一六六九年、一六七二年に刊行されているが、ここでは挿絵に注目して九〇年代の版を取り上げた。Ovide, *Les Métamorphoses d'Ovide*, trad. par T. Corneille, gravure par F. Ertinger, Paris : J.-B. Coignard, 1697 ; Ovide, *Les Métamorphoses d'Ovide*, trad. par T. Corneille, Liege : J.-F. Broncart, 1698を参照。

97 Ovide, *Les Métamorphoses d'Ovide*, trad. par T. Corneille, Liege : J.-F. Broncart, 1698, p. 22.

98 Leribault 2002, p. 254, P. 91 ; Cat. exp. Sèvres 2001-2002, nº 93.

99 Cat. exp. Atlanta 1983, p. 54, nº 14を参照。ルモワーヌに帰属される作品も参照されたい。Bordeaux 1984, p. 102, nº 102を参照。

100 Pepper 1986 ; Cat. exp. Ausstellung 1988, p. 188-189.

101 Cat. exp. Paris-Philadelphie-Foth Worth 1991-1992, p. 260-267.

102 「表11　十七－十八世紀前半に上演されたエーリゴネに関する演劇」は、フランス国立図書館における現地調査に基づき筆者が作成したものである。

103 Le Clerc de La Bruère 1748.

104 *Ibid*., p. 9-10.

105 Locquin 1912 ; Michel (C.) 1993および、大野二〇〇六を参照。

106 Cat. exp. New York-Detroit-Paris 1986-1987, n° 57.

107 ジャン・レストゥ（一六九二―一七六八年）は数世代に渡り宗教画家と聖職者を生み出した家系に生まれた。レストゥはジャン・ジュヴネの甥で弟子でもあり、同世代の最も独創的な歴史画家、偉大な宗教画家である。一七二〇年に美術アカデミーの会員、一七五二年に主幹、一七六〇年に院長となる。レストゥはブーシェの雰囲気に近い神話画も手がけたが、彼が名誉を勝ち得たのは、力強い表現を特色とする宗教画の分野であった。Gouzi 2000を参照。

108 ジャック・デュモン（一七〇一―一七八一年）は、フランソワ・ルモワーヌやピエトロ・ダ・コルトーナを通じて、ヴェネツィア絵画の影響を受けた作品を手がけた。一七二八年に帰国し《ヘラクレスとオンファレ》によって、美術アカデミーの会員となり、一七三六年に教授、一七四八年に新たに設立された王立特別選抜学校の校長に任命される。一七五二年に主幹、一七六八年に総裁となる。

109 ピエール＝ジャック・カーズ（一六七六―一七五四年）は、ルネ＝アントワーヌ・ウアスのもとで修業したのち、ボン・ブローニュからは色彩を学ぶ。一七〇四年に歴史画として入会、一七一八年に教授、一七四三年に主幹、一七四四年に院長、一七四六年に総裁に任命される。とくに神話画と宗教画を専門として、主に王家と教会のため作品を描いた。

110 ブーシェの《エウロペの略奪》は最終的に千五百リーヴルで購入された。現在ルーヴル美術館に所蔵されるこの作品については、Cat. exp. New York-Detroit-Paris 1986-1987, n° 57 ; Cat. exp. Paris-Philadelphie-Fort Worth 1991-1992, p. 306-313, n° 47を参照。

111 『変身物語』によれば、ユピテルは海岸次女と戯れるティロス王の娘エウロペに恋し、白い牡牛の姿で現れる。おとなしい牡牛に気を許したエウロペがその背にのると、ユピテルは娘を乗せてクレタ島に連れ去り、エウロペを犯した。モスコスの物語では、エウロペとその従者が豊かな花々を手にする場面があるが、ブーシェの作品にはその情景が描かれている。Moschos 1686を参照。

112 《エウロペの略奪》の主題は一七五〇年から一七七二年のあいだに少なくとも十三回織られており、そのうちの一点は現在ロサンゼルス・カウンティー美術館に所蔵されている。« Tapestry, 'The rape of Europe », *Los Angeles Country Museum, Bulletin of the Art Division*, n°s 2-3, summer, 1952, p. 14-15を参照。

113 ヴェルサイユ宮殿の国王の小アパルトマンのために「異国の狩り」を主題にした装飾計画（一七三六年）にはブーシェ（A&W

125-156）ド・トロワ、パロセルなど六人の画家が参加した。国王のメダルのキャビネの装飾画の制作（一七四一－一七四六年）は、ブーシェ（A&W 246-249）のほか、ナトワールとヴァンローに依頼された。

114　本書、第六章第二節のなかの「ブーシェとコワペルの競合関係」を参照。

115　一作目の連作〈イタリアの祭り〉は一七三六年に一作目が完成、三作目の連作〈中国主題のタピスリー〉は一七四三年に一作目が完成した。

116　たとえば、一七三九年のサロンに展示されたレストゥの連作〈諸芸術のタピスリー〉の下絵はサロンの小冊子において、「この絵は国王のためのタピスリーを織るために［下絵として］制作された。」と明記された。Cat. exp. Rouen 1970, n° 48を参照。また、一七四八年ローマのフランス・アカデミー院長ド・トロワによる、ゴブラン製作所のための連作〈イヤソンとメディア〉の七点の下絵は、特別にルーヴル宮殿のアポロンの間に展示され、きわめて高い評価を受けた。Leribault 2002, p. 102-103を参照。

117　ナトワールやヴァンローの作品と『エーリゴネ』との関連性はこれまで指摘されていない。

第六章　連作〈オペラの断章〉（一七五一年）

序

連作〈オペラの断章〉はブーシェがボーヴェ製作所のために制作した五作目のタピスリーである。この連作は四つの主題から構成されている。断章とはオペラの諸場面から構成される演目の総称を意味する。(1) 描かれた諸場面の主題はトルクァート・タッソの「リナルドとアルミーダ」に基づいて作られたジャン＝バティスト・リュリ（一六三二―一六八七年）の音楽悲劇『アルミード』（以下、フランス語の名称に倣い「ルノー、アルミード」と表記する）や、オウィディウスの『変身物語』に由来する神話画である。連作の主題がどのように決定されたのかについては不明である。

《ルノーの眠り》と《ウェヌスとアモル》は一七五二年に最初のエディションが織り出されたのに対して、《イセの眠り》と《ウェルトゥムヌスとポモナ》は一七五八年にそれぞれ一作目のタピスリーが織り出された。なお、《ウェヌトゥムヌスとポモナ》はブーシェがボーヴェ製作所を去ったのちに財務総監トルデヌの要望を受けて、一七五五年から一七五六年頃にかけて特別に制作された。

〈神々の愛〉の最初のエディションが完成した翌年に、〈オペラの断章〉の最初の二点が織られている。したがってこの連作は短期間のあいだに制作されることが決まったと考えられる。そこで以下では、まず一七五〇年前後のブーシェの絵画制作活動の状況を確認することからはじめることにしたい。

一七四五年より、ポンパドゥール夫人は国王の寵姫としてヴェルサイユに居を構えて、着実に宮廷における権力を強めていった。一七四七年にはポンパドゥール夫人の義理の叔父トゥルヌエムが王室建造物局総監となり、一七五一年のトゥルヌエムの死後は、夫人の弟アベル＝フランソワ・ポワソン・ド・ヴァンディエール（在職一七五一―一七七四年、一七五四年以降はマリニー侯爵と称する）がその後任となった。マリニーがそれと同時に王立ゴブラン製作所の総監督官も兼任することには、ブーシェのタピスリー・デザイナーとしてのキャリアを考える上でも、留意しておきたい。一方、ポンパドゥール夫人はといえば、一七〇〇年世代の画家たちにとって、国王に並ぶ有力な芸術家のパトロンとしての役割を担い始めていた。すでに述べたように、ブーシェをはじめナトワール、ヴァンロー、ファルコネは、一七四〇年後半からポンパドゥール夫人を暗示する「エーリゴネ」を主題に取り上げた作品を制作していた。彼らはいち早く、宮廷社会で頭角を現しつつあったこの重要なパトロンに取り入ることを考えていたのである。(2)

一七四〇年代末のブーシェの作品に対する同時代評価は、どのようなものであったろうか。ブーシェは一七四八年のサロンに、パストラルを主題とする《楽しいレッスン》と小型の宗教画《キリストの生誕》を出展し、次のように評価された。

ブーシェ氏はこれらの著名なる画家のなかでも、ひときわ万能であることを示している。彼は創造的な才能によってあらゆることをたやすくやってのける。歴史、パストラル、真面目な主題、軽妙で優雅な主題、宗教主題、すべてが彼自身の特性を示している。(3)（筆者訳）

『絵画、彫刻、建築に関する手紙愛好家協会から*M*＊＊氏に宛てた書簡』一七四八年

サロンで見ることのできる彼［ブーシェ］の小型作品（十九番）には、羊飼いの青年が羊飼いの娘に笛の吹き方を教

えているところが描かれている。その発想や描き方は、絵画のアナクレオン［古代ギリシアの詩人］の筆から生まれたともいえるほど、非常に感じのよいものである。(4)（筆者訳）

『愛好家協会による諸芸術と一七四八年にルーヴルに展示されたいくつかの絵画と彫刻に関する観察』一七四八年

すでに触れたように、一七四七年に刊行されたラ・フォンの著作は、ブーシェの作品に対する最初の否定的評価を含んでいた。ブーシェをめぐる全般的な評価はこのラ・フォンによるロココ批判にはじまり、一七五〇年代のディドロのサロン批評を通じて、下落の一途をたどったかのように理解されるきらいがある。しかし現実には、ブーシェはサロンにさまざまなジャンルの作品を出展することによって、この時期も引き続き万能な画家として見なされ――たとえば、一七四八年のサロン批評が示すように、ブーシェのパストラルは新鮮な主題として見る者を引きつけた――、ゆるぎない評価を確立していた。

ブーシェは一七四七年にグレネル通りから、その近距離にあるリシュリュー通り［図12 B］に引っ越した。転居の動機はおそらく、一七四〇年代後半の王室からの大型作品の注文をはじめとする多くの制作依頼をこなすために、広いアトリエが必要になったからであろう。一七四〇年代後半のブーシェは一七四七年のコンクールへの参加に示されるように、さまざまな画家とライヴァル関係にあった。(5)バショーモンは一七五〇年の時点で、ブーシェとカルル・ヴァンロー、ナトワール、ジャン＝バティスト・マリー・ピエールはほとんど同列である、という評価を下している。(6)競合の時代を勝ち抜くために、ブーシェはいまや彼の独壇場であったボーヴェ製作所のタピスリーの下絵制作を通じて、とくに王室に取り入ることを狙っていたに違いない。前章で論じたように、この時期におけるブーシェの目論見は、ゴブラン製作所の作品を手がけることであった。また、当時ゴブラン製作所に下絵を提供していた美術アカデミーの歴史画家たちも、年々評価を高めるブーシェのことを強く意識していたことであろう。〈オペラの断章〉はこのような背景のなかで構想されることになる。

一 〈オペラの断章〉の概要

主題と構成

〈オペラの断章〉は四つの主題――《ルノーの眠り》[口絵8]、《ウェルトゥムヌスとポモナ》(7)、《イセの眠り》と《ウェヌスとアモル》――から構成されている。バダンはこの連作の五つ目の主題として《カスタネット》を加えているが、(8)《カスタネット》については、実際に織られた記録がない。(9)スタンデンが正しく指摘するように、記録簿には《カスタネット、ブドウに扮したユピテル》(10)と記載されていることから、《カスタネット》は連作〈神々の愛〉の《バッコスとエーリゴネ》[口絵5]のなかに描かれているカスタネット(実際はタンバリン)を打つニンフのことを指していると推測される。したがって《カスタネット》は本来、〈オペラの断章〉に属する主題ではなかったと考えられる。

四つの主題のそれぞれ一点目の織りが完成する年代は、《ルノーの眠り》と《ウェヌスとアモル》が一七五二年、《イセの眠り》と《ウェルトゥムヌスとポモナ》は一七五八年である。〈オペラの断章〉に先行する連作〈神々の愛〉の全作品が一七五〇年にまでに完成されていることから判断して、〈オペラの断章〉の構想が開始されたのは早くとも一七五〇年頃以降と考えられる。

一方、タピスリーの下絵の制作年については次のように考えられる。一七五四年の製作所の記録簿には「ブーシェ氏によって描かれた〈オペラの断章〉の三点の絵。九オーヌ十五、縁飾りなし」と記されている。(11)つまり、一七五四年には三点の下絵がすでに出来上がっていたことになる。[12] この三点の絵のうち、確実であるのは《ルノーの眠り》と《ウェヌスとアモル》である。もう一点はおそらく、次に述べる根拠に基づいて、《イセの眠り》の下絵であると推測される。国王は一七六二年に五点のタピスリーから構成される〈高貴なパストラル〉（〈オペラの断章〉に続く連作である）を購入するにあたって、〈オペラの断章〉の《ウェルトゥムヌスとポモナ》を加えた六点のセットを購入した。購入記録によれば、国王が購入した《ウェルトゥムヌスとポモナ》は、三点からなる〈オペラの断章〉に新たに加えるために、財務総監トルデヌの要求によってブーシェが制作した作品であったという。[13] つまり、《ウェルトゥムヌスとポモナ》は、ブーシェがボーヴェ製作所のために手がけた最後の連作〈高貴なパストラル〉の下絵を完成させたのちに、特別に財務総監トルデヌの要望を受けて、一七五五年から一七五六年頃にかけて制作されたと考えられる。トルデヌはすでに述べたようにブーシェのパトロンであったことから、ブーシェも彼の要求に応じたのであろう。[14] 以上の経緯から、一七五四年の時点ですでに下絵が完成していた三点目の主題は「イセの眠り」ということになる。この作品の下絵が制作された上限年は《ルノーの眠り》と《ウェヌスとアモル》の制作年と同じ一七五〇年頃、下限年は一七五四年と判断できる。

〈オペラの断章〉を構成する四つの主題はそれぞれオペラの舞台に取材しており、作品間に物語的なつながりはない。《ルノーの眠り》［口絵8］は前述したように、ジャン＝バティスト・リュリとフィリップ・キノー（一六三五―一六八八年）の音楽悲劇『アルミード』（一六八六年）に取材している。[15] このオペラはイタリアの詩人トルクァート・タッソ（一五四四―一五九五年）の叙事詩『エルサレム解放』（一五七五年）のなかで語られる「リナルドとアルミーダの物語」のうち、第一、五、十四、二十歌をイメージ化したものである。《イセの眠り》には、オウィディウスの『変身物語』に由来する羊飼いの娘イセとアポロンの恋物語の一場面が取り上げられている。[16] また《ウェルトゥムヌスとポモナ》も同様に『変身物語』を典拠としており、そこには、森の精ポモナの美しさに惹かれた果物の神ウェルトゥムヌスが、老女の姿に化けてポモナの前に現れて、ポモナの心を射止めようとするところが描かれている。[17] 《ウェヌスとアモル》については、オペラやバレエに題材を取っていることが推測されるが、具体的な作品を特定するのは難しい。

先行研究と問題提起

《ウェヌスとアモル》をのぞく〈オペラの断章〉の三作品のについては、作品ごとに関連づけられるオペラの演目がスタンデンによって指摘されている。前述したように、《ルノーの眠り》［口絵8］は一六八六年に初演、一七四三年に再演された『アルミード』、《ウェルトゥムヌスとポモナ》は一六九五年にピック師、リュリ、パスカル・コラーゼによる四幕からなるオペラ・バレエ『四季』の夏の場面や、一七四九年一月十五日に上演された『四大元素』との関連性が指摘されている。『四大元素』はピエール＝シャルル・ロワのシナリオに基づき、アンドレ・カーディナル・デトゥーシュの音楽付きでヴェルサイユ宮殿で上演された。第四幕「土」の場面では「ウェルトゥムヌスとポモナ」が演じられている。さらに《イセの眠り》はアントワーヌ・ウダール・ド・ラ・モット（一六七二―一七三一年）のバレエ『イセ』と関連づけられている。『イセ』の初演は一六九七年に行われ、タピスリーが構想された一七五〇年頃にも再演された。

このようにこれまでの研究では、主題ごとに結びつけられるいくつかのオペラの演目がスタンデンによって指摘されているが、個々の図像に関する立ち入った分析はなされていない[18]。本章では、先行研究において考察されることのなかったこの連作の制作意図について、世紀半ばにおけるブーシェの芸術上のライヴァル関係とパトロネージの問題という二つの観点に注目して考えてみたい。具体的には第一に、この連作が首席画家コワペルの連作を強く意識して制作された作品であること、第二に、ブーシェは歴史画家のあいだの激しい競合のなかにあり、〈神々の愛〉の下絵を構想したときと同様に、いまや王室のパトロネージの鍵を握る人物となりつつあったポンパドゥール夫人にアピールすることを意図して〈オペラの断章〉の主題を決定したという可能性である。

第一の論点については、《ルノーの眠り》［口絵8］の考察を通じて、ブーシェがすでに〈オペラの断章〉を制作する以前より、タピスリーの下絵画家としてコワペルと競合関係にあったことを指摘したい。コワペルは「ルノーとアルミード」を主題とするタピスリー下絵をゴブラン製作所に提供していた。二人が同一のオペラの主題を取り上げたのは、これまでは単純に、当時その演目が人気を集めていたからだと考えられてきた。しかしながら筆者は、ブーシェの主題選択の背景には、コワペルに対する強い競争意識が働いていたと考えたい。興味深いことに、コワペルの下絵に基づくタピスリーが織り出された時期は、ボーヴェ製作所において〈オペラの断章〉が制作されたのとほぼ同じ頃であった。さらにコワペルは、一作目の〈オペラの断章〉に続いて、二作目の同じ主題の連作を制作した。二作目の〈オペラの断章〉のなかには、ブーシェがすでに手がけた連作〈プシュケの物語〉(第一エディションは一七四一年に完成)で取り上げたのと同じ主題が含まれていたことが注目される。この事実は、コワペルの側もブーシェをライヴァル視していたことを示唆している。

ポンパドゥール夫人との関連性を問う第二の論点については、《イセの眠り》の主題が夫人と密接に関連づけられることに着目して検討したい。夫人は一七五〇年以降ブーシェの重要なパトロンとなるが、一七四五年より国王の公妾としてヴェルサイユに居を構え、着実に宮廷における権力を強めていた。一七四七年には夫人の義理の叔父トゥルヌエムが王室建造物局総監に着任し、その後、夫人は国王に並ぶ芸術家のパトロンとしての役割を担うようになる。

〈オペラの断章〉はこれまで、ポンパドゥール夫人との関連から論じられたことはない。筆者はタピスリーが構想されたのと同じ時期にブーシェが国王のために制作した油彩画《羊飼いイセに神であることを示すアポロン》(以下《アポロンとイセ》と略す)に注目し、両者のあいだに緊密な関係性があることを論じたい。

二　《ルノーの眠り》

ブーシェの着想源

《ルノーの眠り》を考える上で重要な先行作例がある。シャルル・コワペルの下絵に基づいてゴブラン製作所で織られた連作〈オペラの断章〉（一七三四－一七四一年に下絵が完成）の《ルノーの眠り》［図134］である。この連作は四つの主題《ルノーの眠り》、《ローラン》[19]（アリオスト作の『オルランド』のフランス語の名称）、《気絶するアルミード》、《アルミードの城の崩壊》――から構成されている。[20]四つの作品の特徴は《ローラン》と《ルノーの眠り》が芝居の一場面を再現したかのようであるのに対して、《気絶したアルミード》と《アルミードの宮殿の崩壊》はジュリオ・ロマーノやバロック期のイタリアを代表する画家ピエトロ・ダ・コルトーナ（一五九六－一六六九年）による装飾を彷彿とさせる、幻想的なヴィジョンに大きく依拠している点にある。《アルミードの宮殿の崩壊》はティエリー・ルフランソワが指摘するように、[21]ジュリオ・ロマーノがマントヴァのパラッツォ・デル・テの巨人の間に描いた「巨人族の破滅」に着想を得ている。[22]ゴブラン製作所では、十七世紀よりジュリオによる壁面装飾をモデルにした三つの連作を制作していた［表3を参照］。ゴブラン製作所の〈神話の物語〉は、パラッツォ・デル・テのジュリオによる「プシュケの間」の装飾に取材

図134　シャルル・コワペルの下絵に基づく《ルノーの眠り》（タピスリー連作〈オペラの断章〉より）ゴブラン製作所、1746-1750年頃、アムステルダム国立美術館

した連作であった。[23] コワペルは、ゴブラン製作所のレパートリーとして定着していたこのイタリアの著名な作品を、重要な着想源としたものと思われる。美術アカデミーにおいてジュリオはラファエッロとともに高い評価を受けており、[24] その作品をモデルとした大型の下絵を制作することは、歴史画家としての技量を発揮する絶好の機会となった。

コワペルの〈オペラの断章〉に含まれた《ルノーの眠り》は、ブーシェの場合と同じく、キノーとリュリの音楽悲劇『アルミード』に取材している。[25] その筋書きは次の通りである。

物語は第一次十字軍時代のシリアのダマスカスを舞台に繰り広げられる。魔女アルミードはキリスト教の騎士ルノーを討とうとしたが、その寝姿を見て恋に落ちる。ルノーもまたアルミードを愛するが、彼女の魔法から解かれたことによって現実に戻り、愛よりも武勲を選びアルミードのもとから立ち去る。第二幕、第三場には、眠りに誘われるルノー、第五場には眠るルノーを剣で刺し殺そうとしてためらうアルミードのエピソードが演じられる。

コワペルは『アルミード』の第五場を取り上げ、眠るルノーの胸をアルミードが刺し殺そうとした瞬間に、愛が芽生える場面を表現している[26]［図135］。アルミードが恋に落ちる瞬間はオペラ全体のなかで最も有名な場面であり、眠るルノーを前にしたアルミードの微妙な心の変化を表現した独白の場面は、「アルミードのモノローグ」として広く知られていた。[27] タッソに基づいて「リナルドとアルミーダ」の主題はバロック、ロココ時代のイタリアとフランスで大きな人気を博し、多くの画家の想像力を刺激した。とりわけ何度も描かれてきた場面は、アルミーダの魔法の城でくつろぐ二人の恋人たちの様子であり、アンニーバレ・カラッチ、ドメニキーノ、シモン・ヴーエらがこの主

図135　シャルル・コワペルの下絵に基づく《ルノーの眠り》（タピスリー連作〈オペラの断章〉より）図134の部分図

題に取り組んでいる。[28] これに対して、眠るリナルドの姿をみて恋に落ちるこの場面は、プッサンやド・トロワが取り上げている程度である。[29] したがって、コワペルの場面選択には、何らかの意図があったことをうかがわせる。

コワペルの《ルノーの眠り》［図134］には、牧歌的なムードと華やいだ舞台を背景に、短剣を握りしめてリナルドを刺そうとするアルミードが図らずも恋に落ちてしまう瞬間の複雑な表情がとらえられている。アルミードの表情が決め手となるこの場面選択こそ、コワペルが《ルノーの眠り》のなかで最も重要視していたことであり、それはまた、コワペルの絵画理論を反映したものであった。コワペルは一七四九年に美術アカデミーで行った講義『雄弁術と絵画の類似について』のなかで次のように論じている。

われわれが舞台の上に描く俳優は仕草と顔の表情でしか表現できない。かりに話すことができたとしても、二つの相反する感情によって葛藤していることを容易に表現できる人間はほとんどない。しかしながら、そのような力をもつのは、われわれに、揺れ動く相反する感情の動きを伝える無言の傑作にほかならない。[30]（筆者訳）

コワペル『雄弁術と絵画の類似について』一七四九年

絵画における感情表現の重要性は十七世紀以来ニコラ・プッサンやシャルル・ル・ブランによって強調されきた。[31] その理念をコワペルほど厳格に絵画制作の上で実践した画家はほかにはいないであろう。コワペルは歴史画における身振りや表情の描写をきわめて重視していた。[32] アルミードの「相反する感情の葛藤」の描写には、まさにコワペルが目指していた歴史画のあり方が反映されているのである。

一方、ブーシェの《ルノーの眠り》［口絵8］には、コワペルの作品とは異なる物語場面が選択されている。コワペルはアルミードがルノーを刺し殺そうとする第五場を取り上げたのに対して、ブーシェはアルミードの心の葛藤の場面とは対照的な、のどかで牧歌的な夢幻性が漂う第四場を描いている。ブーシェの作品において、主人公はニンフに囲まれ心地よい眠りにつくルノーであり、そこにはアルミードの姿はない。異なる場面が選択されることによって、作品がもつ雰囲気もまったく異なるものとなる。さらに、二人の場面選択には、それぞれの絵画様式の違いがうまく生かされていることに注目したい。人物の心情表現に重要性を置くコワペルの場合、アルミードが構図上もっとも重要な画面構成要素となる。主人公の周囲に配された草木や自然モティーフをはじめ、アモルやニンフなどの副次的人物像はタピスリーの大画面を華やかに彩るモティーフにすぎない。このように、主人公の内面のドラマに重点が置かれたコワペルの画面構想は、人物の動作や感情表現を視覚化することを重要視する伝統的な歴史画の規範に基づくものである。これに対してルノーの夢想的世界を描こうとするブーシェの作品の場合、主人公ルノーと共に描かれる、自然や副次的人物像も画面構成要素として積極的に活用される。これらの二次的モティーフは、ルノーの周囲に大きな円弧を描くように配されることによって、外向きに広がりをもつ躍動的な画面を作り出している。この画面構成にはブーシェのバロック的造形感覚が存分に生かされている。このようなコワペルとブーシェの絵画様式の違いが場面選択を決定づけたと考えられる。

　ブーシェの作品にみられるような、田園の中に眠る人物を描く図像はヴェネツィア派に代表されるパストラル（牧歌的風景画）の絵画伝統に連なるものである。しかし、眠るルノーだけを主題として取り上げた先行作例は筆者の知る限りない。[33]ルノーの描写［図136］の視覚上の着想源として、筆者は、「近代のフィディアス」と賞賛されたロココ時代を代表する彫刻家エドム・ブシャルドン[34]（一六九八―一七六二年）の作品［図137］を指摘したい。両者の間には右腕のポーズに相違があるものの、斜め上方に向けられたルノーの頭部や開かれた両足、右腕の表現には、彫刻との大まかな共通性が認められる。ブシャルドンの作品は、バルベリーニ家の古代彫刻コレクションの一つ《眠るファウヌス》（ミュンヘン彫刻美術館所蔵）に基づいて構想されたものである。この古代彫刻は、一七〇〇年（初版）に刊行されたラグネ著『ローマのモニュメントあるいはローマとその周辺における絵画、彫刻、建築作品のもっとも美しい作品の記述……』[35]によれば、「平和で心地よい眠り」を表現しており、その自然な表現ゆえに非常に美しいと絶賛されている。おそらくブシャルドンはこういった同時代評価に精通していたことであろう。ブーシェは古代彫刻を手本としたブシャルドンの作品を通じて、心地よく眠る人物像のイメージを構

図137　エドム・ブシャルドン《眠るファウヌス》1726-1730年、184 × 142.5 × 195 cm、パリ、ルーヴル美術館

図136　フランソワ・ブーシェの下絵に基づく《ルノーの眠り》（タピスリー連作〈オペラの断章〉より）口絵8の部分図

想したのではないだろうか。このブシャルドンの彫刻は一七三一年国王のコレクションとなったのち、ルーヴル宮殿の古代美術の間に置かれていた。

このように、ブーシェはゴブラン製作所織のコワペルによる《ルノーの眠り》と同じ主題を選択しながらも、眠るルノーの横で繰り広げられる愛の葛藤をめぐるドラマに焦点を当てたコワペルとは対照的に、パストラルの伝統を継承して心地よく眠るルノーを主人公とした場面を選択した。なお、この主題選択には、伝統的に草木モティーフを生かしたボーヴェのタピスリーの特色も考慮されていることを付言しておこう。また、画面構想に関してコワペルは、主人公のドラマや感情表現をもっとも重要視し、自然やアモルを装飾的モティーフとして利用している。一方ブーシェの場合、主人公の周囲を取り巻く自然や人物モティーフは、全体がルノーの夢想であるかのような幻想的空間を描出するための画面構成要素として組み込まれている。そこではもち前のバロック的な空間感覚が遺憾なく発揮されていることがわかる。このように、ブーシェの作品にはコワペルに対する強い対抗意識が反映されている。二点の《ルノーの眠り》は二人の芸術的個性の違いをはっきりと示しているのである。

ブーシェとコワペルの競合関係

コワペルとブーシェが同じ主題のタピスリーを手がけたのは単なる偶然であろうか。一七四〇年代後半の美術界において、二人は絵画制作の領域で競い合う機会はほとんどなく、研究史においてもライヴァル関係が問われたことはない。しかしながら筆者は、タピスリー芸術の分野で二人が熾烈な争いを展開していたという事実を新たに指摘したい。

コワペルの経歴と下絵制作活動を概観しておこう。一六九〇年代に生まれたコワペルは、ブーシェより少し早い世代に属する画家であり、ロココ趣味の愛らしい作品も手がけたが、何よりも十八世紀前半の「大様式」の擁護者であった。コワペルは国王付き首席画家であった父アントワーヌ・コワペルの後ろ盾のもと画業初期より王室に引き立てられ、王妃マリー・レクザンスカのお気に入りの画家となる。コワペルは、ブーシェやナトワールなど少し若い世代の画家たちが競合した装飾計画――たとえば一七三〇年代後半に企画されたオテル・ド・スービーズの装飾――が行われていた時期に、王妃マリー・レクザンスカの小アパルトマンのための作品制作に取り組んでいた。美術アカデミーにおいては、一七二〇年に准教授、一七四六年に准主幹、主幹に就任した。コワペルは昇格の鍵を握る人物に取り入るすべを心得ていた。一七四四年頃から国王ルイ十五世に強く訴える作品を描くようになり[36]、一七四五年からは王室建造物局総監となったトゥルヌエムの相談役となり、美術アカデミーの運営に積極的に関与するようになる。その結果、一七四七年に国王付き首席画家と美術アカデミー院長の地位も獲得するのである。

コワペルがとりわけ一七四〇年代に急速な昇格を達成している点は特筆に値する。ブーシェが同じ頃昇格を期して国王の嗜好に訴える作品を制作していたことは、すでに指摘した通りである。驚くべき昇進を遂げたコワペルに対して、ブーシェが強い対抗心を燃やしていたであろうことは間違いない。

コワペルは画業の早い時期から父の助手としてゴブラン製作所の下絵を制作しており、タピスリー芸術に対する高い理想をもっていた。優れたタピスリー・デザイナーとして、ゴブラン製作所の十八世紀の傑作である〈ドン・キホーテの物語〉[37]をはじめとする連作の下絵を提供していた。一七三八年に王室建造物局総監に宛てた彼の書簡はそのことを示している。コワペルは当時おこったタピスリー下絵の価格の下落について言及し、歴史画家ド・トロワがライヴァルを出し抜くために、低価格でゴブラン製作所に下絵を提供していたことを問題視している。コワペルにとって、国王のためのタピスリー下絵を提供することは、画家としての名誉ある仕事であり、その仕事は画家の実力ゆえに依頼されるべきものであった。価格競争に依って仕事を獲得しようというド・トロワの制作態度は、美術アカデミー創設以来の歴史画家の心得に反していたのである。

ここで改めて、ブーシェがコワペルと同じ主題の連作〈オペラの断章〉の制作を構想した経緯を検証することを通じて、二人の競合関係を具体的に検討したい。ブーシェの連作の主題がどのように決定されたのかを明確に伝える記録は残されていない。しかし、この主題選択はブーシェが一七五一年にゴブラン製作所に提案した連作と関係づけられるように思われる[38]。ブーシェはこの製作所に自分の下絵に基づく八点連作〈ルノーとアルミード〉を提案したが、結局その申し出は取り上げられなかった。ゴブラン製作所がブーシェの提案を断った理由は、同時期に『アルミード』に取材したコワペルの連作〈オペラの断章〉[39]の制作が進行中だったからであることは、ほぼ間違いない。おそらくブーシェはボーヴェ製作所の経営者でありゴブラン製作所の総検査官も兼任していたウードリーを介して、コワペルの連作がゴブラン製作所で企画されていたことを知っていたはずである。だとすれば、ブーシェは、コワペルの連作が織られていたことを知りながら、あえてそれと重複する主題の連作の制作をゴブラン製作所に提案したことになる。さらに、ブーシェの〈オペラの断章〉のなかの《ルノーの眠り》の主題は、ブーシェがゴブラン製作所に提案した連作に含まれていたことは重要である[40]。つまりその場面が最終的に、ボーヴェ製作所の〈オペラの断章〉の《ルノーの眠り》として実現されたといえよう。しかしブーシェはなぜ、このタイミングでコワペルの連作を強く意識した連作を構想したのだろうか。

ここで筆者はブーシェの連作の主題選択のもう一つの経緯を検討したい。その経緯とは、二人のあいだに存在したであろうタピスリーの下絵画家としての競合関係を示すもう一つの文脈であり、それは一七四〇年代後半に王室からタピスリーの制作が依頼されたことと密接に結びついている。王室建造物局総監の作品注文記録簿によれば、[41]一七四八年にブーシェは国王のミュエット城のアパルトマンを飾るために、バレエに取材した《ヴェネツィアの祭り》と《タレイアの祭り》（二点とも現存せず）からなる二点のタピスリーのための小型下絵と、それに基づく下絵の制作を依頼されている。しかしながら、これらの作品に関する記録は存在しないため、ブーシェのタピスリーは結局制作されなかったと判断できる。

王室の注文がなされる前年、一七四七年十二月ポーランドの王妃のために、ブーシェがバレエ『ヴェネツィアの祭り』のなかの「香具師の愛」と「占い師」の舞台場面に取材した二点のエスキスに着手したという記録がある。この作品が最終的にポーランド王妃に贈られたのか否かは明らかでない。レイングが指摘するように、二点のエスキスはおそらく一七四八年にミュエット城のルイ十五世のアパルトマンのタピスリー下絵として転用されることになったと推測される。上記のように、ミュエット城のための下絵の主題は《ヴェネツィアの祭り》と《喜劇のムーサ、タレイアの祭り》であり、これらの主題はポーランド王妃のためのブーシェが着手したという下絵の主題と一定の共通性が指摘できる。とはいえ、結局ミュエット城のための二点の下絵と、それに対応するタピスリーが最終的に制作されたという記録はない。

興味深いことに、コワペルは一七四七年から一七四八年頃ポーランド王妃マリー＝ジョセフ・ドートリッシュのドレスデン宮殿のために、二作目の〈オペラの断章〉（以下〈ドレスデンのタピスリー〉と称する）を制作する。[42]この作品はルイ十五世と王妃マリー・レクザンスカの長男である王太子ルイ・フェルディナン（一七二九－一七六五年）とポーランド王妃の娘マリー＝ジョセフ・ド・サクスの結婚を記念して、花嫁の母への贈り物として作られることになった。コワペルの連作は、ドレスデンの王妃のキャビネに飾られることが予定されていた。[43]コワペルは〈ドレスデンのタピスリー〉のために四点のひな形と画家の手の入った大型コピーを提供した。この作品は王妃マリー・レクザンスカの長男とポーランド王妃の娘の結婚を記念して、花嫁の母への贈り物として作られることになった。筆者はここで〈ドレスデンのタピスリー〉の制作をめぐる一つの仮説を提示したい。

図138　シャルル・コワペル《アモルに捨てられたプシュケ》1748年、油彩、カンヴァス、130 × 112 cm、リール美術館

フランスの王室は当初、ポーランド王妃に贈るためのタピスリーの下絵を、ブーシェに依頼する。ブーシェは一七四七年の歴史画家のコンクールにおいて、タピスリーの下絵画家としての力量も同時に国王にアピールしていたことから、その技量が評価されたのであろう。しかし、その仕事は何らかの事情によって、最終的に国王付き首席画家であるコワペルが引き受けることになった。不要になったブーシェのエスキスは、国王のアパルトマンのタピスリーに転用されることになるが、結局タピスリーが制作されることはなかった。このような下絵制作者の変更が行われた背景には、国王付き首席画家にしてアカデミー院長、そして王妃マリー・レクザンスカのお気に入りの画家であったコワペルの意向が働いていたと考えざるを得ない。

以上のようなポーランド王妃のタピスリーをめぐる複雑な経緯を考慮するならば、ブーシェがコワペルの〈ドレスデンのタピスリー〉に無関心であったはずはない。一方、コワペルもブーシェに強いライヴァル意識をもっていたであろうことが、その連作の主題選択からうかがえる。[44] 四点連作〈ドレスデンのタピスリー〉は四つの主題――コルネイユ作『ロドギューヌ』、ラシーヌ作『バジャゼ』、キノー作『アルセスト』、モリエール作『プシュケ』――から構成される。[45] そのの主題の一つ《アモルに捨てられたプシュケ》［図138］は、ブーシェがすでに手がけていた連作〈プシュケの物語〉のなかで取り上げた主題であった。ブーシェの《アモルに捨てられたプシュケ》［口絵1］は、一七四二年に最初のエディションが完成し、一七四六年までボーヴェ製作所で織られていた。一七四六年には国王が《アモルに捨てられたプシュケ》を購入している［巻末資料1―2を参照］。コワペルの《アモルに捨てられたプシュケ》は一七四九年から織り出されていることから判断して、コワペルがブーシェの先行作例を熟知した上で、それに対抗するものを生み出そうとした可能性は高い(46)。コワペルは、自身がすでに一七二六年に制作した版画連作〈モリエールの主要な喜劇の連作〉の一つ《プシュケ》［図76］をもとに、タピスリーの下絵を構想していた(47)。ブーシェと異なるコワペルの下絵の特徴は、プシュケが古典的な衣装ではなく当世風の舞台衣装をまとい、アモルが子供ではなく青年として描かれている点にある。また構図においても、ブーシェの場合、岩や流水によって躍動感ある舞台が作られているのに対して、コワペルは左右に円柱を配することによって、明快な絵画空間を生み出している。さらに、コワペルの下絵は、彼が絵画制作において最も重要視していた身振りと表情による感情表現を強調した描写によって特徴づけられている。このようにコワペルはボーヴェ製作所で成功を収めたブーシェの先例を強く意識しながらも、自己の絵画理念に基づく細部の描写によって、ブーシェの作品との差異化を目指したのである。

三　《イセの眠り》

《イセの眠り》［図139］には、オウィディウスの『変身物語』に由来する羊飼いの娘イセとアポロンの場面が取り上げられている(48)。ところで、ブーシェは《イセの眠り》の下絵が構想される頃に、同じくイセの物語に取材した油彩画《アポロンとイセ》［図140］を制作している。この絵画作品については、国王がポンパドゥール夫人のために制作させた作品であるとい

図139　フランソワ・ブーシェの下絵に基づく《イセの眠り》（タピスリー連作〈オペラの断章〉より）ボーヴェ製作所、1762年頃、旧モーリス・フナイユ・コレクション

図140　フランソワ・ブーシェ《アポロンとイセ》1750年、油彩、カンヴァス、129 × 157 cm、トゥール美術館

う指摘がなされているが、詳細な作品分析は行われておらず、タピスリー《イセの眠り》との関連についても検討されたことはない。そこで筆者は、油彩画の制作が《イセの眠り》の主題選択の上で重要な役割を果たしていることを指摘し、「アポロンとイセ」の図像伝統を踏まえつつ新たな作品解釈を試みたい。

「アポロンとイセ」の図像伝統

アポロンとイセの恋物語について、オウィディウスは『変身物語』(巻六) のなかで「[イセに恋した] アポロンが羊飼いに扮してイセを欺く」場面があったと手短に語っている。この恋物語は十七世紀フランスにおいて、アントワーヌ・ウダール・ド・ラ・モットの英雄牧歌劇『イセ』を通じて広く知られるようになった。その筋書きは羊飼いの娘イセに恋したアポロンが、羊飼いに変身してイセに求愛し、最後に結ばれるというものである。(49)

「イセ」の図像表現を取り上げた版本挿絵としては、イザック・ド・バンスラードによる『ロンド形式による変身物語』(一六七六年) に添えられたフランソワ・ショーヴォによる挿絵 [図141] がある。挿絵には次のロンドが添えられている。

羊飼いになったアポロン

美の誕生は何てすてきなことだろう!/フェビュス [太陽神アポロン] はイセにうっとりした/純潔で身持ちのかたいダフネ以来のことだった/彼はちっとも彼女をつなぎとめることができなかったけど/イセは最も愛しいものに思えて。/彼女のために彼は天から降りてきて/神であることはあまりにも邪魔に思って/彼は輝く凱旋車を乗り捨てて。/何て素晴らしいことだろう。/彼女は温和で、彼女は無垢で/慎みに欠けることをするとは思ってなくて/だれかを愛することで彼に喜びを与えるなんて／彼は美しく、優しく、情熱的で／彼らのあいだの情熱は同じくらい刹那に燃え上がって。／何てすてきなことだろう。[50]（筆者訳）

バンスラード『ロンド形式による変身物語』一六七六年

『ロンド』には、イセに魅せられたアポロンが凱旋車を乗り捨てて地上に降り立ち、見事にイセの心を射止めて相思相愛になったことが歌われている。フランソワ・ショーヴォの挿絵［図141］には、アポロンがイセの手を握り、ひざまずいて言い寄るところが描かれており、その人物描写はロンドの記述を反映している。アモルの存在はアポロンとイセの愛が成就することを、アモルの手にした演劇の仮面はアポロンが羊飼いに変装して彼女を欺いていることを、それぞれ暗示していると考えられる。

その後一六九七年にパリ、翌年にリエージュで刊行されたトマ・コルネイユ訳『変身物語』に添えられたフランツ・エルタンジェールの挿絵［図142］も、ショーヴォの挿絵を手本としている。[51]

すでに第五章で論じたように、アポロンの恋物語が絵画や文学のおいて大きく取り上げられるようになった背景は、太陽王ルイ十四世の統治と密接に連動していた。ラ・モットの牧歌劇『イセ』も太陽王の治世下に作られた作品であった。『イセ』は一六九七年十月七日にはフォンテーヌブロー宮、同年十二月十七日にはヴェルサイユ宮殿、十二月三十日にはパリの王

図141　フランソワ・ショーヴォ《羊飼いになったアポロン》（イザック・ド・バンスラード『ロンドによるオウィディウスの変身物語』より）パリ、王立印刷局、1676年

図142　フランツ・エルタンジェール《羊飼いになったアポロン》（トマ・コルネイユ『オウィディウスの変身物語』より）パリ、コニャール版、1697年

立音楽アカデミーにおいて上演された。『イセ』は十八世紀前半には九回も上演されており、高い人気を誇っていた。

このように『変身物語』の版本挿絵やラ・モットによる『イセ』を通じて、十七、十八世紀フランスにおいてアポロンとイセの恋物語は広く知られていた。しかし、「アポロンとイセ」に取材した絵画作品は決して多くはない。シャルル・コワペルによる一七二四年作《アポロンとイセ》〔図143〕はブーシェ以前に制作されためずらしい作例である。コワペルはイセを上位にアポロンを下方に配しており、その人物配置はショーヴォの挿絵のそれを継承している。

図143　シャルル・コワペル《アポロンとイセ》部分図、1724年、102 × 95 cm ヴェルサイユ市庁舎、結婚の間

ブーシェの油彩画《アポロンとイセ》とポンパドゥール夫人

イセの図像表現は伝統的に、アポロンがひざまずいてイセに愛の告白をする、という基本的な構図によって表現される。一方、ブーシェのタピスリーに描かれているのは、眠るイセを見つめる羊飼いであり、明らかに伝統的な図像とは異なる場面が選択されている。この場面選択がどのように決定されたのかについては不明であるが、ブーシェがタピスリー下絵を構想するよりわずかに早い時期に制作した油彩画《アポロンとイセ》〔図140〕は、タピスリーの主題選択の意図を知る上で重要な鍵となるだろう。

アポロンが神の身分を明かすところが描かれたこの油彩画は、ラ・モットの『イセ』に取材している。その筋書きは次の通りである。羊飼いフィレモンに変装しているアポロンは、愛の力で羊飼いイセに気に入られることを望む。イセは羊飼いイラスに求愛されるが応じない。イセは愛するフィレモンに、自分がイラスを愛していると勘違いされる。イセはアポロンが彼女に愛されることを望んでいるという神託を受ける。お告げに驚いたイセはフィレモンに変わらぬ愛を誓うが、フィレモンはアポロンに戦いを挑む（ふりをする）。イセはフィレモンをかばおうとする。イセを前にしてフィレモンは、自分がアポロンその人であることを明かし、アポロンの栄光を称えたバレエで幕が閉じる。

ブーシェの油彩画［図140］に描かれているのは、羊飼いに扮したアポロンがイセの忠実な愛を確信して、今まさに正体を明かそうとしているところである。アポロンは月桂樹の冠をかぶり、赤いマントを身に着けた神の姿で表されている。油彩画と版本挿絵のあいだでは、人物の配置に大きな相違が認められる。版本挿絵では、イセが上位にアポロンが下方に配されているのに対して、油彩画ではその人物配置が入れ替わっている。すなわちブーシェは場面選択を変えることによって、アポロンをイセより上位に配する場面に変えているのである。なぜブーシェはこのような変更を試みたのだろうか。その理由について、油彩画の注文の背景を考慮しつつ検討したい。

《アポロンとイセ》は一七四九年に国王の注文を受けて描かれた。国王のための作品は通常、美術アカデミーの院長を介して、個々の画家に制作が依頼されるのが慣例であった。しかし《アポロンとイセ》に関しては、院長を介さず王室建造物局総監から直接ブーシェに依頼がなされた。このような異例な経緯で注文された背景は、国王の個人的な注文と関連づけられるだろう。ラ・モットの『イセ』という主題選択は、ポンパドゥール夫人と密接に結びつけられる[52]。夫人自らの主宰する劇団「小部屋劇団（テアトル・ド・プチ・キャビネ）」は、一七四九年に三回ヴェルサイユにて『イセ』を上演しており、初演では夫人自らがイセの役を演じた。すなわち油彩画は、イセを演じた夫人に対する国王からの愛のこもった贈り物として制作されたわけである。

以上の制作背景を考慮して、再び《アポロンとイセ》を見直すならば、ブーシェがなぜ伝統的な物語場面を選択しなかったのかが明らかになるだろう。イセがポンパドゥール夫人であるとすれば、明らかにその恋人アポロンはルイ十五世を暗示することになる。実際、イセはその個性的な顔貌表現から夫人の肖像である可能性も指摘されている[53]。

図144　ピーテル・パウル・ルーベンス《神々の会議》（連作〈マリー・ド・メディシスの生涯〉より）
1621-1625年、油彩、カンヴァス、394 × 727 cm、パリ、ルーヴル美術館

一方、アポロンの描写については、ルーベンスの連作〈マリー・ド・メディシスの生涯〉の《神々の会議》［図144］に着想を得ていることを指摘したい(54)。この場面は王妃マリーの摂政期における統治を表すもので、天上には神々が居並び、地上ではアポロンとミネルヴァが憎悪や不和の擬人像を退治するところが描かれている。ルーベンスとブーシェの描くアポロンはどちらも赤いマントをまとい、右足を大きく前に踏み出し左手を差し出しており、着衣やポーズの点でよく似ている。ルイ十五世にふさわしいアポロンのイメージとして、ブーシェはルーベンスの大作が示す憎悪や不和の擬人像を退治するアポロンのイメージを借用したのである。ルーベンスの連作は当時高い評価を受けており、そのイメージは版画を通じて広範に流布していた。

このように油彩画のアポロンとイセにそれぞれポンパドゥール夫人とルイ十五世を重ねてみるならば、その人物配置は国王と公妾の微妙な関係をよく反映しているように思われる。伝統的なイセの図像においてアポロンは、イセに懇願するように下から見上げる姿勢で表わされていたが、ブーシェの油彩画においては、後光を発するアポロンをイセがうやうやしく見上げている。すなわちブーシェは国王と愛妾という関係を適切に表現するのにふさわしい物語場面を選択し、それによって、伝統的なイセの図像にみられる構図を変化させたのである。ブーシェは、このように物語の場面選択を工夫することによって物語の登場人物に国王と夫人の関係を重ね合わせる手法を、タピスリー連作〈神々の愛〉の《アポロンとクリュティエ》ですでに試みていた。

タピスリー《イセの眠り》とポンパドゥール夫人

ここで再びタピスリー《イセの眠り》の図像表現についてみてみよう。ここには、羊飼いの青年が眠るイセを見つめる場面が描かれており、その場面選択は伝統的な場面選択とも上述の油彩画ともまったく異なっている。田園のなかで眠る女性の姿を男性が見つめるという場面描写は、ヴェネツィア派に遡るパストラルの絵画伝統を踏襲している。スタンデンは、タピスリーには眠るイセの姿を発見するアポロン［図145］が描かれているという。その判断は、青年が羊飼いの杖をもっていることに基づいている。しかしながら、『イセ』のテクストを正確に読み直すならば、その見解は修正される必要がある。ラ・モットの『イセ』には、たしかに第四幕第二、三場に「眠るイセ」の場面が登場する。

図145　フランソワ・ブーシェの下絵に基づく《イセの眠り》（タピスリー連作〈オペラの断章〉より）図139の部分図

第二場　［登場人物］イセ、夢の神々、西風たち、ニンフたちを引き連れた眠りの神

合唱　　美しいイセよ。

イセ　　まぁ、何てことかしら、休息が私の涙を止めてくれる／私が感じている苦しみが／その魅力を私に禁じようとしても無駄よ／いやいやながら眠りが私の五感を支配する。

眠りの神　　夢の神々よ、アポロンのために、お前たちの熱意を示すのだ／彼［アポロン］はこのニンフの愛を感じたがっている／昼の神の栄光の／忠実な似姿をこのニンフの精神に刻み込むのだ。(55)（筆者訳）

ラ・モット『イセ』一七三三年

このように第二場では、夢の神々が眠りの神の命を受けてイセを眠りに誘う。さらに眠りの神は、夢の神々に対してアポロンがイセの愛を欲していることを知らせ、イセの夢のなかに栄光に輝くアポロンの似姿を刻みこむことを命じている。続く第三場には、眠るイセとアポロンの恋敵イラスが登場する。

第三場　［登場人物］イラス、眠っているイセ

イラス　　僕は何をみているのだろう？あそこで休んでいるのはイセかな？／僕はここに苦しみを嘆きに来たというのに／泣いてしまったら、彼女の貴重な休息を乱すことになるだろう／無駄な悲しみは僕の心の中に閉じ込めておくことにしよう。
お前たち、この愛らしい平原の恋する小川たち、／イセが目を覚まさないように、／ゆっくり流れて、低い声で囁いておくれ。西風よ、空気を新しいさわやかさで満たしておくれ、／そしてお前たち、エコーたちよ、彼女のように眠っていなさい。
なんという魅力！　なんという魅惑！　僕の目を満足させ、／彼女の魅力をくまなく見てほしい／できることなら、お前たちがそれらのために流した／涙の償いをしておくれ。

目を覚ますイセ　一体何を考えていたのかしら！　なんて魅力的な夢に魅了されたことでしょう！／アポロンが私のために天界を捨てたような気がする／私は彼を燃え立たせている愛情を感じていたわ／お互いの愛から私たちは誓いを交わしたの。(56)（筆者訳）

ラ・モット『イセ』一七三三年

イセに愛を告白するが受け入れられずに悲嘆していたイラスは、偶然に眠るイセの姿を見出しその姿に魅了され、感嘆の声を上げる。彼女の眠りをさまたげずに「なんという魅力！　なんという魅惑！」と絶賛している。第三場の最後では、目を覚ましたイセが夢の内容を告白している。イセは「アポロンが私のために天界を捨てたような気がする／私は彼を燃え立たせている愛情を感じていたわ／お互いの愛から私たちは誓いを交わしたの」と述べており、アポロンが登場したと語っているのである。

以上のテクストに基づいて、ブーシェのタピスリーをみるならば、眠るイセを見つめる人物は、イセの姿に魅せられるイラスと考えるのが自然な解釈であろう。アポロンの恋敵イラスもまた羊飼いであり、杖をもっていたとしても不思議ではない。杖のモティーフは人物をアポロンと同定する根拠にはならない。

ラ・モットのテクストによれば、アポロンはイセの夢の中に登場する。眠るイセは、第三、四場に示されるように、アポロンと相思相愛となる夢を見ているところ、という解釈ができる。また、イセの周囲には夢のなかの二人の恋を暗示するモティーフ――イセの足もとの二人のアモルや、上半身を乗り出してイセを見つめている忠実な愛の象徴である犬――も指摘できる。

このようにタピスリー《イセの眠り》［図139］においてブーシェは、直前に描いた油彩画《アポロンとイセ》［図140］とは異なる物語場面に取材している。ブーシェはなぜ、タピスリーの構想を練る際に、すでに油彩画で試みた場面を採用しなかったのだろうか。その理由は大きく二つ考えられるだろう。第一に、《イセの眠り》の物語場面は、連作〈オペラの断章〉

のなかで《ルノーの眠り》とともに、田園のなかの「心地よい眠り」という主題上のアンサンブルを考慮して選択された。さらに《イセの眠り》の人物像の選択に関しては、コワペルの《ルノーの眠り》を強く意識していたことも予想される。二点は眠りにつく人物をもう一人が見つめているという構図パターンにおいて共通している。とはいえ、ブーシェは人物像をコワペルのように横並びにではなく前後に配し、構図の軸を奥行へ変更させることによって、ライヴァルとは異なる様式のデザインを生み出している。

第二に、油彩画の画面構想はもともと国王からポンパドゥール夫人へのプライヴェートな贈り物として制作されたものであり、その図像表現は国王と夫人の愛人関係をあまりにも直接的に表現していたからである。ボーヴェ製作所のタピスリーは特定の個人向けに販売されるものではなかった。したがってポンパドゥール夫人への言及はあくまで微妙な暗示にとどめることが好ましかったのではないだろうか。眠るイセの場面にはアポロンは不在だが、油彩画とタピスリーの場面は、筋書きの上で関連し合っている。ラ・モットの牧歌劇に精通していた宮廷人であれば、眠るイセの姿（「なんという魅力！」）にポンパドゥール夫人を容易に読み取ったことであろう。

＊

本章では、これまでオペラの演目との関係が指摘されてきたにすぎないブーシェの連作〈オペラの断章〉について、一七四〇年代後半のブーシェにとって強力なライヴァルであったコワペルへの対抗意識という文脈から、さらに芸術家たちの有力なパトロンとして登場してきたポンパドゥール夫人との関係を踏まえて考察を行った。ブーシェは一七四〇年代後半から、ボーヴェ製作所のタピスリー連作のなかで、意図的にポンパドゥール夫人と国王の愛を暗示するような主題を取り上げていく。この方針の背景には、王妃マリー・レクザンスカの庇護のもとで、ブーシェよりも格上の地位を獲得していた国王付き首席画家コワペルに対する、強いライヴァル意識があった。〈オペラの断章〉が構想されたのと同じ頃にあたる一七五二年、ポンパドゥール夫人の宮廷における地位も昇格し、公爵夫人の称号が与えられた。芸術家ブーシェの昇格もこのパトロンの地位上昇とともに実現をみることになる。

註

1 Lajarte 1878, p. 139, 147, 207 ; A&W 328 / 8.

2 一七五〇年にブーシェはポンパドゥール夫人のためにパストラルを主題とした二点の作品、《遮られた眠り》と《恋文》を制作した。一七五〇年頃には現在パリのルーヴル美術館の所蔵されるポンパドゥール夫人の肖像を手がけた。ブーシェによるポンパドゥール夫人の肖像画については、Kobayashi 2002を参照。

3 *Lettre sur la peinture, sculpture, et architecture, à M *** par une société d'Amateurs*, s.l., 1748.

4 *Observation sur les arts et sur quelques morceaux de Peinture et de Sculpture exposées au Louvre en 1748 par une Société d'Amateur,* Leyde, chez Elias Luzac junior, 1748.

5 ジャン＝バティスト＝マリー・ピエール（一七一四―一七八九年）は一七〇〇年世代の画家の次世代に活躍した。ピエールは十七世紀の古典主義的絵画と十八世紀後半に確立をみる新古典主義の画家のあいだに位置しており、ブーシェよりも抑制されたロココ的な表現を特徴とする作品を描いた。ブーシェの死後に国王付き首席画家となった。

6 Portefeuille de Bachaumont, p. 336.

7 Standen 1985, t. I, n°80.

8 Badin 1909.

9 連作〈オペラの断章〉については、Standen 1986aを参照。

10 *Ibid.*, note 6を参照。一七六八年に〈オペラの断章〉を購入したド・ラ・ビヤーデリー夫人［巻末資料1―5、七番目を参照］は、この連作を二点購入すると同時に、〈神々の愛〉の《バッコスとエーリゴネ》を二分したものを購入している［巻末資料1―4、二十七番目を参照］。《バッコスとエーリゴネ》は記録簿のなかで「カスタネット、ブドウに扮したユピテル」と主題が誤って理解されたまま表記されることがあった。スタンデンが指摘するように、バダンは《カスタネット》が〈オペラの断章〉の作品の一つであると勘違いしたのであろう。

11 Weigert 1933, p. 233.

12 Fenaille 1903-1925, t. IV, p. 393.

13 A&W 749.

14 トルデヌについては本書、第一章第二節のなかの「タピスリーの購買者」を参照されたい。

15 『アルミード』については、小穴二〇〇七、五八―六五頁、戸口二〇〇六、二三一―二三三頁を参照。

16 オウィディウス一九八一、下巻、二八三―二八七頁。

17 同書、上巻、二二六頁。

18 Standen 1986a ; Ebeltje et Smit 2004.

19 シャルル・コワペルの《ローラン》は、ルドヴィーコ・アリオストによるルネサンス期イタリアの叙事詩『狂えるオルランド』に取材している。タピスリーの下絵については、アリオストの主題を取り上げた絵画作品について論じたリーの論文のなかで言及されている。ただし、リーはタピスリーとの関連についてはとくに問題にしていない。Lee 1977, p. 55を参照。

20 Fenaille 1903-1923, t. III, p. 323-344 ; Lefrançois 1994, p. 272.

21 *Ibid.*, p. 73-75.

22 Belluzzi 1998, testi, p. 454-456 et atlante, p. 470.

23 Standen 1964.

24 Dézallier d'Argenville 1745-1752, t. I, p. 3-29を参照。

25 Fenaille 1903-1923, t. III, p. 323-341.

26 *Ibid.*, t. IV, p. 327.

27 Pigler 1974, t. II, p. 461, 466-471を参照。リナルドとアルミーダの絵画伝統については、Lee 1967, p. 48-56を参照。

28 カラッチの作品は、ナポリのカポディモンテ宮殿美術館、ドメニキーノの作品はパリのルーヴル美術館にそれぞれ所蔵されている。シモン・ヴーエは連作（ルノーとアルミード）を制作しており、《アルミードの腕に抱かれたルノー》（パリ、ルーヴル美術館所蔵）の場面を描いている。

29 プッサンの作品はロンドンのダリッジ・ピクチャー・ギャラリーに所蔵されている。現在リール美術館に所蔵されているド・トロワの作品については、ブーシェが画業初期にその複製作品を制作している点で興味深い。

30 Coypel 1751.

31 シャルル・ル・ブランの感情表現に関する理論については、Montagu 1994を参照。

32 コワペルの絵画理論については、Schnapper 1968, n° 4-5, p. 253-264を参照。たとえばコワペル作《毒杯を飲み干すクレオパトラ》（グルノーブル美術館所蔵）はコルネイユによる『ロドギューヌ』に基づいている。コワペルと同じく、カルル・ヴァンローも積極的に演劇的表現を取り入れた絵画作品を制作した。ヴァンローの絵画理論については、Frantz 2008を参照。

33 ルノーの眠りを描いた素描の先行作例としてはクロード・ジロの作品を指摘しておきたい。この素描は当時の舞台をもとに制作された自由なスケッチである可能性が高い。Cat. exp. Paris 1983, n° 75を参照。

34 エドム・ブシャルドン（一六九八―一七六二年）は啓蒙思想家ディドロをはじめ、マリエットや版画家コシャンらをはじめとする同時代人から高く評価された彫刻家である。九年間のローマ滞在の間に古代彫刻を学び、ローマのバロックに影響を受けた彫刻を作る。一七三二年からは美術アカデミーの要職につき、王室からヴェルサイユ宮殿の装飾など多くの制作依頼を受けた。

35 Raguenet 1700.

36 たとえば、パリのルーヴル美術館には、フォントノワの戦いにおいて病に倒れた国王の回復を祈願するコワペルの作品（inv. RF31419）がある。

37 Standen 1975.

38 Guiffrey 1896, p. 146.

39 コワペルは〈オペラの断章〉の下絵を一七三七年から一七四一年までのあいだに制作したと考えられる。タピスリーは一七三〇年代から一七五三年間に制作されている。

40　Archives nationales, O^1 2042.

41　Fenaille 1903-0923, t. IV, 1903, p. 174 ; Archives nationales, O^1 1932 ; *Inventaires des tableaux commandés et achetés par la direction des Batiments des Roy, 1709-1792*, p. 56.

42　Fenaille 1903-1923, t. IV, 1907, p. 139-169.

43　*Ibid.*, t. IV, p. 139-169.

44　Lefrançois 1994, p. 351-354, n° P. 255.

45　コワペルは一七四九年八月二四日付のル・ノルマン・ド・トゥルヌエムに宛た書簡のなかで四つの主題を提案している。一作目の主題はピエール・コルネイユの『ロドギューヌ』（一六四五年五幕最終場面）の結末で毒を飲むクレオパトラの場面、二作目の主題はラシーヌ作『バジャゼ』（五幕悲劇一六七二年）の第四幕第三場面の后妃ロクサーヌがアタリード姫に恋人バジャゼの死を告げる場面、三作目の主題はキノー作『アルセスト』の結末（第五幕四場）でヘラクレスがアルセストを夫アルメード王のもとに運ぶ場面である。

46　一七四八年に《バジャセ》、一七四九年に《ロドギューヌ》、一七五〇年に《アルセスト》の下絵がそれぞれ完成した。四点のタピスリーは一七五二年九月二十二日にヴェルサイユ宮殿の国王のアパルトマンにおいて展示された。

47　コワペルによる版画集『モリエールの喜劇』は次の五つの作品——《プシュケ》、《才女気取り》、《ポーセニャック氏》、《ジョルジ・ダンタン》——から構成されている。本書、第三章、四「ブーシェの挿絵《プシュケ》」を参照。

48　オウィディウス一九八一、下巻、二八三—二八七頁を参照。

49　同書、上巻、二二六頁を参照。

50　Benserade 1676, p. 176-177.

51　Ovide, *Les Métamorphoses d'Ovide*, trad. par T. Corneille, Liege : J.-F. Broncart, 1698.

52　La Motte 1733.

53　Cat. exp. New York-Detroit-Paris 1986-87, n° 58.

54　Thuillier et Foucart 1969.

55 La Motte 1733, p. 35.

56 *Ibid.*.

第七章　連作〈高貴なパストラル〉（一七五五年）

序

連作〈高貴なパストラル〉はブーシェがボーヴェ製作所のために制作した六作目のタピスリーであり、ボーヴェ製作所での最後を飾る作品となった。この連作は五つの主題から構成されている。すでにみたように、ブーシェは一七四〇年代からパストラル（牧歌的恋愛風景）をたびたび王立絵画彫刻アカデミーのサロンで展示するようになり、それらは高い評価を受けていた。この連作の主題がどのように決定されたのかを伝える記録は残されていないが、後述するように、いくつかの下絵は、おそらくすでに完成していた絵画作品の構想を再利用したと考えられる。換言すれば、ブーシェはすでに絵画作品として名声を博していたパストラルを、ボーヴェ製作所へ最後の貢献として提供したのである。本連作の最初のエディションが織り上がった一七五五年に、ブーシェはゴブラン製作所に移籍することになった。

はじめに、おそらくこの連作が構想された時期にあたる一七四〇年代後期から一七五〇年代初頭のブーシェの制作活動と、それに対する評価についてみておくことにしたい。

前章で詳しく論じた〈オペラの断章〉をめぐるブーシェとコワペルのあいだの競争は、一七五二年のコワペルの死をもって幕を閉じた。一七五〇年代初頭、コワペルを筆頭にして、ブーシェのライヴァルたちが相次いで競争の舞台から消えていった。美術アカデミー入会以来の競争相手であるナトワールは、一七五二年にローマのフランス・アカデミーの院長ジャン＝フランソワ・ド・トロワの後任に任命され、パリの画壇から離れてローマに向かった。ド・トロワは院長の任を終えたのち、再びパリで活躍することなく一七五二年にローマで死去した。

ド・トロワやコワペルの死によって、それまで彼らに支給されていた恩賜助成金が不要となり、ブーシェの年金支給額は上昇した。(1) さらに、ブーシェはそれまでコワペルが使用していたルーヴルのアトリエを譲り受けることになった。このようなブーシェに対する厚遇は、美術アカデミーにおけるブーシェの地位の上昇を如実に示している。

ナトワールは王立建造物局行政官アントワーヌ・ドゥシェーヌ（一七〇八―一七九七年）に宛てた一七五二年六月付の書簡のなかで、コワペルの死後、空席となった国王付き首席画家の後任者について次のように述べている。「ブーシェとヴァンローをめぐっていろいろな話題が飛び交っているに違いない。この二人は［首席画家の候補者として］相当見込みがあるからね。彼らに賛辞を述べる日を私は待つとしよう」。(2) 結局のところ、首席画家のポストは財政上の問題から一七六二年まで空席のままとなった。その間にブーシェは、一七五二年に教授から准主幹に昇格した。このように、ブーシェの主要なライヴァルたちが自然に舞台から消え去った少しあと、一七五五年に連作〈高貴なパストラル〉の一作目が織り出された。

一　〈高貴なパストラル〉の概要

主題と構成

連作〈高貴なパストラル〉は五つの主題から構成されている。《愛の泉》［口絵7］、《笛吹き》、《魚釣り》、《小鳥を獲る》、《食事》の五つの場面には、それぞれ牧歌的な風景の中で男女や子供が集う場面が描かれている。各主題の完全な原寸大の下絵は存在しないが、ロサンゼルスのポール・ゲッティ美術館に所蔵されている二点の大型油彩画下絵《愛の泉》［口絵6］と《小鳥を獲る》とタピスリーの一部を示す三点の下絵が残されている。(3)《愛の泉》と《小鳥を獲る》にはそれぞれ一七四八年という年記が認められる。《笛吹き》、《魚釣り》、《食事》の下絵の制作年は不明である。〈高貴なパストラル〉の完全なエディションが一七五五年までに織られていることから判断して、本連作が構想された上限年は一七四七年頃、下限年は一七五四年頃と考えるのが自然であろう。(4)二点の下絵《愛の泉》と《小鳥を獲る》は、完成してから織り出されるまでに八年を要している。というのも、〈高貴なパストラル〉はもともと、四作目の連作〈神々の愛〉（一七五一年に第一エディションが完成）に続く新作として企画されていたが、すぐには制作されず、先行して連作〈オペラの断章〉が織られたからである。

《愛の泉》［口絵7］には、泉を中心にして三組の男女と二人の娘と子供、それに小さなアモルたちがフリーズ状に配されている。左から順に、一組目の青年は傍らに寄り添う娘に笛の音色を聞かせており、その横で二人のアモルがヤギと遊んでいる。二組目の青年は泉の水を貝殻にとり、こちらに背を向けて立っている羊飼いの娘に差し出している。次に二人の娘が座っており、そのうちの一人手にする手紙は恋人の存在を暗示している。三組目の青年は眠っている娘を藁でつつい

図147　ピーテル・パウル・ルーベンス《愛の園》
油彩、カンヴァス、198 × 283 cm、マドリード、プラド美術館

図146　フランソワ・ブーシェ《遮られた眠り》
1750年、油彩、カンヴァス、75 × 64.8 cm、ニューヨーク、メトロポリタン美術館

て起こそうとしている。若者が娘にいたずらをするという場面描写は、一七五〇年の年記の入った油彩画《遮られた眠り》［図146］とよく似ている。[5] このようにタピスリーには四つの求愛場面が表現されている。

「愛の泉」という主題には、ルーベンスの《愛の園》[6]［図147］をはじめとする長い絵画伝統がある。このテーマはロココ時代に好まれヴァトーも取り上げている。[7]《小鳥を獲る》［図148］には、ヴェスタ神殿を背景に、貴族風に着飾った男女や子供が小鳥と遊んでいる姿がみられる。これらの人物像は大きく三つのグループによって構成されており、いずれも小鳥と鳥かごが重要なモティーフとなっている。ゲッティ美術館に所蔵されるタピスリー《小鳥を獲る》の下絵［図149］をもとに、細部描写を左から順にみていこう。一つ目のグループは二人の青年と娘で構成されている。麦藁帽子をかぶった青年は、鳥が罠にかかっていることを知らせるように、口もとに指をあてている。地面に腰かける娘の指先には小鳥が止まっており、その近くに鳥かごが置かれている。二つ目のグループは二人の娘と子供である。画面手前で鳥かごをひざに置いて腰かけている娘は、紐で結わえた小鳥を手にしており、娘の傍らから子供がその様子を楽しそうに見ている。その背後にいる娘の指先には小鳥が止まっている。三つ目のグループは鳥かごを手にした娘を中心に二人の青年と娘から構成されている。プロフィールで描かれた青年は手のひらに小鳥を握っており、座っている娘が手にする鳥かごのなかに、その小鳥を入れ

図148　フランソワ・ブーシェの下絵に基づく《小鳥を獲る》（タピスリー連作〈高貴なパストラル〉より）
ボーヴェ製作所、1757-1760年頃、サン・マリーノ、ハンティントン・アート・コレクションズ

図149　フランソワ・ブーシェ《小鳥を獲る》1748年、油彩、カンヴァス、295 × 337.7 cm、
ロサンゼルス、ポール・ゲッティ美術館

図150　フランソワ・ブーシェの下絵に基づく《笛吹き》(タピスリー連作〈高貴なパストラル〉より）ボーヴェ製作所、1757-1760年頃、ハンティントン・アート・コレクションズ

図151　フランソワ・ブーシェ《楽しいレッスン》1748年、油彩、カンヴァス、92.5 × 78.6 cm、メルボルン、ヴィクトリア国立美術館

ようとしている。もう一人の青年がこの様子を眺めているのに対して、手前で寝転んでいる子供は、彼らのことに無関心のように見える。背面観で描かれた娘は、その子供の注意を引こうとしている。

《笛吹き》〔図150〕には、画面中央に笛の吹き方を娘に教える青年、その左右には、彼らを眺める子供と男女が描かれている。《笛吹き》は一七四八年に制作された油彩画《楽しいレッスン》〔図151〕の構想を利用している。(8)《魚釣り》には、釣りに没頭する青年、娘に桶からつかみ取った魚を差し出す青年、娘と青年の背後から二人の様子を眺めるもう一人の娘がいる。《食事》には、子供や娘、青年と、皆が田園に集まってブドウを食べている場面が表されている。

先行研究と問題提起

〈高貴なパストラル〉については、タピスリーを所蔵する美術館のカタログのなかで基本情報が明らかにされている。ブーシェのパストラル一般については、アラステア・レイングが詳しく論じているように、同時代の劇作家シャルル＝シモン・ファヴァール（一七一〇―一七九二年）の芝居が着想源であると考えられている。(9)ファヴァールは縁日芝居やテアトル・イタリアン、オペラ・コミックのためにパストラルを手がけた台本作家であり、実際にブーシェと交流があったことも知られている。

〈高貴なパストラル〉の下絵のうち、大型の下絵《愛の泉》〔口絵6〕と《小鳥を獲る》〔図148〕に関する基礎的情報は、ゲッティ美術館の元学芸員ジャン・リュック・ボルドーによって明らかにされている。(10)二つの作品は、一九七一年にブーシェの没後二〇〇年を記念してゲッティ美術館によって購入された。作品の来歴については、一八六〇年六月三〇日にロンドンのクリスティーズで行われた競売以前の情報は不明である。ボルドーは二点の下絵をタピスリーの構図と比較して、下絵にはタピスリーの絵柄として認められる画面左側の部分（タピスリーでは反転して右側部分にあたる）が欠けていることから、下

図152　ニコラ・ランクレ《春》1738年、油彩、カンヴァス、69 × 89 cm、パリ、ルーヴル美術館

絵のこの部分は過去に切断されたと解釈した。二点の下絵は同一のサイズ（二九四・五×三三七・七センチ）であることから判断して、下絵としての役目がなくなったのち、一対の装飾画となるように画面左側が切りつめられたと考えられる。一八二九年にボーヴェ製作所の監督官宛に美術部門監督官ロシュフーコー子爵が送った書簡には、いくつかの下絵を切断して競売にかけたという記述がある。ボルドーは、この書簡のなかで言及される下絵のなかに、ゲッティ美術館の作品も含まれていたと推測している。(11)

ボルドーはさらに、作品の着想源についても詳しく論じている。《小鳥を獲る》［図148］については、十八世紀に流行した「鳥」をめぐるさまざまな作品と関連づけられるとし、鳥をテーマにした作品を多数手がけた画家ニコラ・ランクレの《春》［図152］を視覚上の着想源として指摘している。(12) また、メリッサ・ハイドは、《小鳥を獲る》に描かれた男女の容貌やポーズが似ていることに注目して、ブーシェの描写手法をジェンダーの曖昧性を愉しんだ上流階級の文化的価値観と密接に結びつけている。さらにその描写は、ジェンダーを明確に描き分ける美術アカデミーの伝統に反していると同時に、絵画ジャンルの厳格な境界をも踏み越えるものであるという指摘をしている。(13)

これらの先行研究を踏まえつつ、以下では三つの点を明らかにしたい。第一に、ブーシェのパストラルの特質を考察した上で、五点の作品のうち《小鳥を獲る》を取り上げ、新たな文学上・視覚上の着想源を指摘し、この作品に込められたさまざまな愛のメッセージを解き明かすことを試みたい。(14) 具体的にはまず、ブーシェが一七三〇年代後半に制作した鳥かごをモティーフにした油彩画《親切な羊飼い》の作品解釈を行い、「鳥かご」に当時どのようなメッセージが込められていたのかを検討する。次に、ブーシェと同時代に活躍した劇作家ファヴァールの演劇のテクストをもとに、「小鳥を獲る」という行為に込められた意味の諸相を明らかにする。レイングが詳しく論じたように、ブーシェのパストラルとファヴァールの演劇の影響関係についても考察を加える。

第二に、本連作の構図上の特徴と着想源について検討し、これまで比較されることのなかった牧歌的恋愛物語の挿絵本を指摘する。[15] さらに、ブーシェの連作との関係において言及されたことのなかったゴブラン製作所で織られた二つのタピスリー連作との比較考察を行い、〈高貴なパストラル〉の主題選択の背景に、ボーヴェ製作所とゴブラン製作所の対抗関係、さらには、ブーシェのライヴァルであった画家たちとの競合関係があることを指摘したい。これまでブーシェのタピスリー連作の主題としてパストラルが選ばれたことについては、美術アカデミー主催のサロンでブーシェのパストラルが成功を収めていたからであるという、単純な理解にとどまってきた。これに対して筆者は、ブーシェの連作に先行して織られたゴブラン製作所のタピスリーとの比較を通じて、この主題選択がなされた重要な背景を浮彫にすることを試みる。

最後に〈高貴なパストラル〉に関連づけられる素描と油彩下絵の考察を通じて、これまでまったく検討されることのなかったブーシェ自身の制作意図を明らかにする。[16] 具体的には一七五〇年前後におけるブーシェの画業を把握した上で、〈高貴なパストラル〉には、その頃にブーシェの重要なパトロンとなるポンパドゥール夫人のイメージが織り込まれている可能性を検討したい。

二　《小鳥を獲る》をめぐる意味解釈

ブーシェのパストラル

田園の理想郷に住む羊飼いたちを描いたパストラルの主題は、[17] ティツィアーノの《田園の楽奏》［図153］に代表されるように、十六世紀ヴェネツィアにおいて絵画伝統として確立し、以後、フランスにも受け継がれた。[18] 十七世紀のクロード・ロランによる古代の理想郷を思わせる牧歌的理想風景［図41］や、[19] 十八世紀初頭にヴァトーが描いた田園に集う男女の夢想的世界［図43］は、共にパストラルの伝統に属している。[20] 同様に、ブーシェのパストラルもこの絵画伝統に連なるものである。しかしながらブーシェの作品は、当世風に着飾った愛らしい羊飼いたちが、強い官能性と現実感をもって画面最前景に描かれるという顕著な特徴を有しており、画家の芸術的個性と結びついた独自のジャンルとして高く評価されていた。「ブーシェはパストラルの創始者である」[21] という同時代評価からも明らかなように、「ブーシェのパストラル」の独自性は十八世紀当時よりはっきりと認識されていた。

ブーシェの絵画作品うち、神話画に次いで数多く制作されたのがパストラルである。パストラルは陶器の置物や食器の絵

図153　ティツィアーノ《田園の奏楽》1510年頃、油彩、カンヴァス、109 × 137 cm、パリ、ルーヴル美術館

柄、タピスリーなどの装飾デザインとしても取り上げられており、ブーシェ芸術のなかでも重要な位置をしめている。(22)

従来の研究において、「ブーシェのパストラル」については、劇作家ファヴァールの芝居との密接な関連性が論じられてきた。レイングは「ブーシェのパストラル」の文学上の着想源を詳細に検討し、同時代の劇作家ファヴァールの芝居の主題や人物像との関連性を明らかにした。(23)ブーシェは一七四五年以降、ファヴァールの演劇に影響を受けた作品を制作するようになる。ただし、それ以前一七三〇年代に描かれた初期パストラルと呼ばれる四点の作品——第二章で取り上げたオテル・ド・スービーズのために制作された二点の戸口上部装飾画［図50・51］、一七三七年に国王ルイ十五世のために制作されたと推定される二つの作品《鳥の巣》と《田園生活の魅力》（二点共にルーヴル美術館所蔵）——には、必ずしもファヴァールとの影響関係が指摘できないことに留意したい。(24)というのも、四点の油彩画が制作された一七三〇年代、ファヴァールは縁日芝居で活躍しており、この時期のファヴールの手になる演劇のテクストは残されていないからである。(25)

さて、連作〈高貴なパストラル〉の構想が検討された一七五〇年代初頭に、ブーシェのパストラルがすでに高い評価を得ていたことは、この時期のサロン評を読めば明らかである。一七五〇年のサロンにブーシェは四点のパストラルを出展し、次のように評価された。(26)

　ブーシェ氏はこの年もいつも通り、さまざまなジャンルにおいて際立っている。［……］私が言いたいことはつまり、彼の作品はいつも素晴らしくて、生命感にあふれ、豊かであるということだ。ブーシェ氏のパストラルは、とくに秀抜である。(27)（筆者訳）

『ルイ・ギヨーム・バイエ・ド・サンジュリアン氏からある愛好家に宛てた書簡』一七五一年

このサロン評は、一七五〇年代初頭のサロンにおいて、パストラルに高い関心が寄せられたことを示している。ブーシェのパストラルは、一七五三年に執筆したサロン批評のなかでも絶賛されている。(28)一七五五年に織り出されることになったブーシェのタピスリー連作の主題は、この画家が手がけたさまざまな絵画の主題のなかでも、高い評価を獲得していたものが選択されていたのである。

連作〈高貴なパストラル〉は、ブーシェのパストラルに典型的な、当世風に着飾った人物像によって構成されている。たとえば、《小鳥を獲る》に描かれた娘〔図154〕は、ラルジリエールの肖像〔図155〕と同じく一七三〇年頃に流行していた宮廷ドレス「ローブ・フランセーズ」(29)を着用しており、さらに髪型(30)や化粧を含めてトータルな貴族階級の装いで描かれている。娘のバラ色の頬は明らかに頬紅をつけていることを示している。頬紅は貴婦人のステイタス・シンボルとして、宮廷女性の

図154　フランソワ・ブーシェ《小鳥を獲る》1748年、図149の部分図

図155　ニコラ・ド・ラルジリエール《カステルブランコ侯爵夫人の肖像》1710-1712年、油彩、140 × 106 cm、モントリオール美術館

あいだで非常に重要視されていた。[31]タピスリーに描かれた人物が高貴な身分の女性であることはこのような衣装や化粧などの身づくろいの描写によって、暗示されているのである。これらの高貴な娘たちは羊飼いを気どって田園で遊戯を楽しんでいる。《愛の泉》［口絵6］に描かれた羊飼いの杖、《小鳥を獲る》［図148］に描き込まれた花かご、麦藁帽子や頭巾、羊やヤギは、牧歌的な雰囲気を演出する小道具となっている。

以下では、《小鳥を獲る》に絞った考察を行うことによって、この作品の図像上の特徴を明らかにすることを試みる。この作品のなかで重要な画面構成要素となっているのは、鳥と鳥かごである。そこには、娘の手に止まる鳥［図156］、少年につかまえられて鳥かごに入れられる鳥［図154］などが描かれている。鳥の図像をめぐっては、これまで北方絵画の寓意的伝統に基づくエロティックな解釈が試みられてきた。しかしながら筆者は、こうした寓意性によって《小鳥を獲る》の場面を解釈することはできないと考える。ここでは、フランス宮廷社会で当時親しまれていた牧歌的恋愛物語や、その版本挿絵との関係に注目して考察を行うことにしたい。また、すでにブーシェ作品との関係が指摘されているファヴァール演劇についても、具体的にファヴァールによる演劇のテクストを取り上げて検討する。

《親切な羊飼い》とモリエールの版本挿絵《メリセルト》

《小鳥を獲る》の下絵の構図右側には、「娘のもつ鳥かごのなかに、青年が小鳥を入れようとする」場面が表されている［図154］。ブーシェは「男性が女性に小鳥を贈る」という表現描写を一七三〇年代後半に手がけた初期パストラル《親切な羊飼い》[32]［図50］のなかにすでに試みていた。二つの作品の男女の構図的関係は非常によく似ており、ブーシェが初期パストラルで用いたモティーフを、タピスリー下絵

図156　フランソワ・ブーシェ《小鳥を獲る》図149の部分図

の一部に組み込んでいることがわかる。そこで《親切な羊飼い》の図像を詳細に考察することによって、《小鳥を獲る》の図像に込められた意味を紐解いてみたい。

《親切な羊飼い》は、第二章で言及したオテル・ド・スービーズのために制作された。[33] この作品についての先行研究は少なく、同時代の演劇や北方絵画の寓意的伝統と結びつける考察がなされている程度である。そこで以下では、まず、《親切な羊飼い》が演劇や北方の寓意的伝統とは別の着想源、つまり当時フランスの貴族社会で親しまれていた牧歌的物語の構想に基づいて描かれていることを具体的に示す。そして《親切な羊飼い》と同じような主題を取り上げた〈高貴なパストラル〉にも、同様な視覚的・文学的着想源が反映されていることを指摘したい。

《親切な羊飼い》［図50］は《優雅な羊飼い》［図51］と対をなすかたちで、それぞれオテル・ド・スービーズの「大キャビネ」の戸口の上部に飾られていた[34]［図52］。この作品についてはすでに若干の作品解釈が試みられている。[35] アラステア・レイングは、十七世紀のオランダ絵画や版画における「鳥」のイメージに性的含意があることに依拠しつつ、「鳥かごを手渡す」という行為にエロティックな意味を看取している。[36] これに対しエリーゼ・グッドマンは、フランスのロココ時代の鳥の採集や魚釣りに関するイメージについて論じるなかで、フランスの「鳥」のイメージは必ずしもオランダ絵画と同じように解釈できるものではない、と主張する。[37] とはいえ、ブーシェの《親切な羊飼い》についてはやはりレイングと同様に、北方絵画における伝統的な鳥をめぐるエロティックな寓意解釈に結びつくとみている。[38]

先行研究において《親切な羊飼い》には性的な含意があると言及されるが、実際どのように解釈できるのだろうか。ブーシェの作品と同じく、鳥かごと男女を描いた十七世紀オランダの画家、ピーテル・デ・ホーホの作品と比較しながら具体的に確認したい。デ・ホーホの《オウムのかごの傍らの男女》［図157］において、鳥は少女の手にするワイングラスに惹かれて、鳥かごから身を乗り出している。少女の脇には、鳥かごの扉を開ける男性の姿がある。[39] 一方、ブーシェの《親切な羊飼い》［図50］では、青年が差し出す鳥かごの扉は開いており、鳥は娘の指先に止まっている。二つの作品は、次の瞬間に、鳥が鳥かごの外へ出ていくことを予感させる点で共通している。オランダ絵画の鳥に関する解釈について論じたエディ・デ・ヨングは、鳥かごは女性性器、鳥は処女性を意味し、鳥かごから飛び立つ鳥は処女喪失を意味すると述べ、デ・ホーホの作品はこのテーマを表したものであると指摘する。(40) この解釈に基づいて《親切な羊飼い》を見るならば、ブーシェの作品は一見、純粋無垢な羊飼いが戯れる場面でありながら、実は処女喪失を連想させるエロティックな意味を内包していることになる。十八世紀フランスでは、美術愛好家や収集家を中心に十七世紀北方絵画の評価が高まっていた。(41) 画家たちはこの新たな趣味に応じて、広汎に流布していた北方絵画の複製版画に、インスピレーションを得た作品を多数制作した。(42) ブーシェは美術アカデミーの画家となる以前より優れた版画家として活躍していたことからも、そのキャリアを通じて、寓意的意味内容をもつ北方の鳥に関するイメージをよく知っていたことも十分に考えられよう。

《親切な羊飼い》を北方絵画と結びつけるレイングやグッドマンの見解は、たしかに有益な指摘ではある。しかしながら、筆者は、ブーシェの作品の注文主である家主ロアン公が属していたフランスの宮廷文化の環境でより親しまれていた、文学的・視覚上の典拠を提示したい。

図157　ピーテル・デ・ホーホ《オウムのかごの傍らの男女》1668年、油彩、カンヴァス、73 × 62 cm、ケルン、ヴァルラフ・リヒャルツ美術館

《親切な羊飼い》の着想源として指摘したいのは、一七三四年に刊行された『モリエール全集』のためにブーシェ自身が手がけた版本挿絵《メリセルト》[図158]である。(43)『メリセルト』は一六六六年十二月二日にサン・ジェルマン・アン・レーにおいてルイ十四世のために上演された。(44) 本作品は英雄バレエの一種である英雄牧歌劇――アルカディア風の舞台を背景に、羊飼いだけでなく歴史的英雄や古代の神々が登場する劇――であった。(45)

このタイプの劇は上流階級用のスペクタクルであり、宮廷の趣味にふさわしく豪奢な演出がなされた。(46)『メリセルト』

図158　フランソワ・ブーシェ原画（ローラン・カール版刻）《メリセルト》（『モリエール全集挿絵』より）パリ、1734年

図159　ピエール・ブリサール原画（ジャン・ソーベ版刻）《メリセルト》（『モリエール氏の全集』より）パリ、1682年

は円満な結末を迎える喜劇的な英雄牧歌劇として完成をみるはずであったが、国王の前で上演された時点では、第二幕までしか出来上がっていなかった。したがって、モリエールの作品集には、未完のテクストが収録されている。『メリセルト』の物語は、羊飼いメリセルトが実は王の娘であったと判明するところで終わる。しかしその後の展開は、モリエール全集の訳者秋山伸子氏が指摘するように、最後には「［羊飼い］ミルティルも実は王子であったことが判明し、めでたく結婚となる」ことが推測される(47)。この読み取りは、十七世紀に宮廷で好まれた牧歌的恋愛物語がステレオタイプの筋書き——愛し合う羊飼いたちが、実は共に高貴な身分であると判明し、最後に幸せな結婚を迎える——をもつ牧歌文学に関する知識に裏打ちされている。このような筋書きは、牧歌的恋愛物語のひな型である前述のロンゴスの『ダフニスとクロエ』から派生したと考えられる。この物語は、羊飼いのダフニスとクロエがさまざまな試練を乗り越え、ある時互いに高貴な生まれと判明し、最後は幸せな結婚に至る。モリエール

はおそらく、ロンゴスの名著を念頭に置き、『メリセルト』の物語の構想を練ったに違いない。

一七三四年版『メリセルト』のために制作されたブーシェの挿絵[48]〔図158〕が、この挿絵の手本となったピエール・ブリサールの挿絵[49]〔図159〕をもとにしていることは、すでに別のところで論じた通りである。ブーシェの版本挿絵について論じたペール・ビュレストロームが指摘するように、その形式はモリエールの没後一六八二年に出版されたブリサールの挿絵入り『モリエール氏の全集[50]』の挿絵と、緊密な類似が認められるが、細部描写はロココの風俗様式が反映されたものとなっている[51]。まずこの挿絵の部分に該当するテクストは次の通りである。

ミルティル　美しいメリセルト、僕はさっき君のために小さな生き物を捕まえたんだ。そのうちこいつにやきもちをやくようになるかもしれないけど。生まれたばかりのこのスズメを精一杯てなずけてから、君にプレゼントするよ。たいしたものじゃないけれど、神様が問題にされるのは気持ちだからね。心がこもっているのが一番なんだ。それに比べたら、どんなに豪華なプレゼントも[52]〔……〕。

モリエール『メリセルト』

ブーシェの挿絵には、テクストの内容の通りミルティルが自分で捕まえた鳥をメリセルトに手渡す場面が描かれている。しかし、鳥が鳥かごに入っている点で、テクストの記述にはない改変が加えられている。ブーシェの鳥かごは、ブリサールの《メリセルト》〔図159〕の鳥かごを踏襲したものであろう[53]。これら二つの版本挿絵をさらに《親切な羊飼い》〔図50〕と比較しよう。まず気が付くことは、挿絵の男女は立ち姿であるのに対して、絵画作品の男女はともに低い姿勢である、ということだろう。このように田園風景のなかに人物を低い位置に配するのは、パストラルの常套表現といえる。次に注目されることは、青年から娘へ「鳥かごを手渡す」という版本挿絵の基本的な動きが《親切な羊飼い》に取り込まれていることである。すなわち、《親切な羊飼い》はブリサールとブーシェ自らが手がけた《メリセルト》の基本的行為と、パストラルの伝統的構図を融合させた作品なのである。

次に二つの挿絵と《親切な羊飼い》の意味内容について、三つの作品に共通するキーワード「鳥かご」に注目して検討しよう。ブーシェの《親切な羊飼い》と版本挿絵《メリセルト》がともにブリサールの《メリセルト》をひな型としていることは、すでに述べた。さらに踏み込んでブリサールの鳥かごの着想源を考えるならば、それは伝統的な図像のなかに見出すことができるだろう。十六世紀より刊行されていた愛のエンブレム集のなかで、鳥かごによって表現される「幸せな愛の奴隷」のイメージである。[54] たとえば、ピーテル・コルネリスゾーン・ホーフトの『愛のエンブレム集』に描かれる鳥かごは、「自発的牢獄」と題するモットーのエンブレムとなっている。エピグラムを読めば、それが鳥かごのなかの鳥のように檻のなかにとどまり、愛する人の奴隷でありたい、という恋する者の心情を表現したものであるとわかる。[55] このメッセージはただちにモリエールのテクストのミルティルのせりふ――鳥かごの鳥に「やきもちをやくようになる」――を想起させる。ミルティルのせりふには、愛しいメリセルトの鳥かごの鳥となり、いつまでもその傍にいたい、という気持ちが込められている。ここでは鳥かごは「自発的牢獄」と呼ぶべき観念を表象している。当然ながら、挿絵《メリセルト》の意味解釈は《親切な羊飼い》にも適応できるだろう。つまり、二点の挿絵と《親切な羊飼い》は、モリエールのテクストとその内容にふさわしい寓意内容を示しているのである。前述したように、レイングやグッドマンは《親切な羊飼い》の鳥かごを手渡すという動作に、性的な意味を読み取れたが、むしろこの行為は、十七世紀のフランス文学を通じて浸透していた、恋人に向けられた純粋な愛情表現であると考えるのが妥当であろう。

モリエールの芝居は、十八世紀になっても引き続き人気を集めていた。ブーシェが挿絵の制作を依頼されたと推測される一七二九年から一七三三年のあいだに、モリエールの芝居はパリで合計三〇〇回以上も上演された。[56] 十八世紀に新版の全集が刊行されたことは、その需要が見込まれたからにほかならず、その結果モリエールの挿絵も新たに一般に流布することになった。『メリセルト』の「鳥かごを手渡す」というイメージも、テクストとともに、多くの読者の視覚的記憶に刻み込まれていただろう。

また、鳥を手渡すという発想の文学的伝統について付言するならば、それはロンゴスの『ダフニスとクロエ』のなかでも、多少異なるかたちだが、愛の象徴として出てくるエピソードでもある。冬のあいだクロエに会えないダフニスは、鳥の捕獲を口実にクロエに会いにいく。ダフニスは、鳥を殺すことはクロエに対する愛のため、と語っている。[57] 一七一八年の仏訳版から、この場面に該当するテクストを確認しよう。

[ダフニスは] クロエに会う名案を思いついた。ダフニスはこの鳥を獲るというのを口実にして、蜂蜜入りの菓子を袋に入れ、最もらしくもちや網までもって出かけた。[……]
「本当はね、クロエ、僕は君への愛のために来たんだよ。」
「わかっているわ、ダフニス。」
「かわいそうな黒つぐみを殺すのも、君への愛のためなんだ。だからお願いだから僕を忘れないでいてほしい」[58]。

ロンゴス『ダフニスとクロエ』

恋人のために「鳥を殺す」というダフニスは、恋人に「鳥を手渡す」というモリエールのミルティルのイメージと結びつく。おそらくこの「鳥を手渡す」という行為は、ロンゴスの『ダフニスとクロエ』の「愛しい人のために鳥を獲る」という発想から派生したものであり、その後、定型化されて牧歌的恋愛物語の求愛表現のトポスとなったと考えられる。すなわちモリエールは、「鳥を殺す」という生々しい言葉を、「鳥を贈る」という十七世紀の宮廷趣味にふさわしい上品な表現に変えたのである。興味深いことに、それが視覚的表象のレヴェルでは、先にみたようにさらに洗練されて「鳥かごの贈り物」となるのである。エリーゼ・グッドマンは版画の銘文や詩を参考に、十七世紀フランスでは鳥を恋人に見立て、愛しいものと考える発想があったと指摘しているが、[59] それはこのような古代の伝統に遡る文学的典拠に由来している。のちに詳しく取り上げるロンゴスの作品は、折しも十八世紀の宮廷人のあいだでとりわけ注目されていた。一七一八年の摂政オルレアン公の挿絵入りロンゴス作『ダフニスとクロエの愛のパストラル』はその引き金となった。以後、『ダフニスとクロエ』は一七二〇年代に二版、そして一七三一年と一七三四年にも再出版された[60]。ボーヴェ製作所のタピスリーの主要な購買者は、スービーズ公をはじめとする当時の宮廷貴族たちであった。したがって、ブーシェが〈高貴なパストラル〉の構想を練るにあたっても、彼らが共有していた文学的連想を喚起するモティーフが巧みに織り込まれているのである。

次にもう一つ、ブーシェのタピスリー《小鳥を獲る》の図像解釈に役立つファヴァールの演劇について考察しよう。

ファヴァールの演劇

ブーシェのパストラルの発想源となったと指摘されている劇作家シャルル＝シモン・ファヴァールは、演劇の舞台のために作品を手がけた台本作家として知られている。活動初期の一七三二年からは、縁日芝居で上演されていたコメディア・デラルテの演出家を務めた。ファヴァールは滑稽な大衆喜劇が演じられた縁日芝居のレパートリーのなかに[61]、鑑賞者の共感を誘うような、無垢な農民を主人公とした芝居を導入したことで高く評価されていた。一七四四年にファヴァールは、パリのオペラ・コミック座の舞台監督に就任し、一七五八年からは同座の座長となり、ブーシェとほぼ同時期に活躍した。

ブーシェのパストラルの発想源となったのは、パルフェ兄弟が『演劇事典』（一七五六年）のなかでも言及しているように、一七四五年八月二十九日にサン・ローラン市で上演されたファヴァールによる『テンペのブドウ狩り』と、一七五二年にテアトル・イタリアンで上演された『モンモランシーの谷間』である。レイングはこの相互関係を明らかにするために、三つの側面――演劇批評家の証言、物語の主要場面、主人公を描いたブーシェの作品――を照合させて具体的に検討した。『テンペのブドウ狩り』[62]と『モンモランシーの谷間』のテクストは残されていないが、パルフェ兄弟の『演劇辞典』でその概要を知ることができる。二つの作品はそれぞれ舞台設定に関して、一方は、ブドウの収穫、他方は、サクランボの収穫という違

図160　フランソワ・ブーシェ《夏のパストラル》
1749年、油彩、カンヴァス、259.5 × 197 cm、
ロンドン、ウォーレス・コレクション

図161　フランソワ・ブーシェ《秋のパストラル》
1749年、油彩、カンヴァス、259.5×198.6 cm、
ロンドン、ウォーレス・コレクション

いがあるものの、物語の基本的な筋はよく似ている。その筋書きとは、主人公の羊飼いと羊飼いの娘リゼットが恋敵の存在や家族の反対などの問題を乗り越えて、最終的に愛を成就させるというものである。[63]

現在ロンドンのウォーレス・コレクションに所蔵される一七四九年の対作品《夏のパストラル》〔図160〕と《秋のパストラル》〔図161〕[64]は、ファヴァールの芝居の一場面に関連づけることができる。たとえば《夏のパストラル》には、物語の三人の登場人物——リゼット、その恋敵である従姉妹バベット、小さな羊飼い——が集っているところ、《秋のパストラル》には、『テンペのブドウ狩り』第六場で互いにブドウを食べさせる場面を読み取ることができる。ブーシェは一七四〇年代後半からファヴァールと交流があったことが知られている。

〈高貴なパストラル〉の一作目が織り出された一七五五年に、ブーシェはファヴァールの芝居のために版画を提供しており、[65]ブーシェとファヴァールが作品制作の上で互いに刺激し合っていたことも十分考えられる。[66]先行研究では、本連作の諸場面がファヴァールの特定の演劇と関連づけられたことはない。筆者はブーシェの《小鳥を獲る》に当時の人々が読み取ったであろうメッセージを理解するための一助として、ファヴァールの芝居で語られる「鳥」をめぐるエピソードに注目したい。一七四四年三月十八日にパリのサン・ジェルマン市で上演されたファヴァール作のオペラ・コミック『アカジュ』である。『アカジュ』はブーシェとファヴァールの演劇の影響関係がはっきりと認められる以前に制作された台本であるが、この芝居はブーシェが熟知していたことが確実であるという点で考察に値する。ファヴァールの『アカジュ』はシャルル・ピノ・デュクロ（一七〇四―一七七二年）が一七四四年に執筆した『アカジュとジルフィール』を台本用に書き直した作品である。デュクロの『アカジュとジルフィール』は本来ブーシェによる十点の挿絵のために作られた物語だった。この作品が作られた経緯は、いささか込み入っている。ブーシェの十点の挿絵はもともと駐仏スウェーデン大使カール・グスタフ・テッシン作の物語『ファウニラネ』のために制作されたものであった。しかし、テッシンがスウェーデンに帰国することになったため、物語は刊行されず、挿絵もそのまま利用されずに残っていた。そこでブーシェは、ケイリュスやデュクロなど数人の作家に呼びかけ、テッシンのために制作した挿絵をもとに新たに物語を書くというコンクールを企画した。その結果、デュクロの『アカジュとジルフィール』が一等に輝き、一七四四年にブーシェの挿絵と共に出版されることになったのである。つまりファヴァールは、デュクロの小説の成功を受けて同じタイトルのオペラ・コミック『アカジュ』を制作したのであり、一七四四年に上演されたこの芝居をブーシェが知っていたであろうことは間違いない。

『アカジュ』の物語は王子アカジュと王女ジルフィールの恋物語である。そのなかに、ブーシェの《小鳥を獲る》の読み取りに役立つテクストがある。登場人物はジルフィールとその面倒見役の妖精ニネットである。

ニネット　（「ああ！　大好きな、かわいい羊飼い」という曲にのせて）(67)
私はあなたに付いていてあげなくては。あなたがどこへ行くにも。すべて、よくみていたいのよ。貞潔は、シャンパーニュのワインのようなもの。そうね、空気にふれたらすぐに失われてしまう。

ジルフィール　貞潔って、何ですの、あなたはいつも私がわからないことをおっしゃる。
ニネット　貞潔とはね、何よりも大事なもの。たとえば、あなたにとってこの世で一番大切なものって、なにかしら。
ジルフィール　えぇっと、あなたがくださったカナリアよ、ちょっと人馴れしないところもあるけれど。
ニネット　あのね。殿方達はみんなあなたの小さなカナリアを盗みたいばかりにあなたに親切にしていると考えてごらんなさい。
ジルフィール　ああ勿論、あの人たちがずるいことを考えているってこと、それくらいなら、わたしにもわかりますわ。
ニネット　（「かわいい黒髪の娘さん、ずっと前から」という曲にのせて）
貞潔ってね、野性の鳥なのよ。同じ所にいるのは嫌なの。ある日、鳥かごに入ったら最後、ああ、もう永遠に失ってしまうもの。愛に鷲づかみされて、隷属から解き放たれるときは死ぬときなのよ。ペテン師は朝晩隙をうかがって、鳥を縊り殺して、そして今度は自分が逃げてしまうのですよ。
ジルフィール　なんですって！　私のカナリアを縊り殺すですって！　心配なさらないで。私、よく気をつけてますから。
ニネット　それはあなた自身に気をつけなくてはということなのよ。
ジルフィール　どうして？
ニネット　みんなあなたにちょっと悪さをしようと機会を狙っているからよ、あなたが素直なのをいいことに。みんなに気をつけなさい(68)［……］（筆者訳）

ファヴァール『アカジュ』一七四四年

図162　ジャン＝バティスト・グルーズ《小鳥の死を嘆く少女》1765年、油彩、カンヴァス、エディンバラ、スコットランド・ナショナル・ギャラリー

世間知らずの純粋なジルフィールのことを心配するニネットは、大事な小鳥（カナリア）を男性に狙われないようジルフィールに忠告している。ここで小鳥は娘の純潔さの象徴である。ファヴァールのテクストに近い鳥の解釈は、一七六八年に制作されたジャン＝バティスト・グルーズ《小鳥の死を嘆く少女》［図162］にあてはめることができる。この作品の文学的典拠については、これまで古代ローマ共和政末期の抒情詩人カトゥルスによる雀の死を悲しんだラテン語詩が指摘されてきた。一方、ディドロは一七六五年のサロン評のなかで、イメージに隠された二重の意味を指摘している。ディドロはグルーズの絵に次のような物語を読み取っている。恋をした少女が母親の不在中に恋人に身を任せる。しかし、小鳥の死に恋人の裏切りを感知し、後悔ゆえに涙する。(69) ここでは明らかに鳥の死に処女喪失が暗示されている。ファヴァールの『アカジュ』は、グルーズとディドロの鳥をめぐる解釈の重要な典拠の一つだったかもしれない。ディドロがサロン評のなかで、グルーズの鳥を「カナリア」と呼んでいることも、ファヴァールの演劇のテクストを強く想起させる。このような鳥の解釈は、鳥が処女性を暗示する北方絵画の寓意的表現と一致している。つまり、鳥をめぐるエロティックな寓意的解釈は十八世紀のフランスでもよく知られていたのである。

ファヴァールの演劇やグルーズの作品における鳥に込められたメッセージは、前節でみてきた、エンブレム集や『メリセルト』そして『ダフニスとクロエ』における鳥のイメージとは大きな違いがある。これらのエンブレム集やモリエールやロンゴスの物語において鳥は、恋人の虜になる男性を意味していた。これに対して、ファヴァールのテクストやグルーズの絵画作品のなかで鳥は女性の純潔を象徴している。鳥のモティーフは、このほかにも描かれる状況に応じた、豊かな解釈の可能性をもっている。ブーシェは自分の娘マリー＝エミリエをモデルに描いた肖像画［図163］において、娘の指先に小鳥を描いている。指先にとまっている小鳥は、(70)単純に娘の愛玩動物かもしれないし、あるいは娘の恋人とも、娘の純潔の象徴とも読み取ることができる。以上のように、鳥は作品の描かれたコンテクストに応じてさまざまに解釈されうるモティーフであった。

ここで再びブーシェのタピスリー《小鳥を獲る》［図148］を見直すと、これまで指摘してきた鳥をめぐる多様な表現が織り込まれていることがわかる。画面左で娘の鳥かごに鳥を入れる青年の行為には、『メリセルト』や『ダフニスとクロエ』でみたように、愛の贈り物というメッセージを読み取ることができる。画面中央でその指先に小鳥が乗っている頭巾をかぶった娘は、純潔な娘であることを暗示しているのかもしれない。画面左の娘の手に乗る小鳥は、娘に接吻するような姿勢で指先にとまっており、恋人を象徴しているかのように見える。娘の横で鳥罠をはって小鳥をとらえようとしている青年は、純粋に捕鳥の遊びを楽しんでいるようである。当時の貴族のあいだで鳥を獲る遊びが流行していたことは、一七一五年に刊行されたルイ・リジェの『田園や都会の楽しみ』(71)のなかで、鳥の採集について取り上げられていることからもうかがえる。このように《小鳥を獲る》には、鑑賞者に応じていろいろな見方ができるように鳥をめぐる多様なメッセージが、高貴に着飾った羊飼いたちによって表現されているのである。

図163　フランソワ・ブーシェ《ブーシェの娘、マリー＝エミリエの肖像》75.5 × 65 cm、パリ、コニャック＝ジェイ美術館

以上、タピスリー《小鳥を獲る》の構図は、「小鳥」と「恋人たち」というモティーフの寓意的・暗示的図像の総カタログ的な特徴をもっていることが明らかになった。言い換えれば、タピスリーの購買者にさまざまな愛のイメージを読み解く楽しみを提供すること、それが《小鳥を獲る》の作品構造におけるブーシェの狙いであったのではないだろうか。

三　パストラルの表現伝統と文学的伝統

〈高貴なパストラル〉には、田園を舞台に男女や子供が集うところが描かれており、このタピスリーはファヴァールの演劇とも関連づけられる羊飼いの男女の恋をテーマとする典型的なブーシェのパストラルということができる。しかし《小鳥を獲る》の意味解釈が示すように、このタピスリーを構想するにあたって画家は単に愛らしい羊飼いの男女を描いたわけではなく、愛をめぐるさまざまな図像伝統を参照しながら、創意ある作品に仕上げていたことが明らかになった。以下では、〈高貴なパストラル〉をブーシェが作り出す上での文学上の着想源として、従来いわれてきたようにファヴァールの演劇だけではなく、牧歌的恋愛物語の挿絵本を指摘する。さらにこれまで注目されることのなかったゴブラン製作所で同時期に織られていたタピスリー連作との比較を通じて、この連作の制作背景を明らかにしたい。

牧歌的恋愛物語の挿絵本『アストレ』

十八世紀に一世を風靡することになったブーシェのパストラルには、着飾った羊飼いの男女の甘美な愛の理想郷が描き出されている。まず、パストラルの発想がもともと古典古代の「田園詩」以来、詩人のあいだで歌い継がれてきた特別な世界に遡ることを確認しよう。

ホメロスは優美な自然を好み、それを理想的景観として歌い上げた。ギリシアの詩人テオクリトス(前三一五―二五〇年頃)は故郷シチリアの自然を舞台に、羊飼いたちが音楽を楽しむ姿を詩的に表現した。ローマの詩人ウェルギリウス(前七〇―一九年)は、ギリシアの先人に範を取り、豊かな自然に恵まれた愛と詩の理想郷アルカディアを舞台とする『牧歌』を制作した。こうして牧歌文学は西洋の伝統のなかに完全に組み込まれることになった。その後、古代の詩人が作り上げた理想的景観である森のイメージは、悦楽境(ロクス・アモエヌス)として、古代末期から中世にも継承された。(72) 理想郷のトポスは、ルネサンスにおける古代異教文化の再評価とともに、新たに注目された。牧歌の理想世界はとりわけ十六世紀初頭のイタリアの宮廷文化で好まれ、牧歌的な主題を扱った文学作品が次々に執筆された。フランスの牧歌文学は、イタリアの先例を踏襲しながら、独自の発展を遂げることになった。(73) イタリアの牧歌文学の代表作を紹介するならば、まず筆頭に挙げられるのは、ナポリの宮廷詩人ヤコポ・サンナザーロ(一四五七―一五三〇年)による『アルカディア』(一五〇二年)である。そこでは宮廷人に羊飼いのイメージが重ねられ、宮廷社会が牧歌世界として描かれている。その後、トルクァート・タッソの『アミンタ』(74)(一五七三年)、ジョヴァンニ・バッティスタ・グアリーニによる田園詩『忠実なる羊飼い』(一五九〇年)が続いて刊行された。これらの作品は十六世紀晩年から次々にフランス語に翻訳されることによって、フランスの宮廷社会でも広く読まれるようになった。(75)

十七世紀初頭のフランスでは、イタリアの牧歌文学に比肩する一大傑作、オノレ・デュルフェ(一五六七―一六二五年)の牧歌的恋愛物語『アストレ』(一六〇七、一六二七年に刊行)が誕生した。(76) 登場人物は羊飼いに身をやつした貴族であり、彼らは複雑な宮廷社会の規則から解放されて愛の悲喜を堪能する。そこには、ネオ・プラトニズムや宮廷風恋愛などの理想的な恋愛観が表現されていると同時に、当時の洗練されたサロン文化の精神が見事に反映されている。(77) パストラル文学は『アストレ』以降もブルボン朝の宮廷社会で広く好まれ、こうしたパストラルの文化は貴族のあいだに深く根づくことになった。(78)

図164　フランソワ・ブーシェ《愛の泉》1736-1737年、黒チョーク、36.3×27.5cm、個人蔵

図165　オノレ・デュルフェ『アストレ』パリ、ウェッテ版、1733年

十八世紀には、演劇の分野でも牧歌的恋愛をテーマとする作品が多数制作された。ブーシェのパストラルに関しては、劇作家ファヴァールの芝居との密接な関連性が論じられてきた。しかし筆者は、ファヴァールの演劇との関係だけではなく、本連作の文学上の視覚的・文学的着想源について考えてみたい。ボーヴェ製作所のタピスリーの主たる購買者層は王族や宮廷人であった。彼らのあいだで愛読されていたパストラル文学からブーシェが着想源を模索していた可能性は高い。

〈高貴なパストラル〉の下絵のうち二点は、一七四八年には完成していた。ブーシェが作品のテーマを選択する上で参照したであろう挿絵本として、貴族のあいだで絶大な人気を博していた前述の『アストレ』に注目したい。この物語は十八世紀前半も版が重ねられていた(79)。《愛の泉》［口絵7］において、画面中央に位置するアモルの彫像で飾られた泉は重要なモティーフであるが、このイメージは『アストレ』のライトモティーフである「愛の真実の泉」に結びつけられる(80)。羊飼いたちは皆この泉の前で愛を誓い、最後には幸せな結婚を迎える。一七三六年頃の作とされるブーシェによる素描[81]［図164］は、泉に記された「愛の泉（FONTAINE DE L'AMOUR）」という文字から明らかに『アストレ』を念頭に描かれたものと考えられる。また、手前の人物グループは、一七三三年に刊行された『アストレ』の挿絵に描かれた羊飼いの娘に愛の告白をしている羊飼い[82]［図165］とよく似ている。この素描に描かれた泉のもとで愛を語らう人物の構想は、その後のブーシェ作品に多数みられるが、タピスリー《愛の泉》にもこのトポスが反映されているといえよう。泉のモティーフは〈高貴なパストラル〉のなかで鳥をめぐる多様な愛の表現が織り込まれた《小鳥を獲る》にも描かれている。

興味深いことに、タピスリー《笛吹き》［図150］の構想の基になった油彩画［図151］には、真実の泉（FONTAINE DE LA VERITA）と銘の刻まれた泉がある。タピスリーでは、泉の代わりに横向きの豊穣の神プリアポスの彫像が置かれており、新たにエロティックなニュアンスが付け加えられている。この油彩画をはじめとするブーシェのパストラルの特質については、ファヴァールの演劇からの影響が指摘されるにとどまるが、ブーシェのタピスリーを購入していた上流階級層はそこに、『アストレ』のような牧歌的恋愛物語のイメージをも読み取っていたことであろう。「愛の泉」という主題にはルーベンスの《愛の園》をはじめとする長い絵画伝統があり[83]、ロココ時代の幕をあけたヴァトーによる雅宴画もその系譜に位置づけられる。とはいえ、ブーシェの愛の泉の構想には、これらの絵画伝統とともに、フランスのパストラル文学のイメージも強く反映されているのである。

十八世紀にデュルフェの作品の人気が上昇することになった背景には、文学批評家のピエール＝ダニエル・ユエの『物語の起源』（初版一六七〇年）における高い評価があった[84]。同書は一七一一年に八度目の版を重ねており、この版は『アストレ』の著者デュルフェの書簡を含む増補版として刊行されている。ユエはギリシア語やラテン語の作家から中世フランスやイタリアの作家に至る幅広い作品を取り上げて、物語の特徴やその歴史について論じている。十八世紀においてもユエの評価は文学作品に対する同時代評価の指標となっていたと考えられる。

パストラルを主題としたタピスリーの表現伝統

牧歌的風景の世界は古典古代の「田園詩」以来、詩人のあいだで歌い継がれてきた特別な世界である。古代の詩人が歌い上げた理想的景観である森のイメージは、悦楽境（ロクス・アモエヌス）として、絵画をはじめタピスリー芸術のなかでも取り上げられた。[85] ブーシェの連作の特徴を明らかにするために、その表現伝統の変遷を跡づけることにしたい。

一三九三年、フィリップ豪胆公はアラスの極上の金糸で織られた羊飼いを主題とするタピスリーを、アラスの司教に贈ったという記録が残されている。[86] 十四世紀末期から十六世紀にかけて「羊飼いたち」と総称されるタピスリーが制作された。[87] このジャンルにはさまざまなヴァリエーションがある。たとえば、十六世紀初頭に制作されたタピスリー［図166］には、小さな花や動物たちでうめつくされた万華模様（ミルフルール）の地の上に、遊ぶ羊飼いたちが装飾モティーフのように配されている。[88] 左側の三人は石けり遊びをしており、その真中の羊飼いは携帯用の石けり道具をもっている。右側の二人の羊飼いは木の実を採集している。羊飼いたちは貴族のように羽付きの帽子や被り物を身につけており、優雅な出立ちをしている。

十六世紀初頭にフランドルで制作されたタピスリー［図167］には、羊飼いのみならず、貴族や農民などさまざまな階層の人々が田園に集って遊ぶ場面が描かれている。人物像は前景と後景にフリーズ状に配されている。前方には、豪奢な出で立ちの羊飼いが、後方にはきこりや鷹狩に出かける貴族の姿が見える。

十七世紀には羊飼いを主人公にした風俗画を思わせるタピスリーが登場した。十六世紀末から十七世紀初頭のブリュージュで制作されたタピスリー連作〈ゴンボーとマセ〉［図168］には、青年期から老年期までの羊飼いの一生が描かれた八点のタピスリーから構成されている。[89] その場面描写は、野卑な農民の日常生活を主題に取り上げた北方絵画を想起させる。[90] ここには蝶を捕まえる羊飼いたちが描かれている。タピスリーの前景に描かれた娘は、木の上に登った青年が差し出す鳥を受

図166 《石けり遊びと果物採集》フランドルもしくは北フランス、1500-1520年頃、225 × 395 cm、パリ、ルーヴル美術館

図167 《ラ・マン・ショー》16世紀初頭、326 × 550 cm、ロンドン、ヴィクトリア&アルバート美術館

図169　《蝶の採集》（タピスリー連作〈ゴンボーとマセ〉より）図168の部分図

図168　《蝶の採集》（タピスリー連作〈ゴンボーとマセ〉より）16世紀末から17世紀初頭、345 × 261 cm、サン＝ロー美術館

け止めようとしてスカートを広げている。木陰にいる少年は娘のスカートのなかを覗き込もうとしている［図169］。「娘に鳥を手渡す」という表現には、エロティックな意味が内包されている。十七世紀フランドルの版画や絵画において鳥は性欲の象徴であり、男性が鳥を差し出す行為には性的暗示が込められていた。[91]

　月暦図の伝統をひくタピスリーにも、羊飼いたちが描かれている。十七世紀にフランドルで織られた連作〈ルーカスの月暦図〉は、おそらくルーカス・ファン・レイデン[92]（一四九四―一五三三年）の下絵に基づいて織られたタピスリー連作である。〈ルーカスの月暦図〉はもともとルイ十四世のコレクションにあり、一七三五年頃、それを手本にしてゴブラン製作所においてタピスリーが織られた。[93] タピスリーには月ごとにさまざまな行事や催しを楽しむ貴族や農民たちが描かれている。《六月》［図170］には村人や羊飼いたちの労働の場面が表現されている。

さて、ボーヴェ製作所では、ゴブラン製作所において〈ルーカスの月暦図〉が織られたのと同じ頃、田園を舞台に遊ぶ男女や羊飼いを主題に取り上げた連作〈田園の楽しみ〉（一七三一年に一作目が完成）が作られた。この連作はジャン＝バティスト・ウードリーによる八点の下絵に基づいて制作されたもので、[94] そのなかには《羊飼い》（現存せず）を主題とする作品もあった。《ピエ・ド・バフ》［図171］には、すでに第二章で取り上げたド・トロワの作品［図44］と同じ遊びの場面が描かれている。ウードリーは当時の上流階級における田園趣味を色濃く反映させた連作を仕上げた。この連作ののちにブーシェは、ウードリーが先鞭をつけた貴族たちの田園の遊びの諸場面からなるタピスリーを、演劇の登場人物に着想を得ながら牧歌的

図170　《6月》（タピスリー連作〈ルーカスの月暦〉より）ゴブラン製作所、1735年、パリ、ルーヴル美術館

図171　ジャン＝バティスト・ウードリーの下絵に基づく《ピエ・ド・バフ》（タピスリー連作〈田園の楽しみ〉より）ボーヴェ製作所、1729年

恋愛物語の一場面のように描き出すことによって、新味のある連作〈高貴なパストラル〉を生み出すのである。

オルレアン公の挿絵入りロンゴス『ダフニスとクロエ』とタピスリー

ブーシェの高貴なパストラルとの関係で筆者が注目したいタピスリーは、ゴブラン製作所において、オルレアン公の依頼を受けて制作された連作〈ダフニスとクロエ〉［図172］である。(95) この連作の主題は、古代ギリシアの詩人ロンゴスの『ダフニスとクロエ』に基づいており、タピスリーは一七一八年から一七二〇年にかけて織られた。この連作は四点から構成されており、バニョレ城のサロンの板張りの装飾を再現するように配置されている。ロンゴスの『ダフニスとクロエ』は、『アストレ』に加えて、ブーシェの連作の重要な着想源となったことに注目したい。すでに手短に述べたように、ギリシア語の『ダフニスとクロエ』は、フランソワ一世時代の碩学ジャック・アミヨによって翻訳された。『ダフニスとクロエ』の物語は、幼い二人の羊飼いダフニスとクロエに恋心が芽生え、成長していく過程でさまざまな試練を乗り越えながら互いに愛を深め、最後には共に高貴な身分であると判明してめでたく結婚するという筋書きである。一五五九年に初版『ダフニスとクロエの愛のパストラル』が出版され、その後十七、十八世紀を通じてアミヨ訳のフランス語版が刊行され続けた。一七一一年に再版された前述のユエの『物語の起源』において、この牧歌的恋愛物語はきわめて高く評価されており、その批評はこの時期にフランスにおけるこの同作品への関心を刺激したものと考えられる。実際、一七一八年にはアミヨ訳の『ダフニスとクロエの愛のパストラル』が刊行されている。同版の斬新な点は、国王ルイ十四世の弟の息子であるオルレアン公の原画に基づき、ブノワ・オードランによって一七一四年に版刻された計二十八点の挿絵が添えられているところにある。(96) オルレアン公はルイ十五世の幼少期にあたる一七一五年から一七二三年までのあいだ摂政を務めており、当時、パリの文化サークルの中心的人物であった。上流階級のなかでこの版本が話題の新作となったであろうことは間違いない。また実際、『ダフニスとクロエ』は一七三一年と一七四五年にもパリで版を重ねていることから、その視覚的イメージは、宮廷人のあいだで広範に流布したと考えられる。

オルレアン公の挿絵のもととなった絵画作品は、一七二三年のオルレアン公の死後の財産目録によると大型絵画と小型の絵画から構成されており、バニョレ城のサロンの壁面の板張りにはめ込まれていたことがわかっている。タピスリーには、鳩のモティーフを伴うロカイユ装飾がほどこされた大きな方形の絵の周囲を囲むように、その四隅の部分にメダイヨン型の小さな絵が配されている。したがって、二十八点のオルレアン公の原画のうち、タピスリーには大型四点と小型十六点の絵柄からなる合計二十場面が選択されている。タピスリーの上部中央に置かれた横向きのメダイヨンは、蜂の巣か鳥かごのモティーフで装飾されており、下方には動物モティーフがほどこされている。

図172　オルレアン公の挿絵に基づく《ダフニスとクロエの結婚》(タピスリー連作〈ダフニスとクロエ〉より)ゴブラン製作所、1715年頃

ゴブラン製作所では通常、国王の命を受けてタピスリーが作られたが、〈ダフニスとクロエ〉はオルレアン公の個人的な注文を受けて織られたプライヴェートな性格なものであった。したがって、オルレアン公が手がけた『ダフニスとクロエ』に基づいた原画のイメージは、タピスリーを通じて広範に流布することはなかった。しかしゴブラン製作所では、出版を通じて広く親しまれていた『ダフニスとクロエ』の人気を受けて、その後、エティエンヌ・ジョラの下絵に基づく新たなタピスリー連作〈ダフニスとクロエ〉が織り出されることになる。

ジョラの下絵に基づくタピスリー連作〈ダフニスとクロエ〉

エティエンヌ・ジョラ（一六九九―一七八九年）は、一七三三年に歴史画家として美術アカデミーに入会したのち、ヴァトーやフランドルの画家たちからの影響を受けて、パリや田園の日常生活を主題とする作品を描き、風俗画家として成功を収めた画家である。ジョラの下絵に基づく〈ダフニスとクロエ〉[97]は、一七五四年のゴブラン製作所を指揮していたミシェル・オードランがマリニー侯爵に宛てた書簡によれば、個人販売向けのタピスリーとして、オードランがジョラに下絵の制作を個人的に依頼したことを受けて作られた連作であった。前述のように、ゴブラン製作所ではこれまで、基本的に国王のためのタピスリーが作られてきた。しかしオードランは、半官半民のボーヴェ製作所において上流階級の顧客のために織られていたタピスリーの評判を前に、ゴブラン製作所でもプライヴェートな注文に応じるための連作を手がけることを思い立ったのである。ジョラの下絵の制作年は明らかでないが、おそらく本連作の下絵として利用されることになったと思われる油彩画《ダフニスとクロエの結婚》が一七三七年のサロンに出展されており、現存するタピスリーに一七三八年の年記が認められることから判断するならば、少なくとも一七三八年には織が開始されていたと推定される。またこのタピスリー連作の一つ、《収穫》の下絵と考えられる大型作品は、一七四一年のサロンに出展されている。なおこの連作は一七五四年までにゴブラン製作所の個人向けタピスリーとして数多く織られた。

ここで再びゴブラン製作所でジョラの連作と同じ時期に作られていたタピスリーに目を向けたい。ブーシェの最初のタピスリー連作〈イタリアの祭り〉の第一エディションが世に出たのは一七三六年である。この年に、ゴブラン製作所では《ダフニスとクロエ》の一作目が完成していることは注目に値する。ブーシェの連作〈イタリアの祭り〉［口絵２］には、イタリアの廃墟を思わせる田園の理想的風景のなかに、大人から子供までさまざまな人々が集い、娯楽を楽しむ姿が描き出されている。〈イタリアの祭り〉はテニールスに代表される北方絵画趣味に、イタリアの理想風景の要素が加わった新鮮なパストラルの連作として、大成功を収めた。ゴブラン製作所の〈ダフニスとクロエ〉は、ブーシェの〈イタリアの祭り〉と同じ牧歌的テーマでありながら、古代に遡る伝統のある牧歌的恋愛物語であり、かつ、オルレアン公の挿絵によって宮廷貴族のあいだで人気を博していた主題を取り上げたものであった。つまり二つの製作所がそれぞれ異なる趣向の牧歌的テーマのタピスリーで競合をしていた、という状況が想定できるのである。

さらに興味深いことに、ブーシェが〈高貴なパストラル〉の最初の下絵を制作した一七四八年には、ゴブラン製作所において〈ダフニスとクロエ〉が製織されている。ゴブラン製作所が、ブーシェの〈イタリアの祭り〉に対抗するテーマとして牧歌的恋愛物語の連作を織り出したのに対して、今度はブーシェがそれに勝るパストラル・テーマの新作の構想を練り始めていた可能性が考えられないだろうか。先行研究において、ブーシェの連作〈高貴なパストラル〉とジョラの連作〈ダフニスとクロエ〉が比較検討されたことはなかったが、実際に両者の作品を観察することによって、ブーシェの連作が、ゴブランの〈ダフニスとクロエ〉を強く意識して構想された可能性を検討したい。

二つのタピスリー連作の考察に移る前に、ゴブラン織りの〈ダフニスとクロエ〉の連作の構成と特徴について確認しておこう。この連作は物語の進行に応じた七つの主題――《ラモン(ダフニスの養父)の夢》、《眠るクロエ》[図173]、《笛を吹いてダフニスを救うクロエ》、《収穫》、《ダフニスとクロエにアモルが庭に現れたことを説明する老人フィレータス》、《牧神パンへの供犠》、《ダフニスとクロエの結婚》――から構成されている。七つの主題のうちジョラが手がけたのは、六つの主題の下絵である。残る一点である《笛を吹いてダフニスを救うクロエ》は、オルレアン公の下絵に基づきブノワ・オードランによって版刻された挿絵に倣っている。したがって、ジョラが連作を構想するにあたって、オルレアン公の挿絵が重要な着想源として積極的に利用されたことがわかる。実際、六つの主題のうち四つには、オルレアン公の挿絵のなかですでに取り上げられたテーマが選択されている。

具体的にオルレアン公の挿絵とジョラの連作の絵柄とのあいだで、一定の共通性が指摘できる作例を観察したい。たとえ

図173　ジョラの下絵に基づく《クロエの眠り》（タピスリー連作〈ダフニスとクロエ〉より）ゴブラン製作所

ば、オルレアン公の挿絵に描かれた、蝉によって目覚めるクロエを見つめるダフニス［図174］と、ジョラの《眠るクロエ》［図173］をみてみよう。挿絵［図174］には、木陰でうとうとと寝入っているクロエの姿に見惚れるダフニスの姿が認められる。この場面でダフニスは、クロエを見つめながら蝉の鳴き声が彼女の眠りを妨げることを心配して、「うるさい蝉だ」と文句をつぶやく。(98) そのあいだに、ツバメに追われた一匹の蝉が逃れようとして、クロエのふところに飛び込んでしまう。クロエは何が起こったのかわからず眠りから目覚め、一方でダフニスはその様子を面白そうに笑って見ている。挿絵にはこのエピソードの一場面が描かれている。

オルレアン公の挿絵［図174］には、木陰にクロエが古代図像のアリアドネのポーズで横たわっており、ダフニスがその様子をしげしげと眺めている様子と、やかましく鳴く蝉の存在が左の木のなかで白い大きな点によって描写されている。ジョラのタピスリー［図173］には、挿絵と同じように眠るクロエを見つめるダフニスがいる。よく見ると、ダフニスの視線の先にはツバメの姿が認められる。ここでは蝉がまさにクロエの懐に飛び込んでしまった瞬間を描いているようである。ジョラはオルレアン公の挿絵と同じエピソードを取り上げつつも、わずかに時間をずらして、より決定的な瞬間をとらえることによって、場面描写に新味を与えている。また、ジョラのダフニスとクロエが当世風の身なりをしている点にも注目したい。ジョラは着衣の描写を通じて、オルレアン公の挿絵を現代風にアレンジしているわけである。

図174　オルレアン公原画（ブノワ・オードラン版刻）（ロンゴス『ダフニスとクロエの愛のパストラル』より）パリ、キロ版、1718年

図175　フランソワ・ブーシェの下絵に基づく《愛の泉》（連作〈高貴なパストラル〉より）口絵7の部分図

図176　フランソワ・ブーシェの下絵に基づく《食事》(連作〈高貴なパストラル〉より) ボーヴェ製作所、1757-1760年頃、カリフォルニア、ハンティントン・アート・コレクションズ

さて、このような眠る羊飼いの娘は、ブーシェのタピスリー〈愛の泉〉においても画面右端に見出すことができる［図175］。この娘は、ジョラのクロエのように片腕をついて眠っており、両者はポーズの点で明白な類似が指摘できる。しかし、ブーシェの羊飼いの青年は、娘の眠りを妨げることを面白がるかのように彼女を藁でつついており、ロンゴスの物語場面とは状況を異にする。ブーシェは、オルレアン公の挿絵を通じて広く知られたお決まりの一場面を想起させつつ、「遊び」のニュアンスを付加し、伝統的な眠る羊飼いの図像に創意ある変化を加えたと考えられる。

ブーシェの〈高貴なパストラ

ル〉には、眠る羊飼いの例のほかにも、明らかに『ダフニスとクロエ』の一場面と結びつけられる場面が二つある。第一に、クロエに笛の吹き方を教えるダフニスのエピソードである。ロンゴスによれば、ダフニスはクロエが吹き始めるとすぐに笛を取り上げて、笛の管に自分の唇をはしらせ、クロエの唇に触れようとする。[99] ブーシェの《笛吹き》［図150］には、ダフニスがクロエに笛の吹き方を教えている場面を思わせるかのように、青年が娘に吹き方を教える様子が描かれている。タピスリーを観る者は、この青年にダフニスを重ねてみることで、その次の段階として、青年が娘から笛を取り上げて嬉しそうに笛を吹き始めるという物語の展開を思い描くのである。

図177　オルレアン公原画（オードラン版刻）（ロンゴス『ダフニスとクロエの愛のパストラル』より）パリ、キロ版、1718年

『ダフニスとクロエ』の物語を連想させる第二の描写は、タピスリー《食事》［図176］に指摘できる。ここには、田園のなかに二人の羊飼いの青年と二人の娘、三人の子供が描かれている。左側の青年は娘にブドウを指し出している。画面中央の子供たちはブドウを食べていることから、一見すると戸外でのピクニックの一場面が描かれているように見える。ここで画面のあちこちに描写されているブドウのモティーフに注目してみたい。『ダフニスとクロエ』の巻二は、村のブドウの収穫に関する場面描写から始まり、そこでの出来事が三頁にわたって生き生きと描写されている。[100] このブドウの収穫の場面は、オルレアン公に基づく挿絵やジョラの連作［図177・178］のなかで取り上げられていることから、広く知られていたに違いない。

村のブドウの収穫の際に、ダフニスとクロエはヤギや羊の世話をやめ、収穫のための仕事に参加して村人を手伝う。そこでダフニスは女たちからディオニュソスのような美男子だとたたえられ、一方クロエは、男たちから「羊になってクロエに飼われたい」といわれ、それぞれ賞賛される。オルレアン公の挿絵［図177］の手前で抱擁している男女は、物語のなかで語られる挿話——ダフニスを美男子と褒めたたえる女たちのなかに、彼に接吻するあつかましい女がいてクロエを悲しませた——を思わせる。中景で二人の男に囲まれ、ブドウのかごを頭上にかかげて、うらめしそうに抱擁する男女の方を振り返っている娘はクロエかもしれない。

図178　ジョラの下絵に基づく《収穫》（連作〈ダフニスとクロエ〉より）ゴブラン製作所、1741-1754年頃、ニューヨーク、メトロポリタン美術館

ジョラのタピスリー［図178］は、オルレアン公の挿絵と同じ場面設定で描かれている。挿絵の後景には、大きな桶にブドウを入れて踏み潰している男たちの様子が小さく描かれているが、タピスリーにも同様な描写がみられる。スタンデンによれば、画面左側で楽しそうに酒樽の上に座っている男女がダフニスとクロエである。その周囲の女たちはダフニスの美しさにみとれているようである。ジョラのタピスリーの場面描写は、これまでロンゴスのテクストと照らし合わせて考察されたことはないが、ここで改めて両者を比較してみたい。注目したいのは、物語のなかの次の一節である。「どのブドウの木も丈が低く、［……］ブドウの蔓は地上低くのびて蔦のようにはう。だから産着から手を出せるようになったばかりの幼子でも、房に手が届くほどなのである」[101]。ジョラはこの描写を忠実に再現しているようである［図179］。小さな子供は白い産着から腕を出して、ブドウの粒を手にしている。

図179　ジョラの下絵に基づく《収穫》（連作〈ダフニスとクロエ〉より）図178の部分図

図180　フランソワ・ブーシェの下絵に基づく《食事》（タピスリー連作〈高貴なパストラル〉より）図176の部分図

ここで再びブーシェの《食事》［図180］に立ち戻って観察したい。まずタピスリーの画面中央左手に描かれた二人の子供に目を向けると、興味深いことに、二人ともブドウを手にしている。さらに画面右端の子供は、まさに産着から腕を出して前方に身を乗り出している。さらにその子供の左横から、かごを手にした娘の後方の地面には、さりげなくブドウの蔓が伸びており、葉のあいだから一房のブドウの粒が見える。

また、画面中央でブドウを入れたかごをもつ青年とブドウが盛られたかごを手にもつ娘は、物語のなかで語られる「ダフニスはブドウの房をかごに入れて運び」と「クロエの方は、収穫している人々のために食事の準備をして、［……］低いところにあるブドウを摘んだりした」という記述と結びつく。娘のかごには、すでに摘み取ったブドウが盛られているという見方もできよう。実際、娘の後方の低い蔓には、もう一房しかブドウが残されていない。たしかに、タピスリーの連作に、四季を主題とするものは決して珍しくないことから、《食事》も秋をテーマとする作品として解釈できないこともない。しかしながら、この作品の細部描写には明らかに、『ダフニスとクロエ』の収穫の一場面を強く連想させるモティーフと物語描写を読み取ることができるのである。

このようにブーシェの《高貴なパストラル》には、ロンゴスの『ダフニスとクロエ』の物語内容と密接に連動する人物描写やモティーフが認められる。ブーシェはオルレアン公の挿絵やジョラのタピスリーですでに広く親しまれていたこの牧歌文学のイメージを下敷きにしながら、その上で、羊飼いの衣装や小道具の描写に、ジョラの羊飼いにはない洗練を加えることで、素朴な羊飼いから高貴な羊飼いへとイメージを刷新している。たとえば、眠る羊飼いの娘［図175］の右わきには、娘が木陰に入る際に身につけていた帽子を脱いだことを思わせるかのように、桃色のリボンのついた優雅な帽子が置かれている。さらにジョラのダフニスが古代風に紐のサンダルを履いているのに対して、ブーシェの羊飼いの青年はリボンのついた靴を履いている。この眠る娘や、《笛吹き》で笛を吹く娘［図150］は、どちらも水色のリボンでつながれた犬を従えており、その姿には愛犬を連れる貴婦人のイメージが反映されている。犬は忠誠な愛のシンボルでもあり、羊飼いたちの愛の戯れの場にふさわしい動物である。このようにブーシェは、古代に生きた簡素な羊飼いたちの物語を、同時代の人々が身近に感じることのできるような小道具を用いて再構築し、ロンゴスが語る高貴で理想化された当世風のパストラルの世界を織り出したのである。

以上、連作〈高貴なパストラル〉の着想源について、これまで比較検討されることのなかった、フランス牧歌文学の祖とされる『アストレ』と、牧歌文学の古典であるロンゴスの『ダフニスとクロエ』の挿絵本を取り上げ、さらにブーシェの連作に先行して織られたゴブラン製作所の連作〈ダフニスとクロエ〉との関係を指摘した。これらの古典的牧歌文学は、十八世紀に版を重ねることで新たに注目を浴びた作品であり、そのイメージは当時のボーヴェ製作所の連作を購入した上流階級のあいだでは、作品に添えられた挿絵を通じて広く知られていたに違いない。また連作〈高貴なパストラル〉の制作背景には、ゴブラン製作所において先行して織られていたジョラの下絵に基づく〈ダフニスとクロエ〉に対抗するボーヴェ製作所の新作を作る、という狙いがあったことも本考察を通じて明らかになった。〈高貴なパストラル〉はこれまで、一七四〇年代後半から本格的に描かれるようになるファヴァールの演劇と結びつけて論じられてきたが、本章で示したように、ブーシェの創造の源泉には、挿絵本を通じて視覚的に広く共有されていた長い伝統のある牧歌的恋愛文学のイメージが密やかに織り込まれているのである。

四　関連素描とポンパドゥール夫人の肖像

〈高貴なパストラル〉の主題選択に際して、ゴブラン製作所の連作との対抗関係があることが明らかになった。本章では、さらにこの連作に関連づけられる油彩画と関連素描の考察を通じて、画家ブーシェ自身の制作意図を明らかにしたい。

タピスリー《愛の泉》に関連づけられる油彩画と仮説の提示

ワシントンのナショナル・ギャラリーに所蔵されるブーシェ作の油彩画《恋文》［図181］と、メトロポリタン美術館に所蔵される《遮られた眠り》［図146］は、タピスリー《愛の泉》の右端の絵柄の一部［図182］と非常によく似ている。ボルドーはこれらの作品は、ブーシェが一七四八年に制作した下絵《愛の泉》の絵柄の一部を取り出して、多少の変更を加えてタブロー画に仕立てた作品であると見なしている(102)。《恋文》［図181］には、鳩が運んできた恋文を手にして、泉の前に座る二人の娘が描かれている。《恋文》とタピスリー［図182］のあいだには、衣装の色や泉のかたちに相違があるが、両者の構図は基本的に一致している。一方、《遮られた眠り》［図146］には、少年が茂みのなかから身を乗り出して、心地よく眠っている娘を藁でつついているところが描写されている。この油彩画とタピスリー［図182］の人物のポーズや構図、麦藁帽子などのモティーフには、著しい共通性が指摘できる。たしかにボルドーが考えるように、すでに完成していた下絵のモティーフの一部が、二点の油彩画にそのまま転用された可能性は高い。

しかし、ここで改めて注意を向けたいことは、《恋文》と《遮られた眠り》が、もともとポンパドゥール夫人のために制作されたということである。ポンパドゥール夫人は一七四五年に国王ルイ十五世の正式な愛妾としてヴェルサイユ宮殿入りを果たし、宮廷での地位を確立しつつあった。ブーシェによる二点の油彩画は、一七五〇年に国王がポンパドゥール夫人のために建造したベルヴュ城を飾るために描かれた作品であった。(103) この頃より夫人は、ブーシェをお気に入りの画家として重用するようになっていた。ブーシェはこの時期、同世代の画家たちと競合しながら精力的に制作活動を行っていた。このような状況下において、ブーシェ自身の昇進の鍵を握るパトロンのための作品を、二年前に完成させたボーヴェ製作所のタピスリーの下絵の一部を転用して手軽に描き上げようとブーシェは考えたろうか。たしかにブーシェの制作態度全般におい

図181　フランソワ・ブーシェ《恋文》1750年、油彩、カンヴァス、81.2 × 75.2 cm、ワシントン、ナショナル・ギャラリー

図182　フランソワ・ブーシェの下絵に基づく《愛の泉》(タピスリー連作〈高貴なパストラル〉より) 口絵7の部分図

て、過去に制作した作品を再利用することで、短時間に効率よく作品を作り出す傾向がみられる。しかし特に重要なパトロンの作品の場合、入念な習作素描を用意した上で制作にあたるのが常である。ブーシェにとって格別な庇護者であるポンパドゥール夫人のために、あきらかにそれとわかるかたちで下絵の絵柄の一部を再利用したならば、そこには何らかの意図があったに違いない。ここで示唆されるのは、〈高貴なパストラル〉の下絵がもともと、一七四五年以降に宮廷で重要な地位を確立しつつあったポンパドゥール夫人に対して、ブーシェがなんらかのアピールをする意図をもって構想されたという可能性である。そもそもタピスリーの下絵がポンパドゥール夫人への敬意を込めて作られていたならば、後年にブーシェがその構想の一部を夫人のためのタブロー画に転用したとしても決して無理な考え方ではない。

ボーヴェ製作所では半官半民の運営がなされており、国王のタピスリーが織られていたゴブラン製作所とは異なり、特定のパトロンのために作品が作られることはなかった。しかしながら、すでに筆者が明らかにしたように、ブーシェは、夫人が宮廷入りを果たした一七四五年以降にボーヴェ製作所のタピスリーの下絵制作を通じて、ひそかに自身の地位の上昇に結びつくような図像選択を行っていた。そこには、国王とポンパドゥール夫人の愛を巧みに暗示するような主題や図像が織り込まれていた。〈高貴なパストラル〉も同様な戦略のもとで構想されていた可能性が強く示唆される。

《愛の泉》の関連素描

〈高貴なパストラル〉のなかにポンパドゥール夫人の関心をひくようなモティーフを指摘することができるだろうか。まずはブーシェが一七四八年に完成させた二点の下絵《愛の泉》と《小鳥を獲る》のために制作した素描の考察からはじめたい。タピスリーの下絵を手がける過程において、ブーシェは素描による習作を数多く残している。原寸大の油彩下絵の多くは、実際にはブーシェの指揮のもとで工房の弟子たちによって完成された。ブーシェの素描はその際に、弟子たちによって

図183　フランソワ・ブーシェ《愛の泉のための習作（横向きの人物像）「習作2」》青い紙、42.2 × 30.6 cm、パリ、個人蔵

有効に活用されたと考えられる。〈高貴なパストラル〉に関連づけられる素描は、《小鳥を獲る》についてが八点、《愛の泉》についてが二点知られており、そのすべてが人物習作である。残る三点の主題《笛吹き》、《魚釣り》、《昼食》については、《笛吹き》に描かれた犬の習作のほかに下絵に関連づけられる素描は筆者の知る限りでは現存しない。最初に構想された二つの下絵に関する多くの人物習作は、ブーシェがこれらの人物の描写にとりわけ細心の注意を払って取り組んでいたことを示している。

まず《愛の泉》と《小鳥を獲る》にみられる牧歌的恋愛風景について概観したい。《愛の泉》［口絵7］には、アモルがほどこされた泉を中心にして、三組の男女と二人の娘、子供や動物がフリーズ状に配されている。左から順に詳しく見るならば、まず、娘に笛の音色を聞かせる青年、その横には山羊と遊ぶ二人の子供がいる。次の場面では青年が貝殻でくみ取った泉の水を後姿の羊飼いの娘に差し出している。泉の横には、恋文を手にした二人の娘が寄りそって座っている。最後に、眠りにつく娘を藁でつついていたずらをしている青年が見える。このように《愛の泉》は四つの求愛場面から構成されている。一方、《小鳥を獲る》［図148］には、羊飼いのように着飾った青年と娘や子供たちがヴェスタ神殿を背景に小鳥と遊んでいる様子がのびやかに描出されている。愛や恋人の象徴である小鳥や鳥かごは、この場面の要をなすモティーフとなっている。《愛の泉》と《小鳥を獲る》の関連素描のうち、本連作の制作意図を考える上で重要な四点の人物習作に注目したい。[104] こ

図185　フランソワ・ブーシェ《愛の泉》口絵6の部分図

図184　フランソワ・ブーシェ《愛の泉のための習作（後姿の人物像）「習作6」》青い紙、42 × 30.5 cm、パリ、個人蔵

れらの素描にはいずれも一七四八年の年記とブーシェの署名が記されているとともに、シュヌヴィエーヴル公爵のコレクターマークが認められる。すべての素描の右上に、短い書き込み――「習作2」[105]［図183］、「習作5」[106]、「習作6」[107]［図184］、「習作7」[108]――がある。四点の書き込みすべてがブーシェによって記入されたものかどうかは不明だが、一連の素描は同時期に制作されたゲッティ美術館の二点の油彩下絵のための習作と見なすことができる。

「習作5」と「習作7」は《小鳥を獲る》、「習作6」は《愛の泉》［図185］の準備素描である。「習作2」の横向きの人物像［図183］は、タピスリーや下絵には確認できないものの、髪型や衣装の描写については、泉のそばに立っている後姿の人物のための習作［図184］のそれと顕著な共通性が認められる。横向きと後姿の人物像はどちらも首に回り襞つきの飾り襟（スペイン風と称されることもある）を身につけており、ふくらんだ袖やふんわりと広がるドレーパリーの入った衣装のデザインも一致している。さらに、頭髪の中央が編み込まれた髪型もよく似ている。したがって「習作2」の横向きの人物像は、「習作6」と同一の人物像を横から描写したものと考えられる。

《愛の泉》の関連素描はこの二点の人物習作しか知られていない。ブーシェは主題と構図上タピスリーの中核をなす羊飼いの娘をいかに描くかをめぐって、とりわけ熱心に取り組んだに違いない。興味深いことに、旧シュヌヴィエーヴル公爵コレクションの二点の《愛の泉》の人物習作［図183、184］には、複数の類似した関連素描がある。フランクフルト国立美術館には、横向きと後姿の人物像の二点の素描が所蔵されており、それぞれに一七五二年の年記と署名が記されている。また横向きの素描［図183］に類似した素描は、ストックホルム国立美術館、エルミタージュ美術館、パリのギャラリー・カイユなどに現存し、また二〇一一年四月一日にパリのクリスティーズで行われた競売（一七五二年の年記と署名）でも売り出されている。上述のように旧シュヌヴィエーヴル公爵コレクションの四点の素描にのなかには、ゲッティ美術館の下絵《愛の泉》と《小鳥を獲る》の制作年と同じ一七四八年の年記が認められるが、一連の関連素描のなかには、一七五二年の年記が付されているものも数点ある。〈高貴なパストラル〉の企画が再開した年は、〈オペラの断章〉の最初の織が完成した一七五二年頃と考えられる。一七五二年作の関連素描は、この時期に再びブーシェが、一七四八年に完成させていた〈高貴なパストラル〉の下絵と関連素描を見直した際に描かれたものに違いない。一連の後年に制作された関連素描は、当時の美術愛好家のあいだにおけるブーシェの素描に対する高い需要に応えるために、下絵の素描習作に基づいて、ブーシェの指導のもと工房で複製された完成度の高い素描であるといえよう。ブーシェが二点の人物習作［図183、184］をさらに完成度の高い作品にするために手を入れたという事実を考慮するならば、それらの素描に対して、さらにいえば、そこに描かれた人物像のモデルに対して、なんらかの特別な思い入れがあった可能性が考えられないだろうか。

ピエール・ド・ノラックは、二〇世紀初頭に執筆したブーシェのモノグラフィーのなかで、横向きで描かれた人物習作［図183］をポンパドゥール夫人の肖像であるとみている。(111) しかし、モデルを同定した根拠を提示していないノラックの見解は推測の域をでない。この素描は二〇世紀半ばにミュンヘンとロンドンで開催された展覧会にも「ポンパドゥール夫人の肖像」

という簡潔なコメント付きで出展されているが、その根拠は記されていないことから、おそらくノラックの見解が参照されたと思われる。[112] その後、この素描のモデルを同定する試みはなされず、近年の研究においても本素描のモデルについて論及されることはない。そこで筆者は、これまで検証されることのなかったノラックの見解の妥当性をめぐって、同時期に制作されたポンパドゥール夫人の肖像との比較考察を通じて検討したい。[113]

旧シュヌヴィエーヴル公爵コレクションの横向きの人物描写［図183］において、とりわけ細やかな観察眼をもって入念に描かれているのは髪型である［図188］。女性の前頭部の顔周りは、やわらかなカールで盛り上がっており、後頭部は襞のある襟元から頭頂まで三つ編みで整えられている。ポンパドゥール夫人はブーシェをはじめとする同時代の画家に数々の肖像を描かせているが、スイスの画家ジャン＝エティエンヌ・リオタールの肖像は夫人自身もその写実的な描写力をきわめて高く評価していた。[114] 一七五〇年頃に制作されるリオタールによる夫人の肖像[115]［図186］の髪型は、ブーシェの横向きの素描［図183］と同様に、中央を三つ編みで巻き上げている。おそらくこの髪型は一七五〇年前後のポンパドゥール夫人が好んでいたスタイルであったように思われる。一七四八年に制作が開始され一七五一年に完成したピガールによる夫人の胸像［図187］においても、夫人の後頭部は繊細な三つ編みで編み込まれている。ピガールは一七五〇年頃より夫人のお気に入りの彫刻家として重用されるようになり、夫人を神話の女神や寓意像に見立てた彫像を制作した。このような容貌や身なりに一定の理想化が認められる肖像がある一方で、一七五〇年前後の夫人のそのままの姿をとらえた本作品［図187］が示すように、現実に近い姿をとらえたピガールの肖像も見立てによる肖像と並び、きわめて高く評価されていた。[116] ブーシェの横向きの夫人の肖像［図188］と、ピガールによるポンパドゥール夫人の肖像のあいだには、髪型のみならず、目元や小鼻から口元にかけても一定の共通性が指摘できる。

ロココ時代、ヘアーモードの流行はファッションのそれと並び、宮廷人であれば男女を問わず最も注意を払う関心事であった。ポンパドゥール夫人も髪粉を用いてさまざまな優雅な髪型を使い分けていた。ポンパドゥール夫人に仕えた髪結師ルグロ・ド・ルミニーはルイ一五世時代を代表する髪型の芸術家であり、著書『フランス夫人の髪結術についての版画本』

図187　ジャン＝バティスト・ピガール《ポンパドゥール夫人の胸像》部分図、1748-1751年、ニューヨーク、メトロポリタン美術館

図186　ジャン＝エティエンヌ・リオタール《ポンパドゥール夫人の肖像》黒チョーク、赤と茶色のチョーク、パリ、クストディア財団

図189　ルグロ・ド・ルミニー『フランス夫人の髪結術についての版画本』1768年、パリ、フランス国立図書館

図188　フランソワ・ブーシェ《愛の泉のための習作（横向きの人物像）「習作2」》図183の部分図

（一七六五年）はヨーロッパの王妃たちに献上され、ポンパドゥール夫人に代表されるフランス宮廷女性の髪型を広めることに貢献した[117]。同書には三十八点のファッショナブルな髪型の版画が添えられており、そのうち後ろ髪を三つ編みで巻き上げたスタイルは四点、残る三十四点の後ろ髪は普通にアップされている[118]。後部を巻き上げた四点の版画は、その編み込みがよく見えるように、モデルは横向きあるいは四分の三背面観で描かれており、この巻き上げスタイルがとりわけ手の込んだエレガントな髪型であることを示している。四点のうち一つは［図189］、顔周りを盛り上げて後頭部を三つ編みで巻き上げており、そのスタイルはブーシェの素描やピガールの彫像にみられる髪型とよく似ている［図183・184・186・187］。ピガールとリオタールによる肖像の制作年は一七四八年から一七五〇年頃であり、ブーシェの素描もほぼ同時期に制作されている。後頭部を編み込むスタイルは、この時期にポンパドゥール夫人のお気に入りの髪型であったに違いない。

これまでの考察から、横向きの人物習作のモデルをポンパドゥール夫人とするノラックの推測は、――夫人が実際にポーズをとったかどうかはともかく――十分に根拠のあるものと考えられる。最終的に横向きではなく後姿のポーズがタピスリーの下絵に採用された理由には、ポンパドゥール夫人好みの洗練された髪型の羊飼いの娘を描くことで、直接的に夫人の容貌を示すことなく、そのイメージを暗示しようとする意図があったのかもしれない。

タピスリー《愛の泉》の人物習作がポンパドゥール夫人のイメーで描かれていたとするならば、ブーシェがこの連作の構想を練り始めた当初より、夫人に対するオマージュを念頭に制作していた可能性は十分に考えられる。

《小鳥を獲る》の関連素描

《愛の泉》と同時期に制作された《小鳥を獲る》［図149］に描かれた羊飼いたちのなかにも、同様にポンパドゥール夫人のイメージを喚起させる人物像が描きこまれているように思われる。パリの個人コレクションに所蔵される鳥かごをもつ女性を描いた素描〔図190〕は、《小鳥を獲る》の人物グループの中心に描かれた羊飼いの娘のための習作である。[119] 娘は少し盛り上がった土の上に腰かけており、ひざの上に置いた鳥かごを片腕で支えている。この羊飼いの娘は構図の中心に位置しており、画面構成の上でもひときわ目を引く存在である〔図191〕。また、下絵において娘の身づくろいは、他の羊飼いたちに比べて明らかに差異化されている。娘の衣装の袖とスカートは白のアクセントで清楚にまとめられ、胸元には洗練されたピンクのバラが添えられている。さらに首元には、すでに考察した横向きと後姿の羊飼いの娘が描かれた素描と同じく、襞つきの飾り襟が見える。髪型についても、周囲の娘たちが羊飼い風に頭巾をかぶったり、頭部に太い布を巻きつけたりしているのに対して、中央の女性の頭部はブルーのリボンで結いこまれ洗練された巻き上げスタイルで整えられている。このように鳥かごをひざの置いた羊飼いの娘は、とりわけ高貴な装いをしているのである。

図190　フランソワ・ブーシェ《鳥かごを手にした娘》黒チョークとパステル、灰色の紙、37.4 ×30.7 cm、パリ、ジョルジュ・ブルメンタール・コレクション

図191　フランソワ・ブーシェ《小鳥を獲る》図149の部分図

図193　フランソワ・ブーシェ《ポンパドゥール夫人の肖像》1750年頃、油彩、カンヴァス、62.5 × 46 cm、アリスバーリー、ワデスドン・マナー

図192　フランソワ・ブーシェ《ポンパドゥール夫人の肖像》1750年頃、カンヴァスに張り付けた紙、油彩、61 × 46 cm、パリ、ルーヴル美術館

この洗練された羊飼いの娘の身づくろいには、二点のポンパドゥール夫人の肖像［図192・193］の装いとの際立った共通点が指摘できる。これらの油彩画は、ブーシェがポンパドゥール夫人の依頼を受けて弟のマリニー侯爵に贈るために、一七五〇年頃に制作した作品であると考えられている。一点目の肖像［図192］において夫人は、羊飼いの娘［図191］のようにクリーム色のドレスをまとい、胸元にはピンク色のバラをさし、首元には襞つきの飾り襟を身につけている。素描にみられる小花を頭部に散らした髪型は肖像画に描かれた夫人の髪型と共通している。二点目の肖像［図193］は、一点目の肖像とほぼ同じ舞台設定ではあるが、その衣装は、一点目の肖像に認められるような袖口や胸当て部分に刺繍のない室内着ではなく、刺繍が贅沢にほどこされた正式なフランス風ドレスである。とはいえ、二点に描かれたポンパドゥール夫人はどちらも、首回りに襞つきの飾り襟、ドレスの胸元にはピンク色のバラを身につけている。これらの服飾品が夫人のお気に入りのアイテムであったであろうことは、想像に難くない。このように、《小鳥を獲る》の中央に描かれた

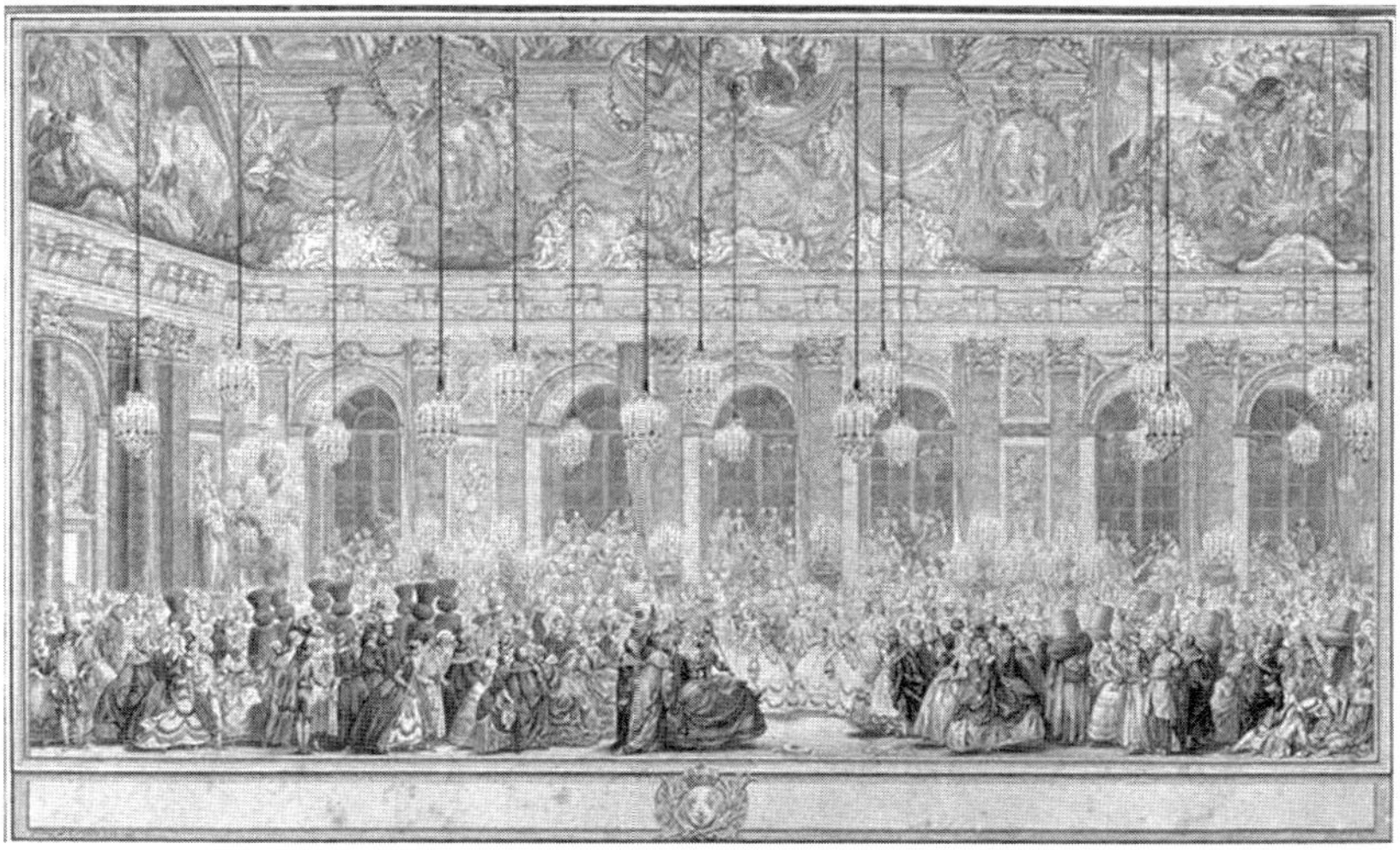

図194　コシャン《イチイの舞踏会》ペン、黒インク、灰色の水彩、水彩、白のグアッシュによるハイライト、44.3 × 76.4 cm、パリ、ルーヴル美術館版画素描部

羊飼いの娘［図191］の衣装は、これらの肖像に描かれたポンパドゥール夫人を明白に想起させる身なりで描かれているのである。

以上の観察が示すように、ブーシェは〈高貴なパストラル〉の構想段階において、当時、国王の寵姫として宮廷で権力をもち始めていたポンパドゥール夫人のイメージを織り込むことを試みていたと考えられる。一七四八年に制作された二点の油彩下絵において、夫人を暗示する女性像は、構図上きわめて重要な位置を占めるように描かれている。しかしブーシェはなぜ、夫人のイメージを羊飼いの娘に託したのだろうか。すでに述べたように、パストラルのテーマは一七四〇年代後半よりブーシェが力を入れて制作しはじめた新しい画題であった。これを受けて単純に羊飼いに扮した夫人を描いたのであろうか。筆者は羊飼いに見立てるという発想の背景には、夫人と国王の出会いをめぐる記念すべき現実の出来事が考慮されていると考える。

国王ルイ一五世がポンパドゥール夫人を見初めたのは、一七四五年、王太子の結婚式を記念してヴェルサイユ宮殿で行われたイチイの舞踏会であった。[120] シャルル＝ニコラ・コシャンによる版画［図194］が示すように、舞踏会は宮殿の鏡の間で開催された。仮装した宮廷人たちのなかでもっとも目を引くのは、イチイの木に変装した国王とその忠臣たちの集団［図195］である。注目したいのは、イチイの木に扮した国王と向かいあって、リボンつきの麦藁帽子をかぶり杖を手にしている羊飼いの娘である。この羊飼いの娘こそポンパドゥール夫人であると広く認められている。[121] ポンパドゥール夫人はこの日、国王に見初められ正式に宮廷入りすることになった。この二人の出会いのエピソードは宮廷人のあいだでもよく知られていた。カンタン・ド・ラ・トゥールが手がけた羊飼いの帽子をかぶった女性の肖像［図196］のモデルは、ポンパドゥール夫人であるとみなされているが、画家はおそらくこのエピソードを念頭に、羊飼いに扮した夫人の姿を描いたのであろう。[122] 麦藁帽子は羊飼いの定番の小道具であるが、リボンつきの麦藁帽子は、興味深いことに〈高貴なパストラル〉を構成する五点のタピスリーすべてに唯一共通して繰り返し描かれているモティーフでもあることも偶然ではなかろう。

　ブーシェはパストラルの主題がポンパドゥール夫人のお気に入りのジャンルであったことを熟知していたに違いない。ポンパドゥール夫人がとりわけパストラルを好んだ理由は、それが宮廷社会と深く結びついているからである。すでに論じたように、十七世紀初頭のフランスで確立されたパストラルの文化は、貴族固有の文化としてしっかりと根付き、それは十八世紀においても継承されていた。夫人がとくにパストラルを自身のステイタスを示す上で重要視していたことは、〈高貴なパストラル〉の一作目が織り上がる一七五五年に描かれた《ポンパドゥール夫人の肖像》［図197］にみることができる。モーリス＝カンタン・ド・ラ・トゥールの手になるこの肖像において夫人は、優れた教養と知性を兼ね備えた宮廷人として描かれている。[123] 手には楽譜をもち、机上には手前から順に同時代の文筆家の作品が並ぶ［図198］。すなわち、夫人が刊行を支援した『百科全書』（巻四）、モンテスキューの『法の精神』、ヴォルテールの叙事詩『アンリアード』、そして、イタリアの作家グアリーニの『忠実な羊飼い』である。[124] 十六世紀末に翻訳されたこのイタリアの牧歌小説は、十七世紀フランスの牧歌文学や演劇におけるパストラルの人気を引き起こした重要作品である。夫人はもともと徴税請負人という新興市民階級の出自であった。机上にさりげなく置かれた『忠実な羊飼い』の存

図195　コシャン《イチイの舞踏会》図194の部分図

図196　モーリス＝カンタン・ド・ラ・トゥール《ポンパドゥール夫人の肖像》パステル、96 × 82 cm、フランス、個人蔵

在は、一七四五年に宮廷入りを果たした夫人が、いまや完全なる宮廷人のアイデンティティーを備えていることを意味する象徴的なモティーフにほかならない。また『忠実な羊飼い』の筋書き自体には、すでに指摘されているように、ポンパドゥール夫人と国王の愛のかたちを読み取ることができる。この物語には、羊飼いに身をやつしたヘラクレスの子孫シルヴィオと彼に思いを寄せるドリンダが登場する。シルヴィオは、狩にしか情熱がなかったが、さまざまな出来事の末、最後にはシルヴィオはドリンダに狩りとは異なる魅力があることに気が付く。その後、彼の情熱はドリンダに向けられ、物語は円満に終わる。ルイ十五世を狩好きなシルヴィオ、ポンパドゥール夫人をドリンダに重ねてみることができる。このようなパストラルの物物語の筋書きは、すでに見たブーシェのタピスリーの中にひそやかに織り込まれていた国王の愛を見事勝ち取るポンパドゥール夫人のさまざまなイメージと結びつくものである。

〈高貴なパストラル〉は、一七四七年頃に連作〈神々の愛〉に次ぐ新作として構想され始めた。折しも宮廷では、ポンパドゥール夫人が国王の寵姫として、次第にその立場を確立していた。その頃美術アカデミーの画家であるブーシェは、同世代の画家たちと激しい競合関係にあった。国王の寵愛を一身に受けて宮廷の華として君臨しはじめたポンパドゥール夫人の存在は、ブーシェをはじめとするこの時期の画家にとってキャリアを支援してくれるパトロンとしてきわめて重要な存在であった。このような背景を考慮すれば、〈高貴なパストラル〉に夫人と国王の記念すべき出会いに対する敬意の念を看取し、そこに描き込まれた羊飼いの娘にポンパドゥール夫人を暗示するイメージを読み取ることは、決して無理な解釈ではなかろう。

《小鳥を獲る》に描かれた鳥かごをもつ女性の姿にポンパドゥール夫人のイメージが反映されているとすれば、ここにはさらに国王と夫人の愛が暗示的に言及されているように思われる。素描に描かれた羊飼いは鳥かごを膝に抱えていたが［図190］、最終的には下絵が示すように［図191］、娘は紐を手にしており、その先に一羽の鳥がつながっている。一七世紀の劇作家モリエールの『メリセルト』にみたように、フランスの宮廷社会に広く知られていた文学・文化的伝統において、鳥は恋人の象徴とみなされてきた。おそらく、羊飼いの娘として描かれたポンパドゥール夫人が手にする紐で結わえられた鳥は、

図197　モーリス＝カンタン・ド・ラ・トゥール《ポンパドゥール夫人の肖像》1755年、パステル、177.5 × 130 cm、パリ、ルーヴル美術館

図198　モーリス＝カンタン・ド・ラ・トゥール《ポンパドゥール夫人の肖像》図197の部分図

夫人の「とりこ」になった国王ルイ十五世の姿であり、そこには一七四〇年代後半、王との愛の絆をしっかりつかんで離さないポンパドゥール夫人と国王の愛のかたちが軽妙に表現されているのである。羊飼いの娘は紐でつながれた鳥を優しく包み込むように温かなまなざしを注いでおり、その姿は王をつねに近くから見守っている夫人の忠実で深い愛を物語っている。一方、《愛の泉》では、ポンパドゥール夫人のイメージに重ね合わされた羊飼いの娘は、永遠の愛の象徴である泉の水を青年から受け取っている。泉はすでにこの章の第三節で詳しく論じたように、フランス牧歌文学の祖を築いたオノレ・デュルフェの『アストレ』に由来する「真実の愛の泉」のイメージに結びつけられる。羊飼いはこの泉の前で永遠の愛を誓う。泉のモティーフは、〈高貴なパストラル〉の《愛の泉》のほかにも、《笛吹き》にも描かれる重要なモティーフである。《愛の泉》のなかで、泉の前に立つ青年と後姿の羊飼いの娘の求愛の場面には、永遠の愛を捧げる国王とそれを受けるポンパドゥール夫人というイメージが、ひそかに織り込まれているように思われる。

以上、ブーシェが〈高貴なパストラル〉の作品の一部に、ポンパドゥール夫人のために制作した絵画作品の構想を意図的に組み込んだという仮説を提示した。ボーヴェにおける連作の最後を飾る作品に、サロンを通じてすでに視覚的にも広く知られていた油彩画の絵柄を取り込むことは、製作所のステイタスを高めることであり、またパトコンに対するひそかなオマージュでもあったのだろう。

＊

本章では、ブーシェの連作〈高貴なパストラル〉が、当初からポンパドゥール夫人に対する暗示的な敬意を込めて構想されていた、という見解を新たに提示した。下絵《愛の泉》がもともと夫人に対するオマージュとして制作されたものであるとするならば、ブーシェがその下絵の一部をもとに一七五〇年に夫人のために装飾画を描いたとしても不思議ではない。ポンパドゥール夫人のためにブーシェが手がけた《恋文》と《遮られた眠り》は、一七五三年のサロンに出展された。この制作年代は、一七五二年頃に最初のエディションが完成した〈オペラの断章〉に続く連作として、一時中断されていた〈高貴なパストラル〉シリーズの企画の再開時期と符号している。当時サロンには、タピスリーに織られるための下絵をあらかじめサロンに展示することはしばしばあった。ボーヴェ製作所における連作の最後を飾る作品に、サロンを通じて、ポンパドゥール夫人と関連づけられる広く知られていた作品を取り込むことは、製作所のステイタスを高めることであり、またパトロンに対するオマージュでもあっただろう。このように、一七五〇年代前後のボーヴェ製作所のタピスリーの下絵制作は、ブーシェの地位昇格のための活動の重要な一部であったのである。

〈高貴なパストラル〉はブーシェがボーヴェ製作所のために提供した最後の連作となった。その後ブーシェはゴブラン製作所の総検査官となり、ボーヴェ製作所のために下絵を提供することはなかった。最後の連作にふさわしい主題がパストラルとなったことは注目に値する。「ブーシェのパストラル」に対する評価は、彼の昇格と並行して上昇していった。一七三〇年代に描かれたパストラルの初期作品はささやかな戸口上部装飾画として制作されたものであった。その後の二十年弱に及ぶブーシェの絵画制作活動とタピスリー・デザイナーとしてのキャリアの結果、最終的にこの「パストラル」主題は、当時一般に絵画よりも高額な装飾品であったモニュメンタルなタピスリー連作の主題として採用されるに至ったのである。パストラルはブーシェが晩年まで手がけ続けるジャンルであり、ブーシェの芸術的個性を最も本質的に体現するジャンルであった。

註

1　Archives nationales O[1] 1195, fol. 112 ; Archives nationales. O[1] 1273 ; Montaiglon 1887-1912, t. X, p. 373.

2　*Ibid*., t. X, p. 393.

3　五点の下絵の詳細は以下の通りである。①《愛の泉》一七四八年、油彩、カンヴァス、二百九十四・五×三百三十七・七センチ、ロサンゼルス、ゲッティ美術館所蔵。②《小鳥を獲る》一七四八年、油彩、カンヴァス、二百九十五×三百三十七・七センチ、所蔵先は同上。③《恋文》［《愛の泉》の一部］油彩、カンヴァス、三百十四×百八十四・一センチ、旧ロバンソン・コレクション（二〇一二年マーケット）。④《魚釣り》油彩、カンヴァス、三百十四×百八十七センチ、旧ロバンソン・コレクション（二〇〇九年マーケット）。⑤《食事》油彩、カンヴァス、百六十五×百十八センチ。

4 Bordeaux 1976.

5 横浜一九八九、作品番号四十四番を参照。

6 Goodman-Soellner 1992.

7 Banks 1977 および、ヘルト一九九二を参照。

8 Gott et Benson 2003 ; Clark et McCaughey 1982.

9 Laing 1986.

10 Bordeaux 1976.

11 *Ibid*.

12 Wildenstein 1924.

13 Hyde 2006a.

14 小林二〇〇四を参照。

15 小林二〇一四ａを参照。

16 小林二〇一四ｂを参照。

17 古代における牧歌文学については、Curtius 1969を参照。絵画におけるパストラルについては、Cat. exp. Washington 1988-1989 を参照。

18 ヴェネツィアの牧歌的風景については、Cat. exp. 1988-1989 Washington ; Meiss 1976, p. 212-239 および、越川一九九九を参照。

19 東京一九九八、一九六―二〇三頁を参照。

20 Hochmann 2004.

21 Leblanc 1753を参照。ロジエ師は、ブーシェのパストラルについて「［ブーシェは］彼独自のジャンルを創設した。我々は、ブーシェがそのジャンルで大成功を収めていることを認めないわけにいかない」と述べている。Laugier 1753を参照。

22 ヴァンセンヌやセーヴル製作所におけるブーシェのパストラルについては、Savill 1982を参照。セーヴル製作所で作られたブーシェの下絵に基づく陶器の置物については、Cat. exp. Sèvres 2001-2002を参照。

23 ヘンリー・ルモニエやジゼラ・ジックはレイングに先立ってパストラルとファヴァールの芝居を比較している。Lemonnier 1912 ; Zick 1965を参照。アラステア・レイングはこれらの先行研究に基づき、さらにブーシェ作品のなかで演劇と関係づけられる作品を詳細に検討している。Laing 1986を参照。ケティ・スコットもレイングと同じく演劇との関係からブーシェのパストラルをとらえている。スービーズ作品についても同様の見解を示している。Scott 1995, p. 161-167を参照。

24 ブーシェはこれらの初期パストラルの作品を制作したのち、一七四三年になるまでパストラルを手がけていない。

25 アナノフは《田園生活の魅力》を一七三七年のサロンに出展された作品であると見なし、対作品とされる《鳥の巣》と共に、ルイ十五世のコレクションになっていたとみている。ブーシェは一七三七年の八月のサロンに《二人の婦人のいる風景》、《麦藁帽子を被った夫人》、《合奏》、《遊ぶ少女たち》、《田園生活の魅力》（これらの作品のうち《合奏》だけが版画で知られている）を出展しており、十二月にはフォンテーヌブロー宮殿のためにブーシェが制作した四点、《二人の婦人のいる風景》、《合奏》、《麦藁帽子を被った夫人》、《遊ぶ少女たち》に対して二千四百リーヴルの報酬を得ている。アナノフはこれらの作品を一七三七年のサロンに出品されたものと同じ作品であると考えている。《鳥の巣》は一七七三年に版画化されたときにすでに王室コレクションになっており、一七九四年には《鳥の巣》と対作品になるために切断された《田園生活の魅力》と共に、フォンテーヌブローのヴェルサイユ王立コレクションに入っていたとされる。なお、ダレの版画（JR571）は《田園生活の魅力》のオリジナルであるともいわれている。

26 ブーシェはこの年のサロンに四点のパストラル《快い稽古》、《驚かされた恋人たち》、《ミュゼットパイプを調律する羊飼い》、《神秘のかご》のほかに、二点の風景画と宗教画《生誕》を出展した。

27 *Lettre sur la peinture, à un amateur par M. Louis Guillaume Baillet de St. Julien*, Genève, 1751, 1750/2, p. 7-9.

28 Leblanc 1753, p. 18 ; Monod-Cassidy 1941.

29 ローブ・ア・ラ・フランセーズ（フランス風ドレス）は下重ねのスカート、装飾豊かな三角形の布製の胸当てとローブから構成される。このドレスは一七二〇年以降に流行した。Boucher 1965, p. 296 ; Delpierre 1996, p. 28-29を参照。

30 《高貴な羊飼い》の娘は髪型も当世風にアレンジされている。ラルジリエールの《カステルブランコ伯爵夫人の肖像》では、十七世紀末から世紀初頭にみられた、頭髪の巻き毛を積み上げるように整えたフォンダンジュ風髪型で描かれている。この髪型は《高貴な羊飼い》が制作された頃には時代遅れとなり、それに変わって、髪を短く切りふんわりと巻き毛でセットするスタイルが主流となっていた。Boucher 1965, p. 262-263, 304-307を参照。

31 十八世紀の肖像画における頬紅をはじめとする化粧に関する描写については、Kobayashi 2002, p. 25-30を参照。

32 パストラルの初期作品としては、一七三〇年代に制作されたオテル・ド・スービーズの作品のほか、一七三七年に制作された二つの作品、現在ルーヴル美術館に所蔵される《巣》と《田園生活の魅力》(A&W 146, 1479) がある。これらはルイ十五世のために制作されたとみなされている。

33 《親切な羊飼い》(*Le pasteur complaisant*) の作品の対作品としては、《優雅な羊飼い》(*Le pasteur galant*)。本書では、一般に広く知られる作品名、一七四二年にアンドレ・ローランによって版刻された同作品 (JR 1713, 1714) のタイトルを用いる。なお、一九八六―一九八七年に開催されたブーシェの大回顧展のカタログでもやはりアンドレ・ローランによる版画名が用いられている。Cat. exp. New York-Detroit-Paris 1986-1987, nos 30, 31を参照。

34 ブーシェの《親切な羊飼い》と《優雅な羊飼い》の制作年については、次の一次史料に基づき、上限は一七三六年、下限年代は一七三九年頃と考えられる。第一の史料としては、一族の死後の財産目録、Sources Manuscrites : Paris, Archive Nationales, Minutier Central, Documents Réserve, *Inventaire après décès d'Anne-Geneviève de Lévis Vendatour, princesse de Rohan* : XCIX, 430 (24. iii. 1727). *Inventaire après décès d'Hercule-Mériadec de Rohan-Soubise, prince de Rohan* : XCIX, 501 (10. ii. 1749). *Inventaire après décès d'Charles de Rohan-Soubise, prince de Soubise* : XCIX, 808 (10. vii. 1787) を参照。第二の史料としては、オテルの建築にたずさわった建築家による記録、Blondel 1752-1756 ; Boffrand 1745 ; Blondel 1771-1777を参照。また、二点の戸口上部装飾画はこれらの作品は現在、オテル・ド・スービーズの二階に置かれた大公妃のアパルトマン「パラードの間」の西壁面に展示されているが、二点の作品はもともと一階の大公のアパルトマン「大キャビネ」(現存せず) の二つの戸口上部に置かれていた。

35 レイングは《親切な羊飼い》と対で制作された《優雅な羊飼い》について、ファヴァールの芝居の影響を認めているが、この見解には再考の余地があることを筆者は別のところで論じた。小林二〇〇七を参照されたい。レイングは《優雅な羊飼い》にファヴァールの芝居の影響がみられるという。しかしながら一七三〇年代はファヴァールの活動初期であり、その当時の芝居のテクストが現存しない点において、レイングの見解には決定的な論拠が欠如している。さらにこの時期は、ブーシェとファヴァールに直接の接点があったことも知られていない。レイングの見解の主たる根拠は、第一に、羊飼いを背後から覗きみる人物はファヴァールの芝居に典型的な登場人物タイプが想定できること、第二に、同室内にあったブーシェ下絵に基づくタピスリー連作〈イタリアの祭り〉はファヴァールの芝居が着想源でありうる、というものである。いずれにせよ、レイングの主張は推測の域を出ない。レイングは一七三五年にサン・ローラン市で上演したされた『ブゾンの市』が着想源であると推測している。Laing 1986を参照。しかしながら筆者は《イタリアの祭り》の視覚的典拠はフランドルやボーヴェ製作所で制作されたタピスリーであると考える。この見解については、Kobayashi 2006を参照されたい。『ブゾンの市』はパナードとファヴァールの共同作品であり、そのテクストは残されていない。『ブゾンの市』の概要については、Parfaict 1767, t. I, p. 436-439を参照。

36　Laing 1986 ; Cat. exp. Amsterdam 1976 ; Cat. exp. Braunshzeig 1978.

37　Goodman-Soellner 1995.

38　《親切な羊飼い》の青年についてグットマンは「青年両足を広げ、若々しい魅力的な娘に扉の開いた鳥かごを挑発的に差し出している」と描写している。しかしながらその観察は不正確である。青年は左足のひざをまげて後方に置かれた石の上に乗せており、両足を広げてはいない。

39　Sutton 1980, n° 122, Plate 125 ; Cat. exp. Londres-Hartford 1998-1999, n° 40.

40　デ・ヨングは鳥の解釈に三つの段階を設け、第一段階では、鳥の檻は男女を虜にする愛、鳥は当の男女の愛の象徴。第二段階では、鳥のかごは女陰、かごの鳥は処女性。最終段階では、鳥の檻は女陰、鳥は男根、というようにレヴェルに応じた意味解釈の可能性を提示している。Jongh 1968-1969, p. 22-74, p. 49 ; Jongh 1995を参照。またピーテル・デ・ホーホの作品目録を制作したデニス・サットンも、《オウムのかごの傍らの男女》の作品解釈についてはデ・ヨングの見解に同調している。Sutton 1980 ; Cat. exp. Dulwich-Wadsworth 1998-1999を参照。

41 十八世紀パリにおける北方フランドル絵画収集の趣味については、島本二〇〇二を参照。

42 たとえば、グルーズは鳥に関する北方版画に着想を得て、エロティックな意味合いが容易に読み取れる作品を制作している。Brookner 1972, p. 97-98を参照。

43 Molière, *Œuvres de Molière*, 6 vol., Nouvelle éd. Paris : P. Prault, 1734を参照。ブーシェの挿絵（JR 402-452）はローラン・カールとシェデルによって版刻された。

44 『メリセルト』は「ムーサたちのバレエ」の第三場で上演され、おそらく翌年一月十五日に『パストラル・コミック』と差し替えられるまで演じられた。

45 英雄牧歌劇（Pastoral Héroïque）については、Masson 1927-1928 ; Sadie 1992 t. I, p. 294, t. III, p. 914, Londresを参照。宮廷とモリエール劇について論じたものとして、Beaussant 1992を参照。

46 古典文学以来長い伝統のある「パストラル」は、十七世紀フランスの牧歌文学やバレエや演劇において広く浸透した。Sadie 1992, vol. 3, p. 911を参照。十六世紀から十七世紀初頭における牧歌劇に関しては、Marsan 1905を参照。十七世紀のフランス宮廷社会における牧歌世界に対する認識について論じたものとしては、Elias 1969を参照。

47 モリエール二〇〇〇—二〇〇三、第六巻、四頁を参照。牧歌的恋愛物語が定型の筋書きをもつことに、ルイーズ・ホロウィッツも指摘している。Horowitz 1992, p. 131を参照。

48 ブーシェの『メリセルト』の挿絵については、Molière, *Œuvres de Molière*, vol. 4, 1734, p. 77を参照。なお『メリセルト』は一六八二年の『モリエール氏の全集』においてはじめて刊行された。

49 Molière, *Les Œuvres de Monsieur de Molière*, vol. 7, 1682.

50 Molière, *Les Œuvres de Monsieur de Molière* (éd. par Vivot et C. Varlet, sieur de La Grange), 8 vol., Paris : D. Thierry, C. Barbin et P. Trabouillet, 1682, pl. de P. Brissart, gravées par I. Sauvé ; in-12を参照。モリエールの作品に関する刊行物は、モリエールの存命中の一六六一年から一六六九年のあいだに八冊出版された。各一点ずつの挿絵が添えられており、そのうち四点はフランソワ・ショーヴォによるものと同定される。モリエールの死後、一六八二年に刊行された全八巻の『モリエール氏の全集』には、未刊の作品や詩も収録されている。十七世紀のモリエール挿絵については、Zanger 2001を参照。

51 Bjurström 1959, p. 138-152.

52 ACTE II, SCÈNE III : MYRTIL, MÉLICERTE, dans Molière, *Mélicerte, dans œuvres complètes*, vol. 3, Paris, 1965, p. 150を参照。訳はモリエール二〇〇〇—二〇〇三、第六巻、三〇頁を参照。

53 ブーシェとブリサールの《メリセルト》の類似点としては、田園背景、人物配置、鳥かごのモティーフ、羊飼いの青年が足を前後したポーズ、杖を手にした豪奢な衣装のミルティルなどを挙げることができる。

54 《愛のエンブレム集》は十七世紀初頭よりオランダで開花し、各国語に翻訳された。主なエンブレム集としては次のものがある。Heinsius 1608 ; Vaenius 1608 ; Passe 1616-1617 ; Cats 1627 ; Ayres 1683 を参照。十七世紀のエンブレム集については、Praz 1946を参照。フランスでも十七世紀後半より一連の《愛のエンブレム集》が刊行されており、それらが十七世紀の北方画家のみならず、フランスの画家着想源になったと考えられる。たとえば、四十四点の図版が収録されたフリップ・エアズの『愛のエンブレム集』は、一六八三年にロンドンで出版されたのと同じ年にフランス語版が刊行される。エアズのエンブレム集は、ブーシェと同時代に活躍したニコラ・ランクレの着想源であると指摘されている。Goodman-Soellner 1986を参照。

55 ピーテル・コルネリスゾーン・ホーフトは、一六一一年にアムステルダムで『愛のエンブレム集』を刊行した。そこには三十点のエンブレムがラテン語・オランダ語・フランス語のモットーと二連句と共に収められている。「自発的牢獄」には次の詩が添えられている。« Ma prison est volontaire. Le Perroquet ne sort, bien qu'ouverte sa cage, Aussi ma liberté c'est l'Amoureux servag. ». Hooft 1611を参照。

56 ペール・ビュルストレームによれば、ブーシェが『モリエール全集』の挿絵の制作依頼を受けてから完成するまでのあいだ、つまり一七二九年から一七三三年間にパリでは下記のモリエール劇が上演された。括弧内は上演回数を示す。『タルチュフ』（四十回）、『アンフィトリオン』（二十七回）、『お嫁さんの学校』（二十六回）、『人間ぎらい』（十九回）、『ドン・ジュアン』（十九回）、『守銭奴』（十七回）にものぼる。短い幕間劇も同様に何度も上演されていた。『いやいやながら医者にされ』（五十一回）、『エスカルバニャス公爵夫人』（三十六回）、『スガナレル、コキュにされたと思った男』（二十七回）、『ジョルジュ・ダンダン』（二十六回）、『滑稽な才女たち』（二十二回）、『プリソーニヤク氏』（十五回）、『お婿さんの学校』（二十回）。Bjurström 1959を参照。

57 ロンゴス一九八七、八七—九五頁を参照。

58 Longus, *Les amours pastorales de Daphnis et Chloé*, Paris, 1988. Longus, *Les Amours pastorales de Daphnis et Chloé avec figures*, Paris : Quillau 1718, p. 82, 83, 89を参照。ロンゴス一九八七、八七―八九頁に基づく筆者による訳。

59 Goodman-Soellner 1995, p. 251-267.

60 Barber 1989, p. 32-34.

61 当時パリにはサン・ローランとサン・ジェルマンという二つの大市があり、十七世紀後半から芝居小屋が建てられるようになった。これらは、十七世紀末イタリア劇団が追放されたのち、急激に勢いを得て、イタリア風の喜劇や市民感覚の作品、パントマイム劇などを上演する芝居小屋が作られた。そのなかから後に演劇の一翼を担うことになる「オペラ・コミック座」も生まれた。

62 Parfaict 1756, vol. 6, p. 69-84.

63 筆者はファヴァールの作品は伝統的牧歌文学に基づく現代風パロディーであると考える。『テンペのブドウ狩り』や『モンモラシーの谷間』という作品のタイトルは、芝居の舞台が、古代以来の田園詩のなかで歌われてきた理想境であることを暗示している。「テンペの谷」はテオクリトスが、双子神に寄せた賛歌のなかで言及する「荒涼とした森のなかの悦楽境であるロクス・アエモヌス」に由来する。古代人は渓谷の優雅な趣と壮大な景色とが融合した理想の景観をテンペの谷と称していた。「テンペの谷」については、Curtius 1971, p. 284-286を参照。

64 ブーシェはロンドンのウォーレス・コレクションに所蔵される《夏のパストラル》と同じ主題を一七四七年に二点制作している。それらは現在、ストックホルムの国立美術館、シカゴのアート・インスティチュートに所蔵されている。ロンドンの作品は、右端に描かれている少年の部分には当初ブドウを背中に乗せたロバが描かれていたが、制作の過程で覗きみる少年に代わっている。この少年は現在ロッテルダムのボイマンス・ファン・ブーニンゲン美術館所蔵のヴァトー作《ぶしつけな人》をコピーしたものとされる。Duffy et Hedley 2004 ; Cat. exp. Ottawa-Washington-Berlin 2003-2004, p. 230-231を参照。

65 ブーシェによるファヴァールの芝居を取材した版画は《女占い師》(JR 1349, 1350) と《愛の気まぐれ》(JR 1351) である。二点の版画にはファヴァールの妻で女優のファヴァール夫人が描かれている。

66 ファヴァールはオペラ・コミックの登場人物である農婦や女羊飼いたちが身につけていた従来の華美な衣装をブーシェのパ

ストラルの羊飼いに倣って簡素化した。それは舞台の「衣装の改革」として画期的な出来事だった。ファヴァールの証言によると、「最初に衣装に注目したのは彼女［ファヴール夫人］である。彼女は人物像の特徴を重んじて、装飾品をあえて犠牲にした。それまで女中や農婦役の人物は大きなパニエを着込み、頭部をダイヤモンドで飾り立て、ひじまである手袋をはめていた。『バスティエンヌ』（一七五三年にテアトル・イタリアンにて上演）で、彼女は村人が着るような衣服を着て、簡素な髪型と金の十字架と、素手にサボという出で立ちで演じたのである。」Favart 1808, vol. 1, p. LXXVII を参照。このように演劇の舞台における衣装の改革は、ブーシェの絵画作品からヒントを得たと考えられている。

67　この部分は「アリア」として歌われる。

68　Favart 1744, p. 19-20.

69　グルーズの作品と十八世紀フランス絵画における「鳥」のモティーフの解釈については、伊藤一九九一、坂本一九九六、三四〇頁を参照。

70　Burollet 1980, p. 58-61, n° 14.

71　Liger 1715.

72　Curtius 1969 ; Panofsky 1955, p. 295-320.

73　フランスの演劇における「牧歌」のジャンルについては、以下の文献を参照。十六世紀から十七世紀初頭までの演劇に関しては、Marsan 1905を参照。フランス演劇全般については、Kindermann 1961 ; Jomaron 1992 および、福井一九七七；岩瀬・佐藤・伊藤一九七八を参照。十七世紀フランスの演劇については、Gruffat 2003を参照。十八世紀演劇に関しては、Blanc 1998 ; Lever 2001を参照。

74　タッソの『アミンタ』については、福島二〇〇七を参照。

75　タッソの『アミンタ』は一五七三年、グアリーニの『忠実なる羊飼い』は一五八九年にそれぞれフランス語版が刊行された。

76　Urfé 1612-1628を参照。なお処女神アストレイアの神話図像については、イエイツ一九八二を参照。

77　窪田・井上・富田一九八六、三〇—三三頁を参照。

78　Elias 1969.

79　一七一一年には『アストレ』が短く編集された『新アストレ』、一七三三年には『アストレ』に多少の修正を加えた版が刊行されている。*La Nouvelle Astrée*, (abrégé du roman d'Honoré d'Urfé par l'abbé François-Timoléon de Choisy), Paris : chez Nicolas Pepie, 1712 ; *L'Astrée de M. d'Urfé, pastorale allégorique avec la clé*, Nouvelle édition, par l'abbé Souchay, 5 vol., Paris : chez P. Witte, 1733を参照。

80　「愛の真実の泉」については、Henein 1999を参照。『アストレ』（一六〇七―一六二八年のあいだに刊行）には、レオナール・ゴウルティエとダニエル・ラベルによる口絵が挿入された。挿絵に描かれた「愛の真実の泉」は、伝統的図像に倣いアモルの彫刻が中央に置かれた噴水として表現されている。

81　Cat. exp. New York-Fort Worth 2003-04 : *Les Dessins de François Boucher*, n°. 25.

82　一七三三年版には、原画、版刻ともにリゴーの手になる版画と、ゲロードの原画に基づきグラヴェロによって版刻された版画が挿入されている。この挿絵の作者については明記されていない。本挿絵［図165］は第一巻第二部の冒頭に添えられている。

83　Goodman-Soellner 1992.

84　Huet 1711.

85　Cat. exp. Washington 1988-1989.

86　Joubert, Lefébure et Bertrand 1995, p. 16.

87　「羊飼いたち」と総称さるタピスリーについては、Verlet 1951 ; Digby 1980, p. 32を参照。

88　〈高貴なパストラル〉という名で知られるこのタピスリーの連作名は、ルーヴル美術館に寄贈された際につけられた。このタピスリーはもともと、フランソワ一世治世下の財務長官トマ・ボイエと、妻カテリーヌが所有していた。ボイエ夫妻は一五一三年から一五二一年のあいだに、シュノンソーの土地にルネサンス様式の城を建築した。この城はトマの死後一五二六年に借財返済のため、フランソワ一世に譲渡された。ヴェルレはタピスリーの制作下限年を一五二〇年頃とみている。Verlet 1951を参照。

89　八つの場面はそれぞれ、①《スープを食べる人》、②《蝶の採集》、③《ティケット遊び》、④《ダンス》、⑤《田園の昼食》、⑥《婚約》、⑦《結婚の行列》、⑧《老年》である。Delmarcel 1999, p. 199-202を参照。

90 〈ゴンボーとマセ〉に登場する羊飼いたちには名前も織り込まれている。連作名〈ゴンボーとマセ〉はタピスリーに記された羊飼いの名前に由来している。また、ゴンボートマという羊飼いの名前は、一五六五年のレミ・ベロー（一五二八—一五七七年）作の田園詩『羊の歌』（一五六五年）にも登場する。連作〈ゴンボーとマセ〉は一五九六年にパリで出版されたジャン・ルクレールの版画をもとに制作された。Fenaille 1903-1923, t. IV を参照。

91 Goodman-Soellner 1995, p. 251-267.

92 ルーカス・ファン・レイデンについては、アンドレ・フェリビアンの記述を参照されたい。Félibien 1666, t. III, p. 69-74を参照。

93 国王のコレクションにあったフランドル製の〈ルーカスの月暦図〉は一七九七年に棄損された。ゴブラン製作所の〈ルーカスの月暦図〉については、Fenaille 1903-1923, t. IV, p. 337-370 ; Standen 1971 ; Standen 1985, t. I, p. 331-368を参照。

94 連作〈田園の楽しみ〉は、①《シュヴァル・フォンデゥ》、②《目隠しごっこ》、③《羊飼い》、④《ピエ・ド・バフ》、⑤《骨占いの遊び》、⑥《シーソー》、⑦《ブロッシュ・エン・キュル》、⑧《ミュゼットの演奏》から構成される。このうち③⑤⑦⑧のタピスリーは現存しない。この連作の下絵はのちにオービュッソン製作所において再利用された。Opperman 1977, t. II, p. 369-397を参照。

95 Fenaille 1903-1923, t. 3, p. 283-292.

96 Longus, *Les Amours pastorales de Daphnis et Chloé*, traduites par Jacque Amyot, figures de Philippe d'Orléans gravées par Jean Audran, Paris : Quillau, 1718.

97 Standen 1985, t. I, cat. nº 52.

98 Longus 1718, p. 23, 24.

99 *Ibid*, p. 22.

100 *Ibid*, p. 33-35.

101 *Ibid*, p. 34および、ロンゴス一九八七、四六頁を参照。

102 Bordeaux 1976.

103 A&W 363 et 364 ; Ananoff et Wildenstein 1980, n°s 385 et 386.

104 A&W 231-234.

105 作品の来歴は、Coll. Léoporte Double ; Marquis de Chennevièves（marque）; Maurice Paulme（marque）; Collection particulière の通りである。

106 Coll. Marquis de Chennevièves（marque）; Lord Hamilton, Londres ; Collection particulière.

107 Coll. Léoporte Double ; Marquis de Chennevièves（marque）; Maurice Paulme（marque）; Collection particulière.

108 Coll. Montesquiou-Fezansac（marque）; Marquis de Chennevièves（marque）; Collection particulière.

109 Bjurström 1982, nº 865, note 2.

110 Vente Christie's Paris 1er Avril 2011 : *Dessins Anciens et du XIXème Siècle*, SALE 1056 / LOT 87. Lot notes sont rédigées avec les aides apportées par A. Laing et F. Joulie.

111 Nolhac 1907, p. 58.

112 Cat. exp. Munich 1958, nº 255 ; Cat. exp. Londres 1968, nº 89.

113 Kobayashi 2002.

114 リオタールによる宮廷人の肖像については、宮崎二〇一三を参照。

115 Cat. exp. Versailles-Munich- Londres 2002-2003, nº 24.

116 Raggio 1967.

117 Lebas et Jacques 1979, p. 148.

118 Legros 1768.

119 Ananoff 1966, nº 182を参照。作品の来歴は、Coll. M. A. Lion ; Coll. Maurice Paulme; Coll. Geroges Blunmental の通りである。

120 Cat. exp. Londres 2002-2003, p. 29-31.

121 *Ibid.*

122 Macfall 1909, pl. I.

123 ラ・トゥールのポンパドゥール夫人の肖像画については、Méjanès 2002を参照。鈴木一九九三を参照。

124

『忠実な羊飼い』の筋書きは次の通りである。ヘラクレスの子孫で神官であるモンタノは息子シルヴィオに神・パンを先祖とする妖精アマリリスと結婚させたいと考えていた。一方ドリンダが思いを寄せるシルヴィオは、狩りにしか情熱がなかった。アマリリスは羊飼いのミルティルと相思相愛だった。ときにディアナの呪いから一人のアルカディア人が生贄にされることになった。次の生贄としてモンタノはミルティルを指定したが、この「忠実な羊飼い」は自らがヘラクレスの子孫であることを明らかにした。ミルティルはアマリリスと結婚してディアナの呪いを解き、シルヴィオはドリンダに狩りとは異なる魅力があることに気が付く。以後、シルヴィオの情熱はドリンダに向けられ、物語は円満に終わる。ルイ十五世を狩好きなシルヴィオ、ポンパドゥール夫人をドリンダと解釈する試みがある。『忠実な羊飼い』は、十七世紀のタピスリーの主題になるほど、宮廷人のあいだで大流行した。Reyniès 1996を参照。

終章

ボーヴェ製作所の下絵画家としてブーシェが積み重ねた実績の到達点は、彼が一七五二年にポンパドゥール夫人からの依頼を受けて手がけた二点のタピスリー《日の出》〔図199〕と《日の入り》〔図200〕の制作であった。この作品の下絵は一七五三年のサロンに出展され、出品リストのなかで、王立ゴブラン製作所のタピスリーとして織り出されることが明記されていた。(1)《日の出》と《日の入り》には、太陽神アポロンが海の女神テティスのもとから天に昇る情景と、夜の帳が降りるなかアポロンが再びテティスのもとへ帰還する情景が描かれている。オウィディウスの『変身物語』に記されるように、アポロンは毎日凱旋車にのって大海から出発し、天をかけぬけ世界に光をもたらしてから女神テティスのもとに帰還する。アポロンは一日の仕事を終えて女神テティスのもとで休むという伝承があり、太陽王ルイ十四世の統治下には、この女神とアポロンをテーマにした作品がしばしば制作された。(2)ブーシェは太陽王ルイ十四世時代に確立したイメージを用いて、ルイ十五世とポンパドゥール夫人の関係を象徴的に表現したのである。

ゴブラン製作所で《日の出》と《日の入り》が織り上がった一七五五年、ボーヴェ製作所ではブーシェの下絵に基づく最後の連作〈高貴なパストラル〉の一作目が完成した。(3)この年にブーシェは、当時ゴブラン製作所の総検査官であったウードリーの死を受けて、その後任に任命された。(4)この名誉ある役職に抜擢された背景には、ポンパドゥール夫人の後ろ盾や、ブーシェによるタピスリーの下絵に対する評価があった。ゴブラン製作所の三名の運営部門担当官ネルソン、コゼット、オードランがマリニー侯爵に宛てた書簡は、そのことをよく示している。この書簡は「ほかのどの製作所よりも優れたゴブラン製作所」の衰退を危惧して執筆されたものであり、そこにはボーヴェ製作所が二十年近くブーシェの優雅な下絵によって成功

図199　フランソワ・ブーシェ《日の出》1753年、油彩、カンヴァス、318×261 cm、ロンドン、ウォーレス・コレクション

を収めていること、ゴブラン製作所の地位を維持するためにタピスリーの優れた下絵が必要であり、そのためにブーシェをゴブラン製作所のデザイナーとして採用することが提案されていた。ブーシェのボーヴェ製作所における実績は、彼をゴブラン製作所の総検査官に任命するという結果に結び付いたわけである。ゴブラン製作所に移籍するにあたってブーシェは、ボーヴェ製作所の経営者からの有益な条件の申し出を断って、ゴブラン製作所の総検査官につくことを進んで引き受けたのであった。[5] こうして、ボーヴェ製作所におけるブーシェの制作活動は完全に幕を閉じた。

本書ではブーシェの画業との関係、サロンにおける評価、同時代の画家との競合関係、ボーヴェ製作所とゴブラン製作所の機能、そしてタピスリー下絵の様式的・図像的問題までさまざまな角度から考察を行った。一連の考察からボーヴェ製作所のタピスリー・デザイナーとしてのブーシェの制作活動の意義は、大きく以下の四点にまとめることができる。

第一に、タピスリーの下絵制作は、一七三〇年代後半から一七五〇年代前半にかけてブーシェが歴史画家としての評価の基盤を構築する上で、きわめて重要な自己アピールの機会となった。それは、下絵の多くがサロンに出展されていたという点からも、画家の評価に直接結び付く実に重要な仕事であった。下絵の多くは製作所の宣伝もかねて「タピスリーの下絵」というコメント付きでサロンに展示された。また、十八世紀の画家たちにとって、タピスリーの下絵制作は大画面の構想力を示すまたとない機会となった。一七三四年に美術アカデミーの歴史画家となったブーシェは、強力な後ろ盾もない状況下のなかで、地位を築き上げていかねばならなかった。ブーシェの制作環境は、彼の強力なライヴァルとなる首席画家コワペルや、一七〇〇年世代の画家であるナトワールやヴァンローとは大きく異なっていた。注文を得るために破格の安値で作品を提供していた一七三〇年代のブーシェにとって、大型絵画を制作する機会はまれにしかなかった。ブーシェが初めてサロンに展示した大型作品は、ボーヴェ製作所のためのタピスリー連作〈プシュケの物語〉の下絵であった。このように、サロンとの関係においても、下絵画家としての仕事は歴史画家としての手腕を示すために有効な手段となったのである。

図200　フランソワ・ブーシェ《日の入り》1752年、油彩、カンヴァス、318 × 261 cm、ロンドン、ウォーレス・コレクション

第二に、ボーヴェ製作所のタピスリー・デザイナーとして仕事は、ブーシェが一七〇〇年世代の画家たちが競合する時代を勝ち抜くための重要な手段の一つとなった。(6) ボーヴェ製作所のためにブーシェが提供した六つの連作の下絵は、その都度、

ブーシェの画家としてのキャリアと並行して大きな意味をもっていた。一七三〇年代、歴史画家としてまだ十分な名声を獲得していなかったブーシェは、長年のライヴァルであるナトワールの絵画連作〈プシュケの物語〉に対して、同じ主題のタピスリー連作の下絵制作によって競争を挑んだといえよう。〈プシュケの物語〉に次いで制作された〈中国主題のタピスリー〉は、風俗主題の作品ではあるが、そこにさりげなく描かれた理想郷のなかでくつろぐ中国の皇帝夫妻は、当時の中国とフランスの友好関係、理想的君主のイメージと結びつくものであり、国王ルイ十五世の注目を引くことを意図して構想されたものであった。画家としての名声が確立する一七四〇年代後半になると、ブーシェは、連作〈神々の愛〉の下絵と密接に関連づけられる作品を、美術アカデミー主催の歴史画コンクールに出展する。その意図はゴブラン製作所に下絵を提供していた歴史画家たちを凌駕する構想の才を示すという狙いがあった。ブーシェは首席画家兼美術アカデミーの院長コワペルとも同一の主題の連作〈オペラの断章〉をめぐって競い合う。この連作はもともと、ブーシェがゴブラン製作所に提案したが採用されなかった案を取り入れたものであったことも示唆的である。一七四〇年代以降に制作されたこれらの連作の構想には、ボーヴェ製作所から国王のタピスリー製作所ゴブランへ移籍するというブーシェの野望さえもを読み取ることができるかもしれない。ボーヴェ製作所でのキャリアは、ブーシェが首席画家へと向かう道での重要なステップにほかならなかった。

第三に、ブーシェのタピスリー・デザイナーとしての成功は、彼がゴブラン製作所ではなくボーヴェ製作所のために下絵を提供したことによって可能になった点である。風俗画、神話画など、さまざまなジャンルを器用にこなすブーシェの才能は、ボーヴェ製作所のブランドのイメージと一致するものであった。ボーヴェ製作所は、伝統的に歴史画主題のタピスリーを制作したゴブラン製作所とは異なり、設立当初より当世風の主題を取り入れた連作の制作に力を入れていた。ブーシェは一作目の連作〈イタリアの祭り〉から六作目の〈高貴なパストラル〉に至るまで、風俗画、神話画、シノワズリーとさまざまな主題の下絵を提供したが、ほぼすべての連作に共通する特徴がある。それは、自然や田園を背景としたパストラル調の構図である、という特質であった。パストラルのテーマは緑を基調としたボーヴェ織りの伝統に一致するものでもあった。ボーヴェ製作所の最後を飾るブーシェの連作は、一七四〇年代後半から彼が油彩画として本格的に制作するようになるパストラルであり、この主題は、ブーシェがボーヴェ製作所で作り続けたさまざまな趣向のパストラルの集大成といえる作品となった。換言すれば、ブーシェは彼の独自性が広く認められていた「パストラル」を、絵画よりも高価で、所有者の社会的地位を象徴するタピスリー芸術の主題として取り上げることによって、「ブーシェのパストラル」のステイタスを昇格させることに成功するのである。

最後に、ブーシェの成功はまた、ボーヴェ製作所の顧客層とブーシェの作品の購買者層が一致していたことによって達成された。ボーヴェ製作所の連作の主要な客層は、同製作所の指揮監督を行った財務総監に代表される法服貴族であり、彼らは一七四〇年代に次第に政治的に力をつけ国王の取り巻きとして権勢を握りはじめていた。そのなかには、クロザのような美術愛好家の一族もいた。彼らは地位の象徴として、ブーシェの下絵に基づく高級感のあるボーヴェ織りのタピスリーで室内を飾り立てた。彼らの多くはブーシェの絵画作品を所有しており、それとあわせて、ブーシェによるボーヴェ製作所の連作も購入したのである。このようにブーシェのタピスリーは、同じくブーシェの絵画の収集家たちによって購入されることで人気を高め、相乗効果を生み出すようになった。

一七四五年から国王の公妾となり、その後ブーシェの最大のパトロンとなるポンパドゥール夫人も元来、ボーヴェ製作所の顧客層である新興貴族の出身であった。ブーシェの作品を好んだ理由もこのような背景によって理解されよう。ボーヴェ製作所で高い業績を上げたブーシェの次なるステップは、国王のタピスリー製作所であるゴブランのデザイナーになることであり、ポンパドゥール夫人はブーシェが野心を達成するための鍵を握る人物となった。ブーシェは一七五〇年以降、ポンパドゥール夫人のために公式に作品を制作するようになるが、それ以前から、ボーヴェ製作所の連作のなかで夫人と国王に強くアピールするような下絵を提供していたことは、本書が示した通りである。ブーシェはポンパドゥール夫人の政治的影響力に注目し、四作目の〈神々の愛〉、五作目の〈オペラの断章〉、六作目の〈高貴なパストラル〉において、ポンパドゥール夫人と密接に関連づけられる主題を取り上げた連作を意図的に制作していたのである。

ボーヴェ製作所におけるブーシェの経歴は、彼がゴブラン製作所のデザイナーを経て、最終的に国王付き首席画家として名声の頂点をきわめる上で、重要な役割を担っていたのである。序章で述べたように、一般にこれまでの美術史研究においては、タピスリー下絵などの装飾美術に関する仕事は画家の副次的な活動とみなされる傾向があるが、本書で示したように、タピスリーの下絵を手がけることは、ロココ時代の画家の地位を考える上で、きわめて重要な指標として注目に値するのである。その意味でタピスリー研究は、ブーシェの作品研究であると同時に、芸術家の個別的研究の枠を超えた広がりをもつものとなり得るだろう。本書は、十八世紀のタピスリーに重層的に織りこまれた意図、図像、時代背景を紐解き、それを解読することを通じて、新たな眼差しでロココという時代の諸相を丁寧に織り上げ、しばしば表面的な理解にとどまるロココ美術の内実を照らし出す一つの試みにほかならないのである。

註

1 « Ces tableaux doivent être s'exécuter en Tapisserie, à la Manufacture Royale des Gobelins, par les Sieurs Cozette & Audran », Livret de salon de 1753を参照。二点の作品は同一サイズ（三百十八×二百十六センチ）であり、タピスリーは原画より横幅が大きく（三百二十一×三百二十四センチ）ほぼ正方形である。二点の油彩画については、Ingamells 1989, p. 68-73を参照。本作品の注文の経緯については、Vittet 2002を参照。

2 テティスはティタン親族の一人で、海神アケアノスの妻となり、太陽の沈む西の果てに住んでいると考えられていた。ルイ十四世時代、一六六五年にはヴェルサイユ宮殿に「テティスの洞窟」が作られた。この洞窟はアポロンの休息所として、つまり、ヴェルサイユ宮殿そのものを象徴していた。Montagu 1987を参照。

3 《日の出》と《日の入り》は構図や人物像の組み合わせの複雑であったため、織り上がるまでに三年を要した。Guiffrey 1896を参照。

4 ゴブラン製作所におけるブーシェの活動については、高梨学術奨励基金から研究助成を受けて基礎調査を行った。

5 *Lettre de Marquis de Marigny*, 21 juin, 1755 ; A&W doc. 630を参照。マリニー侯爵は七月三日付の書簡のなかでも、ブーシェがボーヴェ製作所からの利点のある申し出を断ったことについて言及している。*Lettre de Marquis de Marigny*, 3 juillet, 1755 ;

A&W doc. 632を参照。

6　Kobayashi 2015.

巻末資料

1　ブーシェのタピスリーの制作年と購買者

凡例

1　ブーシェがボーヴェ製作所のために手がけた六つの連作には次の連番を付す。1〈イタリアの祭り〉、2〈プシュケの物語〉、3〈中国主題のタピスリー〉、4〈神々の愛〉、5〈オペラの断章〉、6〈高貴なパストラル〉。

2　「身分」の項目には、筆者の調査により購買者の身分が明らかになった者に対して、丸数字番号（①から⑬）を付す。これらの人物のプロフィールについては、本書、第一章註38を参照。

3　「購入」の項目には、国王以外の購入者のなかで、二回以上同一の連作を購入している者には○を付す。二回以上異なる連作を購入している者には●を付し、さらに、それぞれが購入したタピスリー連作の番号（1から6）を併記する。

	購買者	制作年	作品	合計	身分	購入	
1	不明	1736	3点注文、作品名は不明	3点			
2	ルリエ氏	1738	1、2、3、4	4点			
3	オーリアック氏	1738	3、4、2、1	4点			●2
4	マッソン氏	1739	1+5、2、3、4、6	5点	①マッソン一族、パリ高等法院裁判長		
5	クロアザ夫人	1740	1、2、3、4	4点			
6	ド・ラ・シャブレリ氏	1740	1、2、3、4	4点			
7	ル・テリエ氏	1741	1、2、3	3点	②ル・テリエ一族、パリ高等法院議員	○	
8	ボーヴェ製作所	1742	1、2、3	3点			
9	ル・テリエ氏	1742	4、6	2点	②ル・テリエ一族	○	
10	ドール氏	1742	1、3、4、12	4点	パリ高等法院議員、調査官		
11	テュニー氏	1744	7	1点	③クロザ一族、高等法院裁判長		
12	ゴーチエ・ド・ボーヴェ氏	1745	7、8、9	3点			
13	ボーヴェ製作所	1745	1、2、3、4	4点			
14	ボーヴェ製作所	1746	7、8、9、10	4点			
15	マザード氏	1746	3、7、8	3点			
16	ジゴー氏	1749	7	1点			
17	ダルメンベルール氏	1750	7、8、9、10	4点			
18	ボーヴェ製作所	1750	1、3、4、7、8、9、10	8点			
19	スウェーデン国王	1750	7、9、10	3点	スウェーデン国王	○	●2
20	スウェーデン国王	1750	2、7、8、10	4点	スウェーデン国王	○	●2
21	ラランド氏	1750	2、8、9、10	4点			●4
22	ティボー氏	1751	1、3、4、7、9、10	6点			
23	ド・ヴェルモノワ氏	1751	7、8、9	3点			
24	ボーヴェ製作所	1751	3、11	2点			
25	カミュザ氏	1752	7、1	2点			
26	デュヴォセル氏	1753	9、11	2点			
27	ジョフラン夫人	1753	4、7、8、9、10、7と8用の4点の縁飾18オーヌ（8000リーヴル）	5点	④サロンニエール		
28	ボーヴェ製作所	1754	8、11	2点			
29	コシャン氏	1754	3、4、8、10、11、12	6点			
30	マルシャン氏	1754	3、4、9、11	4点	年金支払人		
31	ヴェルモン氏	1755	3	1点			
32	ドルム氏	1759	2、5、8、10	4点			
33	ブラー・ド・ガティロン氏	1762	1、2、3、6、8、10、13、14	8点			
34	ヴェルモネ氏	1762	8	1点			

1　〈イタリアの祭り〉の制作年と購買者（筆者作成）
各作品は次の番号で示す。1《のぞきからくり屋》、2《占い師》、3《狩人》、4《魚釣り》、5《好奇心》、6《ブドウをもつ娘》、7《ダンス》、8《軽食》、9《音楽》、10《庭師》、11《オウム》、12《たまご売り》。

	購買者	制作年	作品	合計	身分	購入	
1	ドーリアック氏	1741	1、2、3	3点			●1
2	マルセイユ	1742	1、2、3、4、5	5点	フランスの地方都市		
3	ルーアン	1743	1、2、3	3点	フランスの地方都市		
4	ミレ氏	1743	1、3	2点			
5	スペイン大使	1744	1、2、3、4、5	5点	スペインの大使		
6	スウェーデン国王	1745	1、2、3、4、5	5点	スウェーデン国王		●1
7	ナポリ国王	1745	1、2、3、4、5	5点	ナポリ国王		
8	フランス国王	1745	1、2、3、4、5	5点	国王		
9	ボードン氏	1759	1と4の戸口上部装飾画	2点	徴税請負人		
10	コタン氏	1761	1、2、3、4、5	5点			
11	ロンデ夫人	1763	4	1点			●4、5
12	プロイセン国王	1764	1、2、3、4、5	5点	プロイセン国王		●4
13	フランス国王	1770	2	1点	フランス国王		

2　〈プシュケの物語〉の制作年と購買者（筆者作成）
各作品は次の番号で示す。1《プシュケの到着》、2《アモルに捨てられたプシュケ》、3《プシュケの化粧》、4《プシュケとかごを編む人》、5《プシュケの富》。

	購買者	制作年	作品	合計	身分	購入	
1	マルケ氏	1743	2、3、4	3点		○	●5
2	ベルジェレ氏	1744	2、3、4	3点	⑤徴税請負人		
3	クロアジルーユ氏	1745	4、5	2点			
4	マルケ氏	1746	3、1	2点		○	
5	スペイン国王	1750	1、2、3、4、6	5点	スペイン国王		
6	ボーヴェ製作所	1754	2、4、5（国王の紋章付き）	3点			
7	ボーヴェ製作所	1755	1、3、6	3点			
8	フランス国王	1758	1、2、3、4、5、6（国王の紋章付き）	6点	フランス国王		
9	フランス国王	1759	1、2、3、4、5、6（国王の紋章付き）	6点	フランス国王		
10	シャロン氏	1763	1、2、6 縁飾なし	3点*	ボーヴェ製作所の経営者		
11	フランス国王	1767	1、2、3、4、5、6	6点	フランス国王		
12	マイノン・ダンヴォルト氏	1775	2、4、6	3点	財務総監		

3　〈中国主題のタピスリー〉の制作年と購買者（筆者作成）
各作品は次の番号で示す。1《中国の食事》、2《中国の市場》、3《中国のダンス》、4《中国の魚釣り》、5《中国の狩り》、6《中国の化粧》。
*デンマークの王室モルケのために購入。

	購買者	制作年	作品	合計	身分	購入	
17	ドルメソン氏	1759頃	1、2、6	3点	⑪国務院のメンバー		
18	ド・ラ・ガルド氏	1761頃	5、7、8	3点	徴税請負人		
19	フランス国王	1761-1762	1、3、5、6、8、9	6点	フランス国王		
20	フランス国王	1763-1767	1、3、5、6、8、9	6点	フランス国王		
21	フランス国王	1764-1768	1、4、3、5、8、9	6点	フランス国王		
22	ロンデ夫人	1764-1766	1、4、5、7	4点			●2、5
23	プロイセン国王	1765-1766	1、3、7、8と4を縦に2分した作品	6点	プロイセン国王		●2
24	フランス国王	1766-1768	1、2、6	3点	フランス国王		
25	サン・フロレンタン氏	1767-1769	2、4、8	3点			
26	フランス国王	1767-1768	7	1点	フランス国王		
27	ド・ラ・ビヤーデリ夫人	1768頃	4を縦に2分した作品	2点			●5とセットで購入
28	プラスラン公爵	1769	主題1に2点の作品を加えたもの	2点			
29	フランス国王	1769-1770	1	1点	フランス国王		
30	フランス国王	1771	4、5	2点**	フランス国王		
31	ベルタン氏	1772-1773	7と9の一部分を作品化、8に基づく2点の作品	4点			
32	匿名	1780頃	2点の作品	2点			
33	匿名	18世紀末	3に基づく作品	1点			

	購買者	制作年	作品	合計	身分	購入	
1	ラリーヴ氏	1747-1748	1	1点	⑥ラリーヴ一族、徴税請負人		
2	ド・ムラン氏	1748-1749	1、4、3、9	4点			●5
3	ルッセル氏	1748-1750	1、2、9	3点			
4	パルマ公フェリペ	1750-1752	1、2、3、4、5、6、7、8、9	9点	パルマ公		
5	ブーシェ氏	1750-1752	1、2、6	3点			
6	ラランド氏	1752-1753	1、3、7	3点			●1
7	エステルハージ王子	1752-1754	1、5、7、8	4点	ハンガリーの大貴族		
8	トゥルデヌ氏	1752-1757	8	1点	⑦トゥルデヌ一族、財務総監	○	
9	トゥルデヌ氏	1753-1755	5、7、8	3点		○	
10	ド・ラ・フォンテンヌ、ラボルド氏の婿	1754-1756	3、5、8	3点			
11	セモンヴィル夫人	1753-1755	2、4、7、8	4点	⑧徴税請負人の娘、夫はパリ高等法院議員		
12	ティエール男爵	1754-1756	1、3、7、8	4点*	⑨クロザ一族		
13	ミシェル氏	1754-1756	7、8、9	3点			
14	フランス国王	1754-1757	1、4、3、5、6、9	6点	フランス国王		
15	フランス国王	1756-1759	1、3、5、6、8、9	6点	フランス国王		
16	フレッセル氏	1758頃	3、5、7	3点	⑩フレッセル一族、パリの銀行家、国王の秘書官		

4　〈神々の愛〉の制作年と購買者（筆者作成）

各作品は次の番号で示す。1《バッコスとアリアドネ》、2《プロセルピナの略奪》、3《ネプトゥヌスとアミュモネ》、4《バッコスとエーリゴネ》、5《マルスとウェヌス》、6《ボアスとオレイテュイア》、7《エウロペの略奪》、8《ウェヌスとウルカヌス》、9《アポロンとクリュティエ》。

* デンマークの王室モルケのために購入。

** ⑫財務総監テレー師のために購入。

	購買者	制作年	作品	合計	身分	購入	
1	マルケ氏	1752	1、4	2点			●3
2	ド・ムラン氏	1755	1	1点			●4
3	キュイシー氏	1758	2、3	2点			
4	ジャネ氏	1760	2、3	2点			
5	フランス国王*	1762	1、2、3、4（国王の紋章付き）	4点	フランス国王		
6	ロンデ夫人	1764	1、2	2点			●2、4
7	ド・ラ・ビヤーデリ夫人	1768	2、3	2点			●4とセットで購入
8	ジェルヴェ氏	1776	2	1点			

5　〈オペラの断章〉の制作年と購買者（筆者作成）
各作品は次の番号で示す。1《ルノーの眠り》、2《ウェルトゥムヌスとポモナ》、3《イセの眠り》、4《ウェヌスとアモル》。
*財務総監アンリ・レオナール・ジャン・バティスト・ベルタンを通じて注文。

	購買者	制作年	作品	合計	身分	購入	
1	ボーモン氏	1755	1、2、3	3点			
2	ラリーヴ・デピネ氏	1755	1、2、4	3点	⑬ラリーヴ一族、徴税請負人		
3	ドゥエ氏	1755	1、3、4、5	4点			
4	フランス国王	1758	1、2、3、4、5	5点	フランス国王		
5	ドークール氏	1758	1を2点と2、4	4点		○	
6	フランス国王	1758	1、2、3、4、5	5点	フランス国王		
7	ダンフレヴィル氏	1759	4	1点			
8	フランス国王	1762	1、2、3、4、5	5点	フランス国王		
9	フランス国王	1762	1、2、3、4、5	5点	フランス国王		
10	ド・ブシー氏	1763	2、5	2点			
11	ド・ラ・バール氏	1767	2、5	2点			
12	ドークール氏	1768	3、4、5	3点		○	
13	テジニー氏	1767	2、3	2点			
14	フランス国王	1769	1、2、3、4、5	5点*	フランス国王		
15	ボーヴェ製作所	1774	1、2、3、4、5	5点			
16	フランス国王	1778	1、2、3、4、5	5点	フランス国王		

6　〈高貴なパストラル〉の制作年と購買者（筆者作成）
各作品は次の番号で示す。1《愛の泉》、2《笛吹き》、3《魚釣り》、4《鳥捕り》、5《食事》。
*娘たちのために購入。

2　バショーモンからブーシェに宛てた書簡(1)

君のことを考えながらラ・フォンテーヌの『プシュケ』を読み直したよ。そのたびにいつも新鮮な喜びを感じる。ラ・フォンテーヌがこの物語を書くために、アモルが自分の最も美しい翼を差し出しているかのようだ。残りの翼は、君がその物語を描くためのものだ。この物語は何にせよ、いくつもの場面があるばかりか、どんなに長い回廊だって飾ることができる。もし私がルイ十五世だったら、君がそれを描くことになるだろうね。これを描くにあたって君はその能力とは別に、誰よりも有利なのだから。自宅に生きたプシュケのいる幸せなアペレス(2)、君さえ良ければ彼女をモデルにウェヌスを描くことができるね。（等々…）

次に挙げる物語場面は、絵画に最もふさわしい主題だと思う。君もここに挙げる主題と同じものを選択するだろうし、そうに違いないだろう。仮に私たちが出会ったことを想定して、さあ、その主題をみてみよう。

一番目の絵。孤独の真っ只中にいるプシュケがゼフュロスに受けとめられる場面。どんなに恐ろしい孤独であってもそれは美しい絵になるだろう！　君は申し分のない風景を描く。私はここで急流の音を聞くのだ。ヘルベ氏の邸宅(3)のために君が描いたものをよく思い出してくれたまえ。

二番目の絵。プシュケがアモルの宮殿でニンフたちに迎えられる。建築については把握していないが、作った通りのものであることはわかっている。

三番目の絵。プシュケに仕えるニンフたちに囲まれたプシュケの化粧。なんと美しい金や水晶の美しい壺だろう！　なんと美しくくすぶり香る香炉だろう！　美しくて豪華なプシュケの寝室。その奥のアルコーヴの下には、好奇心をそそる天蓋付きのベッドがある。

四番目の絵。ニンフたちに給仕され、プシュケが一人食卓にいる。サロン、食器棚、そしてテーブルセットは実に豪華で華やかだ。そして特別席からは天使たちの音楽が聞こえてくる。とくに沢山のフルート、非常に心地よい、優しい音。

五番目の絵。これはいくつかの理由で最も難しい主題だ。「ランプ」。大きなアルコーヴは、プシュケが手にするランプによってのみ照らし出される。絵画と詩は事物を美しく輝かせるものだから、プシュケのランプは普通のランプと違って、千万倍以上光を放つ魔法のランプじゃなくちゃいけない。

六番目の絵。煙の中に消えるアモルの宮殿。コワペル氏は実に独創的にこの主題を描いている。それは版画になっている。

七番目の絵。羊飼いの家を訪れるプシュケ。この場所はラ・フォンテーヌの本のなかでも美しさに溢れている。ラ・フォンテーヌの一三三頁を参照のこと。

八番目の絵。ウェヌスの前でニンフに打たれるプシュケ。なんという尻、等など…。

九番目の絵。天上におけるプシュケとアモルの結婚、つまりすべての神々と共にいる場面である。この主題は回廊の一番重要な位置を占めることになるだろう。そして最も大きなタピスリーとなる。

仮に回廊を想定するならば、そこには、ラ・フォンテーヌの三二頁に記されているようなプシュケの華麗な埋葬の場面を描くことができる。これは十番目の絵になるだろう。

九番目の作品については、それがタピスリーになるように単純化することができる。

この物語から、容易に十二枚ほどの作品ができる。いくつかの素描を制作して、それを版画にすることをお勧めする。それは実に感じのいい連作になるだろうし、《モリエール》(4)よりもずっと売れ行きがいいだろう。

しかし、なによりもキノーの「オペラのプシュケ」とモリエールの「喜劇のプシュケ」を読むことをお勧めしたい。それはいつだって良い着想源になるから、利用しない手はないね。心動かされた精神は頭脳を活気づけ、手に生命を与えるから、うまくいかないはずはない。

好奇心からマルカントワーヌ［マルカントニオ・ライモンディ］が版刻したラファエッロのプシュケを見ることもできる。

この版画はたしかクロザ氏とマリエット氏の自宅にあったはずだ。なによりもするべきことは、ラ・フォンテーヌの『プシュケ』を読むこと、そしてブーシェ夫人をじっくりと眺めることだよ。（筆者訳）

註

1 Portefeuille de Bachaumont, p. 365-366, verso. Bibliothèque de l'Arsenal.

2 バショーモンは、パリで一番美しい女性と評されていたブーシェの妻のことをプシュケにたとえている。

3 マリエットのブーシェ伝のなかでも言及された弁護士デルベのための装飾画のことを指す。本書、第二章註12を参照。

4 一七三四年に刊行されたブーシェの挿絵入り『モリエール全集』のこと。

初出一覧

本書は、二〇一〇年度東京藝術大学大学院美術研究科博士後期課程学位論文『タピスリー・デザイナーとしてのフランソワ・ブーシェ——ボーヴェ製作所のための制作活動について』に、その後の研究成果を加筆したものである。各章に関連する拙稿論文との関係は次のようになっている。

序　章　「書評　Melissa Hyde, *Making up the Rococo : François Boucher and His Critics*. Los Angeles : Getty Research Institute, 2006, 272 pp.」『日本十八世紀学会年報』第二四号、二〇〇九年、九七—九八頁

第一章　「ブーシェによるボーヴェ製作所のタピスリーの購買者について」*Aspects of Problems in Western Art History*（東京藝術大学西洋美術史研究室紀要）九号、二〇一一年、三七—四九頁

第二章　« François Boucher, décorateur de tapisserie : les dessins destinés aux *Fêtes italiennes* », *Aspects of Problems in Western Art History*, Tokyo University of Fine Arts (éd.), vol. 7, 2006, p. 31-38.

「フランソワ・ブーシェによるオテル・ド・スービーズの戸口上部装飾画——《親切な羊飼い》と《優雅な羊飼い》の関係をめぐって」『美術史』（美術史學會）一六三冊、二〇〇七年、五—六、七三—八九頁

第三章　「フランソワ・ブーシェによるタピスリー連作〈プシュケの物語〉について」『東京藝術大学美術学部論叢』四号、二〇〇八年、二九—五二頁

「フランソワ・ブーシェによる『モリエール全集』の挿絵《プシュケ》について」*Aspects of Problems in Western*

Art History（東京芸術大学西洋美術史研究室紀要）八号、二〇一〇年、四五—五二頁

第四章　「ブーシェのシノワズリー——版画とタピスリーを中心に」『東京藝術大学美術学部論叢』一一号、二〇一五年、一一九—一二四頁

「原典資料翻訳　フランソワ・ブーシェの競売目録——序文とシノワズリーのコレクション」*Aspects of Problems in Western Art History*（東京芸術大学西洋美術史研究室紀要）一二号、二〇一五年、一一九—一二四頁

第五章　「フランソワ・ブーシェによる王立ボーヴェ製作所のタピスリー連作〈神々の愛〉について——《バッコスとエーリゴネ》の愛をめぐって」『鹿島美術財団年報』二七号別冊、二〇〇九年度、一九二—二〇四頁（第十八回鹿島美術財団賞受賞）

「フランソワ・ブーシェのタピスリー《アポロンとクリュティエ》——着想源と制作意図に関する考察——」『美術史』（美術史學會）一六九冊、二〇一〇年、三一—四、三三—五一頁

« *Apollon et Clytie*, tapisserie d'après François Boucher : étude sur les sources iconographiques et l'intention du choix thématique », *Aspects of Problems in Western Art History*, Tokyo University of Fine Arts (éd.), vol. 10, p. 55-66, 2012.

« *Bacchus et Erigone*, tapisserie de Beauvais d'après François Boucher », *Aspects of Problems in Western Art History*, Tokyo University of Fine Arts (éd.), vol. 11, p. 61-68, 2013.

第六章　「フランソワ・ブーシェによるタピスリー連作〈オペラの断章〉——シャルル・コワペルとの対抗関係をめぐって」『東京藝術大学美術学部論叢』八号、二〇一二年、三一—四一頁

第七章　「ブーシェのタピスリー連作〈高貴なパストラル〉と古典的牧歌文学の伝統」『エクフラシス　ヨーロッパ文化研究』（早稲田大学ヨーロッパ中世・ルネサンス研究所紀要）四号、二〇一四年、一〇四—一一六頁

「ブーシェのタピスリー連作〈高貴なパストラル〉とポンパドゥール夫人——下絵と関連素描に基づく考察」『五浦論叢』（茨城大学五浦美術文化研究所紀要）二一号、二〇一四年、五三—七〇頁

『フランソワ・ブーシェの初期パストラルについて』二〇〇四年度、東京藝術大学大学院修士課程学位論文

終　章　「ゴブラン製作所におけるブーシェのタピスリー下絵制作活動に関する基礎研究」『髙梨学術奨励基金年報』二〇一三年度、二四三―二五〇頁

« François Boucher et les tapisseries de Beauvais : une approche dans le contexte de la rivalité avec la manufacture des Gobelins », communication présentée au colloque international d'ARACHNÉ : « La tapisserie en France », Paris, INAH, les 12-13 décembre 2014.

また、ブーシェのタピスリーに関する調査・研究にあたっては、次の財団から助成を受けた。公益財団法人鹿島美術財団「二〇〇九年度美術に関する調査研究の助成」、公益財団法人髙梨学術奨励基金「二〇一二年度調査研究助成」、日本学術振興会「二〇一二年―二〇一四年度科学研究費補助金（若手研究B）」。

あとがき

フランス美術、とりわけフランソワ・ブーシェの芸術との出会いはパリ留学時代にさかのぼる。「人生バラ色」。愛に溢れる優雅で華やかな彼の作品を前にしたときの第一印象は、その後も決して色あせなかった。誰をも幸せな気持ちにさせてしまうその作品の魅力に惹かれ、ブーシェそして十八世紀ロココ美術と向き合うことになった。

東京藝術大学では越川倫明先生のもとで研究に没頭した。洗練されたロココの美の世界に憧れる弟子を、先生はおおらかに受けとめ、時に厳しくも終始温かくご指導してくださった。博士論文の成果をまとめた本書は、師の教えなくしては完成できなかった。言葉では言い尽くせない感謝の意を表する。研究を続けるなかでは、東京藝術大学の先生方から貴重なご助言や励ましをいただいた。故福部信敏先生、越宏一先生、田辺幹之助先生、薩摩雅登先生、佐藤直樹先生、そして芸術学科の諸先生方に、深く感謝申し上げたい。先輩、後輩、同僚の存在もまた、大きな刺激と支えとなった。

学外では、博士論文の審査をしていただいた鈴木杜幾子先生（明治学院大学）をはじめとして、馬渕明子先生（国立西洋美術館）、木村三郎先生（日本大学）、大野芳材先生（青山学院女子短期大学）、下濱晶子先生（札幌大谷大学）、栗田秀法先生（名古屋大学）、望月典子先生（慶應義塾大学）には、論文をまとめる過程や本書を執筆する上で、さまざまなご助言・ご助力をいただいた。ほかにも有益なご教示をいただいた多くの先生方を含めて、謹んで御礼申し上げる。

海外ではとりわけ、パリ第十大学修士論文の指導教官であるローザンヌ大学のクリスティアン・ミシェル先生に大変お世話になった。先生は私が日本で研究を進めていくのを温かく見守ってくださり、海外での調査・研究をすすめる上でご支援くださった。

調査・研究にあたっては、公益財団法人鹿島美術財団、公益財団法人髙梨学術奨励基金、日本学術振興会より研究助成をいただいた。本書は鹿島美術財団より美術に関する出版援助を受けて刊行することができた。各団体に深甚なる謝意を表する。

出版に際しては、刊行を快諾してくださった中央公論美術出版の小菅勉社長に厚く御礼申し上げたい。出版にあたって中央公論美術出版の皆さま、とりわけ編集にたずさわってくださった荒川百合氏の丁寧できめ細かいご尽力に心より感謝の意を表する。

最後に、今日に至るまでいつも温かく支えてくれた両親、そして家族に、本書をもって心から感謝の気持ちを伝えたい。

二〇一五年六月

小林亜起子

Acknowledgements

This book, *Weaving the Rococo: François Boucher and His Beauvais Tapestries*, is based on my doctoral thesis at Graduate School of Fine Arts, Tokyo University of the Arts (*François Boucher as a Tapestry Designer: Works for the Beauvais Manufactory*, 2010).

First of all, my deepest acknowledgement goes to my doctoral thesis supervisor, Professor Michiaki Koshikawa who has continued to support my work beyond the supervision of my Ph.D. and helped me to develop and clarify my ideas through his rigorous comments on my writings. Without his advice, this book would not have been possible. I would also like to thank Emeritus Professor Tokiko Suzuki of Meiji Gakuin University, Professor Mikinosuke Tanabe and Professor Hiroshi Matsuo of Tokyo University of Arts for their helpful advice.

I am immensely grateful to Professor Christian Michel of the University of Lausanne, a former supervisor of my master thesis at University of Paris X. He is also the supervisor of my doctoral thesis at the University of Lausanne. His support and encouragement throughout the process of my research have been essential for its development.

I wish to express my most sincere gratitude to Professor Pascal-François Bertrand, of the University of Bordeaux III, for his encouragement and for introducing to me the research programme Arachné of the Human and Social Science programme of the National Research Agency: "Critical Method of the History of Tapestry: Rules, Circulation of Models, Transfers of Know-How. France—14th-21st Centuries". I thank also the members of the programme Arachné: Stéphanie Trouvé, Audrey Nassieu Maupas, Valérie Auclair, and Elsa Karsallah.

Further, I have been encouraged, supported and inspired by many other people during the years of my research and writing: Jean Vittet, Conservateur en chef du patrimoine au château de Fontainebleau, Arnaud Brejon de Lavergnée, Conservateur général honoraire du patrimoine, Nicole de Renyès, Conservateur général honoraire du patrimoine, Guy Delmarcel, Emeritus Professor of History of Art at KU Leuven, Bruno Ythier, Conservateur du musée de la Tapisserie, Aubusson, Concha Herrero Carretero, Conservadora de Tapices de Patrimonio Nacional, Giselle Eberhard Cotton, Directrice et conservatrice de la Fondation Toms Pauli, Charissa Bremer-David, Curator in the Department of Sculpture and Decorative Arts at the J. Paul Getty Museum, Elizabeth A. H. Cleland, Associate Curator in the Department of European Sculpture and Decorative Arts at the Metropolitan Museum, Marie-Hélène de Ribou, Documentaliste au Département des Objets d'art du musée du Louvre, Koenraad Brosens, Research Professor in the History of Art Department at KU Leuven, Nicole de Pazzi Chevalier, La Galerie Chevalier. My warm thanks also go to my friends and colleagues.

I should thank the following institutions for providing me with the beautiful images reproduced in the colour plates of this book: The J. Paul Getty Museum, Los Angeles; Philadelphia Museum of Art; Huntington Art Collections, San Marino (CA); Minneapolis Institute of Arts; Palazzo del Quirinale, Rome; The National Gallery of Art, Washington, D.C.

Finally, my affectionate gratitude is due to my parents and my family for their loving patience and continuous support of my doctoral research.

Akiko Kobayashi

June 2015

の如く」森田義之、篠塚二三男訳、中森義宗編『絵画と文学』中央大学出版部、1984年、193-283頁
ロンゴス1987：ロンゴス『ダフニスとクロエー』松平千秋訳、岩波文庫、1987年

【国内展覧会カタログ】

京都1975：『フランス工芸の美――15世紀から18世紀のタピスリー』京都国立近代美術館
東京・熊本1982：『ブーシェ展』東京都美術館、熊本県立美術館
東京1984：『ヨーロッパのタピスリー展』東京国立博物館
横浜1989：『メトロポリタン美術館名品展――フランス美術500年』横浜美術館
東京・大阪・北海道・横浜1990：『ブーシェ、フラゴナール展』小田急グランドギャラリー、大丸ミュージアム梅田、北海道立函館美術館、そごう美術館
神戸・横浜1993：『ルーヴル美術館200年展』神戸市立博物館、横浜美術館
東京1998：『イタリアの光――クロード・ロランと理想風景』国立西洋美術館
東京・愛知2002：『大英博物館所蔵フランス素描展――フォンテーヌブローからヴェルサイユへ』国立西洋美術館、愛知県美術館
神戸・東京2002：『華麗なる宮廷――ヴェルサイユ展』神戸市立博物館、東京都美術館
東京2003：『織りだされた絵画――国立西洋美術館所蔵17－18世紀タピスリー』国立西洋美術館
東京・長崎2008-2009：『線の巨匠たち――アムステルダム歴史博物館所蔵　素描・版画展』東京藝術大学大学美術館、ウステンボス美術館
東京・神戸2008：『ルーヴル美術館展――フランス宮廷の美』東京都美術館、神戸市立美術館
東京・京都2015：『ルーヴル美術館展　日常を描く――風俗画にみるヨーロッパ絵画』国立新美術館、京都市美術館

仲訳、ブリュッケ、2002年
セー 1971：アンリ・E・セー『フランスの社会構造——18世紀における』宮崎洋訳、法政大学出版局、1971年
セーヴ1990：モーリス・セーヴ『デリ——至高の徳の対象』加藤美雄訳、青山社、1990年
セズネック1977：ジャン・セズネック『神々は死なず——ルネサンス芸術における異教神』高田勇訳、美術出版社、1977年
高嶋2011：高嶋美穂「国立西洋美術館所蔵タピスリー《シャンボール城：九月》の色と素材」『国立西洋美術館研究紀要』15号、2011年、69-78頁
田中2004：田中英道「ブーシェのシノワズリー——ルイ王朝とボーヴェ・タピスリー」『美術史学』（東北大学大学院文学研究科美学美術史研究室紀要）25号、2004年、108-132頁
タピスリー保存研究プロジェクト実行委員会2008：タピスリー保存研究プロジェクト実行委員会編『タペストリーの保存研究——石橋財団所蔵『ヨセフ物語』』中央公論美術出版、2008年
デュボス1985：ジャン＝バティスト・デュボス『詩画論』木幡瑞枝訳、全2巻、玉川大学出版部、1985年
戸口2006：戸口幸策『オペラの誕生』平凡社、2006年
野口2003：野口榮子『ディドロと美の真実——美術展覧会「サロン」の批評』昭和堂、2003年
福井1977：福井芳男編『フランス文学講座——演劇』第4巻、大修館書店、1977年
福島2007：福島勝則「劇場の政治学——宮廷の祝祭と初期バロック劇場」、小穴2007、100-103頁
ブーシェ 1973：フランソワ・ブーシェ『西洋服装史—先史から現代まで』石山彰監訳、文化出版局、1973年
船岡2006a：船岡美穂子「シャルダンとコレクター——シユヴァリエ・アントワーヌ・ド・ラ・ロクのコレクション」『鹿島美術財団年報』24号別冊、2006年、242-256頁
船岡2006b：船岡美穂子「ピエール＝ジャン・マリエット『P. -J. マリエットのアベチェダリオ』より「シャルダン（ジャン＝バティスト＝シメオン）」」*Aspects of Problems in Western Art History*（東京芸術大学西洋美術史研究室紀要）7号、47-55頁、2006年
プラーツ1998：マリオ・プラーツ『綺想主義研究——バロックのエンブレム類典』伊藤博明訳、ありな書房、1998年
プリニウス1986：プリニウス『プリニウスの博物誌』第22巻、中野定雄他訳、雄山閣出版、1986年
ヘルト1992：ユッタ・ヘルト『ヴァトー《シテール島の船出》——情熱と理性の和解』中村俊春訳、三元社、1992年
細野2009：細野喜代「タルクイニウスに凌辱されるローマのルクレティア——外交手段としてのティツィアーノ作《タルクイニウスとルクレティア》」『美学』234号、2009年、112-125頁
ホール2004：ジェームス・ホール『西洋美術解読事典』高階秀爾監修、河出書房新社、2004年
宮崎2013：宮崎匠「18世紀フランス宮廷とJ=E・リオタールの肖像画のイメージ——身体的特徴の表現の特殊性と宮廷人の評価」『美術史』（美術史學會）62冊、2013年、288-303頁
モリエール2000-2003：モリエール『モリエール全集』ロジェ・ギシュメール・廣田昌義・秋山伸子共編、全10巻、臨川書店、2000年
矢野2014：矢野陽子「ジョフラン夫人の美術愛好」、大野芳材監修『美術と都市』ありな書房、2014年、89-134頁
山田1972：山田智三郎編『大系世界の美術——ロココ美術』第17巻、学習研究社、1972年
ヨング2005：エディ・デ・ヨング『オランダ絵画のイコノロジー：テーマとモティーフを読み解く』小林頼子監訳、日本放送出版協会、2005年
ラクロット・キュザン1994：ミッシェル・ラクロット、ジャン＝ピエール・キュザン『ルーヴル美術館：ヨーロッパ絵画』田辺徹訳、みすず書房、1994年
リー 1984：レンサレアー・W・リー「詩は絵

小林2009：小林亜起子「書評 Melissa Hyde, *Making up the Rococo : François Boucher and His Critics*. Los Angeles : Getty Research Institute, 2006, 272 pp.」『日本18世紀学会年報』24号、2009年、97-98頁
小林2010：小林亜起子『タピスリー・デザイナーとしてのフランソワ・ブーシェ――ボーヴェ製作所のための制作活動について』2010年度東京藝術大学大学院美術研究科博士後期課程学位論文
小林2010a：小林亜起子「フランソワ・ブーシェによる王立ボーヴェ製作所のタピスリー連作〈神々の愛〉について――《バッコスとエーリゴネ》の愛をめぐって」『鹿島美術財団年報』27号別冊、2010年、192-204頁
小林2010b：小林亜起子「フランソワ・ブーシェのタピスリー《アポロンとクリュティエ》――着想源と制作意図に関する考察――」『美術史』(美術史學會) 169冊、2010年、3-4、33-51頁
小林2010c：小林亜起子「フランソワ・ブーシェによる『モリエール全集』の挿絵《プシュケ》について」*Aspects of Problems in Western Art History*（東京芸術大学西洋美術史研究室紀要）8号、2010年、45-52頁
小林2011：小林亜起子「ブーシェによるボーヴェ製作所のタピスリーの購買者について」*Aspects of Problems in Western Art History*（東京芸術大学西洋美術史研究室紀要）9号、2011年、37-49頁
小林2012：小林亜起子「フランソワ・ブーシェによるタピスリー連作〈オペラの断章〉――シャルル・コワペルとの対抗関係をめぐって」『東京藝術大学美術学部論叢』8号、2012年、31-41頁
小林2013：小林亜起子「ゴブラン製作所におけるブーシェのタピスリー下絵制作活動に関する基礎研究」『髙梨学術奨励基金年報』2013年度、243-250頁
小林2014a：小林亜起子「ブーシェのタピスリー連作〈高貴なパストラル〉と古典的牧歌文学の伝統」『エクフラシス　ヨーロッパ文化研究』（早稲田大学ヨーロッパ中世・ルネサンス研究所紀要）4号、2014年、104-116頁
小林2014b：小林亜起子「ブーシェのタピスリー連作〈高貴なパストラル〉とポンパドゥール夫人――下絵と関連素描に基づく考察」『五浦論叢』（茨城大学五浦美術文化研究所紀要）21号、2014年、53-70頁
小林2015a：小林亜起子「ブーシェのシノワズリー――版画とタピスリーを中心に」『東京藝術大学美術学部論叢』11号、2015年、119-124頁
小林2015b：小林亜起子「原典資料翻訳　フランソワ・ブーシェの競売目録――序文とシノワズリーのコレクション」*Aspects of Problems in Western Art History*（東京芸術大学西洋美術史研究室紀要）12号、2015年、119-124頁
坂本1976：坂本満『リューベンス』新潮美術文庫、1976年
坂本1996：坂本満編『世界美術大全集（西洋編）――ロココ』第18巻、小学館、1996年
佐々木1995：佐々木健一『美学辞典』東京大学出版会、1995年
佐々木1999：佐々木健一『フランスを中心とする18世紀美学史の研究――ウァトーからモーツァルトへ』岩波書店、1999年
佐々木2013：佐々木健一『ディドロ『絵画論』の研究』中央公論美術出版、2013年
柴田・樺山・福井1996：柴田三千雄、樺山紘一、福井憲彦編『世界歴史大系フランス史2―16世紀～19世紀なかば』山川出版社、1996年
島本1987：島本浣「ロジェ・ド・ピールと18世紀の美術批評」『美學』149号、1987年、13-25頁
島本2002：島本浣「18世紀のパリにおけるコレクション術――絵画・画商・市場」『西洋美術研究』8号、2002年、116-138頁
鈴木1993：鈴木杜幾子監修『名画への旅18世紀I：逸楽のロココ』第15巻、講談社、1993年、42-49頁
鈴木1996：鈴木杜幾子『フランス絵画の「近代」――シャルダンからマネまで』講談社、1995年
ストラーテン2002：ルーロフ・ファン・ストラーテン『イコノグラフィー入門』鯨井秀

伊藤洋『フランス演劇史概説』早稲田大学出版部、1978年

ヴェントゥーリ1963：リオネロ・ヴェントゥーリ『美術批評史』辻茂訳、みすず書房、1963年

エリアス1981：ノルベルト・エリアス『宮廷社会』波田節夫、中埜芳之、吉田正勝訳、法政大学出版局、1981年

オウィディウス1981：オウィディウス『変身物語』全2巻、中村善也訳、岩波文庫、1981年

太田2007：太田みき「オテル・ド・スービーズ「公妃の楕円形のサロン」における装飾画《アモルとプシュケ》——場面選択および表現について」『美術史』(美術史學會) 162冊、2007年、241-258頁

大野2003：大野芳材『フランス近世の美術——国王の美術から市民の美術へ』財務省印刷局、2003年

大野2006：大野芳材「宮廷画家から近代画家へ——ブーシェと美術アカデミーの改革を中心に」『西洋美術研究』12号、2006年、106-122頁

大野2013：大野芳材監修『フランス近世美術叢書Iフォンテーヌブローからルーヴシエンヌへ』ありな書房、2013年

小佐野1999：小佐野重利解題・監修、アカデミー古文献研究会訳「原典資料紹介　シャルル・ル・ブラン『感情表現に関する講演』」『西洋美術研究』2号、146-161頁、1999年

鯨井2008：鯨井秀伸「ICONCLASS：イコノグラフィー的分類システム（〈特集〉分類をみつめなおす）」『情報の科学と技術』58 (2) 号、2008年、57-63頁

窪田・井上・富田1986：窪田般彌・井上登・富田仁編『フランス文学にみる愛のかたち』白水社、1986年

倉田1983：倉田信子「オノレ・デュルフェ：『アストレ』——その構成」『南山大学紀要』34号、1983年

蔵持2003：蔵持不三也『シャルラタン——歴史と諧謔の仕掛人たち』新評論、2003年

栗田2002：栗田秀法「フランス17世紀美術の展開と素描——王立絵画彫刻アカデミーを中心に」東京・愛知2002、52-61頁

グリフィス2013：アントニー・グリフィス『西洋版画の歴史と技法』越川倫明、佐藤直樹、小林亜起子、袴田紘代、伊藤彰子、武笠由以子訳、中央公論美術出版、2013年

クルターマン1996：ウード・クルターマン『美術史学の歴史』勝國興、髙阪一治訳、中央公論美術出版、1996年

クルツィウス1971：エルンスト・ローベルト・クルツィウス『ヨーロッパ文学とラテン中世』南大路振一、岸本通夫、中村善也訳、みすず書房、1971年

グルベール2001：アラン・シャルル・グルベール『ヨーロッパの装飾芸術——古典主義とバロック』第2巻、鈴木杜幾子監訳、中央公論新社、2001年

小穴2007：小穴晶子編『バロックの魅力』東信堂、2007年

越1978：越宏一『世界の美術2　世界の名画II　バロック　ロココの絵画』世界文化社、1978年

越川1999：越川倫明「牧歌的風景」『西洋美術館』小学館、1999年、448-449頁

越川2011：越川倫明「16世紀ヴェネツィア絵画におけるカラーリオのエロティック版画の反響」、越川倫明編『ルネサンスのエロティック美術』東京藝術大学出版会、2011年、141-161頁

コッフィネ・ピアンゾラ1975：ジュリアン・コッフィネ、モーリス・ピアンゾラ『タピスリー』川合昭三訳、美術出版社、1975年

小林2004：小林亜起子『フランソワ・ブーシェの初期パストラルについて』2004年度東京藝術大学大学院修士課程学位論文

小林2007：小林亜起子「フランソワ・ブーシェによるオテル・ド・スービーズの戸口上部装飾画——《親切な羊飼い》と《優雅な羊飼い》の関係をめぐって」『美術史』(美術史學會) 163冊、2007年、5-6、73-89頁

小林2008：小林亜起子「フランソワ・ブーシェによるタピスリー連作〈プシュケの物語〉について」『東京藝術大学美術学部論叢』4号、2008年、29-52頁

小林2008-2009：「アントワーヌ・ヴァトーの素描（作品解説）」東京・長崎2008-2009、165-166頁、作品番号76番

Maral).

Cat. exp. Los Angeles-Houston-Schwerin 2007-2008：*Oudry's painted menagerie : portraits of exotic animals in eighteenth-century Europe*, Los Angeles, J. Paul Getty Museum ; Houston, Museum of Fine Arts ; Schwerin, Staatliche Museum.

Cat. exp. New York-Madrid 2007-2008：*Tapestry in the Baroque*, New York, The Metropolitan Museum of Art ; Madrid, Palacio Real.

Cat. exp. Paris 2008-2009：*La tenture de l'Histoire d'Alexandre le Grand : collections du Mobilier national*, Mobilier national.

Cat. exp. New York 2009：*Watteau, Music, and Theater*, The Metropolitan Museum of Art.

Cat. exp. Montpellier 2009-2010：*Jean Raoux 1677-1734. Un peintre sous la Régence*, Musée Fabre, Montpellier (cat. par Michèle-Caroline Heck).

Cat. exp. Paris 2009-2010：*L'Académie mise à nu. L'École du modèle à l'Académie royale de Peinture et de Sculpture*, École nationale supérieur des Beaux-Arts.

Cat. exp. Versailles 2009-2010：*Louis XIV. L'homme & le roi*, Musée national des châteaux de Versailles et de Trianon.

Cat exp. Paris 2010a：*Antoine Watteau et l'art de l'estampe*, Musée du Louvre (cat. par Marie-Catherine Sahut et Florence Raymond).

Cat exp. Paris 2010b：*Trésors de la Couronne d' Espagne : un âge d'or de la tapisserie flamande*, Mobilier national.

Cat. exp. Châtenay-Malabry 2011：*Madame Geoffrin : une femme d'affaires et d'esprit*, Châtenay-Malabry, Maison de Chateaubriand.

Cat. exp. Nantes 2011：*Le théatre des passions 1697-1759*, Musée des Beaux-Arts de Nantes (cat. par Blandine Chavanne et al.).

Cat. exp. Versailles 2012：*Charles Nicolas Dodin et la manufacture de Vincennesè-Sèvres*, Château de Versailles.

Cat. exp. Aubusson 2013：*Aubusson Tapisseries des Lumières : Splendeurs de la Manufacture Royale, fournisseur de l'Europe du XVIIIe siècle*, Musée de la tapisserie d'Aubusson (cat. par Pascal- François Bertrand).

Cat. exp. Paris 2014：*Les Gobelins au siècle des Lumières：Un âge d'or de la Manufacture royale*, Mobilier national (cat. par Jean Vittet).

Cat. exp. Versailles 2014：*La Chine à Versailles : Art et diplomatie au XVIIIe siècle*, Château de Versailles.

邦語文献

赤木2003：赤木昭三、赤木富美子『サロンの思想史――デカルトから啓蒙思想へ』名古屋大学出版会、2003年

安室2003：安室可奈子『フランソワ・ジェラールとプシュケ図像――フランスの新古典主義美術における挿絵本、版画集出版史と絵画作品の成立過程』2003年度日本大学大学院芸術学研究科博士後期課程学位論文

安室2005：安室可奈子「18世紀に刊行されたプシュケ神話の挿絵本研究」『鹿島美術財団年報』22号別冊、2005年、365-375頁

アプレイウス1966：アプレイウス「黄金のろば」『ローマ文学集』呉茂一訳、筑摩書房、1966年

アポストリデス1996：ジャン＝マリー・アポストリデス『機械としての王』水林章訳、みすず書房、1996年

天野2001：天野知香『装飾／芸術――19-20世紀フランスにおける「芸術」の位相』ブリュッケ、2001年

イエイツ1982：フランシス・アメリア・イエイツ『星の処女神エリザベス女王――16世紀における帝国の主題』西澤龍生、正木晃訳、東海大学出版会、1982年

石井2011：石井美恵「国立西洋美術館所蔵タピスリー《シャンボール城：九月》の修復」国立西洋美術館研究紀要15号、2011年、33-44頁

伊藤1991：伊藤己令「グルーズ作『小鳥の死を嘆く少女』にみる〈叙述〉の手法の考察」『美術史』(美術史學會) 130冊、1991年、166-182頁

岩瀬・佐藤・伊藤1978：岩瀬孝、佐藤実枝、

Paulette Choné, François Moureau, Philippe Quettier et Éric Varnier).

Cat. exp Versailles 1999-2000 : *Jean-Marc Nattier 1685-1766*, Musée national des châteaux de Versailles et de Trianon (cat. par Xavier Salomon).

Cat. exp. Stuttgart 2001 : *Raffael und die Folgen : das Kunstwerk in Zeitaltern seiner graphischen Reproduzierbarkeit*, Graphischen Sammlung der Staatsgalerie Stuttgart (cat. par Corinna Höper).

Cat. exp. New York 2002 : *Tapestry in the Renaissance : Art and Magnificence*, The Metropolitan Museum of Art.

Cat. exp. L'Isle-Adam-Grasse 2001-2002 : *Fragonard et le voyage en Italie, 1773-1774 : les Bergeret, une famille de mécènes*, L'Isle-Adam, Musée d'Art et d'Histoire Louis Senlecq ; Grasse, Musée Jean-Honore Fragonard.

Cat. exp. Sèvres 2001-2002 : *Falconet à Sèvres, 1757-1766 : ou L'art de plaire*, Musée national de la céramique.

Cat. exp. New York 2002 : *Tapestry in the Renaissance : Art and Magnificence*, The Metropolitan Museum of Art.

Cat. exp. Paris 2002 : *Un temps d'exubérance : les arts décoratifs sous Louis XIII et Anne d'Autriche*, Galeries nationales du Grand Palais.

Cat. exp. Versailles-Munich-Londres 2002-2003 : *Madame de Pompadour et les arts*, Musée national des châteaux de Versailles et de Trianon ; Munich, Kunsthalle der Hypo-Kulturstiftung ; Londres, National Gellery (cat. par Xavier Salmon).

Cat. exp. New York-Fort Worth 2003-2004 : *Les Dessins de Boucher*, New York, The Frick Collection ; Fort Worth, The Kimbell Art Museum (cat. par Alastair Laing and Pierre Rosenberg).

Cat. exp. Ottawa-Washington-Berlin 2003-2004 : *The Age of Watteau, Chardin, and Fragonard*, Ottawa, National Gallery of Canada ; Washington, National Gallery of Art ; Staatliche Museum zu Berlin, Gemäldegalerie.

Cat. exp. Paris 2003-2004 : *François Boucher hier et aujourd'hui*, Musée du Louvre (cat. par Françoise Joulie et Jean-François Méjanès).

Cat. exp. Paris-Sydney-Ottawa 2003-2006 : *François Boucher et l'art rocaille*, Paris, École national supérieur des Beaux-Arts ; Sydney, Art Gallery of New South Weles ; Ottawa, Musée des Beaux-Arts du Canada.

Cat. exp. Londres 2004 : *François Boucher. Seductive visions*, Wallace Collection (cat. par Françoise Joulie et Jo Hedley).

Cat. exp. Valenciennes 2004 : *Watteau et la fête galante*, Musée des Beaux-Arts de Valenciennes.

Cat. exp. Dijon-Londres 2004-2005 : *Boucher et les peintres du Nord*, Dijon, Musée Magnin ; Londres, The Wallace Collection (cat. par Françoise Joulie et Jo Hedley).

Cat. exp. Versailles 2004-2005 : *Esquisses, pastels et dessins de François Boucher dans la collection privée*, Musée Lambinet (cat. par Françoise Joulie, Marie Claire Villard et Catherine Gendre).

Cat. exp. Aubusson 2005 : *Isaac Moillon (1614-1673), un peintre du roi à Aubusson*, Musée départemental de la tapisserie à Aubusson.

Cat. exp. Karlsruhe 2005 : *David Teniers der Jüngere 1610-1690 : Alltag und Vergnügen in Flandern*, Staatliche Kunsthalle Karlsruhe (cat. par Margret Klinge et Dietmar Lüdke).

Cat. exp. Paris 2005-2006 : *Le Paris des Lumières : d'après le plan de Turgot (1734-1739)*, Hôtel de Rohan (cat. par Alfred Fierro et Jean-Yves Sarazin).

Cat. exp. Paris-Munich-Bonn 2005-2006 : *Poussin, Watteau, Chardin, David ... : peintures françaises dans les collections allemandes XVIIe- XVIIIe siècles*, Paris, Galeries nationales du Grand Palais ; Munich, Haus der Kunst ; Bonn, Kunst-und Austellungshalle der Bundesrepublik Deutschland.

Cat. exp. Paris 2007 : *Pagodes et dragons. Exotisme et fantaisie dans l'Europe rococo*, Musée Cernuschi.

Cat. exp. Versailles 2007 : *La galerie de glaces : Charles Le Brun maître d'œuvre*, Château de Versailles (cat. par N. Milovanovic et A.

1977 : *Carle Vanloo : premier peintre du roi (Nice 1705-Paris 1765)*, Nice, Musée Chéret ; Clermont-Ferrand, Musée Bargoin ; Nancy, Musée des Beaux-Arts (cat. par Marie-Catherine Sahut).

Cat. exp. Troyes-Nîmes-Rome 1977 : *Charles-Joseph Natoire*, Troyes, Musée des Beaux-Arts de Troy; Musée des Beaux-Arts de Nîmes ; Rome, Villa Médicis.

Cat. exp. Braunshzeig 1978 : *Die Sprache der Bilder*, Herzog Anton-Ulruch Museum.

Cat. exp. Paris 1982 : *J.-B. Oudry, 1686-1755*, Galerie nationale de Grand Palais (cat. par Hal N. Opperman).

Cat. exp. Atlanta 1983 : *The Rococo age : French Masterpieces of the Eighteenth Century*, High Museum of Art.

Cat. exp. Fort Worth 1983 : *J.-B. Oudry, 1686-1755*, Kimbell Art Museum (cat. par Hal N. Opperman).

Cat. exp. Paris 1983 : *Les Collections du comte d'Orsay : dessins du Musée du Louvre*, Musée du Louvre (cat. par Jean-François Méjanès).

Cat. exp. Washington-Paris-Berlin 1984-1985 : *Watteau, 1684-1721*, National Gallery of Art, Washington ; Galeries nationales du Grand Palais ; Berlin, Château de Charlottenbourg (cat. par Margaret Morgan Grasselli, Pierre Rosenberg, assistés de Nicole Parmantier).

Cat. exp. New York-Detroit-Paris 1986-1987 : *François Boucher 1703-1770*, New York, The Metropolitan Museum of Art ; The Detroit Institute of Arts ; Paris, Galerie nationale du Grand Palais, (cat. par Alastair Laing, Jean-Patrice Marandel et Pierre Rosenberg).

Cat. exp. Ausstellung 1988 : *Guido Reni und Europa : Ruhm und Nachruhm*, Schirn Kunsthalle Frankfurt.

Cat. exp. Washington 1988-1989 : *Places of delight : the pastoral landscape*, National Gallery of Art (cat. par Ernst Robert Curtius, Lawrence Gowing et David Rosand).

Cat. exp. Grenoble-Rennes-Bordeaux 1989-1990 : *Laurent de la Hyre 1606-1656*, Musée de Grenoble ; Musée de Rennes ; Musée de Bordeaux.

Cat. exp. Paris 1990 : *Le paysage en Europe du XVIe au XVIIIe siècle*, Musée du Louvre.

Cat. exp. Anvers 1991 : *David Teniers the Younger : paintings, drawings*, Koninklijk Museum voor Schone Kunsten (cat. par Margret Klinge).

Cat. exp. Paris-Philadelphie-Fort Worth 1991-1992 : *Les Amours des Dieux, Peinture mythologique de Watteau à David*, Paris, Galeries Nationales du Grand Palais ; Philadelphie, Philadelphia Museum of Art ; Fort Worth, Kimbell Art Museum.

Cat. exp. Moscow 1995-1996 : *Five Centuries of European Drawings : the Former Collection of Franz Koenigs*, Pushkin State Museum of Fine Arts.

Cat. exp. Compiègne-Aix-en-Provence 1997 : *Don Quichotte vu par un peintre du XVIIIe siècle : Natoire*, Compiègne, Musée national du Château de Compiègne ; Aix-en-Provence, Musée des Tapisseries et d'Ameublement Ancien (cat. par Odile Picard Sebastiani et Marie Henriette Krotoff).

Cat. exp. Colorno 1998 : *Gli arazzi dei Farnese e dei Borbone : le collezioni dei secoli XVI-XVIII*, Palazzo Ducale (cat. par Giuseppe Bertini et Nello Forti Grazzini).

Cat. exp. Nîmes-Arles 1998 : *Charles-Joseph Natoire : 1700-1777 : l'histoire de Marc-Antoine*, Musée des Beaux-Arts de Nîmes ; Musée des Beaux-Arts d'Arles.

Cat. exp. Dijon-Luxembourg 1998-1999 : *À la gloire du Roi. Van der Meulen, peintre des conquêtes de Louis XIV*, Dijon, Musée des Beaux-Arts ; Musée d'Histoire de la Ville de Luxembourg.

Cat. exp. Londres-Hartford 1998-1999 : *Pieter de Hooch, 1629-1684*, Londres, Dulwich Picture Gallery ; Hartford, Wadsworth Atheneum (cat. par Peter C. Sutton).

Cat. exp. Langres 1999 : *Claude Gillot (1673-1722) : comédies, sabbats et autres sujets bizarres, Fables nouvelles de La Motte*, Musée de d'Art et d'Hstoire de Langres (cat. par

Inventaire général des monuments et des richesses artistiques de la France, Paris, 1971.

Viale Ferrero 1961：Mercedes Viale Ferrero, *Arazzi italiani*, Milan, 1961.

Vittet 2002：Jean Vittet, « Commandes et achats de Madame de Pompadour aux Gobelins et à la Savonnerie », dans Cat. exp. Versailles 2002, p. 366-369.

Voss 1953：Hermann Voss, «François Boucher's Early Development », *The Burlington Magazine*, mars 1953, p. 81-93.

Voss 1954：Hermann Voss, « François Boucher's Early Development —— Addenda », *The Burlington Magazine*, juillet 1954, p. 206-219.

Waal et Couprie 1973：Hans van de Waal et Leendert D. Couprie, *Iconclass : an iconographic classification system*, 17 vol., Amsterdam, 1973-1985.

Wakefield 1984：David Wakefield, *French Eighteenth-Century Painting*, Londres, 1984.

Wakefield 2005：David Wakefield, *Boucher*, Londres, 2005.

Weigert 1933：Roger-Armand Weigert, « La manufacture royale de tapisseries de Beauvais en 1754 », *Bulletin de la Société de l'Histoire de l'Art français*, Paris, 1933, p. 236-242.

Weigert 1937：Roger-Armand Weigert, « Sébastien Le Clerc à la Manufacture des Gobelins », dans Cat. exp. Nancy 1937, p. 22-35.

Wildenstein 1924：Georges Wildenstein, *Lancret*, Paris, 1924.

Wildenstein 1961：Georges Wildenstein, « Un amateur de Boucher et de Fragonard : Jacques-Onésyme Bergeret（1715-1785）», *Gazette des Beaux-Arts*, juin-août 1961, p. 39-84.

Wölfflin 1915：Heinrich Wölfflin, *Kunstgeschichtliche Grundbegriffe : das Problem der Stilentwicklung in der neueren Kunst*, Munick, 1991.

Worthen 1986：Thomas Worthen, « Poussin's Paintings of Flora », *Art Bulletin*, vol. 61, n° 4, 1979, p. 575-588.

Wunder 1962：Richard P. Wunder, *Extravagant Drawings of the Eighteenth Century from the Collection of The Copper Union Museum*, New York, 1962.

Zamperini 2007：Alessandra Zamperini, *Les Grotesques*, Paris, 2007.

Zanger 2001：Abby Zanger, « On the Threshold of Print and Performance : How Prints Mattered to Bodies of/at Work in Moliere's Published Corpus », *Word and Image*, vol. 17, n° 1-2, janvier-juin 2001, p. 25-41.

Zick 1965：Gisela Zick, « D'après Boucher, Die *Vallé de Montmorncy* und die europäische Porzellanplastik », *Keramos* 29, juillet 1965, p. 3-47.

【海外展覧会カタログ】

Cat. exp. Nancy 1937：*Sébastien Le Clerc（1637-1714）*, Musée de Metz.

Cat. exp. Munich 1958：*Le Siècle du Rococo, Art et civilisation du XVIIIème siècle*, Residenz.

Cat. exp. Paris 1964：*François Boucher Premier Peintre du Roi 1703-1770*, Galerie Cailleux（cat. par Jean Cailleux）.

Cat. exp. Versailles 1967：*Chefs-d'œuvre de la tapisserie parisienne* 1597-1662, Orangerie des Versailles（cat. par Jean Coural）.

Cat. exp. Londres 1968：*France in the eighteenth century*, Royal Academy of Arts.

Cat. exp. Rouen 1970：*Jean Restout（1692-1768）*, Musée des Beaux-Arts de Rouen（cat. par Pierre Rosenberg et Antoine Schnapper）.

Cat. exp. Berlin 1973：*China und Europe*, Schloss Charlottenburg.

Cat. exp. Amsterdam 1976：*Tot lering en vermaak : betekenissen van Hollandse genrevoorstellingenuit de zeventiende eeuw*, Rijksmuseum.

Cat. exp. Londres 1976：*Fireworks. Feux d'artifices*, National Gallery of Art.

Cat. exp. San Francisco 1976-1977：*Five Centuries of Tapestry from the Fine Museum of San Francisco*, California Place of the Legion of Honor.

Cat. exp. Nice-Clermont-Ferrand-Nancy

Standen 1977a : Edith Aplleton Standen, « Fêtes Italiennes : Beauvais Tapestries after Boucher in the Metropolitan Museum of Art », *Metropolitan Museum Journal*, vol. 12, 1977, p. 107-139.

Standen 1977b : Edith Appleton Standen, « Some Notes on the Cartoons Used at the Gobelins and Beauvais Tapestry Manufactories in the Eighteenth Century », *J. Paul Getty Museum Journal*, vol. 4, 1977, p. 25-28.

Standen 1984 : Edith Appleton Standen, « *The Amours des Dieux* : A Series of Beauvais Tapestries after Boucher », *Metropolitan Museum of Art Journal*, vol. 19-20, 1984-1985, p. 63-84.

Standen 1985 : Edith Appleton Standen, *European Post-Medieval Tapestries and Related Hangings in the Metropolitan Museum of Art*, 2 vol., New York, 1985.

Standen 1986a : Edith Appleton Standen, « *The Fragments d'Opéra* : A Series of Beauvais Tapestries », *Metropolitan Museum Journal*, vol. 21, 1986, p. 123-138.

Standen 1986b : Edith Appleton Standen, « Boucher et l'art de la tapisserie », dans Cat. exp. New York-Detroit-Paris 1986-1987, p. 328-345.

Standen 1988 : Edith Appleton Standen, « Ovid's *Metamorphoses* : A Gobelins Tapestry Series », *Metropolitan Museum Journal*, vol. 23, 1988, p. 149-191.

Starobinski 1964 : Jean Starobinski, *L'invention de la Liberté, 1700-1789*, Genève, 1964.

Stein 1996 : Perrin Stein, « Boucher's chinoiseries : some new sources », *The Burlington magazine*, nº 1122, novembre 1996, p. 598-604.

Stein 2007 : Perrin Stein, « Les chinoiserie de Boucher et leurs sources : l'art de l'appropriation », dans Cat. exp. Paris 2007, p. 86-100.

Straten 1994 : Roelof van Straten, *An Introduction to Iconography : Symbols, Allusions, and Meaning in the Visual Arts*, éd. anglais, Yverdon, 1994.

Stuffman 1968 : Margaret Stuffman, « Les Tableaux de la collection de Pierre Crozat », *Gazette des Beaux-Arts*, juillet-septembre 1968, p. 5-142.

Sutton 1980 : Peter C. Sutton, *Pieter de Hooch : complete edition*, Oxford, 1980.

Tanaka 2011 : Kei Tanaka, « La Font de Saint-Yenne : Sa vie et son œuvre (1688-1771) », *Bulletin*, Seigakuin University (éd.), vol. 49, p. 11-26, 2011.

Ternois 1965 : Daniel Ternois, *François Boucher*, Milan, 1965.

Thépaut-Cabasset 2007-2008 : Corinne Thépaut-Cabasset, « Présents du Roi : An Archive at the Ministry of Foreign Affairs in Paris », *Studies in the Decorative Arts*, vol. 15, nº 1, fall-winter 2007-2008, p. 4-18.

Thierry 1829 : Augustin Thierry, *Lettres sur l'histoire de France*, Paris, 1829.

Thuillier et Foucart 1969 : Jaques Thuillier et Jacques Foucart, *La Galerie Médicis au Palais du Luxembourg*, Milan et Paris, 1969.

Tillerot 2010 : Isabelle Tillerot, *Jean de Jullienne et les collectionneurs de son temps : un regard singulier sur le tableau*, Paris, 2010.

Todd 1983 : Christopher Todd, « La rédaction du *Mercure de France* (1721-1744): Dufresny, Fuzelier, La Roque », *Revue d'Histoire Littéraire de la France*, nº 3, mai-juin 1983, p. 439- 441.

Tourneux 1898 : Maurice Tourneux, « Diderot et le musée de l'Ermitage », *Gazette des Beaux-Arts*, 1898, p. 333-334.

Valencia de Don Juan 1903 : Conde Viudo de Valencia de Don Juan, *Tapices de la Corona de España*, 2 vol., Madrid, 1903.

Varoli-Piazza 2002 : Rosalia Varoli-Piazza, *Raffaello : la Loggia di Amore e Psiche alla Farnesina*, Milan, 2002.

Venturi 1945 : Lionel Venturi, *Storia Della Critica D'arte*, Rome, Florence et Milan, 1945.

Verèb 1997 : Pascale Verèb, *Alexis Piron, poète (1689-1773), ou, La difficile condition d'auteur sous Louis XV*, Oxford, 1997.

Verlet 1980 : Pierre Verlet, « Les tapisseries de la donation Lacarde », *Revue de l'Art*, nº 1, 1951, p. 24-30.

Viallet 1971 : Nicole Viallet, *Principes d'analyse scientifique : tapisserie méthode et vocabulaire,*

Boucher qui veut », *Connaissance des Arts*, septembre 1988, p. 70-73.

Rosenberg 2005：Pierre Rosenberg, *De Raphaël à la Révolution : les relations artistiques entre la France et l'Italie*, Milan, 2005.

Rosenberg et Babelon 1967：Pierre Rosenberg et Jean-Pierre Babelon, « Les dessus de porte de l'hôtel de Soubise à propos de deux œuvres retrouvées », *Bulletin de la Société de l'Histoire de l'Art français*, 1967, p. 211-216.

Rosenfeld 1979：Myra Nan Rosenfeld, « Nicolas de Largillièrre's 'Portrait of the Marquise de Dreux-Brézé' », *Apollo*, mars 1979, p. 202-207.

Russo 2007：Elena Russo, *Styles of Enlightenment : Taste, Politics, and Authorship in Eighteenth-Century France*, Baltimore, 2007.

Sabatier 1992：Gérard Sabatier, *Versailles ou la figure du roi*, Paris, 1999.

Sadie 1992：Stanley Sadie（éd.）, *The New Grove Dictionary of Opera*, 4 vol., Londres, 1992.

Saint-Alais 1874：Nicolas Viton de Saint-Alais, *Nobilitaire universel de France, ou recueil des généalogies historiques des maisons nobles de ce royaume*, Paris, 1874.

Salles 2001：Catherine Salles, *Louis XV : Les Ombres et les Lumières : 1710-1774*, Paris, 2001.

Salvatore 1935：Paul John Salvatore, *Favart's unpublished plays: the rise of the popular comic opera*, New York, 1935.

Sarmant 2007：Thierry Sarmant, « Le Cabinet des médailles du roi ou "Salon Louis XV" », *Revue de la Bibliothèque nationale de France*, n° 26, 2007, p. 67-72.

Savill 1982：Rosalind Savill, « François Boucher and the porcelains of Vincennes et Sèvres », *Apollo*, mars 1982, p. 162-170.

Schnapper 1968：Antoine Schnapper, « Musée de Lille et de Brest : A propos de deux nouvelles acquisitions : "Le Chef-d'œuvre d'un muet" ou la tentation de Charles Coypel », *La Revue du Louvre et des Musée de France*, 1968, n° 4-5, p. 253-264.

Scott 1995：Katie Scott, *The Rococo Interior : Decoration and Social Spaces in Early Eighteenth Century*, New York et Londres, 1995.

Sée 1967：Henri Eugène Sée, *La France économique et sociale au XVIIIe siècle*, Paris, 1967.

Ségur 1897：Marquis de Ségur, *Le royaume de la rue Saint-Honoré : madame Geoffrin et sa fille*, Paris, 1897.

Seznec 1940：Jean Seznec, *La Survivance des dieux antiques : essai sur le rôle de la tradition mythologique dans l'humanisme et dans l'art de la Renaissance*, Londres, 1940.

Sgard 1999：Jean Sgard（éd.）, *Dictionnaire des journalistes, 1600-1789*, 2 vol., Oxford, 1999.

Signorini 1983：Rodolfo Signorini, *La 'Fabella' di Psiche e altra mithologia, secondo l'interpretazione pittorica di Giulio Romano nel Palazzo Te a Mantova*, Mantoue, 1983.

Slatkin 1976：Regina Shoolman Slatkin, « Abraham Bloemaert and François Boucher : Affinity and Relationship », *Master Drawings*, vol. 14, 1976, p. 247-260, pl. 1-15.

Slatkin 1977：Regina Shoolman Slatkin, « The Fêtes Italiennes : Their Place in Boucher's Œuvre », *Metropolitan Museum Journal*, vol. 12, 1977, p. 130-139.

Souchal 1977-1993：François Souchal, *French sculptors of the 17th and 18th centuries : the reign of Louis XIV*, 4 vol., Oxford et Londres, 1977-1993.

Soullié et Masson 1906：Louis Soullié et Charles Masson, *Catalogue raisonné de l'œuvre peint et dessiné de François Boucher*, dans André Michel, *François Boucher*, Paris : Piazza, sd.［1906］.

Standen 1964：Edith Appleton Standen, « The Sujets de la Fable Gobelins Tapestries », *The Art Bulletin*, juin 1964, p. 143-157.

Standen 1971：Edith Aplleton Standen, « Drawings for the months of Lucas tapestry series », *Master Drawings*, vol. 9, 1971, p. 3-14.

Standen 1975：Edith Appleton Standen, « The Memorable Judgment of Sancho Panza : A Gobelins Tapestry in the Metropolitan Museum », *Metropolitan Museum Journal*, vol. 10, 1975, p. 97-106.

Revue de l'Art, n° 141, 2003, p. 47-56.

Panofsky 1955 : Erwin Panofsky, *Meaning in the visual arts*, New York, 1955.

Panofsky 1961 : Erwin Panofsky, « A Mythological Painting by Poussin », *The Burlington Magazine*, juillet 1961, p. 318-321.

Parker 1973 : James Parker, « Eighteenth-Century France Recreated in 'Cold Barbarous Country' : The Tapestry Room from the Bernstorff Palace, Copenhagen », *The Burlington Magazine*, juin 1973, p. 367- 373.

Pepper 1986 : David Stephen Pepper, « Guido Reni's 'Erigone' : A Work Restored and a Mystery Resolved », *The Burlington Magazine*, mars 1986, p. 206-209.

Perreau 2004 : Stephan Perreau, *Hyacinthe Rigaud, 1659-1743 : le peintre des rois*, Montpellier, 2004.

Petit-Delchet 1911 : Max Petit-Delchet, « L' illustration décorative du 'Mythe de Psyché' au XVIIe et XVIIIe siècle », *Bulletin de la Société de l'art français*, 1911.

Piendl : Max Piendl, *Die Fürstlichen Wirkteppiche und ihre geschichte*, Kallmuntz, n.d.

Pigler 1974 : Andore Pigler, *Barockthemen : eine Auswahl von Verzeichnissen zur Ikonographie des 17. und 18. Jahrhunderts*, 3 vol., Budapest, 1974.

Pinchart 1878 : Alexsandre Pinchart, *Tapisserie flammand*, dans Jules Guiffrey, Eugène Müntz et Alexsandre Pinchart, *Histoire générale de la tapisserie*, 3 vol., t. III, Paris, 1878-1885.

Pommier 1998 : Edouard Pommier, *Théorie du portrait. De la Renaissance aux Lumières*, Paris, 1998.

Posner 1971 : Donald Posner, *Annibale Carracci : a study in the reform of Italian painting around 1590*, 2 vol., Londres et New York, 1971.

Praz 1946 : Mario Praz, *Studi sul concettismo*, Florence, 1946.

Préaud 1980 : Maxime Préaud, *Inventaire du fonds français, Graveurs du XVIIe siècle, Sébastien Leclerc*, t. VIII, Paris, 1980.

Puttfarken 1985 : Thomas Puttfarken, *Roger de Piles' theory of art* , New Haven, 1985.

Raabyemagle 1999 : Hanne Raabyemagle, *The place of Christian VII. Amalienborg. I. Molke House 1747-1794*, 2 vol., Copenhagen, 1999.

Radisich 1998 : Paula Rea Radisich, *Hubert Robert : painted spaces of the Enlightenment*, Cambridge et New York, 1998.

Raggio 1967 : Olga Raggio, « Two Great Portraits by Lemoyne and Pigalle », *The Metropolitan Museum of Art Bulletin*, vol. 25, n°. 6, 1967, p. 218-229.

Reid 1993 : Jane Davidson Reid, *The Oxford Guide to Classical Mythology in the Arts, 1300-1990s*, 2 vol., New York et Oxford, 1993.

Reyniès 1993 : Nicole de Reyniès, « Les ateliers des Gobelins. La permenance d'un site et d'une activité », *Monuments historique*, n° 190, 1993, p. 8-17.

Reyniès 1995a : Nicole de Reyniès, « Jean van Orley : une tenture de *l'histoire de Psyché* », *Gazettes des Beaux-Arts*, mars 1995, p. 209-220.

Reyniès 1995b : Nicole de Reyniès, « Jean van Orley cartonnier : *La tenture d'Achille au musée Jacquemart-André* », *Gazettes des Beaux-Arts*, février 1995, p. 173.

Reyniès 1999 : Nicole de Reyniès, « Le Pastor Fido et la tapisserie française de la première moitié du *XVIIe* siècle », *La tapisserie au XVIIe siècle et les collections européennes, actes du colloque international, Chambord, 1996*, éd. Paris, 1999, p. 14-32.

Roland-Michel 1987 : Marianne Roland-Michel, « Watteau et les Figures de differents caracteres », dans Moureau et Grasselli, 1987, p. 117-127.

Roland-Michel 2003 : Marianne Roland-Michel, « Exotisme et peinture de genre en France au XVIIIe siècle », dans Cat. exp. Ottawa-Washington-Berlin 2003-2004, p. 107-119.

Roman 1919 : Joseph Roman, *Le livre de raison du peintre Hyacinthe Rigaud*, Paris, 1919.

Rombouts 1993 : Stephen Rombouts, « Art as Propaganda in Eighteenth-Century France : The Paradox of Edme Bouchardon's Louis XV », *Eighteenth-Century Studies*, vol. 27, 1993-1994, p. 255-282.

Rosenberg 1988 : Pierre Rosenberg, « N'est pas

livre des collectionneurs, Paris, 1885.

McAllister Johnson 1968：William McAllister Johnson, « From Favereau's *Tableaux des Vertus et des Vices* to Marolles' *Tableaux du Temple des Muses* », *Gazette des Beaux-Arts*, octobre 1968, p. 171-190.

Meiss 1976：Millard Meiss, *The Painter's Choice : Problems in the Interpretation of Renaissance Art*, New York, 1976.

Méjanès 2002：Jean-François Méjanès, *Maurice Quentin Delatour, La Marquise de Pompadour*, Paris, 2002.

Mérot 1996：Alain Mérot (éd.), *Les Conférences de peinture et de sculpture au XVIIe siècle*, Paris, 1996.

Michel(A.) 1906：André Michel, *François Boucher*, Paris : Piazza, 1906.

Michel(C.) 1993：Christian Michel, *Charles-Nicolas Cochin et l'Art des Lumière*, Paris, 1993.

Michel(C.) 2003：Christian Michel, « Boucher professeur à l'Académie royale de Peinture et de Sculpture », dans Cat. exp. Paris-Sydney-Ottwa 2003-2006, p. 94-101.

Michel(C.) 2005：Christian Michel, « Y a-t-il eu une Querelle du Rubénisme à l'Académie royale de Peinture et de Sculpture? », dans Le *Rubénisme en Europe aux XVIIe et XVIIIe siècles*, actes du colloque organisé par *le Centre de recherches en histoire de l'art pour l'Europe du Nord, Université Charles de Gaulle-Lille 3*, Turnhout, 2005, p. 159-171.

Michel(C.) 2008：Christian Michel, *Le célèbre Watteau*, Paris, 2008.

Milovanovic 2005：Nicolas Milovanovic, *Les grands appartements de Versailles sous Louis XIV : catalogue des décors peints*, Paris, 2005.

Minguet 1966：Philipe Minguet, *Esthétique du rococo*, Paris, 1966.

Mirimonde 1966：Albert Pomme de Mirimonde, « Musiciens isolés et portraits de l'École française du XVIIIe siècle dans collections nationales I », *La Revue du Louvre et des Musées de France*, 1966, n° 3, p. 141-156.

Monod-Cassidy 1941：Hélène Monod-Cassidy, *Un voyageur-philosophe au XVIIIe siècle : l'Abbé Jean-Bernard le Blanc*, Cambridge, 1941.

Montagu 1994：Jennifer Montagu, *The Expression of the Passions : The Origin and Influence of Charles Le Brun's "Conférence sur l'expression générale et particulière"*, New Haven, 1994.

Montagu 1987：Jennifer Montagu, « Œuvres de Charles Le Brun », *Revue du Louvre*, n° 1, 1987, p. 42-43.

Morel 2007：Philippe Morel, *Les grotesques : les figures de l'imaginaire dans la peinture italienne de la fin de la Renaissance*, Paris, 1997.

Moureau et Grasselli 1987：François Moureau et Margaret Morgan Grasselli (éd.), *Antoine Watteau, 1684-1721 : le peintre, son temps et sa légende*, Paris, et Genève, 1987.

Müntz 1878：Eugène Müntz, *Histoire de la tapisserie en Italie, en Allemagne, en Angleterre, en Espagne, en Danemark, en Hongrie, en Pologne, en Russie, et en Turquie* dans Guiffrey, Müntz et Pinchart, 1878-1885.

Nemilova 1986：Inna S. Nemilova, *French painting : eighteenth century*, Florence, 1986.

Niderst 1991：Alain Niderst, *Fontenelle*, Paris, 1991.

Nolhac 1907：Pierre de Nolhac, *François Boucher Premier peintre du Roi 1703-1770*, Paris, 1907.

Oberhuber 1978：Konard Oberhuber (éd.), *The Illustrated Bartsch*, vol. 26, New York, 1978.

Opperman 1969：Hal N. Opperman, « Observations the Tapestry Designs of J.-B. Oudry for Beauvais (1726-1736) », *Allen Memorial Art Museum Bulletin*, vol. 26, 1969, p. 49-71.

Opperman 1973：Hal N. Opperman, « Oudry aux Gobelins », *Revue de l'Art*, n° 22, 1973, p. 56-64.

Opperman 1977：Hal N. Opperman, *Jean-Baptiste Oudry*, 2 vol., New York et Londres, 1977.

Pagliano 2003：Eric Pagliano, « Boucher, une lecture de La Fontaine et de quelques autres »,

Bordeaux, 1997, p. 87-109.

Lee 1967 : Rensselaer W. Lee, *Ut pictura poesis : the humanistic theory of painting*, 1967, New York.

Lee 1977 : Rensselaer W. Lee, *Names on trees : Ariosto into art*, Princeton, 1977.

Lefrançois 1981 : Thierry Lefrançois, *Nicolas Bertin (1668-1736)*, Neuilly-sur-Seine, 1981.

Lefrançois 1994 : Thierry Lefrançois, *Charles Coypel : peintre du roi (1694-1752)*, Paris, 1994.

Le Maître 1949 : Henri Le Maître, *Essai sur le mythe de Psyché dans la littérature française des origines à 1890*, Paris, 1940.

Lemonnier 1912 : Henry Lemonnier, *L'art moderne (1500-1800) : essai et esquisses*, Paris, 1912.

Lennard et Hayward 2006 : Frances Lennard et Maria Hayward, *Tapestry conservation : principles and practice*, Oxford, 2006.

Leribault 2002 : Christophe Leribault, *Jean-François de Troy (1679-1752)*, Paris, 2002.

Lestringant 1986 : Frank Lestringant, « Les amours pastorals de Daphnis et Chloé : fortunes d'une traduction de Jacques Amyot », dans *Fortunes de Jacques Amyot, actes du colloque international*, Melun, 1985, éd. Paris, 1986, p. 237-257.

Lesur et Aaron 2009 : Nicolas Lesur et Olivier Aaron, *Jean-Baptiste Marie Pierre (1714-1789)*, Paris, 2009.

Lever 2001 : Maurice Lever, *Théâtre et Lumières*, Paris, 2001.

Levey 1997 : Michel Levey, *Painting and Sculpture in France 1700-1789*, New Heaven et Londres, 1993.

Lichtenstein 1989 : Jacqueline Lichtenstein, *La couleur éloquente : rhétorique et peinture à l'âge classique*, Paris, 1989, éd. 1999.

Lichtenstein et Michel 2006 : Jacqueline Lichtenstein et Christian Michel (éd.), *Conférences de l'Académie royale de peinture et de sculpture*, 2 vol., Paris, 2006.

Lippincott 1990 : Kristen Lippincott, « Two Astrological Ceilings Reconsidered : The Sala di Galatea in the Villa Farnesina and the Sala del Mappamondo at Caprarola », *Journal of the Warburg and Courtauld Institutes*, vol. 53, 1990, p. 185-207.

Locquin 1906 : Jean Locquin, « Jean-Baptiste Oudry, peintre et directeur de la manufacture royale de tapisseries de Beauvais », *Bulletin de la Société d'Etude scientifiques de l'Oise*, II, 1906, p. 67-78, 107-125.

Locquin 1912 : Jean Locquin, *Peinture d'histoire en France de 1747 à 1785 : étude sur l'évolution des idées artistiques dans la seconde moitié du XVIIIe siècle*, Paris, 1912.

Lojkine 2007 : Stéphane Lojkine, *L'œil révolté : les salons de Diderot*, Paris, 2007.

Lombard 1913 : Alfred Lombard, *L'Abbé Du Bos, un imitateur de la pensée moderne*, Paris, 1913.

Macfall 1908 : Haldane Macfall, *Boucher* ; Londres, 1908.

Macfall 1909 : Haldane Macfall, *The French pastellists of the Eighteenth Century*, Londres, 1909.

Machault et Thierry 2000 : Pierre-Yves Machault et Malty Thierry, *Les Routes de la Tapisserie en Île-de-France*, Paris, 2000.

Marandet 2007 : François Marandet, « Louis Galloche et Fançois Lemoyne : caractères distinctifs et œuvres inédites », *La Revue du Louvre et des Musées de France*, 2007, n° 2, p. 29-36.

Marillier 1932 : Henry Currie Marillier, *Hand Book to the Teniers Tapestries*, Londres, 1932.

Marsan 1905 : Jules Marsan, *La pastorale dramatique en France : à la fin du XVIe et au commencement du XVIIe siècle*, Paris, 1905, repr. éd. Genève, 1969.

Masson 1927 : Paul-Marie Masson, «Le ballet héroïque», *Revue Musicale*, ix-8, 1927-1928, p. 132-154.

Massengale 1980 : Jean Montague Massengale, « Fragonard Elève : Sketching in the Studio of Boucher », *Apollo*, decembre 1980, vol. 112, p. 392-397.

Maze-Sencier 1885 : Alphonse Maze-Sencier, *Le*

Project, Grant-in-aid for Scientific Research (*2003-2005*), 2006.

Kindermann 1992 : Heinz Kindermann, *Theatergeschichte Europas*, t. IV, Salzburg, 1961.

Kobayashi 2002 : Akiko Kobayashi, *La mode et le costume dans les portraits de la seconde moitié du XVIII*^e^ *siècle*, mémoire de maîtrise (sous la direction de Christian Michel), Université Paris X, 2002.

Kobayashi 2006 : Akiko Kobayashi, « François Boucher, décorateur de tapisserie : les dessins destinés aux *Fêtes italiennes* », *Aspects of Problems in Western Art History*, Tokyo University of Fine Arts (éd.), vol. 7, 2006, p. 31-38.

Kobayashi 2012 : Akiko Kobayashi, « *Apollon et Clytie*, tapisserie d'après François Boucher : étude sur les sources iconographiques et l' intention du choix thématique », *Aspects of Problems in Western Art History*, Tokyo University of Fine Arts (éd.), vol. 10, p. 55-66, 2012.

Kobayashi 2013 : Akiko Kobayashi, « *Bacchus et Erigone*, tapisserie de Beauvais d'après François Boucher », *Aspects of Problems in Western Art History*, Tokyo University of Fine Arts (éd.), vol. 11, p. 61-68, 2013.

Kobayashi 2015 : Akiko Kobayashi, « François Boucher et les tapisseries de Beauvais : une approche dans le contexte de la rivalité avec la manufacture des Gobelins », communication présentée au colloque international d' ARACHNÉ : « La tapisserie en France », Paris, INAH, les 12 et 13 décembre, 2014 (à paraître).

Koshikawa 2008 : Michiaki Koshikawa, « Echi delle stampe erotiche di Jacopo Caraglio nella pittura veneziana » dans *L'arte erotica del Rinascimento : atti del colloquio internazionale, Tokyo, The National Museum of Western Art*, Tokyo, 2008, p. 71-80.

Kultermann 1990 : Udo Kultermann, *Geschichte der Kunstgeschichte : der Weg einer Wissenschaft*, Munick, 1990.

Laclotte 1965 : Michel Laclotte (éd.), *The Book of art : a pictorial encyclopedia of painting, drawing and sculpture*, vol. 5, New York, 1965.

Laclotte et Cuzin 1993 : Michel Laclotte et Jean-Pierre Cuzin, *Le Louvre : la peinture européenne*, Paris, 1993.

Lacordaire 1853 : Adrien-Léon Lacordaire, *Notice historique sur les manufactures principales de tapisseries des Gobelins et de tapis de la Savonneries*, Paris, 1853.

Laing 1986 : Alastair Laing, « Boucher et la pastorale peinte », *Revue de l'Art*, n° 73, 1986, p. 55-64.

Lajer-Burcharth 2009 : Ewa Lajer-Burcharth, « Image Matters : The Case of Boucher », dans Elizabeth Cropper (éd.), *Dialogues in Art History, from Mesopotamian to Modern : Readings for a New Century*, Washington, 2009.

Lajarte 1878 : Théodore de Lajarte, *Bibliothèque musicale du Théâtre de l'Opéra*, t. I, Paris, 1878.

Langlois 1922 : Charles-Victor Langlois, *Les Hôtels de Clisson, de Guise et de Rohan-Soubise au Marais*, Paris, 1922.

Larousse 1874 : Pierre Larousse, *Grand Dictionnaire universel du XIX*^e^ *siècle*, Paris, 1874.

Laurence 1992 : Gregorio A. Laurence, *The Pastoral Masquerade : Disguise and Identity in L'Astrée*, Saratoga (Californie), 1992.

Lebas et Jacques 1979 : Catherine Lebas et Annie Jacques, *La Coiffure en France du Moyen âge à nos jours*, Paris, 1979.

Le Blanc 2001 : Marianne Le Blanc, « Ordre Social et architecture privée, Les stratégie de la représentation au palais Soubise », dans Gaehtgens, Michel, Rabreau et Schieder, 2001, p. 63-77.

Lecoq 2001 : Anne-Marie Lecoq (éd.), *La querelle des anciens et des modernes : XVII*^e^*-XVIII*^e^ *siècles*, Paris, 2001.

Ledoux-Prouzeau 1997 : Marguerite Ledoux-Prouzeau, « Les Fêtes publique à Paris à l' époque de la guerre de succession d'Autriche : 1744-1749 », dans Daniel Rabreau (éd.), *Paris, capital des arts sous Louis XV : peinture, sculpture, architecture, fêtes, iconographie,*

1992, p. 129-136.

Hulst 1966 : Roger-Adolf d'Hulst, *Tapisseries flamandes du XIVe au XVIIIe siècle*, Bruxelles, 1966.

Hunter 1912 : George Leland Hunter, *Tapestries : Their Origin, History and Renaissance*, Londres et Tronto, 1912.

Hunter 1925 : George Leland Hunter, *The Practical Book of Tapestries*, Philadelphie et Londres, 1925.

Hussman 1977 : Geraldine C. Hussman, « Boucher's Psyche at the Basketmakers : A Closer Look », *Jean Paul Getty Museum Journal*, vol. 4, 1977, p. 45-50.

Hyde 1996 : Melissa Hyde, « Confounding Conventions : Gender Ambiguity and François Boucher's Painted Pastorals », *Eighteenth-Century Studies*, vol. 30, nº 1, 1996, p. 25-57.

Hyde 2006a : Melissa Hyde, *Making up the Rococo : François Boucher and His Critics*, Los Angeles, 2006.

Hyde 2006b : Melissa Hyde, « Getting into the Picture : Boucher's Self-Portraits of Others », dans Hyde et Ledbury (éd.), *Rethinking Boucher*, Los Angeles, 2006.

Hyde et Ledbury 2006 : Melissa Hyde et Mark Ledbury (éd.), *Rethinking Boucher*, Los Angeles, 2006.

Ingamells 1989 : John Ingamells, *The Wallace Collection: The Catalogue of Pictures*, t. III, Londres, 1989.

Ingrams 1970 : Rosalind Ingrams, « Bachaumont : A Parisian Connoisseur of the Eighteenth century », *Gazette des Beaux-Arts*, janvier, 1970, p. 11-28.

Jacoby 1986 : Beverly Schreiber Jacoby, *Francois Boucher's Early Development as a Draughtsman*, 1720-1734, New York, 1986.

Jacoby 1992 : Beverly Schreiber Jacoby, « Boucher's Late Brown Chalk Composition Drawings », *Master drawings*, vol. 30, 1992, p. 255-286.

Jarry 1968 : Madelaine Jarry, *La tapisserie, des origines à nos jours*, Paris, 1968.

Jarry 1975 : Madelaine Jarry, « Chinoiseries à la mode de Beauvais », *Plaisir de France*, nº 429, mai 1975, p. 54-59.

Jean-Richard 1978 : Pierette Jean-Richard, *Inventaire général des gravures : École française, vol. 1 : L'œuvre gravé de François Boucher dans la Collection Edmond de Rothschild*, Paris, 1978.

Jeffares 2006 : Neil Jeffares, *Dictionary of pastellists before 1800*, Londres, 2006.

Jestaz 1979 : Bertrand Jestaz, « The Beauvais Manufactory in 1690 », *Acts of the tapestry symposium, novembre 1976, The Fine Arts Museum of San Francisco*, San Francisco, 1979, p. 187-207.

Jomaron 1992 : Jacqueline de Jomaron (dir.), *Le Théâtre en France*, Paris, 1992.

Jongh 1968-1969 : Eddy de Jongh, « Erotica in vogelperspectief : de dubbelzinnigheid van een reeks 17de-eeuwse genrevoorstellingen », *Simiolus*, vol. 3, 1968-1969, p. 22-74, p. 49.

Jongh 1995 : Eddy de Jongh, *Kwesties van Betekenis : Thema en motief in de Nederlandse schilderkunst van de zeventiende eeuw*, Leiden, 1995.

Joubert, Lefébure et Bertrand 1995 : Fabienne Joubert, Amaury Lefébure et Pascal-François Bertrand, *Histoire de la tapisserie : en Europe, du Moyen Age à nos jours*, Paris, 1995.

Joulie 1988 : Françoise Joulie, « Boucher Décorateur, dessins pour la Manufacture de Beauvais », *La Revue du Louvre et des Musées de France*, 1988, nº 4, p. 320-323.

Joulie 1989 : Françoise Joulie, « François Boucher et Pierre Crozat : Le rôle de la collection privée dans la formation d'un artiste au début du XVIIIe siècle », L'article mise en ligne en 1989.

Kendrick 1924 : Albert Frank Kendrick, *Catalogue of tapestries*, Londres, 1924.

Kimball 1964 : Fiske Kimball, *The Creation of the Rococo*, New York, 1964, trad. fr., Paris, 1964.

Kimura 2006 : Saburo Kimura (dir.), « General Study about the relation between book illustration of Ovid's *Metamorphoses* and the paintings in 17 century in France », *Research*

Gruber 1992：A.-C. Gruber, *L'Art décoratif en Europe. Classique et baroques*, Paris, 1992.

Gruffat 1998：Sabine Gruffat, *Le théâtre français du XVIIe siècle*, Paris, 2003.

Guciahrd 2008：Charlotte Guichard, *Les amateurs d'art à Paris au XVIIIe siècle*, Seyssel, 2008.

Guiffrey 1878：Jules Guiffrey, *Tapisserie française*, dans Guiffrey, Eugène Müntz et Pinchart, Paris, 1878-1885, t. I.

Guiffrey 1888：Jules Guiffrey, « Destruction des plus belles tentures du mobilier de la couronne en 1797 », *Mémoire de la Société de l'histoire de Paris et de l'île de France*, t. XIV, 1888, p. 265-298.

Guiffrey 1892：Jules Guiffrey, *Les manufactures parisiennes de tapisseries au XVIIe siècle*, Paris, 1892.

Guiffrey 1896：Jules Guiffrey, « Modèles et bordures de tapisseries des XVIIe et XVIIIe siècles : Documents communiqués par M. F. Engerand », *Nouvelles Archives de l'Art français*, troisième série, t. XII, 1896.

Guiffrey 1898：Jules Guiffrey, « Les tapisseries des églises de Paris », *Revue de l'Art chrétien*, 1898.

Guiffrey 1904a：Jules Guiffrey, *Bibliographie critique de la tapisserie dans les différents pays de l'Europe depuis ses origines jusqu'à nos jours*, Paris, 1904.

Guiffrey 1904b：Jules Guiffrey, *La tapisserie*, Paris, 1904.

Guiffrey 1915：Jules Guiffrey, « Histoire de l'Académie de Saint-Luc », *Archives de l'Art français*, nouvelle période. t. 9, 1915, p. 155-484.

Guiffrey, Müntz et Pinchart 1878 1885：Jules Guiffrey, Eugène Müntz et Alexsandre Pinchart, *Histoire générale de la tapisserie*, 3 vol., Paris, 1878-1885.

Guinot 2009：Robert Guinot, *La tapisserie d'Aubusson et de Felletin*, Saint-Paul, 2009.

Gustin-Gomez 2006：Clémentine Gustin-Gomez, *Charles de La Fosse 1636-1716*, 2 vol., Dijon, 2006.

Hall 1974：James Hall, *Hall's Dictionary of Subjets and Symbols in Art*, Londres, 1974.

Hamon 2010：Maurice Hamon, *Madame Geoffrin, femme d'influence, femmes d'affaires au temps des Lumières*, Paris, 2010.

Havard et Vachon 1889：Henry Havard et Marius Vachon, *Manufactures nationales. Les Gobelins, la Savonnerie, Sèvres, Beauvais*, Paris, 1889.

Held 1985：Jutta Held, *Antoine Watteau Einschiffung nach Kythera*, Frankfurt, 1985

Hellegouarc'h 2000：Jacqueline Hellegouarc'h, *L'esprit de société : cercles et "salons" parisiens au XVIIIe siècle*, Paris, 2000.

Helleman 2000：Mimi Helleman, *The Hôtel de Soubise and the Rohan-Soubise Family : Architecture, Interior Decoration, and the Art of Ambition in Eighteenth-Century France*, diss., Princeton University, 2000.

Henein 1999：Eglal Henein, *La fontaine de la vérité d'amour ou Les promesses de bonheur dans l'Astrée d'Honore d'Urfé*, Paris, 1999.

Hercenberg 1975：Bernard Hercenberg, *Nicolas Vleughels, peintre et directeur de l'Académie de France à Rome, 1668-1737*, Paris, 1975.

Hiesinger 1967：Kathryn B. Hiesinger, « The Sources of François Boucher's Psyche Tapestries », *Philadelphia Museum of Art Bulletin*, novembre 1967, p. 7-23.

Hochmann 2004：Michel Hochmann, « Watteau, la fête galante et Venise », dans Cat. exp. Valenciennes 2004, p. 57-67.

Hodgkinson 1952：Terence Hodgkinson, « A Bust of Louis XV by Lambert Sigisbert Adam », *The Burlington Magazine*, février 1952, p. 37-41.

Hornsby 1997：Clare Hornsby, « Boucher and Servandoni : the Chateau de Navarre in Normandy », *Apollo*, janvier 1997, p. 19-24.

Horowitz 1992：Louise K. Horowitz, « Pastoral Parenting : *L'Astrée* », dans John Dixson Hunt (éd.), *The Pastoral Landscape, Studies in the History of Art 36, Center for Advanced Study in the Visual Arts Symposium Papers XX*, National Gellery of Art, Washington, Hanover et Londres,

Felix 1994 : Joël Felix, *Économie et finances sous l'Ancien Régime : guide du chercheur, 1523-1789, Comité pour l'histoire économique et financière, Ministres de l'économie et du budget*, Paris, 1994.

Fenaille 1903-1923 : Maurice Fenaille, *État général des Tapisseries de la Manufacture des Gobelins depuis son origine jusqu'à nos jours, 1600-1900*, 6 vol., Paris, 1903-1923.

Fenaille 1925 : Maurice Fenaille, *François Boucher*, Paris, 1925.

Fischer 1931 : Carlos Fischer, *Les costumes de l'Opéra*, Paris, 1931.

Font 1894 : Auguste Font, *Favart : L'Opéra-Comique et la Comédie-Vaudeville aux XVIIe et XVIIIe siècles*, Paris, 1894, repr. éd. Genève 1984.

Ford 1953 : Franklin L. Ford, *Robe and sword : the regrouping of the French aristocracy after Louis XIV*, Cambridge, Mass., 1953.

Fort 1994 : Bernadette Fort, « An Academician in the Underground : Charles-Nicolas Cochin and Art Criticism in Eighteenth-Century France », *Studies in Eighteenth Century Culture*, vol. 23, 1994, p. 3-27.

Forti Grazzini 1994 : Nello Forti Grazzini, *Il patrimonio artistico del Quirinale. Gli Arazzi*, 2 vol., Milan et Rome, 1994.

Frantz 2008 : Pierre Frantz, « De la théorie du théâtre à la peinture. Réflexions en marge d'un tableau de Van Loo, Mademoiselle Clairon en Médée », dans Pierre Frantz et Élisabeth (dir.) Lavezzi, *Les Salon de Diderot*, Paris, 2008, p. 31-41.

Fried 1980 : Michael Fried, *Absorptionand Theatricality: Painting and Beholder in the Age of Diderot*, Berkeley, 1980.

Frommel 2003 : Christoph Luitpold Frommel, *La Villa Farnesina a Roma*, 2 vol., Modena, 2003.

Gady 2007 : Bénédicte Gady, « Charles Le Brun et la manufacture des Gobelins » dans Cat. exp. Versailles 2007, p. 59-64.

Gaehtgens et Lugand 1988 : Thomas W. Gaehtgens et Jacques Lugand, *Joseph-Marie Vien : peintre du roi (1716-1809)*, Paris, 1988.

Gaehtgens, Michel, Rabreau et Schieder 2001 : Thomas W. Gaehtgens, Christian Michel, Daniel Rabreau et Martin Schieder (dir.), *L'art et les normes sociales au XVIIIe siècle*, Paris, 2001.

Garnier 1989 : Nicole Garnier, *Antoine Coypel (1661-1721)*, Paris, 1989.

Gerlini 1949 : Elsa Gerlini, *La Villa Farnesina in Roma*, Rome, 1949.

Göbel 1923 : Heinrich Göbel, *Wandteppiche*, t. 1, *Die Niederlande*, 2 vol., Leipzig, 1923.

Göbel 1928 : Heinrich Göbel, *Wandteppiche*, t. 2, *Die romanischen länder*, 2 vol., Leipzig, 1928.

Göbel 1933 : Heinrich Göbel, *Wandteppiche*, t. 3, *Die germanischen und slawischen länder*, 2 vol., Berlin, 1933.

Goncourt 1880-1882 : Edmond de Goncourt et Jules de Goncourt, *L'art du XVIIIe siècle*, 2 vol., Paris, 1880-1882.

Goodman-Soellner 1986 : Elise Goodman-Soellner, « L'Oiseau pris au piège : Nicolas Lancret's *Le Printemps* (1738) and the *Prisonnier volontaire* of P. Ayres (c. 1683 -1714) », *Gazette des Beaux-Arts*, mars 1986, p. 127-130.

Goodman-Soellner 1992 : Elise Goodman-Soellner, *Rubens : The Garden of Love as "Conversation à la mode"*, New Haven, 1992.

Goodman-Soellner 1995 : Elise Goodman-Soellner, « L'oiseau pris au piège : 'Les jeux innocents' : French Rococo Birding and Fishing Scenes », *Simiolus*, vol. 13, 1995, p. 251-267.

Gott et Benson 2003 : Ted Gott et Laurie Benson, *Painting and Sculpture before 1800 in the International Collection of the National Gallery of Victoria*, Melbourne, 2003.

Gouzi 2000 : Christine Gouzi, *Jean Restout, 1692-1768 : peintre d'histoire à Paris*, Paris, 2000.

Grate 1994 : Pontus Grate, *French Paintings : Eighteenth Century*, Stockholm, 1994.

Griffiths 1980 : Antony Griffiths, *Prints and printmaking : an introduction to the history and techniques*, Londres, 1980, éd. 1996.

Griffiths 2004 : Antony Griffiths, *Prints for Books : Book Illustration in France, 1760-1800*, Londres, 2004.

et Chantal Gastinel-Coural, *Beauvais : Manufacture nationale de tapisserie*, Paris, 1992.

Crow 1985 : Thomas Crow, *Painters and Public Life in Eighteenth-Century Paris*, New-Haven, 1985, trad. fr., Paris, 2000.

Crow 1986 : Thomas Crow, « La critique des Lumières dans l'art du dix-huitième siècle », *Revue de l'Art*, 1986, nº 73, p. 9-16.

Curtius 1969 : Ernst Robert Curtius, *Europäische Literatur und lateinisches Mittelalter*, Bern, 1969.

Cuzin 2001 : Jean-Pierre Cuzin, « Fragonard : quelques nouveauté et quelques questions », *Mélanges en hommage à Pierre Rosenberg. Peinture et dessins en France et en Italie, XVIIe-XVIIIe siècle* (dir. par Béatrice Foulon), Paris, 2001, p. 168-178.

Dacos 1969 : Nicole Dacos, *La découverte de la Domus Aurea et la formation des grotesques à la Renaissance*, London 1969.

Daremberg et Saglio 1877 : Charles Daremberg et Edmond Saglio, *Dictionnaire des antiquités grecques et romaines*, 1877-1919, Paris, 1877, éd. 1969.

Delesalle 1965 : Hubert Delesalle, « Aunes de France et aunes de Flandre. Note sur le mesurage des anciennes tapisseries de Beauvais », *Revue d'histoire des sciences et de leurs applications*, vol. 18, nº 18-3, 1965, p. 305-308.

Delmarcel 1999 : Guy Delmarcel, *La tapisserie flamande*, Belgique, 1999.

Delmas 1995 : Jean-François Delmas, « Le mécénat des financiers au XVIIIe siècle : étude comparative de cinq collections de peinture », *Histoire, économie et société*, vol.14, Issue 14-1, 1995, p. 51-70.

Delorme 1950 : Suzanne Delorme, « Une famille de grands commis de l'État, amis des Sciences au XVIIIe siècle : Les Trudaine », *Revue d'Histoire des Sciences*, 1950, p. 101-109.

Delpierre 1996 : Madelaine Delpierre, *Se vêtir au XVIIIe siècle*, Paris, 1996.

Démoris 2008 : René Démoris, « L'art et la manière : Diderot face à Boucher » dans Pierre Frantz et Élisabeth Lavezzi (dir.), *Les Salons de Diderot : théorie et écriture*, Paris, 2008, p. 129-148.

Dempsey 1995 : Charles Dempsey, *Annibale Carracci, the Farnese Gallery, Rome*, New York, 1995.

Digby 1980 : George Wingfield Digby, *The Tapestry Collection : Medieval and Renaissance*, Londres, 1980.

Döry 1960 : Ludwig Baron Döry, « Würzburger Wirkereien und ihre Vorbilder », *Mainfränkisches Jahrbuch für Geschichte und Kunst*, vol. 17, 1960, p. 180-216.

Duffy et Hedley 2004 : Stephen Duffy et Jo Hedley, *The Wallace Collection's Pictures*, Londres, 2004.

Dumesnil 1856 : Jules Dumesnil, *Histoire des plus célèbres amateurs français et de leurs relations avec les artistes*, t. I, Paris, 1856.

Durand 1976 : Yves Durand, *Finance et mécénat : les fermiers généraux au XVIIIe siècle*, Paris, 1976.

Dussieux, Souilé, Chevinnière, Mantz et Montaiglon 1854 : Louis Dussieux, Eudour Souilé, Phillipe de Chevinnière, Paul Mantz, Anatole de Montaiglon, *Mémoire inédits sur la vie et les ouvrages des membres de l'Académie royale de Peinture et de Sculpture, publié d'après les manuscrits conservé à l'École impériale des Beaux-Arts*, 2 vol., Paris, 1854.

Ebeltje et Smit 2004 : Hartkamp-Jonxis Ebeltje et Hillie Smit, *European Tapestries in the Rijksmuseum*, Amsterdam, 2004.

Eiderberg 1977 : Martin Eidelberg, « A Chinoiserie par Jacques Vigoureux-Duplessis », *Le journal of Walter Art Gallery*, vol. 35, 1977, p. 62-76.

Elisseeff-Poisle 1991 : Danielle Elisseeff-Poisle, « Chinese Influence in France, Sixteenth to Eighteenth Centuries », dans T. H. C. Lee, *China and Europe: Images and Influences in Sixteenth to Eighteenth Centuries*, Hong Kong, 1991, p. 151-163.

Elias 1969 : Norbert Elias, *Die höfische Gesellschaft*, Neuwied, 1969

The Rise and Fall of an Eighteenth-Century Phenomenon, Londres, 1972.

Brosens 2005a : Koenraad Brosens, « The *Mâitres et marchands tapissiers* of the rue de la Verrerie : Marketing Flemish Tapestry in Paris around 1725 », *Studies in the Decorative Arts*, vol. 12, nº 2, spring-summer 2005, p. 2-25.

Brosens 2005b : Koenraad Brosens, « The 'Story of Psyche' in Brussels tapestry c. 1700 : new information on Jan van Orley, Jan-Baptist Vermillion and Victor Janssens », *The Burlington Magazine*, juin 2005, p. 401-406.

Brunel 1986 : Georges Brunel, *Boucher*, Paris et New York, 1986.

Brunet et Tamara 1978 : Marcelle Brunet et Tamara Préaud, *Sèvres : des origines à nos jours*, Fribourg, 1978.

Bryson 1981 : Norman Bryson, *Word and Image : French Painting of the Ancien Régime*, Cambridge et New York, 1981.

Burke 1992 : Peter Burke, *The Fabrication of Louis XIV*, New Haven, 1992.

Burollet 1980 : Thérèse Burollet, *Musée Cognacq-Jay, Peinture et Dessins*, Paris, 1980.

Cafriz 1988 : Robert C. Cafritz, « Rococo Restoration of the Venetian Landscape and Watteau's Fête Galante », dans Cat. exp. Washington 1988-1989, p. 148-181.

Cailleux 1967 : Jean Cailleux, « Apud Mariette et Amicos », *The Burlington Magazine*, août 1967, p. i-vi.

Candace 1996 : Clements Candace, « The Duc d'Antin. The Royal Administration of Pictures and the Painting Competition of 1727 », *The Art Bulletin*, décembre 1996, p. 647-662.

Castex 2007 : Jean-Gérald Castex, « Du tableau à la gravure ou le dessin d'interprétation au XVIIIe siècle. Cinquante-deux dessins pour une œuvre ? », *La Revue du Louvre et des Musées de France*, 2007, nº 3, p. 96-104, p. 111, 112.

Catalogue des livres composant la bibliothèque de feu M. le baron James de Rothschild, Paris, 1884.

Cat. Fine Arts museums of San Francisco 1987 : *French paintings 1500-1825 : in the Fine Arts museums of San Francisco*, San Francisco, 1987 (cat. par Pierre Rosenberg, Marion C. Stewart).

Cat. National Gallery of Art, Washington 1985 : *European paintings : an illustrated catalogue, National Gallery of Art, Washington*, Washington, 1985.

Cat. Vente Londres, Christie's, The Wildenstein Collection auction, les 14 et 15 décembre 2005.

Cat. Vente Paris, Hôtel Drouot, Fraysse & Associés, le 2 mai 2009.

Cavallo 1967 : Adolph S. Cavallo, *Tapestries of Europe and colonial Peru in the Museum of Fine Arts, Boston*, 2 vol., Boston, 1967.

Cavicchioli 2000 : Sonia Cavicchioli, *Éros et Psyché*, Milan, 2002.

Caviglia-Brunel 2012 : Suzanna Caviglia Branel, *Charles-Joseph Natoire (1770-1777)*, Paris, 2012.

Chalmet 1994 : Nora Chalmet (dir.), *Les fresques mobiles du Nord*, Anvers, 1994.

Chastel 1988 : André Chastel, *La grotesque*, 1988, Paris.

Chevalier (D. et P.) et Bertrand 1988 : Dominique Chevalier, Pierre Chevalier et Pascal-François Bertrand, *Les Tapisseries d'Aubusson et de Felletin : 1457-1791*, Paris, 1988.

Chierici 1998 : Umberto Chierici, *Torino, il Palazzo Reale*, Turin, 1969.

Clark et McCaughey 1982 : Jane Clark et Patrick McCaughey, « Love Among the Ruins : Two Pastorals by François Boucher », *Art Bulletin of Victoria*, nº 23, 1982, p. 5-12.

Coffinet et Pianzolz 1971 : Julien Coffinet et Maurice Pianzola, *La tapisserie*, Genève, 1971.

Constans 1995 : Claire Constans, *Musée national du château de Versailles*, 3 vol., 1995, Paris.

Cordellier et Py 1992 : Dominique Cordellier et Bernadette Py, *Raphaël son atelier, ses copistes*, Paris, 1992.

Courajod 1874 : Louis Courajod, *Histoire de l'École des Beaux-Arts au XVIIIe siècle : l'École Royale des élèves protégés*, Paris, 1874, éd. 1992.

Coural et Gastinel-Coural 1992 : Jean Coural

Barber 1989 : Giles Barber, *Daphnis and Chloe : The Markets and Metamorphoses of An Unknown Bestseller*, Londres, 1989.

Baxandall 1985 : Michel Baxandall, *Patterns of intention : on the historical explanation of pictures*, New Haven, 1985.

Beaussant 1992 : Philippe Beaussant, *Lully, ou Le musicien du soleil*, Paris, 1992.

Bechu et Taillard 2005 : Philippe Bechu et Christian Taillard, *Les hôtels de Soubise et de Rohan-Strasbourg*, Paris, 2005.

Belluzzi 1998 : Amedeo Belluzzi, *Palazzo Te a Mantova*, 2 vol., Modena, 1998.

Bennett et Sargentson 2008 : Shelley M Bennett et Carolyn Sargentson, *French Art of the Eighteenth Century at The Huntington*, New Haven, 2008.

Berckenhagen 1970 : Ekhart Berckenhagen, *Die Französischen Zeichnungen der Kunstbibliothek Berlin, Kritischer Katalog*, Berlin, 1970.

Bertrand 1990a : Pascal-François Bertrand, « La Seconde "Tenture Chinoise" tissée à Beauvais et Aubusson : relations entre Oudry, Boucher et Dumons », *Gazette des Beaux-Arts*, novembre 1990, p. 173-184.

Bertrand 1990b : Pascal-François Bertrand, « Les sujets de la tenture des "Métamorphoses en animaux" d'Oudry », *Bulletin de la Société de l'Histoire de l'Art français*, 1990, p. 95-107.

Birk 1883-1844 : Ernst Ritter von Birk, « Inventar der im Besitze des aller- hochsten Kaiserhauses befindlicher niederlander Tapeten und. Gobelins », *Jahrbuch der kunsthistorischen Sammlungen des Allerhochsten. Kaiserhauses*,t. I, 1883, t. II, 1884.

Bjurström 1959 : Per Bjurström, « Les illustrations de Boucher pour Molière », *Idea and Form : Studies in the History of Art*, Stockholm, 1959, p. 138-152.

Blanc 1998 : André Blanc, *Le théâtre français du XVIIIe siècle*, Paris, 1998.

Blunt 1957 : Anthony Blunt, « The Précieux and French Art », dans Donald Godrdon (éd.), *Fritz Saxl 1890-1948. A Volume of Memorial Essays from his friends from England*, Londres, 1957, p. 326-338.

Boccara 1971 : Dario Boccara, *Les belles heures de la tapisserie*, Zoug, 1971.

Boorsch 1982 : Suzanne Boorsch (éd.), *The Illustrated Bartsch*, vol. 29, New York, 1982.

Bordeaux 1976 : Jean-Luc Bordeaux, « The Epitome of the Pastoral Genre in Boucher' s Œuvre : *The Fountain of Love and The Bird Catcher from The Noble Pastoral* », *The Jean Paul Getty Museum Journal*, vol. 3, 1976, p. 75-101.

Bordeaux 1984 : Jean-Luc Bordeaux, *François Le Moyne and his generation*, 1688-1737, Paris, 1984.

Boucher 1965 : François Boucher, *Histoire du costume en Occident : de l'antiquité à nos jours*, Paris, 1965.

Braquenié et Magnac 1924 : Louis Braquenié et Jean Magnac, *La manufacture de la Savonnerie du Quai de Chaillot*, Paris, 1924.

Braund 1950 : Yves Bruand, « Un grand collectionneur, marchand, et graveurs du XVIIIe siècle : Gabrielle Huquier (1695-1772) », *Gazette des Beaux-Arts*, juillet-septembre 1950, p. 99-114.

Brejon de Lavergnée, Savignac et Vittet 2010 : Arnauld Brejon de Lavergnée, Monique de Savignac et Jean Vittet, *La collection de tapisseries de Louis XIV*, Dijon, 2010.

Bremer-David 1997 : Charissa Bremer-David, *French Tapestries & Textiles in the J. Paul Getty Museum*, Los Angeles, 1997.

Bremer-David 2007-2008 : Charissa Bremer-David, « Manufacture Royale de Tapisserie de Beauvais 1664-1715 », dans Cat. exp. New York-Madrid 2007-2008, p. 407-419.

Bremer-David 2008 : Charissa Bremer-David, « Why Boucher ? The Enduring Appeal of Boucher Tapestries », dans Bennett et Sargentson, 2008, p. 285-291.

Briganti, Trezzani et Laureati 1983 : Giuliano Briganti, Ludovica Trezzani et Laura Laureati, *I bamboccianti : pittori della vita quotidiana a Roma nel Seicento*, Roma, 1983.

Brookner 1972 : Anita Brookner, *Greuze :*

royale de musique [Paroles de Roy, musique de Jean-Joseph Mouret], Paris : Jean-Baptiste-Christophe Ballard, 1732.

Saint-Simon：Louis de Rouvroy duc de Saint-Simon, *Mémoires complets et authentiques du Duc de Saint-Simon*, 20 vol., Paris, 1856-1858.

Scève 1544：Maurice Scève, *Délie, object de plus haulte vertu*, Lyon : S. Sabon, 1544.

Urfé 1607-1628：Honore d'Urfé, *L'Astrée, publiée sous les auspices de la "Diana" par M. H. Vaganay*, Paris : J. Micard, 1607-1628, repr. éd. Genève, 1966.

Vaenius 1608：Otho Vaenius (Otto van Veen), *Amorum Emblemata*, Anvers, 1608.

Vallemont 1715：Le Lorrain de Vallemont, *Eloge de Mr Le Clerc, chevalier romain, dessinateur et graveur ordinaire du Cabinet du roi ; avec le catalogue de ses ouvrages, et des réflexions sur quelques-uns des principaux*, Paris, 1715.

Vander Aa 1729：Pieter Van der Aa, *La Galerie Agréable du Monde*, 1729.

Voltaire：Voltaire, *Les Œuvres complètes de Voltaire* (éd. par Theodore Besterman et William H. Barber), Oxford : Voltaire foundation, 1968-.

Voltaire 1745a：Voltaire, *Le temple de la Gloire*, Paris : Jean-Baptiste-Christophe Ballard, 1745.

Voltaire 1745b：Voltaire, *La bataille de Fontenoy, poème*, Paris : Prault père, 1745.

【二次文献】

Acocella 2001：Mariantonietta Acocella, *L'Asino d'oro nel rinascimento : Dal volgarizzamenti alle raffigurazioni pittoriche*, Ravenna, 2001.

Adelson 1994：Candace J. Adelson, *European Tapestry in the Minneapolis Institute of Arts*, Minneapolis, 1994.

Ananoff 1961-1968：Alexandre Ananoff, *L'Œuvre dessiné de Jean-Honoré Fragonard 1732-1806 : catalogue raisonné*, 4 vol., Paris, 1961-1968.

Ananoff 1966：Alexandre Ananoff, *L'Œuvre dessiné de François Boucher 1703-1770 : catalogue raisonné*, Paris, 1966.

Ananoff et Wildenstein 1976：Alexandre Ananoff et Daniel Wildenstein, *François Boucher*, 2 vol., Lausanne et Paris, 1976.

Ananoff et Wildenstein 1980：Alexandre Ananoff et Daniel Wildenstein, *L'Opera completa di Boucher*, Milan, 1980.

Antoine 1978：Michel Antoine, *Le gouvernement et l'administration sous Louis XV : dictionnaire biographique*, Paris, 1978.

Antoine 1989：Michel Antoine, *Louis XV*, Paris, 1989.

Antoine 2003：Michel Antoine, *Le cœur de l'État : surintendance, contrôle général et intendances des finances, 1552-1791*, Paris, 2003.

Apostolidès 1981：Jean-Marie Apostolidès, *Le roi-machine*：*spectacle et politique au temps de Louis XIV*, Paris, 1981.

Ardouin 1987：Paul Ardouin, *Devises et emblèmes d'amour dans la "Délie"de Maurice Scève ou la volonté de perfection dans la création d'une œuvre d'art*, 1987, Paris.

Arvisenet 1955：Guy d'Arvisenet, « L'office de conseiller à la Cour des Aides de Paris au XVIIIe », *Revue historique de droit français et étranger*, 1955, p. 537-559.

Babelon 1982：Jean-Pierre Babelon, « Le grand appartement du prince de Soubise au rez-de-chaussée de l'hôtel de Soubise (Archives nationales) : histoire des états successifs jusqu'à la récente restauration », *Cahiers de la Rotonde*, n° 5, 1982, p. 43-98.

Babelon 1988：Jean-Pierre Babelon, *Du Palais du Soubise au Caran : Le siège des Archives nationales*, Paris, 1988.

Badin 1909：Jules Badin, *La Manufacture de tapisseries de Beauvais, depuis ses origines jusqu'à nos jours*, Paris, 1909.

Bailey 2003：Colin B Bailey, « Surveying Genre in Eighteenth-Century French Painting », dans Cat. exp. Ottawa-Washington-Berlin 2003-2004, p. 2-40.

Baldass 1920：Ludwig von Baldass, *Die Wiener Gobelinsammlung*, 3 vol., Vienna.

Banks 1977：Oliver Talcott Banks, *Watteau and the North : Studies in the Dutch and Flemish Baroque influences on French Rococo painting*, New York, 1977.

——*Les Œuvres de M. de Molière*, t. VI, Paris : La Compagnie des libraires, 1710.

——*Les Œuvres de Monsieur de Molière*, t. VI, Paris : La Compagnie des libraires, 1730.

——*Les Œuvres de Molière*, 6 vol., Nouvelle éd. Paris : P. Prault, 1734.

——*Psiché, tragédie-ballet*, Paris : P. Le Monnier, 1671.

——*Psiché, tragédie-ballet, par J.-B. P. Molière*, Paris : C. Barbin, 1673.

——*Psiché, tragi-comédie et ballet, dansé devant S. M. au mois de janvier*, Paris : R. Ballard, 1761.

Montaiglon 1887：Anatole de Montaiglon, *Correspondance des directeurs de l'Académie de France à Rome avec les surintendants des bâtiments*, 18 vol., Paris, 1887-1912.

Montanus 1669：Arnoldus Montanus, *Gedenkwaerdige gesantschappen der Oost-Indische maetschappy in' t vereenigde Nederland, aen de kaisaren van Japan*, 1669.

Moschos 1686：Moschos de Syracuse, *Les Idylles de Bion et de Moschus, traduites de grec en vers français, avec des remarques*, Paris : chez Pierre Aubouin, Pierre Emery. & Charles Clousier, 1686, éd. Lyon : H. Molin, 1697.

Ovide：Ovide, *Les XV livres de la Métamorphose d'Ovide*, Paris : H. de Marnef et G. Cavellat, 1574.

——*La Métamorphose d'Ovide figurée, dessiné par Bernard Salomon*, Lyon : Jan de Tournes, 1557.

——*Les métamorphoses d'Ovide*, trad. par N. Renouard, Paris : Vve Langelier, 1619.

——*Les Metamorphoses d'Ovide*, trad. par N. Renouard, Lyon : N. Gay, 1650.

——*Les Metamorphoses d'Ovide*, trad. par N. Renouard, Paris : chez Augustin Courbe, 1651.

——*Les Métamorphoses d'Ovide*, trad. par T. Corneille, Paris : J.-B. Coignard, 1697.

——*Les Métamorphoses d'Ovide*, trad. par T. Corneille, Liege : J.-F. Broncart, 1698.

——*Les Métamorphoses d'Ovide*, trad. par Mr Du Ryer, Paris : Vve C. Barbin, 1704.

——*Les Métamorphoses d'Ovide*, trad. par M. l' Abbé Banier, Paris : Huart, 1737.

——*Les Métamorphoses d'Ovide*, trad. par M. l'Abbé Banier, Paris : Aux dépens de la Compagnie, 1742.

Paradin 1557：Claude Paradin, *Devises héroïques*, Lyon : J. de Tournes et G. Gazeau, 1557.

Parfaict 1756：François Parfaict et Claude Parfaict, *Dictionnaire des Théâtres de Paris*, Paris, 1756, 2 vol., repr. éd. Genève, 1967.

Paris, Archives nationales, F 12 (Commerce et Industrie), G 7 (Contrôle général des Finances).

——O^1 1195, fol. 112, O^1 1273, O^1 1932, O^1 2042, O^1 1932, O^1 2037, O^1 1934A, O^2 858, O^2 859.

Paris, Mobilier national : M.N. B-166, B-167.

Passé 1616-1617：Crispin de Passé, *Thronus Cupidinissive Emblemata Amatoria*, Utrecht, 1616-1617.

Piles 1708：Roger de Piles, Cours de peinture par principe, Paris, 1708, éd. 1989.

Quinault 1672：Philippe Quinault, *Les festes de l'Amour et de Bacchus, pastorale, représentée par l'Académie royale de musique*, 2 vol., Paris : F. Muguet, 1672.

Raguenet 1700：François Raguenet, *Les Monumens de Rome, ou Descriptions des plus beaux ouvrages de peinture, de sculpture et d'architecture qui se voyent à Rome et aux environs*, Paris : Vve de C. Barbin, 1700.

Remy 1771：Pierre Remy, *Catalogue raisonné des tableaux, desseins, estampes, bronzes, terres cuites, laques, porcelaines de différentes sortes, montées & non montées ; meubles curieux, bijoux, minéraux, cristallisations, madrépores, coquilles & autres curiosités, qui composent le cabinet de feu M. Boucher, Premier peintre du Roi*, Paris : Musier Père, 1771.

Ripa 1644：Cesare Ripa, *Iconologie*, trad. par J. Beaudoin, Paris : M. Guillemot, 1644, repr. éd. New York, 1976.

Ronsard 1609：Pierre de Ronsard, *Sonnets et Madrigals pour Astrée*, dans *Les Œuvres de Pierre de Ronsard*, Paris : N. Buon, 1609.

Roy 1732：Pierre-Charles Roy, *Le Ballet des sens, représenté pour la 1re fois par l'Académie*

et P.-J. Ribou, 1732.
La Motte 1733：Antoine Houdar de La Motte, *Issé : pastorale héroïque*, Paris : Jean-Baptiste-Christophe Ballard, 1733.
Laugier 1753：Marc-Antoine Abbé Laugier, *Jugement d'un amateur sur l'exposition des tableaux*, Paris, 1753.
Leblanc：Jean-Bernard L'Abbé Leblanc, *Lettre sur l'Exposition des ouvrages de peinture, sculpture, & c. de l'année 1747 et en général sur l'utilité de ce genre d'exposition*, Paris.
Leblanc 1753：Jean-Bernard L'Abbé Leblanc, *Observations sur les ouvrages de MM. de l'Académie de Peinture et de Sculpture, exposés au Salon du Louvre, en l'année 1753 et sur quelques écrits qui ont rapport à la peinture. A Monsieur le Président de B* ***, [Paris], 1753.
Leclerc de La Bruère 1748：Charles-Antoine Leclerc de La Bruère, *Érigone, ballet représenté devant le Roy, sur le Théâtre des petits appartemens, à Versailles*, s.l., 1748.
Legros 1768：Legros, *L'Art de la coëffure des dames françoises, avec des estampes où sont représentées les têtes coeffées... par le sieur Legros*, Paris : A. Boudet, 1768.
Le Moyne 1666：Pierre Le Moyne, *De l'Art des devises*, Paris : S. Cramoisy, 1666.
Lettre au Manufacture de Beauvais, daté le 25 novembre, 1737, Paris, Archives nationales, O[1] 2037.
Lettre du Sr Wleugels à Monsieur d'Antin. Archives nationales, O[1] 1960, fol. 55.
Liger 1715：Louis Liger, *Le ménage des champs et de la ville, ou Le nouveau jardinier françois accomodé au goût du temps, enseignant tout ce qui se doit mettre en pratique pour cultiver parfaitement les jardins... avec un traité des orangers, le tout suivi d'un traité de la chasse et de la pêche. 2 de partie du Ménage des champs*, Paris : D. Beugnié, 1715.
Longus 1718：Longus, *Les Amours pastorales de Daphnis et Chloé avec figures*, Paris : Quillau 1718.
Mariette 1851-1860：Pierre-Jean Mariette, *Abecedario de P. J. Mariette et autres notes inédits de cet amateur* (publié par Philippe de Chennevières et Anatole de Miontaiglon), Paris, 1851-1860, 6 vol., repr. éd. Paris, 1966.
Marolles 1655：Michel de Marolles, *Tableaux du temple des muses*, Paris : A. de Sommaville, 1655, repr. éd. New York, 1976.
Massé 1752：Jean-Baptiste Massé, *Grande Galerie de Versailles et les deux salons qui l'accompagnent, peints par Charles Le Brun, dessinés par Jean-Baptiste Massé, et gravés sous ses yeux par les meilleurs maîtres du tems*. [Notice et description par J.-B. Massé.], Paris : De l'Imprimerie royale, 1752.
Mathon de La Cour 1765：Charles-Joseph Mathon de La Cour, *Lettres à Madame ** sur les Peintures, les Sculptures et les Gravures exposées dans le Sallon du Louvre en 1765*, Paris, 1765.
Ménestrier 1669：Claude-François Ménestrier, *Traité des Tournois, Joustes, Carrousels et autres spectacles publics*, Lyon : J. Muguet, 1669, repr. éd. Roanne, 1975.
Mercure de France, juin 1725.
Mercure de France, septembre 1732.
Mercure de France, janvier 1734.
Mercure de France, juin 1735.
Mercure de France, octobre 1738.
Mercure de France, octobre 1746.
Mercure de France, septembre 1770.
Molière：Jean-Baptiste Poquelin Molière, *Le bourgeois gentilhomme, comédie-balet faite à Chambort, pour le divertissement du Roy. Par J.-B. P. Molière*, Paris : C. Barbin, 1673.
——*Les Œuvres de Monsieur de Molière*, t. VI, Paris : D. Thierry, 1674.
——*Les Œuvres de M. de Molière*, t. IV, Paris : D. Thierry, C. Barbin et P. Trabouillet, 1681.
——*Les Œuvres de Monsieur de Molière*, t. VI, Paris : D. Thierry, C. Barbin et P. Trabouillet, 1682.
——*Les Œuvres de Monsieur de Molières*, t. VI, Paris : D. Thierry, C. Barbin et P. Trabouillet, 1697.
——*Les Œuvres de M. de Molière*, t. VI, Paris : F. Delaulne, 1710.

Coypel 1751 : Charles Coypel, « Parallele de l' Éloquence & de la Peinture », dans *Mercure de France*, mai 1751, p. 33-34.

Daniel 1696 : Gabriel Daniel, *Histoire de France, depuis l'établissement de la monarchie française dans les Gaules*, Paris, 1696.

De Passe 1616 : Crispin de Passe, *Thronus Cupidinis sive Emblemata Amatoria*, Utrecht, 1616-1617.

Desboulmiers 1770 : Jean-Auguste Jullien, dit Desboulmiers, « Eloge de M. Boucher, premier peintre du Roi & directeur de l'Académie royale de peinture & sculpture, mort le 30 Mai 1770 », *Mercure de France*, septembre 1770, p. 181-189.

Desmarets de Saint-Sorlin 1642 : Jean Desmarets de Saint-Sorlin, *Érigone, tragi-comédie*, Paris : H. Le Gras, 1642.

Dézallier d'Argenville 1745 : Antoine-Joseph Dézallier d'Argenville, *Abrégé de la vie des plus fameux peintres*, 3 vol., Paris : De Bure l'aîné, 1745-1752.

Dézallier d'Argenville 1762 : Antoine-Joseph Dézallier d'Argenville, *Abrégé de la vie des plus fameux peintres*, Paris, 1762, 4 vol., repr. éd. Genève, 1972.

Dézallier d'Argenville 1787 : Antoine-Joseph Dézallier d'Argenville, *Vies des fameux architectes & sculpteurs depuis la renaissance des arts, avec la description de leurs ouvrages*, 4 vol., Paris, 1787.

Dictionnaire de l'Académie française, 1er édition, PARIS : Chez la Veuve de Jean Baptiste Coignard, 1694.

Dictionnaire de l'Académie française, 4eme édition, Paris : Chez la Vve B. Brunet, 1762, 2 vol.

Diderot et d'Alembert 1751-1772 : Denis Diderot et Jean le Rond d'Alembert, *Encyclopédie ou Dictionnaire raisonné des sciences des arts et des métiers*, 28 vol., Paris, 1751-1772.

Diderot 1875-1877 : Denis Diderot, *Œuvres Complètes de Diderot*, Jules Assézat et Maurice Tourneux (éd.), 20 vol., Paris : Garnier Frères, 1875-1877.

Diderot 1978 : *Diderot encyclopedia : the complete illustrations, 1762-1777*, 5 vol., New York, 1978.

Dubos 1719 : Jean-Baptiste Dubos, *Réflexions critiques sur la poésie et sur la peinture*, Paris, 1719, éd. Paris : P.-J. Mariette, 1733.

Favart 1744 : Charles-Simon Favart, *Acajou, opéra-comique*, Paris : Prault fils, 1744.

Favart 1808 : Charles-Simon Favart, *Mémoires et correspondances : littéraires, dramatiques et anecdotiques de C.-S. Favart* (éd. par A.-P.-C. Favart), Paris, 1808, 3 vol., repr. éd. Genève, 1970.

Félibien 1666 : *André Félibien, Entretiens sur les vies et sur les ouvrages des plus excellents peintres anciens et modernes*, Paris, 1666, repr. éd. Genève, 1972.

Fontenelle 1678-1757 : Bernard le Bovier de Fontenelle, *Œuvre complètes de Fontenelle 1678-1757* (éd. par Alain Niderst), 2 vol., Paris, 1989,

Heinsius 1610 : Daniel Heinsius, *Emblemata Amatoria*, Amsterdam, 1610.

Hooft 1611 : Piter Corneliszoon Hooft, *Emblemata Amatoria, Aflbeeldingen van Minne, Emblemes d'Amour*, Amsterdam, 1611.

Huet 1711 : Pierre-Daniel Huet, *Traité de l'origine des romans, 8e edition, augmentée d'une Lettre touchant Honoré d'Urfé, auteur de "l'Astrée"*, Paris : J. Mariette, 1711.

Inventaires des tableaux commandés et achetés par la direction des Batiments des Roy, 1709-1792 (éd. par Fernand Engerand), Paris, 1901.

Lacombe de Prezel 1972 : Honoré Lacombe de Prezel, *Dictionnaire iconologique*, Paris, 1779, 2 vol., repr. éd. Genève, 1972.

La Fontaine 1669 : Jean de La Fontaine, *Les Amours de Psiché et de Cupidon*, Paris, 1669.

——*Les Amours de Psiché et de Cupidon*, Paris : J.-G. Nion, 1708.

——*Les Amours de Psiché et de Cupidon*, par M. de La Fontaine, Paris : Pierre-Michel Huart, 1728.

La Grange-Chancel 1732 : François-Joseph de La Grange-Chancel, *Erigone, tragédie par M. de La Grange-Chancel*, Paris : Vve de P. Ribou

文献一覧

欧語文献と邦語文献を分けて記載した。展覧会カタログについては開催年の順に記す。

欧語文献

【一次史料】

Apulée：Apulée, *Les Amours de Psyché et de Cupidon, tiréz de la Métamorphose ou de l'Anse d'or de L. Apulée de Madaure*, Rouen : chez Robert Mackuel le jeune, 1719.

――*Les Métamorphoses, autrement l'Asne d'or de L. Apulée*, Lyon : J. de Tournes et G. Gazeau, 1553.

――*Les Métamorphoses, ou l'Anse d'or d'Apulée*, Paris : S. Thiboust, 1623.

――*Les Métamorphoses, ou l'Anse d'or d'Apulée*, Paris : S. Thiboust, 1648.

――*Les Métamorphoses, ou l'Ane d'or d'Apulée*, 2 vol., t. I, Paris : M. Brunet, 1707, t. II, Paris : M. Brunet, 1736.

――*The Golden Ass by Apuleius* (éd. par Robert Graves), New York, 1951.

A propos du Salons de 1740, Fond Deloyens, Cabinet des Estampes.

A propos du Salons de 1743, Fond Deloyens, Cabinet des Estampes.

A propos du Salons de 1745, Fond Deloyens, Cabinet des Estampes.

Ayres 1683：Philip Ayres, *Emblemata Amatoria : Emblems of Love, Emblemi d'Amore, Emblemes d'Amour, in four languages, Dedicated to the Ladys, by Ph. Ayres Esq.*, Londres, 1683.

Bachaumont：Louis Petit de Bachaumont, *Lettre de M. Bachaumont au peintre Boucher*, Bibliothèque de l'Arsenal.

―― *Portefeuille de Bachaumont*, Paris, Bibliothèque de l'Arsenal.

――« *Liste des meilleurs peintres, sculpteurs et graveurs de l'Académie royale de peinture et de sculpture de Paris* », *Portefeuille de Bachaumont*, Paris, Bibliothèque de l'Arsenal.

――*Les Salons des "Mémoires secrets", 1767-1787*, Paris, 1999, (éd. par Bernadette Fort).

Benserade 1676：Isaac de Benserade, *Métamorphoses d'Ovide en rondeaux*, Paris : Impr. royale, 1676.

Blondel 1737：*De la distributi des maisons de plaisance et de la décoation intérieur*, Paris, 1737.

Blondel 1752-1757：Jacques-François Blondel, *L'architecture françoise*, 4 vol., Paris, 1752-1757.

Blondel 1771-1777：Jacques-François Blondel, *Cours d'architecture*, 9 vol., Paris, 1771-1777.

Boffrand 1745：Germand Boffrand, *Livre d'architecture*, Paris, 1745.

Brice 1684：Germain Brice, *Description nouvelle de ce qu'il y a de plus remarquable dans la ville de Paris*, 1 vol., Paris, 1684.

Brice 1725：Germain Brice, *Nouvelle Description de la ville de Paris, et de tout de qu'elle contient de plus remarquable*, huitième édition, Revue & augmentée de nouveau, 4 vol., Paris, 1725.

Cats 1627：Jacob Cats, *Proteus ofte Minne-beelden Verandert in Sinne-beelden*, Rotterdam, 1627.

Cochin：Charles-Nicolas Cochin, *Lettre à un amateur, en réponse aux critiques qui ont paru sur l'exposition des tableaux*, s.l.n.d. [1753].

――*Mémoire inédit* de Cochin.

Corneille, Fontenelle, Quinault et Lully 1678：Thomas Corneille, Bernard le Bovier de Fontenelle, Philippe Quinault, Jean-Baptiste Lully, *Psyché, tragédie représentée par l'Académie royale de musique*, Paris : R. Baudry, 1678.

口絵一覧
List of Colour Plates

口絵1（Plate 1）
The Abandonment of Psyche（*L'Abandon de Psyché*）
From the series *The Story of Psyche*（*L'Histore de Psyché*）
Designed by François Boucher, woven at the Beauvais manufactory, France
1742
Wool and silk ; tapetry weave
294 × 231.5 cm
Philadelphia Museum of Art, Bequest of Eleanore Elkins Rice, 1939
© Courtesy of the Philadelphia Museum of Art

口絵2（Plate 2）
The Charlatan combined with *The Magic Lantern*（*L'Opérateur* combined with *La Curiosité*）
From the series *The Italian Village Scenes*（*Les Fêtes italiennes*）
1738-1740
Wool and silk ; tapestry weave
276.7 × 491.4 cm
Designed by François Boucher, woven at the Beauvais manufactory, France
Huntington Art Collections, San Marino, California 27.127
© Courtesy of the Huntington Art Collections, San Marino, California

口絵3（Plate 3）
The Chinese Fair（*La Foire chinoise*）
From the series *The Tenture chinoise*（*La Tenture chinoise*）
François Boucher woven at the Beauvais manufactory, France
1742-1745
Wool and silk ; tapestry weave
363.22 × 554.36 cm
Minneapolis Institute of Arts, The William Hood Dunwoody Fund 45.14
© Courtesy of the Minneapolis Institute of Arts

口絵4（Plate 4）
Apollo and Clytie（*Apollon et Clytie*）
From the series *The Love of the Gods*（*Les Amours des dieux*）
Designed by François Boucher, woven at the Beauvais manufactory, France
1747-1767
Wool and silk ; tapestry weave
372.75 × 323.22 cm
Minneapolis Institute of Arts, The William Hood Dunwoody Fund 42.16
© Courtesy of the Minneapolis Institute of Arts

口絵5（Plate 5）
Bacchus and Erigone（*Bacchus et Erigone*）
From the series *The Love of the Gods*（*Les Amours des dieux*）
Designed by Francois Boucher, woven at the Beauvais manufactory, France
1750-1752
Wool and silk ; tapestry weave
370 × 360 cm
Rome, Palazzo del Quirinale
© 2014. De Agostini Picture Library/ Scala, Florence

口絵6（Plate 6）
The Fountain of Love
Francois Boucher
1748
Oil on canvas
294.6 × 337.8 cm
Signed lower center on the log, "F.Boucher 1748"
J. Paul Getty Museum 71.PA.37
© Courtesy of the Getty's Open Content Program

口絵7（Plate 7）
The Fountain of Love（*La Fontaine d'Amour*）
From the series called *The Noble Pastoral*（*La Noble pastorale*）
Designed by François Boucher, woven at the Beauvais manufactory, France
1757-1760
Wool and silk ; tapestry weave
345.6 × 605.7 cm
Huntington Art Collections, San Marino, California 9.1
© Courtesy of the Huntington Art Collections, San Marino, California

口絵8（Plate 8）
Dream of Rinaldo,（*Renaud Endormi*）
From the series called *The Fragments d'Opera*（*Le Fragment d'Opéra*）
Designed by François Boucher, woven at the Beauvais manufactory, France
c. 1751
Wool and silk ; tapestry weave
281.3 × 472.4 cm
Washington National Gallery, Widener Collection 1942.9.452
© Courtesy of the National Gallery of Art, Washington

図版出典

Ananoff 1966：図80、190

Ananoff et Wildenstein 1976：図59、183、184

Bechu et Taillard 2005：図49、50、51、56、57、58、78

Bennett et Sargentson 2008：図13、16、17、148、150、176

Bibliothèque national de France：図74、75、76、77、85、89、104、107、112、113、114、115、116、120、124、125、131、141、142、158、159、165、174、177、189

Blondel 1752：図48

Boorsch 1982：図66、81

Bremer-David 1997：図6、97

Burollet 1980：図163

Cat. Fine Arts museums of San Francisco 1987：図11

Cat. National Gallery of Art, Washington 1985：図181

Cavallo 1967：図24

Cavicchioli 2000：図54、55

Chevalier et Bertrand 1988：図1、2

Chevalier et Bertrand 1988：図99

Coural et Gastinel-Coural 1992：図4

Delmarcel 1999：図31、168

Diderot 1978：図8、9

Duffy et Hedley 2004：図199、200

Fenaille 1903-1923：図172、173

Forti Grazzini 1994：図103

Gott et Benson 2003：図151

Grate 1994：図7

Gruber 1992：図94

Hiesinger 1967：図53

Hulst 1966：図123

Hyde et Ledbury 2006：図82、83

Jean-Richard 1978：図60、100

J. Paul Getty Museum：図149

Kendrick 1924：図167

Laclotte et Cuzin 1993：図46

Lefrançois 1994：図111、138、143

Leribault 2002：図44

Los Ange les County Museum：図133

Macfall 1909：図196

Machault et Thierry 2000：図65、170

Marillier 1932：図28、29、37

Marolles 1665：図105

Méjanès 2002：図197、198

Musée du Louvre：図86、87、91、96、100、152、166、194

Musée Jacquemart André：図101

Opperman 1977：図171

Philadelphia Museum of Art：図14

Piendl：図64

Pigler 1974：図117

Préaud 1980：図63、67

Raggio 1967：図187

Rijksmuseum Amsterdam：図134

Ripa 1644：図108

Rosenberg 1988：図3

Rosenfeld 1979：図155

Standen 1977a：図15、38、45

Standen 1986a：図139

Standen 1985：図178、179

Strauss 1982：図66、81

Thuillier et Foucart 1969：図118、144

Cat. exp. Atlanta 1983：図127

Cat. exp. Washington-Paris-Berlin 1984-1985：図43

Cat. exp. New York-Detroit-Paris 1986-1987：図140

Cat. exp. Ausstellung 1988：図128

Cat. exp. Washington 1988-1989：図42、153

Cat. exp. Paris-Philadelphie-Fort Worth 1991-1992：図106、110、129、132

Cat. exp. Moscow 1995-1996：図121

Cat. exp. Colorno 1998：図84

Cat. exp. Londres-Hartford 1998-1999：図157

Cat. exp. Versailles 1999-2000：図47

Cat. exp. Sèvres 2001-2002：図126

Cat. exp. Versailles-Munich-Londres 2002-2003：図186、192、193

Cat. exp. New York-Fort Worth 2003-2004：図18、19、20、21、30、70、164

Cat. exp. Londres 2004：図160、161

Cat. exp. Dijon-Londres 2004-2005：図40

Cat. exp. Paris 2005-2006：図12、22

Cat. exp. Paris-Munich-Bonn 2005-2006：図35

Cat. exp. New York-Madrid 2007-2008：図92

Cat. exp. Versailles 2012：図90

小林2007：図52

坂本1976：図147

坂本1996：図162

東京・熊本1982：図10、39、61、62、95、98

東京1984：図23

横浜1989：図146

東京1998：図41

東京2003：図36

筆者撮影：図109、137

ル

ルイ 14 世（Louis XIV）
8, 10, 17, 19, 22, 77, 123, 138, 207, 211, 223, 224, 239, 243, 244, 245, 246, 249, 250, 251, 261, 262, 265, 268, 270, 271, 306, 333, 350, 352, 393, 398

ルイ 15 世（Louis XV）
10, 11, 24, 26, 32, 68, 76, 77, 141, 149, 184, 200, 222, 223, 224, 238, 244, 246, 250, 251, 252, 254, 256, 257, 267, 269, 271, 272, 281, 299, 301, 308, 309, 329, 352, 364, 376, 378, 381, 382, 391, 393, 396, 407

ルイ 16 世（Louis XVI）
11

ルイ・フェルディナン（王太子）
（Louis Ferdinand, dauphin de France）
301

ルクレール、ジェローム（Leclerc, Jerome）
94, 96, 134

ルクレール、セバスティアン
（Leclerc, Sébastian）
161, 162, 164, 166, 167, 182, 186, 188, 197, 225, 241, 242, 243, 244, 265, 272, 279

ルソー、ジャン＝ジャック
（Rousseau, Jean-Jacques）
50, 68

ル・テリエ、ミシェル（Le Tellier, Michel）
43, 51, 66, 402

ルヌアール、ニコラ（Renouard, Nicolas）
260

ル・ノルマン・ド・トゥルヌエム、シャルル・フランソワ・ポール
（Le Normant de Tournehem, Charles François Paul）
18, 25, 43, 61, 270, 271, 288, 293, 299, 317

ル・ブラン、シャルル（Le Brun, Carles）
12, 19, 25, 30, 31, 32, 33, 34, 77, 137, 138, 271, 278, 316

ル・プランス、ジャン＝バティスト
（Le Prince, Jean-Baptiste）
27, 28

ルミニー、ルグロ・ド
（Rumigny, Legros de）
369, 370

ルモワーヌ、ピエール（Le Moyne, Pierre）
246

ルモワーヌ、フランソワ
（Lemoyne, François）
3, 74, 75, 76, 80, 81, 82, 118, 129, 142, 231, 277, 279, 283, 284

レ

レーニ、グイド（Reni, Guido）
264, 265

レクザンスカ、マリー
（Marie, Leszczyńska）
10, 299, 301, 302, 313

レストゥ、ジャン（Restou, Jean）
10, 11, 32, 124, 126, 137, 174, 197, 225, 272, 274, 275, 284, 285

レニエルス（Leyniers）
96, 97, 98, 99, 100, 101, 134

ヤ

ヤンセン、ヴィクトール（Janssens, Victor）
185

ユ

ユエ、ジャン＝バティスト
（Huet, Jean-Baptiste）
28
ユキエ、ガブリエル（Huquier, Gabriel）
91, 205, 208, 209, 219, 227
ユキエ（子）、ジャック＝ガブリエル
（Huquier, Jacque-Gabriel, le Jeune）
219, 220, 221

ラ

ラ・イール、ローランド
（La Hyre, Laurent de）
234, 235, 237
ライモンディ、マルカントニオ
（Raimondi, Marcantonio）
408
ラシーヌ、ジャン・バティスト
（Racine, Jean Baptiste）
302, 317
ラ・トゥール、モーリス＝カンタン・ド
（La Tour, Maurice Quentin de）
225, 375, 376, 377, 390
ラファエッロ、サンティ（Raffaello, Santi）
31, 34, 154, 161, 184, 210, 271, 295, 408
ラ・フォス、シャルル・ド
（La Fosse, Charles de）
237, 243, 281
ラ・フォン・ド・サン＝ティエンヌ、エティエンヌ
（La Font de Saint-Yenne, Étienne）
271, 289
ラ・プランシュ、ラファエル・ド・
（La Planche, Raphaël de）
155, 185
ラリーヴ・デピネ、ドニ・ジョセフ
（Denis Joseph Lalive d'Épinay, Denis Joseph）
43, 67
ラリーヴ・ド・ベルガルド、ルイ・ドニ・ジョセフ（Lalive de Bellegarde, Louis Denis Joseph）
66, 67
ラルジリエール、ニコラ・ド
（Largillière, Nicolas de）
25, 35, 330, 382
ランクレ、ニコラ（Lancret, Nicolas）
143, 326, 385

リ

リーパ、チェーザレ（Ripa, Cesare）
241, 242
リオタール、ジャン＝エティエンヌ
（Liotard, Jean-Étienne）
369, 370, 371, 390
リュリ、ジャン＝バティスト
（Luly, Jean-Baptiste）
287, 291, 292, 295, 387

マ

マセ、ジャン＝バティスト
(Masse, Jean-Baptiste)
77
マッソン、フランソワ・ガスパール
(Masson, François Gaspard)
43, 66, 402
マリア・テレジア（Marie-Thérèse d'Autriche）
281
マリー・アントワネット（Marie Antoinette）
11
マリー＝ジョセフ・ド・サクス
(Marie-Josèphe de Saxe)
10, 301
マリー＝ジョセフ・ドートリッシュ
(Marie-Josèph d'Autriche)
301
マリー・ド・メディシス（Marie de Médicis）
253, 254, 255, 309
マリエット、ピエール＝ジャン
(Mariette, Pierre-Jean)
47, 48, 63, 74, 75, 76, 77, 78, 79, 131, 161, 316, 409
マリエット、ドゥニ（Mariette, Denis）
77, 131
マリニー侯爵（Marigny, marquise de）
18, 288, 354, 373, 393, 398
マリヴォー、ピエール・カルレ・ド・シャンブラン・ド（Marivaux, Pierre Carlet de Chamblain de）
68
マルグリット・ド・ナヴァール
(Marguerite de Navarre)
245
マロール、ミシェル・ド
(Marolles, Michel de)
242

ミ

ミニャール、ピエール（Mignard, Pierre）
18, 19, 31
ミレ、フランシスク（Millet, Francisque）
194

メ

メネストリエ、クロード＝フランソワ
(Ménestrier, Claude-François)
245
メル、ノエル＝アントワーヌ・ド
(Mérou, Noël-Antoine de)
19, 23

モ

モノワイエ、ジャン＝バティスト
(Monnoyer, Jean-Baptiste)
33, 34, 210, 211, 212, 213, 215, 216
モンタヌス、アルノルドゥス
(Montanus, Arnoldus)
203, 226
モンテスキュー、シャルル＝ルイ・ド
(Montesquieu, Charles-Louis de)
68, 375

ブゾー、マリー＝ジャンヌ
(Buzeau, Marie-Jeanne)
81, 132
プッサン、ニコラ（Poussin, Nicolas）
109, 135, 155, 271, 296, 316
フラゴナール、ジャン＝オノレ
(Fragonard, Jean-Honoré)
45, 60
フランソワ1世（François Ier）
6, 17, 154, 155, 185, 352, 388
ブラン・ド・フォントネイ、ジャン＝バティスト・ブラン・ド
(Belinde Fontenay, Jean-Baptiste)
33, 211, 213, 215, 216
フリードリヒ・ヴィルヘルム1世
(Frederick Wilhelm I)
10, 184
ブリオ、イザーク（Brio, Issac）
260
プリニウス（Pline l'Ancien）
247, 280
ブルーマールト、アブラハム
(Bloemaert, Abraham)
89, 242
フレッセル、ジャック・ド
(Flesselles, Jacques de)
43, 67, 405
フレデリック1世（Frederick I）
184
ブレビエット、ピエール（Brébiette, Pierre）
241, 242
ブロンデル、ジャック＝フランソワ
(Blondel, Jacques-François)
8, 9, 101, 124, 139

ヘ

ベアグル、フィリップ（Beagle, Philippe）
19, 23, 134
ベル、クレマン（Belle, Clément）
18, 143
ベルジェレ・ド・グランクール、ピエール＝ジャック＝オネジム（Bergeret de Grancourt, Pierre-Jacques-Onésyme）
9, 43, 44, 45, 46, 58, 66, 68, 201, 403
ペルッツィ、バルダッサーレ
(Peruzzi, Baldassarre)
259

ホ

ホーフト、ピーテル・コルネリスゾーン
(Hooft, Pieter Corneliszoon)
336, 385
ホーレマン、カール（Hårleman, Carl）
42
ボネ、ルイ＝マラン（Bonnet, Louis-Marin）
277
ポンパドゥール夫人（Pompadour, madame de）
18, 40, 43, 52, 254, 255, 267, 268, 269, 270, 271, 276, 288, 292, 293, 303, 308, 309, 313, 314, 327, 364, 365, 368, 369, 370, 371, 373, 374, 375, 376, 377, 378, 379, 390, 391, 393, 397

パロセル、シャルル（Parrocle, Charles）
143, 250, 251, 285
バンスラード、イザック・ド
（Benserade, Issac de）
241, 242, 261, 262, 263, 305, 306

ヒ

ピエール、ジャン＝バティスト・マリー
（Pierre, Jean-Baptiste Marie）
137, 272, 289, 314
ピコン、ジャン＝フランソワ
（Picon, Jean-François）
219

フ

ファヴァール、シャルル＝シモン
（Favart, Charles-Simon）
89, 325, 327, 329, 331, 338, 339, 340, 341, 342, 344, 346, 347, 362, 381, 382, 383, 386, 387
ファルコネ、エティエンヌ・モーリス
（Falconet, Étienne Maurice）
264, 288
ファン・オルレイ、ヤン（Van Orley, Jan）
155, 156, 162, 163, 185, 188
ファン・デル・ボルヒト、ジャック
（Van der Borcht, Jacques）
94, 96, 97, 134
ファン・デル・アー、ピーター
（Van der Aa, Pieter）
203
ファン・デン・ヘッケ、ピーテル
（Van den Hecke, Peter）
155, 156, 187
ファン・レイデン、ルーカス
（Van Leyden, Lucas）
350, 389
フィユル、ピエール（Filleul, Pierre）
19, 23, 66
フィユル、エティエンヌ（Filleul, Etienne）
19, 23, 66
フィリップ2世（オルレアン公）
（Philippe II, duc d'Orléans）
32, 69, 265, 337, 352, 353, 355, 356, 357, 358, 359, 360, 362
ブーシェ、ジャンヌ・エリザベス・ヴィクトワール
（Boucher, Jeanne Elisabeth Victoir）
132
ブーシェ、ジュスト＝ナタン
（Boucher, Juste-Nathan）
132
ブーシェ、ニコラ（Boucher, Nicolas）
76
ブーシェ、マリー＝エミリエ
（Boucher, Marie-Emilié）
132, 343
フェリビアン、アンドレ（Félibien, André）
389
フェリペ1世（パルマ公）
（Felipe I de Parma）
238, 257, 279, 281, 405
フォントネル、ベルナール・ル・ボヴィエ・ド
（Fontenelle, Bernard le Bovier de）
50, 83, 185
ブシャルドン、エドム（Bouchardon, Edme）
297, 298, 316

デルベ、フランソワ（Derbais, François）
48, 74, 79, 80, 82, 131, 409
テレー、ジョセフ・マリー
（Terray, Joseph Marie）
43, 67, 405

ト

ドゥシェーヌ、アントワーヌ
（Duschene, Antoine）
320
トケ、ルイ（Toqué, Louis）
251, 252, 281
ド・トロワ、ジャン＝フランソワ・ド
（De Troy, Jean-François）
11, 32, 76, 117, 118, 119, 120, 122, 131, 137, 142, 143, 187, 196, 264, 274, 275, 285, 300, 316, 320, 351
ドノー・ド・ヴィゼ、ジャン
（Donneau de Visé, Jean）
132
ド・ピール、ロジェ（De Piles, Roger）
109, 110, 111, 112, 113, 117, 135, 137
ド・メヌ（De Menou）
19, 28, 29
トレモリエール、ピエール・シャルル
（Trémolières, Pierre Charles）
124, 126
トルデヌ、ダニエル＝シャルル
（Trudaine, Daniel-Charles）
43, 67, 287, 291, 315
ドルメソン、マリー・フランソワ・ド・ポール・ルフェーヴル（D'ormesson, Marie François de Paul Lefèvre）
67, 404

ナ

ナティエ、ジャン＝マーク
（Nattier, Jean-Marc）
121, 122, 137, 253, 255, 282
ナトワール、シャルル＝ジョセフ
（Natoire, Carles-Joseph）
5, 32, 33, 45, 46, 68, 80, 124, 125, 128, 129, 131, 132, 139, 142, 143, 144, 146, 147, 152, 153, 157, 161, 163, 168, 172, 175, 176, 178, 181, 182, 184, 194, 195, 197, 198, 223, 252, 253, 254, 265, 266, 267, 272, 274, 275, 276, 277, 285, 288, 289, 299, 320, 395, 396

ノ

ノノット、ドナ（Nonnotte, Donat）
225

ハ

バショーモン、ルイ・プティ・ド
（Bachaumont, Louis Petit de）
47, 79, 149, 152, 157, 161, 163, 168, 172, 178, 181, 231, 289, 409
パテル、ジャン＝バティスト
（Patel, Jean-Baptiste）
143
パリス、ピエール＝アドリアン
（Pâris, Pierre-Adrien）
201

セモンヴィル、カトリーヌ＝マリー＝オーギュスタン・ド（Sémonville, Catherine-Marie-Augustin de）
67, 405

タ

タッソ、トルクァート（Tasso, Torquato）
37, 287, 291, 295, 345, 387
ダニエル、ガブリエル（Daniel, Gabriel）
75, 77, 131
ダランベール、ジャン・ル・ロン（D'Alembert, Jean Le Rond）
50, 53, 68
タルデュー、ニコラ＝アンリ（Tardieu, Nicolas-Henri）
174, 175
ダンタン公爵（Duc d'Antin）
18, 66, 80, 113

テ

ディーペンベーク、アブラハム・ファン（Diepenbeeck, Abraham Van）
241, 242
ディドロ、ドゥニ（Diderot, Denis）
48, 50, 51, 53, 68, 289, 316, 342
デエ、ジャン＝バティスト（Deshays, Jean-Baptiste）
27
テオクリトス（Theocritus）
345, 386
デザリエ・ダルジャンヴィル、アントワーヌ・ジョセフ（Dezallier d' Argenville, Antoine Joseph）
250
テッシン、カール・グスタフ（Tessin, Carl Gustaf）
42, 207, 227, 340
デトゥーシュ、アンドレ・カーディナル（Destouches, André Cardinal）
292
テニールス（子）、ダフィット（Teniers, David, le Jeune）
94
デ・ホーホ、ピーテル（De Hooch, Pieter）
332, 333, 383
デポルト、アレクサンドル＝フランソワ（Desportes, Alexandre-François）
32, 35, 120, 121, 274, 275
デュクロ、シャルル・ピノ（Duclos, Charles Pinot）
340
テュビー、ジャン＝バティスト（Tuby, Jean-Baptiste）
243
デュプレシ、ジャック＝ヴィグル（Duplessis, Jacques-Vigouroux）
23, 35, 36, 59, 70
デュボス、ジャン＝バティスト（Dubos, Jean-Baptiste）
109, 110, 111, 112, 114, 136
デュモン、ジャン＝ジョセフ（Dumont, Jean-Joseph）
27, 57, 193, 200, 218, 219
デュモン、ジャック（Dumont, Jacques）
194, 272, 284
デュルフェ、オノレ（D'Urfé, Honoré）
345, 346, 347, 378

コワペル、シャルル＝アントワーヌ
（Coypel, Charles-Antoine）
10, 32, 61, 137, 172, 173, 174, 175, 182, 189, 190, 270, 271, 274, 275, 285, 292, 293, 294, 295, 296, 297, 298, 299, 300, 301, 302, 303, 307, 313, 315, 316, 317, 319, 320, 395, 396, 408

サ

サイコロ印の版画家（Maître au Dé）
154, 155, 156, 164, 165, 180, 181, 190
サンナザーロ、ヤコポ（Sannazaro, Jacopo）
345

シ

ジェルサン、エドム＝フランソワ
（Gersaint, Edm-François）
83, 199, 207, 208, 225
シャルダン、ジャン＝バティスト・シメオン（Chardin, Jean-Baptiste Siméon）
132
シャロン、アンドレ＝シャルルマーニュ
（Charron, André-Charlemagne）
19, 26, 27, 28, 62
ジュヴネ、ジャン
（Jouvenet, Jean）
11, 32, 284
シュブレイラ、ピエール
（Subleyras, Pierre）
137
ジュリエンヌ、ジャン・ド
（Jullienne, Jean de）
63, 75, 76, 78, 80, 83, 204
ジュリオ・ロマーノ（Giulio Romano）
9, 31, 34, 154, 184, 186, 282, 294, 295
ジェリオット、ピエール・ド
（Jélyotte, Pierre de）
251
ショーヴォ、フランソワ
（Chauveau, François）
261, 262, 264, 305, 306, 307, 384
ジョフラン、ピエール・フランソワ
（Geoffrin, Pierre François）
50
ジョフラン、マリー＝テレーズ・ロデ
（Geoffrin, Marie-Thérèse Rodet）
49, 50, 51, 66, 67, 69, 402
ジョラ、エティエンヌ（Jeaurat, Étienne）
32, 137, 272, 274, 275, 353, 354, 355, 356, 358, 359, 360, 361, 362
ジロ、クロード（Gillot, Claude）
35, 36, 316

ス

スービーズ家（Soubise）
8, 15, 86, 123, 128, 132, 137, 138, 144

セ

セーヴ、モーリス（Scève, Maurice）
247, 248

カンプラ、アンドレ（Campra, André）
89

キ

キノー、フィリップ（Quinault, Philippe）
185, 262, 291, 295, 302, 317, 408

ク

グアリーニ、ジョヴァンニ・バッティスタ（Guarini, Giovan Battista）
345, 375, 387
クラキン、アレンサンドル・ボリソヴィッチ（Kurakin, Alexander Borisovich）
121, 122
グリム、フレデリック・メルショワール（Grimm, Friedrich Melchior）
50, 68
グルーズ、ジャン＝バティスト（Greuze, Jean-Baptiste）
342, 384, 387
クルシオン、マリー・ドフィー・ド（Courcillon, Marie-Sophie de）
124
クロード、ロラン（Claude, Lorrain）
109, 113, 115, 118, 216, 246, 328
クロザ、アントワーヌ（Crozat, Antoine）
43, 46, 66
クロザ、ジョセフ＝アントワーヌ〔テュニー侯爵〕（Crozat, Joseph-Antoine, marquis de Tugny）
43, 46, 47, 48, 66, 69, 402
クロザ、ピエール（Crozat, Pierre）
43, 46, 47, 76, 79, 80, 83, 96, 110, 112, 118, 161
クロザ、ルイ・アントワーヌ〔ティエール男爵〕（Crozat, Louis Antoine, baron de Thiers）
43, 46, 47, 48, 67, 69, 405

ケ

ケイリュス伯爵（Caylus, comte de）
47, 207, 340

コ

コクシー、ミヒール（Coxie, Michiel）
154, 165, 181, 190
コシャン、シャルル＝ニコラ（Cochin, Charles-Nicolas）
50, 80, 94, 103, 137, 316, 374, 375
コット、ロベール・ド（Cotte, Robert de）
8, 9, 18, 194
コラーゼ、パスカル（Collasse, Pascal）
292
コルトーナ、ピエトロ・ダ（Cortona, Pietro da）
284, 294
コルネイユ、トマ（Corneille, Thomas）
154, 262, 263, 306
コルネイユ、ピエール（Corneille, Pierre）
185, 187, 302, 316, 317
コルベール、ジャン＝バティスト（Colbert, Jean-Baptiste）
3, 18, 19, 20, 22, 23, 218, 270, 271
コワペル、アントワーヌ（Coypel, Antoine）
11, 32, 173, 174, 175, 191, 299

ヴーエ、シモン（Vouet, Simon）
234, 235, 237, 295, 316
ウーディネ、ジョヴァンニ・ダ
（Udine, Giovanni da）
210
ウードリー、ジャン＝バティスト
（Oudry, Jean-Baptiste）
18, 19, 23, 24, 25, 26, 27, 32, 33, 35, 36, 44, 56, 59, 61, 62, 70, 73, 130, 141, 186, 219, 234, 235, 237, 300, 351
ウェニウス、オットー（Vaenius, Otto）
248, 249
ヴェネツィアーノ、アゴスティーノ
（Veneziano, Agostino）
185, 190
ウェルギリウス（Virgil）
111, 345
ヴェルディエ、フランソワ
（Verdier, François）
282
ヴェルモン、コラン・ド
（Vermont, Collin de ）
272
ヴォルテール（Voltaire）
50, 250, 251, 266, 271, 282, 375
ヴリューゲル、ニコラ（Vleughels, Nicolas）
113

エ

エルヴェシウス、クロード＝アドリアン
（Helvetius, Claude-Adrien）
50
エルタンジェール、フランツ
（Ertinger, Franz）
262, 263, 306

オ

オーギュスタン・ティエリー、ジャック・ニコラ
（Augustin Thierry, Jacques Nicolas）
131
オリー、フィリベール（Orry, Philibert）
18, 129

カ

カーズ、ピエール＝ジャック
（Cazes, Pierre-Jacques）
272, 284
カール、ジャン＝フランソワ
（Cars, Jean-François）
63, 75, 77, 78, 95
カサノヴァ、フランソワ＝ジョセフ
（Casanova, François-Joseph）
27
カラーリオ、ジョヴァンニ・ヤコポ
（Caralio, Giovanni Jacopo）
237
カラッチ、アンニーバレ
（Carracci, Annibale）
115, 237, 271, 295, 315
ガロッシュ、ルイ（Galloche, Louis）
129, 139, 143, 272
カンパニョーラ、ドメニコ
（Campagnola, Domenico）
112, 136

人名索引

ア

アプレイウス（Apuleius）
141, 148, 156, 175, 179, 180, 184, 191

アヴリーヌ、ピエール（Avline, Pierre）
134, 227

アポロドーロス（Apollodorus）
259, 268

アミヨ、ジャック（Amyot, Jacques）
352

アルベルティ（Alberti）
30

アレ、ノエル（Hallé, Noël）
137

アングラム、ジョン（Ingram, John）
227

アンリ4世（Henri IV）
17, 245, 253, 254, 255, 282

イ

イナール、ルイ（Hinard, Louis）
19, 20, 21, 22, 23, 64

ウ

ヴァトー、ジャン＝アントワーヌ（Watteau, Jean-Antoine）
47, 63, 75, 76, 78, 83, 88, 89, 112, 113, 117, 118, 120, 122, 131, 135, 136, 204, 205, 206, 208, 209, 213, 230, 231, 277, 279, 322, 328, 347, 354, 386

ヴァンロー、カルル（Van Loo, Carle）
32, 79, 124, 126, 137, 142, 143, 182, 194, 223, 252, 264, 265, 272, 274, 275, 276, 281, 285, 288, 289, 316, 395

ヴァンロー、シャルル・アメデ・フィリップ（Van Loo, Charles Amédée Philippe）
182

ヴァンロー、ジャン＝バティスト（Van Loo, Jean-Baptiste）
182

ヴァンロー、フランソワ（Van Loo, François）
182

ヴァンロー、ヤコブ（Van Loo, Jacob）
142

ヴァンロー、ルイ＝アブラハム（Van Loo, Louis-Abraham）
142, 182

ヴァンロー、ルイ・ミシェル（Van Loo, Louis Michel）
182

【著者紹介】

小林 亜起子（こばやし・あきこ）

2001年、パリ第10大学文学部美術史学科学士号取得。2002年、同大学修士課程修了。2005年、東京藝術大学大学院美術研究科修士課程修了。2007-2009年、ローザンヌ大学文学部美術史専攻博士課程。2011年、東京藝術大学大学院美術研究科博士後期課程修了（博士・美術）。2012-2015年、東京藝術大学美術学部教育研究助手（西洋美術史研究室）。現在、東京藝術大学美術学部非常勤講師。

主要論文

「フランソワ・ブーシェによるオテル・ド・スービーズの戸口上部装飾画――《親切な羊飼い》と《優雅な羊飼い》の関係をめぐって――」『美術史』（美術史學會）163冊、2007年

「フランソワ・ブーシェのタピスリー《アポロンとクリュティエ》――着想源と制作意図に関する考察――」『美術史』（美術史學會）169冊、2010年

« *Bacchus et Erigone*, tapisserie de Beauvais d'après François Boucher », *Aspects of Problems in Western Art History*, Tokyo University of Fine Arts（éd.）, vol. 11, 2013.

訳書

アンドレ・シャステル『ローマ劫掠――1527年、聖都の悲劇』（共訳）筑摩書房、2006年

ミシェル・フイエ『イタリア美術』（監訳）白水社、2012年

アントニー・グリフィス『西洋版画の歴史と技法』（共訳）中央公論美術出版、2013年

ロココを織る

――フランソワ・ブーシェによるボーヴェ製作所のタピスリー――

ⓒ

平成二十七年六月 十 日印刷
平成二十七年六月二十五日発行

著 者 小林亜起子
発行者 小菅勉
印 刷 図書印刷株式会社
製 本 松岳社

中央公論美術出版

東京都千代田区神田神保町一－一〇－一 IVYビル6階
電話〇三－五五七七－四七九七

製函 株式会社加藤製函所

ISBN978-4-8055-0739-1